Management-Reihe Corporate Social Responsibility

Herausgegeben von
René Schmidpeter
Dr. Jürgen Meyer Stiftungsprofessur für
Internationale Wirtschaftsethik und CSR
Cologne Business School (CBS)
Köln, Deutschland

Das Thema der gesellschaftlichen Verantwortung gewinnt in der Wirtschaft und Wissenschaft gleichermaßen an Bedeutung. Die Management-Reihe Corporate Social Responsibility geht davon aus, dass die Wettbewerbsfähigkeit eines jeden Unternehmens davon abhängen wird, wie es den gegenwärtigen ökonomischen, sozialen und ökologischen Herausforderungen in allen Geschäftsfeldern begegnet. Unternehmer und Manager sind im eigenen Interesse dazu aufgerufen, ihre Produkte und Märkte weiter zu entwickeln, die Wertschöpfung ihres Unternehmens den neuen Herausforderungen anzupassen sowie ihr Unternehmen strategisch in den neuen Themenfeldern CSR und Nachhaltigkeit zu positionieren. Dazu ist es notwendig, generelles Managementwissen zum Thema CSR mit einzelnen betriebswirtschaftlichen Spezialdisziplinen (z.B. Finanz, HR, PR, Marketing etc.) zu verknüpfen. Die CSR-Reihe möchte genau hier ansetzen und Unternehmenslenker, Manager der verschiedenen Bereiche sowie zukünftige Fach- und Führungskräfte dabei unterstützen, ihr Wissen und ihre Kompetenz im immer wichtiger werdenden Themenfeld CSR zu erweitern. Denn nur, wenn Unternehmen in ihrem gesamten Handeln und allen Bereichen gesellschaftlichen Mehrwert generieren, können sie auch in Zukunft erfolgreich Geschäfte machen. Die Verknüpfung dieser aktuellen Managementdiskussion mit dem breiten Managementwissen der Betriebswirtschaftslehre ist Ziel dieser Reihe. Die Reihe hat somit den Anspruch, die bestehenden Managementansätze durch neue Ideen und Konzepte zu ergänzen, um so durch das Paradigma eines nachhaltigen Managements einen neuen Standard in der Managementliteratur zu setzen.

Weitere Bände in der Reihe
http://www.springer.com/series/11764

Heinrich Beyer · Hans-Jörg Naumer
(Hrsg.)

CSR und Mitarbeiterbeteiligung

Die Kapitalbeteiligung im 21. Jahrhundert
– Gerechte Teilhabe statt Umverteilung

Herausgeber

Heinrich Beyer
Geschäftsführer
Bundesverband Mitarbeiterbeteiligung – AGP
Kassel, Deutschland

Hans-Jörg Naumer
Global Capital Markets & Thematic Research
Allianz Global Investors
Frankfurt, Deutschland

ISSN 2197-4322   ISSN 2197-4330 (electronic)
Management-Reihe Corporate Social Responsibility
ISBN 978-3-662-57599-4   ISBN 978-3-662-57600-7 (eBook)
https://doi.org/10.1007/978-3-662-57600-7

Die Deutsche Nationalbibliothek verzeichnet diese Publikation in der Deutschen Nationalbibliografie; detaillierte bibliografische Daten sind im Internet über http://dnb.d-nb.de abrufbar.

Springer Gabler
© Springer-Verlag GmbH Deutschland, ein Teil von Springer Nature 2018

Einbandabbildung: Michael Bursik

Gedruckt auf säurefreiem und chlorfrei gebleichtem Papier

Springer Gabler ist ein Imprint der eingetragenen Gesellschaft Springer-Verlag GmbH, DE und ist ein Teil von
Springer Nature.
Die Anschrift der Gesellschaft ist: Heidelberger Platz 3, 14197 Berlin, Germany

Vorwort des Reihenherausgebers: Mitarbeiter als Partner unternehmerischer Verantwortung

Arbeitnehmer tragen neben den Kapitalgebern maßgeblich zum unternehmerischen Erfolg bei. Die Mitarbeiter an diesem Erfolg zu beteiligen, fördert somit nicht nur die gesamtgesellschaftliche Akzeptanz des Unternehmertums, sondern auch die unternehmerische Verantwortungsübernahme jedes Einzelnen. Insbesondere in Zeiten des bevorstehenden Strukturwandels durch Digitalisierung, Klimawandel und demografische Veränderungen wird diese Teilhabe der Menschen an den unternehmerischen Potentialen immer wichtiger.

Mit Bezug auf die Weiterentwicklung der sozialen Marktwirtschaft nimmt daher die Diskussion um die gesellschaftliche Verantwortung von Unternehmen (Corporate Social Responsibility – CSR) zum Thema Mitarbeiterbeteiligung an Fahrt auf. Denn das Ziel ist, durch unternehmerische Verantwortungsübernahme Eigenkapital und Vermögen bei den Mitarbeitern zu bilden. Mitarbeiterkapitalbeteiligung ist dabei im Gegensatz zu einer rein staatlichen Umverteilung besser geeignet, einer breiten Gesellschaftsschicht Teilhabe am unternehmerischen Erfolg zu ermöglichen. Gerade auch die Unternehmen haben ein fundamentales Interesse an einer breiten Identifikation der Bevölkerung mit wirtschaftlichen Entscheidungen. Entsprechend ist es wichtig einen gesellschaftlichen Konsens zu erhalten, welcher die ökonomischen Notwendigkeiten mit den sozialen und gesellschaftlichen Zielen in Einklang bringt. Die Diskussion um die Mitarbeiterkapitalbeteiligung ist daher keine Sozialromantik, sondern für die an den Bedürfnissen der Menschen orientierte Wirtschaft hoch relevant.

Die Beteiligung der Mitarbeiter an der wirtschaftlichen Entwicklung eröffnet allen Akteuren ganz neue Chancen. In der Vergangenheit waren es insbesondere Modelle der gesetzlichen Mitarbeitermitbestimmung, die die gesellschaftliche Diskussion prägten. Dabei wurde oft lediglich versucht, basale Mitarbeiterinteressen gegen Kapitalgeberinteressen zu schützen, und dieser Schutz der Mitarbeiterinteressen wurde in komplizierte Regelwerke und Mitbestimmungsgesetze verpackt. Bei einer solchen Herangehensweise jedoch fehlt oft die positive Sicht auf die unternehmerische Verantwortungsübernahme der Mitarbeiter und das gemeinsame Interesse am unternehmerischen Erfolg.

Aus der aktuellen CSR-Diskussion heraus entwickelt sich derzeit ein neuer progressiver Beteiligungsansatz, der insbesondere den positiven Beitrag der Mitarbeiter zum unternehmerisches Erfolg unterstreicht. Als Konsequenz dieser Neubestimmung des Verhältnisses zwischen Mitarbeiter- und Unternehmensinteressen werden innovative Beteiligungsmodelle entwickelt, die die gemeinsame Verantwortungsübernahme von Mitarbeitern und Unternehmern stärken.

Aufgrund dieses gewandelten Verständnisses von CSR und Mitarbeiterbeteiligung sowie den steigenden Anforderungen in der Arbeitswelt, wird diese Diskussion immer wichtiger. Denkt man Nachhaltigkeit aus einer Beteiligungsperspektive, geht es nicht mehr bloß darum Mitbestimmungsgesetze einzuhalten, sondern um die Steigerung der gemeinsamen unternehmerischen Wertschöpfung aller Stakeholder. Anstelle des Paradigmas des defensiven Schutzes der Mitarbeiter vor den Unternehmern rückt daher das Paradigma der „positiven Wertschöpfung" in den Mittelpunkt. Dieses neue CSR-Verständnis ist prädestiniert dafür, Kapitalgeber, Mitarbeiter und Unternehmer zu Partnern des unternehmerischen Erfolges zu machen.

In der Management Reihe Corporate Social Responsibility überwindet die nun vorliegende Publikation mit dem Titel „CSR und Mitarbeiterbeteiligung" die oft einseitig geführte Diskussion: Zum einem durch tiefgreifende Analysen der Entwicklung der sozialen Marktwirtschaft und ihren Einfluss auf die Kapitalbildung sowie die unternehmerische Verantwortungsübernahme in der Bevölkerung, zum anderen durch konkrete Praxisbeispiele wie Mitarbeiter am Unternehmenserfolg beteiligt werden können. Das Buch schlägt damit eine interessante Brücke zwischen den aktuellen Themen rund um die wirtschaftlichen sowie gesellschaftlichen Auswirkungen der Mitarbeiterbeteiligung und der aktuellen CSR-Diskussion. Alle LeserInnen sind nunmehr herzlich eingeladen, die in der Publikation dargelegten Gedanken aufzugreifen und für die eigenen beruflichen Herausforderungen zu nutzen. Ich möchte mich last but not least sehr herzlich bei den Herausgebern Dr. Heinrich Beyer und Hans-Jörg Naumer für ihr großes Engagement, bei Janina Tschech und Eva-Maria Kretschmer vom Springer-Gabler-Verlag für die gute Zusammenarbeit sowie bei allen Unterstützern der Reihe aufrichtig bedanken und wünsche Ihnen, werte Leserinnen und werter Leser, nun eine interessante Lektüre.

Prof. Dr. René Schmidpeter

Vorwort

Mitarbeiterkapitalbeteiligung: Echte Teilhabe als Antwort auf die unzureichende Vermögensbildung in Deutschland

„Die Armen werden immer ärmer, die Reichen immer reicher" – das ist wohl die Kurzformel einer der drängendsten Debatten unserer Zeit. Dabei kennt diese Debatte scheinbar nur eine Antwort: Umverteilung. Aber es gibt noch einen anderen Weg: Teilhabe durch Kapitalbeteiligung. Das ist die eigentliche Motivation dieses Buchs: Breiten Bevölkerungskreisen (Mitarbeiter-)Kapitalbeteiligung zu ermöglichen. Nur so ist echte Teilhabe möglich. Teilhabe an den Früchten unternehmerischer Tätigkeit, aber auch an ihren Risiken.

Der gesamtwirtschaftliche wie gesellschaftliche Blick auf die (Mitarbeiter-)Kapitalbeteiligung führt daher zu einem neuen Ansatz zu den Themen Kapital und Arbeit. Gut 150 Jahre nach Erscheinen von *Das Kapital* (Karl Marx), wenige Jahre nach Erscheinen von *Das Kapital im 21. Jahrhundert* (Thomas Piketty) aber auch gut 75 Jahre nach der *Freiburger Denkschrift* (vgl. dazu Arbeitskreis Evangelischer Unternehmer 2015 und Plickert 2009), die konstitutiv für unsere Wirtschaftsordnung ist, gehen die Autoren daran, die Brücke zwischen Kapital und Arbeit zu schlagen und rollen damit die Debatte um Arm und Reich lösungsorientiert neu auf.

Entlang der These, dass unternehmerische Risiken auch durch eine Risikoprämie entlohnt werden und es letztlich diese Risikoprämie ist, die zu Vermögensunterschieden führt, geht es darum, die Kapitalbeteiligung zu fördern. Dies kann in Form der Mitarbeiterkapitalbeteiligung[1] geschehen oder auch darüber hinausgehend als breit diversifizierte Kapitalbeteiligung, etwa durch einen Deutschlandlandfonds oder noch weitergehend durch das neu zu schaffende Konstrukt des Teilhaberfonds.

Dabei ist der Gedanke, Kapitalbeteiligung zu fördern, selbst nicht neu; er sieht seine Anfänge bereits in der Gründung dieser Republik und ist in vielerlei Form bereits Realität. Aber gerade die Praxis zeigt, dass in Anbetracht der Vermögensverteilung und

---

[1] Aus Gründen der besseren Lesbarkeit verwenden wir in diesem Buch überwiegend das generische Maskulinum. Dies impliziert immer beide Formen, schließt also die weibliche Form mit ein.

der Verbreitung der Kapitalbeteiligung noch viel zu tun bleibt, bis die sinnbildlich auf Marx zurückgehende Unterscheidung von Kapital und Arbeit überwunden wird. Dies gilt umso mehr, als wir uns in einer Phase äußerst niedriger, ja negativer Renditen bei den Staatsanleihen bewegen, die so schnell nicht überwunden werden dürfte. Wird der Kaufkraftverlust selbst geringer Inflationsraten berücksichtigt, wird deutlich: Die Deutschen sparen im Rückwärtsgang, wie auch die in diesem Buch enthaltende Untersuchung zum Sparverhalten zeigt.

Wenn aber das Privateigentum verfassungsrechtlichen Rang hat, dann leitet sich daraus geradezu die Forderung ab, den Eigentumsaufbau ebenfalls zu fördern. Dass eine Gesellschaft der Kapitaleigner dabei keine Vision bleiben muss, zeigen die Berechnungen in diesem Buch, aber auch die konkreten Vorschläge für die politische wie unternehmerische Praxis.

Kapitalbeteiligung wäre auch die Antwort auf den technologischen Wandel, der, basierend auf künstlicher Intelligenz, in seinem Ausmaß kaum abschätzbar ist, sich aber auf Arbeitsplätze und Lohnstrukturen auswirken dürfte – bis hin zu der These, dass das „2. Maschinenzeitalter" (Brynjolfsson und MacAfee 2015), anders noch als das gerade zu Ende gehende erste, menschliche Arbeit nicht mehr oder zumindest weniger benötigt. Eine radikale These, vielleicht, aber eine These, die es umso wichtiger erscheinen lässt, dass die Menschen, wenn sie schon nicht mehr – oder zumindest weniger – selbst arbeiten, die Maschinen für sich arbeiten lassen und daraus ihren Einkommensstrom erzielen. Faktisch käme es dadurch zu einem bedingungslosen Grundeinkommen, wenn auch in einer völlig anderen als der landläufig diskutierten Form: Der Bürger als Kapitaleigner statt als Empfänger staatlicher Almosen.

Der Einstieg in eine Gesellschaft von Teilhabern ist die Mitarbeiterkapitalbeteiligung. Bei Einlagen in das „eigene" Unternehmen – zum Erwerb von Belegschaftsaktien oder stillen Beteiligungen im Mittelstand – können die Miteigentümer tagtäglich die Performance ihres Investments erleben und sogar aktiv dazu beitragen, dass eine hohe Rendite erzielt wird. Beschäftigte werden zu Mitunternehmern, profitieren vom Erfolg und der Wertsteigerung des Unternehmens und erhalten Zugang zu einer renditestarken Anlageform für ihren Vermögensaufbau und ihre Altersvorsorge.

Gleichermaßen profitieren die Unternehmen von Beteiligungsprogrammen für ihre Mitarbeiter: Mitarbeiterbindung und Engagement werden erhöht, die Leistungsfähigkeit des Unternehmens wird verbessert und die Kapitalausstattung gestärkt. Insbesondere im zunehmenden Wettbewerb um Fach- und Führungskräfte entsteht ein wichtiges Alleinstellungsmerkmal.

Mitarbeiterkapitalbeteiligung ist zudem ein Einstieg in ein anderes Anlageverhalten, das mit einer nüchternen Risikoabwägung die langfristigen Vorteile von Beteiligungen am Produktivkapital nutzt – sei es mit Einlagen in das eigene Unternehmen oder darüber hinaus in Aktien- und Fondssparpläne.

In anderen europäischen Ländern und im angelsächsischen Raum sind derartige Beteiligungen weitaus stärker verbreitet. Das liegt zum einen an einer positiven Beteiligungskultur, aber eben auch an deutlich höheren steuerlichen Anreizen, weniger Reglementierung und größerer Rechtssicherheit. In Deutschland dagegen konzentriert sich die steuerliche Förderung auf niedrig rentierliche und hochgradig reglementierte Anlageformen.

Die zentralen Ansatzpunkte für mehr Teilhabe und mehr Vermögensbildung in Mitarbeiterhand sind eine bessere steuerliche Förderung, der Abbau von bürokratischen Hemmnissen, ein besseres Informationsangebot für die Unternehmen, ein günstiges institutionelles Umfeld, in dem Politik, Verbände und Gewerkschaften das Thema einvernehmlich promovieren, und die Einbeziehung derartiger Themen in die schulische und berufliche Bildung (Wirtschaft in die Schule!).

Zu Ende gedacht ist mehr Kapitalbeteiligung eine gesamtgesellschaftliche und unternehmerische Win-Win-Situation: Mehr Sinnstiftung bei der Arbeit, mehr Motivation und am Ende auch mehr Wertschöpfung. Teilhabe am Kapital der Unternehmen ist somit eine zentrale Säule der Corporate Social Responsibility (CSR).

Im 21. Jahrhundert geht es um Kapitalbeteiligung als Form gerechter Teilhabe statt um Umverteilung.

Literatur

Arbeitskreis Evangelischer Unternehmer (2015) 70 Jahre Denkschrift des Freiburger Bonhoeffer-Kreises. Der AEU datiert die Entstehung der Denkschrift auf deren Veröffentlichungsdatum 1945. Eine Abschrift des Anhangs 4 zur Wirtschafts- und Sozialordnung findet sich auf www.aeu-online.de

Plickert P (2009) Liberale Ökonomen im Widerstand. Orientierungen zur Wirtschafts- und Gesellschaftspolitik 121:41–50

Brynjolfsson E, MacAfee A (2015) The Second Machine Age: Work, Progress, and Prosperity in a Time of Brilliant Technologies. Norton & Company, New York City

Die Herausgeber

Dr. Heinrich Beyer ist seit 2006 Geschäftsführer des Bundesverbands Mitarbeiterbeteiligung – AGP. Nach einer Ausbildung zum Bankkaufmann und dem wirtschaftswissenschaftlichen Studium war er wissenschaftlicher Mitarbeiter an der Universität Kassel und zugleich Leiter verschiedener Projekte der Bertelsmann Stiftung und der Hans-Böckler-Stiftung. Im Jahr 2005 wechselte er als Referatsleiter zur Bertelsmann Stiftung nach Gütersloh und 1999 als kaufmännischer Geschäftsführer zu einem mittelständischen Unternehmen. Heinrich Beyer unterstützt Unternehmen bei der Einführung ihres Beteiligungsprogramms und berät Politik und Verbände. Er ist Autor verschiedener Publikationen zu den Themen Unternehmensführung und Mitarbeiterbeteiligung.

Hans-Jörg Naumer leitet seit 2000 Capital Markets and Thematic Research bei Allianz Global Investors. Kapitalanlage, Vermögensaufbau und die Analyse langfristig wirkender Trends bilden den Dreiklang seiner Analysen und Präsentationen, mit denen er sowohl institutionelle als auch private Investoren erreicht. Die Studien von Global Capital Markets and Thematic Research erscheinen in bis zu acht Sprachen und werden weltweit gelesen. Bevor er zum damaligen dit kam, arbeitete Hans-Jörg Naumer bei der Société Générale. Vor seinem Wechsel zu Allianz Global Investors hatte Hans-Jörg Naumer dort zuletzt die Funktion des Head of Research Germany inne.

Inhaltsverzeichnis

Autorenverzeichnis

Bernd Ankenbrand Hochschule für angewandte Wissenschaften Würzburg-Schweinfurt, Schweinfurt, Deutschland

Joachim Bangert Vorstandsmitglied, auxilion AG, Heppenheim, Deutschland

Kurt Beck Vorsitzender, Friedrich-Ebert-Stiftung, Bonn, Deutschland

Heinrich Beyer Geschäftsführer, Bundesverband Mitarbeiterbeteiligung – AGP, Kassel, Deutschland

Marc Eller Bereichsleitung Recht, auxilion AG, Heppenheim, Deutschland

Joachim Fetzer Maintal, Deutschland

Sven Franke Geschäftsführer, CO:X UG, Lehre, Deutschland

Richard B. Freeman National Bureau of Economic Research, Cambridge MA, USA

Niklas Fuß Berater, hkp group, Frankfurt am Main, Deutschland

Björn Hinderlich Partner, hkp group, Frankfurt am Main, Deutschland

Arne Holzhausen Economic Research der Allianz SE, Allianz SE, München, Deutschland

Traugott Jähnichen Lehrstuhl für Christliche Gesellschaftslehre Evangelisch-Theologische Fakultät, Ruhr-Universität Bochum, Bochum, Deutschland

Norbert Kluge Direktor, Hans-Böckler-Stiftung, Düsseldorf, Deutschland

Norbert Kuhn Leiter Unternehmensfinanzierung, Deutsches Aktieninstitut e.V., Frankfurt am Main, Deutschland

Dirk Lambach Leiter Kommunikation, Bundesverband Mitarbeiterbeteiligung – AGP, Kassel, Deutschland

Rolf Leuner Partner, Rödl & Partner, Nürnberg, Deutschland

Jens Lowitzsch Kelso-Stiftungsprofessur, Europa Universität Viadrina, Frankfurt (Oder), Deutschland

Christian Müller Universität Münster, Münster, Deutschland

Marc Muntermann Siemens AG, München, Deutschland

Hans-Jörg Naumer Global Capital Markets & Thematic Research, Allianz Global Investors, Frankfurt, Deutschland

Hans-Jürgen Papier München, Deutschland

Tobias Pross Allianz Global Investors, Frankfurt, Deutschland

Thomas Steger Universität Regensburg, Regensburg, Deutschland

Jens Südekum Düsseldorf Institute for Competition Economics (D.I.C.E.), Heinrich-Heine-Universität Düsseldorf, Düsseldorf, Deutschland

Astrid Szebel-Habig Institut für Management und Leadership, Hochschule Aschaffenburg, Aschaffenburg, Deutschland

Michael Theurer Deutscher Bundestag, Berlin, Deutschland

Michael Wolff Georg-August-Universität Göttingen, Göttingen, Deutschland

Matthias Zimmer Deutscher Bundestag, Berlin, Deutschland

Historische Evidenz und gesellschaftspolitische Relevanz von Eigentum und Teilhabe

Eigentum und Teilhabe – Festigung unserer freiheitlichen Verfassungsordnung

Hans-Jürgen Papier

1 Demokratie und Rechtsstaat

Demokratie und Rechtsstaat gehören zum Identitätskern der verfassungsrechtlichen Ordnung der Bundesrepublik Deutschland. In diesem Zusammenhang ist an die Worte des bekannten Rechtsphilosophen Gustav Radbruch zu erinnern, die er im Jahre 1946 am Schluss seines berühmten Aufsatzes *Gesetzliches Unrecht und übergesetzliches Recht* niederschrieb.[1] „Demokratie ist gewiss ein preisenswertes Gut, Rechtsstaat aber wie das tägliche Brot, wie Wasser zum Trinken und wie Luft zum Atmen, und das Beste an der Demokratie gerade dieses, dass nur sie geeignet ist, den Rechtsstaat zu sichern". Kernstück der Rechtsstaatlichkeit ist die uneingeschränkte Herrschaft des Rechts,[2] wozu insbesondere auch die im Grundgesetz niedergelegten Grundrechte gehören. Art. 1 Abs. 3 GG erklärt die Grundrechte als unmittelbar geltendes Recht für alle staatlichen Gewalten, einschließlich der gesetzgebenden Gewalt, für verbindlich.

Das Grundgesetz (GG) garantiert das Privateigentum einschließlich des unternehmensbestimmten Eigentums und seiner ökonomischen Nutzbarkeit (Art. 14 Abs. 1 GG). Es gewährleistet überdies die Berufs- und damit auch die Gewerbe- und Unternehmerfreiheit sowie das Recht der freien Wahl des Arbeitsplatzes und der Ausbildungsstätte (Art. 12 Abs. 1 S. 1 GG). Auch die Gründung von Personen- und Kapitalgesellschaften, das Recht des Beitritts bzw. des Austritts aus diesen Gesellschaften und das Recht der Betätigung solcher Vereinigungen sind grundrechtlich gewährleistet (Art. 9 Abs. 1 GG). Hinzu tritt das Grundrecht der Vertragsfreiheit (Art. 2 Abs. 1 GG) sowie schließlich das Recht, Koalitionen zu gründen, ihnen beizutreten oder fernzubleiben und über die Koalition die

---

[1] Süddeutsche Juristenzeitung I, Nr. 5, 1946, S. 108.
[2] Papier, Rechtsstaatlichkeit und Grundrechtsschutz in der digitalen Gesellschaft, in: NJW 2017, S. 3025.

H.-J. Papier (✉)
München, Deutschland

© Springer-Verlag GmbH Deutschland, ein Teil von Springer Nature 2018
H. Beyer und H.-J. Naumer (Hrsg.), *CSR und Mitarbeiterbeteiligung*,
Management-Reihe Corporate Social Responsibility,
https://doi.org/10.1007/978-3-662-57600-7_1

Arbeits- und Wirtschaftsbedingungen in einer Ordnung der sozialen Selbstverwaltung pri-
vatautonom festzulegen (Art. 9 Abs. 3 GG). Diese Grundrechte gewähren dem Einzelnen
als Rechtsperson einen bestimmenden Anteil an der Sozial- und Wirtschaftsgestaltung.
Der Einzelne soll eigenverantwortlich, autonom und (auch) mit privatnütziger Zielsetzung
an der Gestaltung der Rechts-, Gesellschafts- und Wirtschaftsordnung mitwirken. Eigentumsgarantie und die anderen Grundrechte des privatautonomen und selbstbestimmten
Handelns und der privatautonomen und selbstbestimmten Teilhabe an der Wirtschaftsgestaltung schließen eine potenziell absolute Herrschaft des politischen, demokratischen
Systems über die Wirtschaft aus.[3]

2 Wirtschaftsverfassung und Grundgesetz

„Das Grundgesetz enthält keine unmittelbare Festlegung und Gewährleistung einer bestimmten Wirtschaftsordnung". Es überlässt die Ordnung der Wirtschaft „vielmehr dem
Gesetzgeber, der hierüber innerhalb der ihm durch das Grundgesetz gezogenen Grenzen frei zu entscheiden hat, ohne dazu einer weiteren als seiner allgemeinen demokratischen Legitimation zu bedürfen". Diese im Mitbestimmungsurteil des Bundesverfassungsgerichts vom 1. März 1979[4] getroffene Feststellung wiederholt die in der deutschen
Verfassungsrechtslehre zwischenzeitlich unbestrittene Grundannahme einer „ordnungspolitischen Neutralität" des GG. Im Unterschied zur Weimarer Verfassung (Art. 151 bis
165) enthält das GG keinen ausdrücklichen Regelungskomplex über die Wirtschafts- und
Sozialverfassung, was zur Stützung der Neutralitätsthese immer wieder angeführt wird.
Die Enthaltsamkeit des GG in Fragen eines staatlichen Gestaltungsauftrags zur Wirtschaftsordnung kann allerdings nicht dahingehend missverstanden werden, dass den wirtschaftsrechtlich relevanten Freiheitsrechten des GG eine reduzierte Garantiewirkung oder
Geltungskraft zukomme, wenn der Gesetzgeber Fragen der Wirtschafts- und Sozialverfassung regelt und dabei Grundrechtseingriffe vornimmt. Der Verzicht des Grundgesetzes
auf die Normierung bzw. Einführung einer bestimmten Wirtschaftsverfassung und einer spezifischen Wirtschafts- und Sozialordnung bedeutet keinesfalls die Schaffung eines
grundrechtsfreien oder „grundrechtsverdünnten" Raums bei der gesetzlichen Gestaltung
der Wirtschafts- und Sozialordnung und bei den dabei unvermeidlichen Regelungen im
Bereich der Wahrnehmung und Ausübung wirtschaftsrechtlich relevanter Grundrechte.

Auf der Grundlage eines freiheitsrechtlich ausgestatteten Verfassungsgesetzes wie es
das GG darstellt, kann eine Wirtschaftsordnung weder entstehen noch durch politischen
Entscheid geschaffen werden, welche die Koordinierungsfrage der Volkswirtschaft prinzi-
piell durch ein Zentralverwaltungssystem oder ein System imperativer und zentralisierter
Staatsplanung lösen will. Der wirtschaftsverfassungsrechtliche Ordnungsrahmen für die
Politik ist mehr oder weniger implizit vorgegeben. Er ist von einer grundsätzlich ver-

---

[3] Papier, in: Maunz/Dürig, Grundgesetz, Art. 14 (2010) Rn. 4.
[4] BVerfGE 50, S. 290 ff.

kehrswirtschaftlichen Koordination der Volkswirtschaft und von einer vorrangig privatautonomen Unternehmens- und Einzelwirtschaftsplanung geprägt.[5] Zwischen der freiheitsverbürgenden Verfassung und der Wirtschafts-, Sozial- und Eigentumsordnung besteht daher eine untrennbare Verknüpfung. Die die wirtschaftliche und unternehmerische Tätigkeit schützenden Grundrechte des GG setzen gewisse Grundpflöcke einer dezentralen Zuständigkeitsordnung im Wirtschaftsbereich, sie ziehen der wirtschaftspolitischen Gesetzgebung beispielsweise eindeutig Grenzen, soweit diese sich anschicken sollte, zum konträren Prinzip der Zentralverwaltungswirtschaft, der staatsplanwirtschaftlichen Koordination der Volkswirtschaft und einer grundsätzlichen Aufgabe von Privateigentum und einer durch Privatautonomie geprägten unternehmerischen Tätigkeit überzugehen.

3 Freiheit und Eigentum

3.1 Eigentumsgarantie als Freiheitsrecht

Die grundrechtlichen Garantien von Freiheit und Eigentum stehen in einem engen Zusammenhang. Seit jeher wird das Grundrecht der Eigentumsfreiheit aus Art. 14 Abs. 1 GG als „ein elementares Grundrecht" gesehen, „das in einem inneren Zusammenhang mit der Garantie der persönlichen Freiheit steht".[6] Der Eigentumsgarantie kommt die Funktion zu, dem Einzelnen „einen Freiheitsraum im vermögensrechtlichen Bereich zu sichern und ihm dadurch eine eigenverantwortliche Gestaltung seines Lebens zu ermöglichen".[7] Der Zusammenhang von Freiheit und Eigentum wird nicht vollständig umschrieben, wenn man in der Eigentumsgarantie ausschließlich die Garantie der materiellen und ökonomischen Basis der Freiheitsentfaltung versteht. Dieser wirtschaftlich-finanzielle Sicherheitsaspekt der Eigentumsgarantie ist zwar nicht unwichtig, zur ausschließlichen und vorrangigen Funktionsbestimmung der Eigentumsgarantie ist er allerdings nicht geeignet. Art. 14 Abs. 1 S. 1 GG gewährleistet das Privateigentum nicht nur als ein subjektives, individuelles Recht des Einzelnen, sondern auch als Rechtsinstitut. Diese Institutsgarantie erfordert eine Privatrechtsordnung, die das subjektive Privatrecht in den Vordergrund stellt, also die rechtlich anerkannte Willensmacht des Einzelnen als ein Mittel der Gestaltung der Sozial- und Wirtschaftsordnung. Die Bestimmungsgründe des sozialen und wirtschaftlichen Lebens sollen nicht allein die des öffentlichen Interesses sein, die Grundlagen des Gemeinwesens liegen im Gegenteil in erster Linie in dem Freiraum, den die Grundrechte eröffnen.[8] Die Eigentumsgarantie des Art. 14 GG gewährleistet die Privatautonomie auf vermögensrechtlichem Gebiet, dieser Artikel hat damit eine vergleichbare Funktion wie

---

[5] Papier, in: Maunz/Dürig, Grundgesetz, Art. 14 (2010) Rn. 30 ff.

[6] BVerfGE 24, S. 367 (389); 30, S. 292 (334); 31, S. 229 (239); 50, S. 290 (339); 97, S. 350 (370 f.); 100, S. 226 (241).

[7] BVerfGE 24, S. 367 (389); 68, S. 193 (222); 78, S. 58 (73); 79, S. 292 (303 f.); 83, S. 201 (208); 91, S. 294 (307); 101, S. 54 (75); 102, S. 1 (15); 104, S. 1 (8 f.); 115, S. 97 (110).

[8] Papier, in: Maunz/Dürig, Grundgesetz, Art. 14 (2010), Rn. 4.

die anderen Grundrechte des privatautonomen Handelns und Wirtschaftens, also etwa die Berufs- und Gewerbefreiheit nach Art. 12 Abs. 1, die Vereinigungs- und Gesellschaftsfreiheit nach Art. 9 Abs. 1 und die allgemeine Vertragsfreiheit gemäß Art. 2 Abs. 1 GG. Der Eigentumsgewährleistung des Art. 14 Abs. 1 GG kommt daher eine den Rechtsstaat des GG prägende soziale Machtverteilungs- und Gewaltenteilungsfunktion zu.

3.2   Eigentumsgarantie als Institutsgarantie

Die verfassungsrechtliche Garantie des Privateigentums als Rechtsinstitut soll die Geltungskraft der Eigentumsgarantie und damit die individuellen subjektiven Rechte stärken. Sie verpflichtet den Staat indes nicht dazu, dem Einzelnen die materiellen Voraussetzungen für die Wahrnehmung der Eigentumsgarantie zu beschaffen. Die verfassungsrechtliche Eigentumsgarantie verpflichtet den Staat mit anderen Worten nicht dazu, dem Einzelnen Mittel zur Verfügung zu stellen, damit dieser in die Lage versetzt werde, das Grundrecht der Eigentumsfreiheit aus Art. 14 Abs. 1 GG auch tatsächlich wahrzunehmen. Aus der Institutsgarantie kann daher keine Gewährleistung der sozio-ökonomischen Voraussetzungen einer Grundrechtswahrnehmung entnommen werden.[9]

Aus der Garantie des Privateigentums als einer Rechtseinrichtung des Privatrechts kann indes die Verpflichtung des staatlichen Gesetzgebers abgeleitet werden, das Rechtsinstitut des Privateigentums vor gesellschaftlicher Bedeutungslosigkeit zu schützen. Das bedeutet z. B., dass die Gesetzgebung einer Konzentration des Privateigentums entgegenzuwirken hat, die dem Funktionssinn der Eigentumsgewährleistung widerstreitet. Denn dieser besteht, wie gesagt, darin, jedem Einzelnen einen Freiheitsraum im vermögensrechtlichen Bereich zu sichern und ihm dadurch eine eigenverantwortliche Lebensgestaltung zu ermöglichen. Damit ist nicht nur das Erfordernis einer staatlichen Antikonzentrationsgesetzgebung gegen Konzentrationen von Wirtschaftseigentum angesprochen. Die Abwehr einer dysfunktionalen Konzentration des Privateigentums verpflichtet den Staat auch auf eine aktive Förderung der Vermögensbildung in privater Hand. Dass eine solche Rechtspflicht des Staates dem Grunde nach aus der Eigentumsinstitutsgarantie des Art. 14 Abs. 1 S. 1 GG folgt, wird durch die Erkenntnis deutlich, dass gravierend ungleichgewichtige Verteilungsstrukturen des Privateigentums eine latente, existenzielle Gefahr für die Verfassungs- und Gesellschaftsordnung allgemein und für die Eigentumsgarantie im Besonderen darstellt. Eine auf dem Privateigentum gründende Gesellschaftsordnung wird auf die Dauer und erst recht nicht in Zeiten ökonomischer und politischer Krisen von denen getragen werden, die zu einer Mehrheitsgesellschaft der Nicht-Eigentümer gehören. Missstände oder gar Krisen in den Verteilungsstrukturen gerade auch des Produktionsmitteleigentums müssen zur Wahrung der freiheitlichen Verfassungsordnung unbedingt vermieden werden. Dies ist nicht nur ein Gebot der Vernunft, sondern muss auch als ein solches von verfassungsrechtlichem Range erachtet werden. Es dient der Wahrung und

---

[9] Papier, in: Maunz/Dürig, Grundgesetz, Art. 14 (2010), Rn. 15.

der dauerhaften Akzeptanz des Privateigentums als Rechtsinstitut unserer Privatrechts-ordnung.[10]

4 Eigentum und Mitbestimmung im Unternehmen

Die grundgesetzliche Garantie des Privateigentums umschließt das Eigentum am Un-ternehmen; die Berufsfreiheit des Art. 12 Abs. 1 GG gewährleistet auch die Unter-nehmerfreiheit, also das Recht der freien Gründung und Führung von Unternehmen. Von diesen verfassungsrechtlichen Verbürgungen gehen auch gewisse Wirkungen auf den gesellschafts- und unternehmensrechtlichen Binnenbereich aus.[11] Die Grundrech-te aus Art. 12 Abs. 1 GG und Art. 14 Abs. 1 GG sind Grundlage und Rechtfertigung gesetzgeberischer Regelungen in diesem gesellschaftsrechtlichen und unternehmens-rechtlichen Binnenbereich. Eigentumsgarantie und die wirtschaftsrechtlich relevanten Grundrechte einerseits, die Unternehmensverfassung andererseits sollten sich in gewis-ser Hinsicht strukturell entsprechen. Die genannten Grundrechte, insbesondere auch die Eigentumsgarantie des Art. 14 Abs. 1 GG, verlangen keine Unternehmensverfas-sung, die ausschließlich von den Kapitalinvestoren geprägt ist. All diejenigen Personen, die zwar nicht Kapital, wohl aber Arbeitsleistung in das Unternehmen einbringen, also die Arbeitnehmer, können in den Unternehmensträgerverband, also in die Trägergesell-schaft, inkorporiert werden. Dies wird der Eigentumsgarantie des Art. 14 GG als einer verfassungsrechtlichen „Binnenstrukturrichtlinie" aber nur dann gerecht, wenn jene Mit-trägerschaft und Mitbestimmung im Unternehmen aus subjektiven Privatrechten fließen, die den verfassungsrechtlichen Eigentumsvorstellungen entsprechen. Sie müssen mithin den Rechtsträgern einen Anteil an privatautonomer Rechts- und Wirtschaftsgestaltung im und durch das Unternehmen gewährleisten. Sie müssen dann aber auch nicht nur die Gewinnmöglichkeit, sondern auch das Verlust- und Haftungsrisiko dieser Rechtsträger anteilsmäßig umfassen.

Die Regelungsidee, die für die gegenwärtig geltenden Mitbestimmungsstrukturen im Unternehmen maßgeblich ist, ist indes eine gänzlich andere.[12] Die Träger der Mitbestim-mung des geltenden Rechts, also die Arbeitnehmer eines Unternehmens, werden gerade nicht kraft der Inhaberschaft eines subjektiven individuellen Privatrechts in den Eigen-tümerverband oder die Unternehmensträgergesellschaft und damit in die Gewinn- und Risikogemeinschaft des Unternehmensträgers eingegliedert, sie verbleiben vielmehr in ei-nem externen vertraglichen Austausch-, also Arbeitsverhältnis zum Unternehmensträger. Diese geltende Unternehmensmitbestimmung ist mithin im Kern keine eigentumsrechtli-

---

[10] Papier, in: Maunz/Dürig, Grundgesetz, Art. 14 (2010), Rn. 17.
[11] S. dazu auch *Papier*, Unternehmen und Unternehmer in der verfassungsrechtlichen Ordnung der Wirtschaft, Veröffentlichungen der Vereinigung der Deutschen Staatsrechtslehrer (VVDStRL) 35 (1977), S. 55 ff.
[12] Papier, in: Maunz/Dürig, Grundgesetz, Art. 14 (2010), Rn. 505.

che, auf Privatautonomie basierende Unternehmensverfassung, weil sie die Arbeitnehmer nicht in den Eigentümerverband und in die Unternehmensträgergesellschaft einbezieht.

Eine solche Unternehmensmitbestimmung stößt dann auf verfassungsrechtliche Grenzen, wenn sie die Grenze einer voll-paritätischen Mitbestimmung der Arbeitnehmer und ihrer Organisationen überschreiten sollte.[13] Denn eine solche, nicht auf das Eigentum gestützte Ordnung der Unternehmensmitbestimmung externer, nicht in den Eigentümerverband inkorporierter Personen und Organisationen ist mit der Eigentumsgarantie des Art. 14 Abs. 1 GG jedenfalls dann nicht mehr vereinbar, wenn die autonomen Privatrechtsträger und Mitglieder der Trägergesellschaft des Unternehmens nicht mehr imstande sind, in ihrer Gesellschaft einen eigenen Willen zu bilden und durchzusetzen. In einem solchen Fall nehmen von den Eigentümern und Gesellschaftern unabhängige Personen oder Gruppen beherrschenden Einfluss auf den unternehmensinternen und unternehmensleitenden Willensbildungsprozess. Für die Annahme der Verfassungsmäßigkeit der qualifizierten Unternehmensmitbestimmung nach dem Gesetz von 1976 war dem Bundesverfassungsgericht die Annahme wesentlich, dass diese qualifizierte Mitbestimmung weder rechtlich noch in einer dem Gesetz zurechenbaren Weise der Sache nach eine paritätische oder gar eine überparitätische Mitbestimmung der Arbeitnehmer begründe.[14]

5 Fazit

Gemeinhin wird nicht gesehen, dass Art. 14 GG ebenso wie die anderen die wirtschaftliche Betätigung schützenden Freiheitsrechte des Grundgesetzes einen breiteren Raum für eine eigentumsrechtliche, auf Privatautonomie basierende Unternehmensverfassung bieten. Kraft einer solchen Unternehmensverfassung würden die Arbeitnehmer neben den Kapitalgebern in den Unternehmensträger- oder Eigentümerverband und damit in die Unternehmensträgergesellschaft, also auch in die Gewinn- und Risikogemeinschaft, einbezogen. Der Weg der Teilhabe ist also kein Weg gegen die freiheitliche Verfassungsordnung, sondern ein Weg hin zu ihrer Festigung und dauerhaften gesellschaftlichen Akzeptanz.

---

[13] Papier, in: Maunz/Dürig, Grundgesetz, Art. 14 (2010), Rn. 500; vgl. aber BVerfGE 99, S. 367 ff. zum Montan-Mitbestimmungsergänzungsgesetz.
[14] BVerfGE 50, S. 290 (322 ff.).

Prof. Dr. Hans-Jürgen Papier geb. 1943 in Berlin, studierte Rechtswissenschaften an der Freien Universität Berlin und wurde dort 1970 promoviert und 1973 habilitiert. Ab dem 1.1.1992 bekleidete er den Lehrstuhl für Öffentliches Recht, insbesondere deutsches und bayerisches Staats- und Verwaltungsrecht sowie Öffentliches Sozialrecht an der Ludwig-Maximilians-Universität München.

Seine Forschungsschwerpunkte liegen vornehmlich im Bereich der Grundrechtsdogmatik, vor allem auch des Eigentumsschutzes, des öffentlichen Finanzrechts, der verfassungsrechtlichen Bezüge des Sozialrechts, des allgemeinen Verwaltungsrechts, des öffentlichen Wirtschafts-, Planungs-, Technik- und Umweltrechts sowie des Staatshaftungsrechts.

Am 27. Februar 1998 wurde er zum Vizepräsidenten und am 10. April 2002 zum Präsidenten des Bundesverfassungsgerichts ernannt. Am 16. März 2010 schied er nach Ablauf seiner zwölfjährigen Amtszeit aus dem Bundesverfassungsgericht aus. Anschließend nahm er seine Tätigkeit als Hochschullehrer an der LMU München in vollem Umfang wahr. Zum 30. September 2011 wurde er emeritiert, nimmt aber nach wie vor Aufgaben in der Lehre wahr.

Eigentum: Eine ordnungsökonomische Perspektive

Christian Müller

1 Die Eigentumsordnung als Säule der Wirtschaftsordnung

Das Privateigentum und seine Auswirkungen bilden den Kern einer jeden (wirtschafts-)politischen Konzeption oder Ideologie. Während die marktwirtschaftlich geprägten Wirtschaftsordnungen das Privateigentum an den Produktionsmitteln als Wesensbestandteil haben, prägt seine Ablehnung die Zentralverwaltungswirtschaften sozialistischen Typs. Die Entscheidung für oder gegen das private Eigentum ist Teil einer ordnungspolitischen Grundentscheidung, die jede Gesellschaft in Bezug auf die „Grundstruktur" (Rawls 1992) der Gesellschaft und die mit ihr konformen Einzelinstitutionen wählt. Dabei geht es nicht primär um die Wahl bestimmter Spielzüge innerhalb der Wirtschaft, sondern um eine Entscheidung für oder gegen einen bestimmten Regelrahmen, unter dem wirtschaftliche Handlungen selbst gewählt werden. Dieses „Denken in Ordnungen" (Eucken 2004, S. 19) – die Betonung der Wahl von Regeln (Ordnungspolitik) statt der einzelnen unter ihnen gewählten Handlungen (Prozesspolitik) – prägt die moderne Ordnungsökonomik (z. B. Buchanan 1990). Diese Unterscheidung lässt sich anhand eines Fußballspiels verdeutlichen (Brennan und Buchanan 1993, S. 7 ff.): Während des Spiels stellen die Spielregeln die Reichweite legitimer Spielzüge dar und steuern das Verhalten der Spieler in mehr oder weniger vorhersagbarer Weise. Wechselt man jedoch gedanklich auf die konstitutionelle Entscheidungsebene, so lässt sich danach fragen, wie sich der Spielablauf und die Spielergebnisse ändern, wenn die Regeln in bestimmter Hinsicht geändert werden. Der vorliegende Beitrag fragt aus ordnungsökonomischer Perspektive nach dem Einfluss der Eigentumsordnung auf die Ergebnisse des Wirtschaftens.

C. Müller (✉)
Universität Münster
Münster, Deutschland
E-Mail: christian.mueller@wiwi.uni-muenster.de

© Springer-Verlag GmbH Deutschland, ein Teil von Springer Nature 2018
H. Beyer und H.-J. Naumer (Hrsg.), *CSR und Mitarbeiterbeteiligung*,
Management-Reihe Corporate Social Responsibility,
https://doi.org/10.1007/978-3-662-57600-7_2

2   Eine Welt ohne Eigentum?

„Wäre in einer Wirtschaftsordnung nicht geregelt, was Eigentum ist und was man mit seinem Eigentum machen darf, würde es [...] ‚Mord und Totschlag' geben" (Kaminski 2017, S. 115). Nach der ökonomischen Theorie der Property Rights (für einen Überblick Müller und Tietzel 2005) versteht man unter Eigentum alle sozial anerkannten Rechte, eine Ressource zu nutzen. Dazu gehören als Teilrechte das Recht, eine Ressource zu nutzen ("usus"), das Recht, sich hieraus Erträge anzueignen ("usus fructus"), das Recht, die Form und Substanz des Vermögensgegenstands zu verändern ("abusus"), und das Recht, den Vermögenswert und die an ihm bestehenden Rechte auf Dritte zu übertragen ("ius abutendi"). In einem Zustand ohne jede Nutzungs- und Ausschlussrechte, so argumentierte im 17. Jahrhundert bereits Hobbes (1966), hätte jeder Mensch ein faktisches Eigentums-„Recht auf alles" (Hobbes 1966, S. 83), das ihn „berechtigt", sich anzueignen, was immer er wünscht und so viel, wie er bekommen kann (Tietzel 1986). Wenn es ihm beliebt, wird er daher Güter nicht selbst produzieren, sondern die Produkte anderer gewaltsam entwenden (vgl. die Modellierungen von Bush und Mayer 1974; Grossman und Kim 1995). Doch die Kehrseite eines jeden Rechts ist die Pflicht eines anderen Menschen, die geschuldete Leistung zu erbringen bzw. deren Entzug zu erdulden. Glaubt indes jeder, ein Recht auf alles zu haben, so geraten die Ansprüche zwangsläufig miteinander in Rivalität. Sein Recht durchsetzen kann nur derjenige, der es sich als erster nimmt. Das Ergebnis wäre nach Hobbes ein Bürgerkrieg eines jeden gegen jeden.

Knappe Güter, für die keine oder nur unzureichend Ausschlussrechte definiert sind, heißen in der ökonomischen Terminologie Allmendegüter (grundlegend Hardin 1968; Ostrom 1990; Literaturüberblicke bei Müller und Tietzel 1998; Mause und Müller 2018). Sie finden sich v. a. im Bereich der Ökologie. Ist die Umwelt, wie heute in weiten Bereichen, ein freies Gut, so kann jedes Unternehmen natürliche Ressourcen wie Luft oder Wasser durch Abgasemissionen oder Abwässer verunreinigen, ohne hierfür bezahlen zu müssen (Nichtausschluss). Die Rivalität dieses „Rechts" mit den entgegengesetzten Ansprüchen anderer Bürger auf eine saubere Umwelt, liegt auf der Hand. Weitere Güter, bei denen unrechtmäßige Nutzer nicht oder nur unzureichend von der Inanspruchnahme des Guts ausgeschlossen sind, sind aufgrund prohibitiver Ausschluss- und Kontrollkosten etwa die Weltmeere: im Spiel individueller Gewinninteressen werden sie nicht nur überoptimal befischt (Gordon 1954; Smith 1969; Munro 1996), sondern dienen auch als kostenlose Müllkippe für ausgediente Ölbohrinseln (Crane und Matten 2004, S. 176 ff.) oder Atomabfälle.

In den genannten Beispielen von Allmendenutzungen von Ressourcen läge es im Gemeinwohl, wenn jeder einzelne Nutzer die Kosten, die er Dritten auferlegt, in sein individuelles Kalkül miteinbezöge und sein eigenes Nutzungsverhalten einschränken würde: Die Menschen in der Hobbesschen Anarchie müssten freiwillig darauf verzichten, ihr Recht auf alles wahrzunehmen, die Nutzer von Umweltgütern hätten sich zu beschränken, diese nicht zu übernutzen, und Autofahrer sollten im Gesamtinteresse davon Abstand nehmen, unnötige Fahrten zu Stoßzeiten zu unternehmen. Da aber jeder einzelne Beteiligte die Kosten seiner Selbstbeschränkung in Form von Nutzeneinbußen allein tragen müsste, während die Nutzen in Form von vermiedenen Wohlfahrtsverlusten für den Einzelnen kaum merklich über die Allgemeinheit streuten, wird er nicht im Gesamtinteresse handeln. Eine Allmenderationierung von Gütern ist damit unmoralisch, insofern sie gegen den kategorischen Imperativ („Handle nur nach derjenigen Maxime, durch die du zugleich wollen kannst, dass sie ein allgemeines Gesetz werde.") verstößt, der in seiner zweiten Formulierung als „Zweckeformel" verlangt: „Handle so, dass du die Menschheit, sowohl in deiner Person, als in der Person eines jeden andern, jederzeit zugleich als Zweck, niemals bloß als Mittel brauchest" (Kant 1983, S. 61). Wer aber ein rivales Gut ohne Ausschluss wie ein freies Gut nutzt, benutzt jeden anderen als „Mittel" des eigenen Vorteilsstrebens: Jeder lebt auf Kosten eines jeden anderen.

Eigentumsregime dienen dazu, diese „Ordnungslücke" (Spiegelhalter 1959, S. 35) durch Ausschluss illegitimer Nutzer zu schließen und damit das Ausmaß der Ressourcennutzung auf das moralisch akzeptable Maß zu reduzieren. So verstanden, ist das Eigentum als Ausschlussrecht eine wichtige moralische Institution (Kliemt 1986), die wesentlich zum gesellschaftlichen Frieden beitragen kann.

- Der theoretische Idealtypus von Eigentumsrechten ist der des *Privateigentums*. Setzt der Staat ein System allgemein anerkannter Verfügungsrechte durch, so erhält jeder Nutzer einen marktwirtschaftlichen Anreiz zur Berücksichtigung der Schädigungen Dritter. Das Privateigentum definiert ein Exklusionsrecht und beseitigt hierdurch das für Allmendegüter typische Übernutzungsproblem: Wird das anarchische Recht auf alles im Hobbesschen „Dschungel" in allgemein akzeptierter Weise zerschnitten und bestimmten Nutzern zugewiesen, so werden sich alle Beteiligten besserstellen: Erstens wird jedem Eigentümer ein privates Recht eingeräumt, einen Teil des vormaligen Gemeinschaftsguts in allen seinen Dimensionen („usus", „usus fructus", „abusus", Transferrecht) zu nutzen, das ihm unabhängig von seiner tatsächlichen Inanspruchnahme zusteht. Auf diese Weise muss er keine produktiven Ressourcen mehr für den verschwenderischen Positionswettlauf ausgeben, der die Allmenderationierung typischerweise kennzeichnet. Zweitens wird es erst durch die Transformation der Gemeinschaftsressource in mehrere private Güter möglich, Ressourcenteile zu handeln. Durch die Möglichkeiten, den Wert des nunmehr privaten Guts im Tausch zu kapitalisieren (Transferrecht), erhält jeder Nutzer einen zusätzlichen Anreiz, den Marktwert seines Guts zu erhalten. Je vollständiger Eigentumsrechte an einem Gegenstand definiert und durchgesetzt sind, desto mehr wird sein Nutzer bestrebt sein, den vollen Wert der Ressource zu erhalten (Müller und Tietzel 2005).
- Ein Ausschluss nicht berechtigter Nutzer kann auch kollektiv geschehen: durch die Definition und Durchsetzung von Gemeinschaftseigentum. *Kollektiveigentum* verhindert das Auftreten des Übernutzungsproblems, indem es den Zugang zu einer gemeinsam genutzten Ressource auf einen klar definierten Nutzerkreis beschränkt und Regeln definiert, unter denen es genutzt werden darf. Die berechtigten Nutzer üben hierbei gemeinschaftlich die Teilrechte „usus" und „usus fructus" aus, ohne gleichermaßen über

das Recht, die Ressource zu verändern („abusus") oder zu veräußern (Transferrecht), zu verfügen. Während die Gemeinschaftlichkeit der Ressourcennutzung somit nicht angetastet wird, legt eine „Verfassung" den nutzungsberechtigten Personenkreis, den Preis für die anteilige Nutzung der Ressource und weitere Rechte und Pflichten der Nutzer sowie Regeln für Kontrolle und Sanktionen fest (vgl. Ostmann et al. 1997, S. 133).

So kategorisch diese Unterscheidung in Privateigentum einerseits und Kollektiveigentum andererseits auch erscheint, so fließend können die Übergänge zwischen den beiden Eigentumstypen unter ökonomischen Gesichtspunkten sein, wenn die Rechtedurchsetzung Kosten verursacht. So kann die Durchsetzung exklusiver Eigentumsrechte ökonomisch zu teuer sein. Einkaufszentren werden dann etwa auch Nichtkunden das freie Parken auf ihren Parkplätzen gestatten und Vermieter werden auf die Durchsetzung ihrer Ansprüche verzichten. Wo es aber zu teuer ist, Ausschluss zu üben, wird selbst im Fall formaljuristisch vollständig zugewiesener Eigentumsrechte ein Teil der dem Eigentümer zustehenden Teilrechte des „usus", „abusus" oder „usus fructus" de facto von nichtberechtigten Dritten wahrgenommen (sog. „domain sharing"; Alchian 1977).

Das Umgekehrte gilt indes auch: Je kleiner die Gruppe der Nutzer einer im Kollektiveigentum befindlichen Ressource ist, desto mehr nähert sich ihre Nutzung de facto einer Nutzung im Privateigentum. Öffentliche Güter wie Kraftwerke oder öffentliche Produktionsunternehmen werden oft nur von einer sehr kleinen Gruppe von Personen, wenn nicht von einer einzigen Person allein geleitet. Diese Personen sind insoweit in der Lage, die Teilrechte des „usus" und „abusus" an dem öffentlich besessenen Vermögensgegenstand wie Privateigentümer wahrzunehmen. Der einzige wesentliche Unterschied ist dann allenfalls, dass den faktischen Rechteinhabern im Regelfall nicht das Fruchtziehungsrecht und das Transferrecht, das Gut ganz oder teilweise zu veräußern, zusteht.

3 Eigentum und Wirtschaftsordnung

Für die Funktionsweise einer Wirtschaftsordnung ist es jedoch nicht nur relevant, welche Art von Eigentum verwendet wird, sondern auch, mit welcher Planungsordnung (Hensel 2015) sie kombiniert wird. Wiederum sind, je nachdem, wer die einzelnen Dimensionen der Eigentumsrechte („usus", „usus fructus", „abusus", „ius abutendi") konkret wahrnimmt, zwei Möglichkeiten denkbar:

- Eine erste Möglichkeit besteht darin, die Eigentumsrechte *dezentral* durch Vereinbarung wahrzunehmen. Im Fall eines solchen marktlichen Koordinationsverfahrens ist im Extremfall die Zahl der Pläne so groß wie die Zahl der Eigentümer eines bestimmten Gutes. Institutionen dieser Art heißen daher auch inklusiv (Acemoglu und Robinson 2013).
- Eine zweite Möglichkeit ist die *zentrale* Wahrnehmung der Eigentumsrechte, im Extremfall durch eine einzige Instanz im Wege eines gesamtwirtschaftlichen Zentralplans.

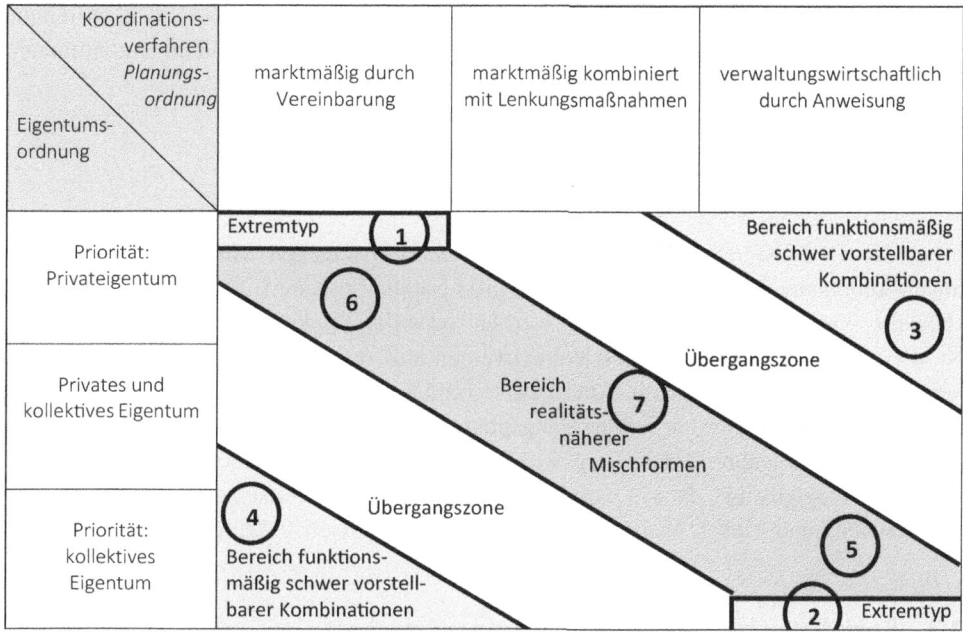

Abb. 1 Typen von Wirtschaftsordnungen. Ausführungen zu den Ziffern 1–7 im Text. (In Anlehnung an Kloten 1955, S. 135; Streit 1991, S. 47)

Die Planung in solchen Institutionen erfolgt mithin exklusiv (Acemoglu und Robinson 2013).

Berücksichtigt man, dass es zwischen den jeweiligen Möglichkeiten auch Mischformen geben kann, so lassen sich alle real existierenden Wirtschaftsordnungen als Kombinationen einer konkreten Eigentumsordnung mit einer spezifischen Planungsordnung rekonstruieren (Abb. 1).

3.1 Die total dezentral und total zentral geplante Wirtschaft

Die reinen Extremlösungen 1 und 2 in Abb. 1 hat es dabei in der Geschichte der Menschheit wohl nie gegeben: Eine total dezentral geplante Wirtschaft (Abb. 1 Nr. 1) mit ausschließlichem Privateigentum ist kaum denkbar, insofern die Existenz von Privateigentum immer einen minimalen Staat – und damit Kollektiveigentum – voraussetzt. Eine total zentral geplante Wirtschaft (Abb. 1 Nr. 2) ist ebenso wenig vorstellbar, insofern nicht alle Entscheidungen (z. B. über die Kleidung, die ein Mensch trägt) zentral gelenkt werden können. So unterlag in den sozialistischen Volkswirtschaften Osteuropas i. d. R. nur das Produktivvermögen der Vergesellschaftung: Unternehmen wurden im Kollektiveigentum geführt, das gleichwohl meist nicht von der gesamten Belegschaft wahrgenommen wurde, sondern von den Zentralverwaltungsstellen in Staat und Einheitspartei. Nur in extremen Ausnahmefällen wurden in der Geschichte auch Konsumgüter dem Kollektiveigentum unterworfen.[1]

3.2 Staatskapitalismus und Konkurrenzsozialismus

In modernen Massengesellschaften realistischer sind dagegen Mischformen wie der Staatskapitalismus (Abb. 1 Nr. 3), in dem grundsätzlich private Eigentumsrechte staatlicherseits – zentral – wahrgenommen werden, oder der Konkurrenzsozialismus (Abb. 1 Nr. 4), der versucht, die Idee des Kollektiveigentums mit den Vorteilen einer dezentralen, marktlichen Zuteilung von Gütern zu verbinden. Beide haben in der Geschichte der Menschheit wohl immer nur in Übergangsphasen existiert – der Staatskapitalismus näherungsweise etwa während der Kriegswirtschaft in der Zeit des Nationalsozialismus, der Konkurrenzsozialismus, der v. a. von Lange (1936, 1937) theoretisch analysiert wurde, im Jugoslawien unter Tito (s. Ward 1957; Furubotn und Pejovich 1972, S. 1155–1157).

3.3 Sozialistische Zentralverwaltungswirtschaft

Kombiniert man die Institution des Kollektiveigentums (v. a. an Produktivvermögen) mit zentraler Lenkung des Wirtschaftsprozesses, so ergibt sich die Zentralverwaltungswirtschaft sozialistischen Typs (Abb. 1 Nr. 5; s. z. B. Hensel 2015). Faktisch handelt es sich damit bei dem sog. Kollektiveigentum um ein Rechtsregime, das eine herrschende Klasse wie Privateigentum wahrnimmt. Der real existierende Sozialismus in von der ehemaligen UdSSR dominierten Ländern scheiterte jedoch an seiner fehlenden Einsicht in die zentrale Rolle der individuellen Motivation des Unternehmenslenkers und seiner Konkurrenten (Spiegelhalter 1959, S. 86); zudem übersah er die immensen Informationsprobleme, die sich im Prozess zentralistischer Planung und Lenkung bei der Erstellung und Durchführung der Volkswirtschaftspläne ergaben (Thieme 2003, S. 28 ff.). Abzulehnen ist der Sozialismus v. a. aber aus moralischen Gründen, da er den Einzelnen zum Mittel der Erfüllung von Planvorgaben degradiert (Eucken 2004, S. 126 und 131) und somit gegen den kategorischen Imperativ verstößt. Durch die angestrebte Vereinigung wirtschaftlicher

---

[1] So gründeten die auf den Tiroler Täuferführer Jakob Hutter (1500–1536) zurückgehenden radikalchristlichen Hutterer im Mittelalter in Böhmen und Ungarn dutzende evangelisch-kommunistische Gemeinschaften (sog. Bruderhöfe oder Haushaben), in denen – nach urchristlichem Vorbild – „alle alles gemeinsam besaßen" (Apostelgeschichte 2,44). „Man besaß, produzierte und konsumierte gemeinschaftlich, letzteres durch gemeinsames Essen, gemeinsames Wohnen und gemeinsame Kleider" (Kobe 2014, S. 279). Dennoch war die hutterische Zentralverwaltungswirtschaft – wohl wegen der vorherrschenden Kleingruppensituation und der weithin geteilten Weltanschauung – „in der Mischung aus Landwirtschaft, Handwerk und Dienstleistung überaus erfolgreich" (Kobe 2014, S. 286), wenn es auch aus eigenen Reihen immer wieder Klagen über fehlende Arbeitsmoral gab (Kobe 2014, S. 285 f.).

Konzentration mit der Umbildung des Staats wird der Mensch zur Sache und verliert seinen Charakter als Person: „Der Apparat ist Zweck, der Mensch Mittel" (Eucken 2004, S. 177).

3.4 Laisser-faire-Kapitalismus

Dem Sozialismus diametral gegenüber steht die Wirtschaftsordnung des Paläoliberalismus (Rüstow 1960), die – auf der Basis eines minimalen Rechtsstaats – überwiegend die Institution des Privateigentums (auch an Produktivvermögen) kennt und diese mit dezentraler marktwirtschaftlicher Lenkung kombiniert (Abb. 1 Nr. 6). Nach dem von Adam Smith formulierten „Theorem der unsichtbaren Hand" koordiniert hierin der sich selbst überlassene Markt – wie von unsichtbarer Hand geleitet – die Vielzahl der individuellen Einzelinteressen auf ein einziges übergeordnetes Gesamtinteresse der Gesellschaft. Mit ihrem egoistischen Gewinn- und Nutzenstreben fördern die Wirtschaftssubjekte, „ohne es zu beabsichtigen, ja ohne es zu wissen, das Interesse der Gesellschaft" (Smith 1994, S. 316 f.). Aber auch diese Wirtschaftsordnung ist nach Ansicht der Theoretiker der Sozialen Marktwirtschaft moralisch nicht zu rechtfertigen. Zwar orientierte sich der klassische Liberalismus für den Rechtsstaat am kategorischen Imperativ, indem er den Bürgern gewisse Grundrechte zusicherte. Aber dieser Ordnung des Rechts stand keine Ordnung der Wirtschaft gegenüber, die die grundsätzliche Gleichheit aller Bürger auf die Interaktionen im Markt übertrug. Was der Laissez-faire-Ansatz übersah, war damit die Tatsache, dass die Funktion rechtsstaatlicher Institutionen mit dem Ordnungsgefüge der Wirtschaft selbst variiert (Eucken 2004, S. 50). Insofern der Laissez-faire-Liberalismus den Wettbewerbsgedanken ohne Rücksicht darauf in den Mittelpunkt stellt, dass Konkurrenz – wenn sie nicht an Leistung orientiert ist – auch negative Wirkungen für den Menschen haben kann, besteht nach Euckens Auffassung auch in dieser Konzeption die Gefahr, dass Menschen von anderen Menschen systematisch benutzt werden. Wer sich etwa auf Strategien des fairen Leistungswettbewerbs beschränkt, während seine Konkurrenten auch zu Praktiken des Behinderungs- oder gar Vernichtungswettbewerbs greifen, wird – ohne eine staatliche Rahmensetzung, die dem entgegenwirkt – am Markt unterliegen. Auf diese Weise können Situationen entstehen, in denen die grundsätzlich geltenden Freiheitsrechte durch wirtschaftliche Interaktionen ausgehöhlt werden und die Menschen „nur formell frei, faktisch aber unfrei" (Eucken 2004, S. 50) sind.

3.5 Soziale Marktwirtschaft

Einen Versuch, die Fehler beider extremer Typen von Wirtschaftsordnungen – des zentralverwaltungswirtschaftlichen Sozialismus wie des Laisser-faire-Kapitalismus – zu vermeiden, stellt die Wirtschaftsordnungskonzeption der Sozialen Marktwirtschaft (Abb. 1 Nr. 7) dar, in deren Kern ideengeschichtlich die sog. Freiburger Schule stand, die sich v. a. um

den Ökonomen Walter Eucken und die Juristen Franz Böhm und Hans Großmann-Doerth
bildete. In enger Verbindung mit diesem Kreis standen Wissenschaftler wie Wilhelm Röpke, Alexander Rüstow, Leonhard Miksch, Erwin von Beckerath, Karl Paul Hensel oder
Alfred Müller-Armack (zu den verschiedenen Strömungen s. Rauhut 2000, S. 48 ff.). Die
von diesen Autoren vorgedachte Wirtschaftsordnungspolitik diente – neben der katholi-
schen Sozіallehre (z. B. Spieker 1997) – in der Nachkriegszeit Bundeswirtschaftsminister
Ludwig Erhard (1964) als theoretische Grundlage für die seit 1948 schrittweise verwirk-
lichte Soziale Marktwirtschaft – ein Terminus, den Erhards Staatssekretär Müller-Armack
(1990) prägte.

In Bezug auf die Eigentumsordnung setzt die theoretische Konzeption der Sozialen
Marktwirtschaft wie der Laisser-faire-Kapitalismus auf die Institution des Privateigentums bei dezentraler, marktwirtschaftlicher Planung an privaten Gütern, ergänzt diese
aber mit einem großen staatlich regulierten Sektor, dessen kollektive Eigentumsrechte
zentral (oder bundesstaatlich) wahrgenommen werden. Vom klassischen Liberalismus unterscheidet sich der Ansatz der Sozialen Marktwirtschaft v. a. durch die Einsicht, dass ein
Markt mit Privateigentum und dezentraler Planung die Tendenz haben kann, sich selbst
abzuschaffen. Im klassischen ökonomischen Liberalismus ist es der Rechtsstaat, der der
unbegrenzten Freiheit aller eine Grenze in der Freiheit des jeweils anderen setzen will,
um gerade erst hierdurch allen Menschen ein menschenwürdiges Dasein zu ermöglichen.
Der Motor der Wirtschaft ist nach dieser Auffassung der menschliche Eigennutz, ihr Ord-
nungsprinzip der Wettbewerb. Beeinflusst von der Philosophie des Deismus glaubte der
Paläoliberalismus an eine natürliche, aus der Vernunft ablesbare Ordnung der Wirtschaft.
Ebenso wie der von Harmonie und Ordnung geprägte Kosmos besitze auch die Ökonomie
eine prästabilierte Harmonie, in die einzugreifen sich der Regierung verbiete. Doch gerade
in dieser Empfehlung lag das eigentliche „Versagen des Wirtschaftsliberalismus" (Rüstow
1945), der übersah, dass das Laissez-faire-Prinzip allenfalls für bestimmte Arten von Wettbewerb eine geeignete wirtschaftspolitische Leitlinie sein mag, doch keineswegs für alle.
Zu moralisch akzeptablen Marktergebnissen führt wohl regelmäßig nur ein Leistungswettbewerb (grundlegend zu diesem Begriff Böhm 1933, S. 210 ff.; Rüstow 1945; Eucken
2004, S. 42 und 247), in dem die Unternehmen mit Preisen, Qualitäten und Konditionen
in paralleler Richtung und Anstrengung um Problemlösungen im Sinn ihrer Konsumenten
konkurrieren. Ein Schädigungs- oder Behinderungswettbewerb, in dem die Konkurrenten
danach streben, sich mit Strategien des „raising rival's costs" gegenseitig zu behindern,
wäre hingegen ineffizient. Mehr noch: Wenn der Staat es versäumt, durch Wirtschaftsordnungspolitik allgemeine Regeln für den Wettbewerb durchzusetzen, werden sich gerade
die unerwünschten Formen des Nichtleistungswettbewerbs am Markt durchsetzen.

Was die Theorie der Sozialen Marktwirtschaft im Wesentlichen von der Doktrin des
Laisser-faire-Kapitalismus unterscheidet, ist die Erkenntnis, dass die Einführung von Privateigentum und Vertragsfreiheit nicht automatisch zu einem menschenwürdigen Leistungswettbewerb führt. Denn ein Marktwettbewerb, der den Menschen dient, ist ein Kol-
lektivgut und muss daher staatlicherseits – durch Ordnungspolitik – geschaffen werden;
und ist er einmal in Kraft, so bedarf es der Prozesspolitik, um ihn zu verteidigen. Denn

der Leistungswettbewerb hat die Tendenz, sich selbst aufzuheben, insofern seine Herstellung, modern formuliert, den Bedingungen einer sozialen Dilemmasituation unterliegt, in
der sich die Marktteilnehmer befinden. Ein Beispiel ist der Arbeitnehmerschutz: Wenn
alle übrigen Mitbewerber eine bestimmte Arbeitsschutzregel befolgen, hat jedes einzelne
Unternehmen einen Kosten- und damit Wettbewerbsvorteil, wenn es selbst diese Regel
bricht. Halten sich aber auch alle übrigen Unternehmen nicht an diese Regel, dann würde
die unilaterale Einhaltung dieser Regel sogar einen Wettbewerbsnachteil gegenüber der
Konkurrenz bedeuten. Was immer die anderen Marktteilnehmer also tun, jedes einzelne Unternehmen hat gute Gründe, eine solche Arbeitsschutzregel nicht zu befolgen. Das
Eigentumsrecht der Unternehmer ist somit dahingehend einzuschränken, als sie ein gesetzlich vorzuschreibendes Mindestmaß an Arbeitnehmerschutz einzuhalten haben. Nicht
anders verhält es sich etwa mit der unternehmerischen Bilanzierung (Müller 2004): Wenn
alle übrigen Unternehmen freiwillig nur wahre Angaben in ihren Jahresabschlüssen machen, dann hat jedes einzelne Unternehmen für sich genommen einen Wettbewerbsvorteil
davon, genau dies nicht zu tun. Bilanzieren hingegen auch alle übrigen Unternehmen
falsch, dann wäre es aus der Sicht eines individuellen Unternehmens sogar ein Konkur-
renznachteil, wenn man selbst ein den tatsächlichen Verhältnissen entsprechendes Bild
der Vermögens- und Ertragslage zeigen würde. Im Ergebnis würde also – ohne irgendeine
Form der Regulierung – niemand wahr bilanzieren. Wiederum ist das Eigentumsrecht der
Unternehmen einzuschränken, indem ihnen – aus steuerlichen Gründen oder zu Zwecken
des Gläubigerschutzes – vorgeschrieben wird, in objektivierbarer Weise zu bilanzieren,
wie sich ihr Eigentum vermehrt.

Aus den gleichen Gründen haben Unternehmen, die mit anderen in Konkurrenzbezie-
hungen stehen, handfeste Gründe, ihre Haftung zu verlagern, Marktmacht anzuhäufen,
Auftraggeber zu bestechen oder die natürliche Umwelt zu übernutzen. Solange sich ein
Unternehmen in einer solchen sozialen Dilemmasituation befindet, hat es zumindest indi-
viduell gute Gründe, die unternehmerische Nachhaltigkeit dem jeweiligen Gewinninter-
esse unterzuordnen. Es ist eine wesentliche Grundüberzeugung der Theorie der Sozialen
Marktwirtschaft, dass der Staat – anders als im klassischen Liberalismus – die aus dem
Eigentumsrecht entspringende Herrschafts- und Verfügungsgewalt der Privateigentümer
einschränken darf und soll. Denn, so formuliert es Art. 14 Abs. 2 des Grundgesetzes:
„Eigentum verpflichtet."

4 Das Privateigentum in der Sozialen Marktwirtschaft

Moralisch akzeptable Marktergebnisse – dies ist die Quintessenz der Theorie der Sozialen Marktwirtschaft aus den voranstehenden Überlegungen – stellen sich nicht einfach
von selbst ein. Eine zerstörerische Nichtleistungskonkurrenz, in der jeder Marktteilnehmer versucht, jeden anderen zum Mittel seines privaten Gewinn- oder Nutzenstrebens
zu machen, ist möglich und – gegeben das Eigennutzstreben der Marktakteure – sogar
wahrscheinlich. Zumindest in seiner Universalität ist Smiths Theorem von der unsichtba-

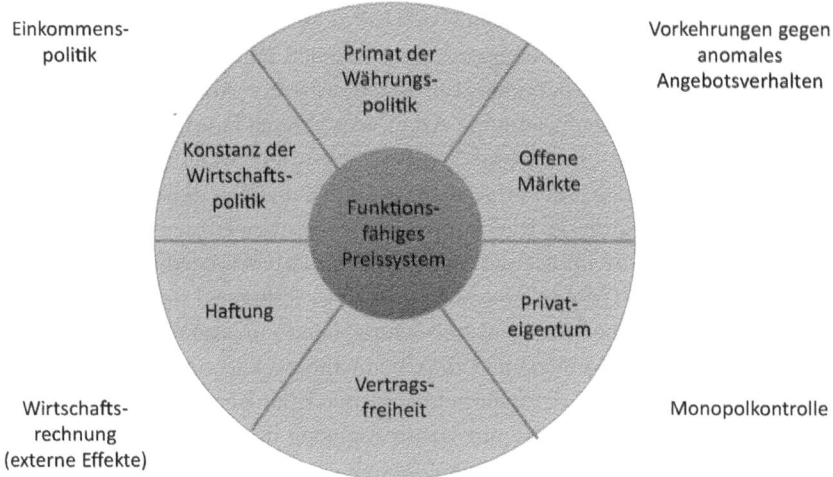

Abb. 2 Das Privateigentum im Kanon der Prinzipien sozialmarktwirtschaftlicher Wirtschaftspolitik nach Eucken. (In Anlehnung an Schüller und Krüsselberg 2004)

ren Hand damit falsch. Der Staat muss die Marktteilnehmer vielmehr – in ihrem eigenen Interesse – dazu zwingen, die Regeln des Leistungswettbewerbs einzuhalten und damit die Verallgemeinerbarkeit der Marktergebnisse sicherzustellen. Das ist der Grund, warum die Theorie der Sozialen Marktwirtschaft – neben der Schaffung und dem Erhalt eines Rechtsstaats mit verallgemeinerbaren Regeln – auch die Herstellung und den Schutz von (Leistungs-)Wettbewerb als Aufgabe (Miksch 1947; auch Berndt und Goldschmidt 2000) des Staats betrachtet. Der Mensch soll nach ordoliberaler Überzeugung durch den Staat davor geschützt werden, in seiner Eigenschaft als Marktakteur zum Mittel des Erfolgsstrebens anderer Menschen zu werden, zu dem ihn ein ungezügelt freier Marktprozess leicht machen könnte. Der Staat muss daher einen Regelrahmen für die Marktwirtschaft schaffen, der die individuellen Entscheidungen der einzelnen Unternehmensleiter so lenkt, dass sie im Ergebnis moralisch akzeptabel und menschenwürdig sind, also dem kategorischen Imperativ entsprechen. Eucken formuliert aus diesem Grund eine Reihe *konstituierender und regulierender Prinzipien*, die den Leistungswettbewerb schaffen (konstituierende Prinzipien) bzw. erhalten (regulierende Prinzipien) sollen. Alle diese Euckenschen Grundsätze der Wirtschaftspolitik (Abb. 2) sind letztlich moralische Prinzipien zur Umsetzung des kategorischen Imperativs in der Wirtschaft (Müller 2013).

Das gilt zunächst für die grundsätzliche Orientierung an der Lenkungsordnung des Markts, die im Zentrum der konstituierenden Prinzipien der Sozialen Marktwirtschaft steht (Grundsatz eines funktionsfähigen Preissystems). Denn nur die Vollkommenheit eines Markts kann garantieren, dass alle systematisch zu erwartenden positiven wie negativen Handlungsfolgen einer Markttransaktion beim Verursacher berücksichtigt werden. Konsumiert ein Verbraucher nämlich beispielsweise ein privates Gut wie ein Brot, so sind bei dessen Produktion zusätzliche Kosten angefallen, die bei vollkommener Konkurrenz exakt durch den Preis entgolten werden. Könnte ein Nachfrager stattdessen einen Preis erzwingen, der unter den durch sein Hinzukommen angefallenen Kosten liegt, so entstünde dem Hersteller ein Defizit; der Anbieter würde insoweit zum Mittel der Bedürfnisbefriedigung des Nachfragers. Könnte hingegen der Produzent – etwa im Fall eines unvollkommenen Anbieterwettbewerbs – einen Preis oberhalb der von dem Nachfrager verursachten Kosten verlangen, so würde umgekehrt der Konsument zum Objekt des Verkäufers; es wäre seine Marktmacht, nicht aber seine Leistung, die ihn in die Lage versetzte, die schwächere Position des Käufers auszubeuten. Nur wenn – wie bei vollkommener Konkurrenz – beide Marktseiten einander gleichmächtig gegenüberstehen, entspricht der Preis genau den marginalen Kosten. Ein möglichst vollkommener Preiswettbewerb ist damit auch eine Voraussetzung für gerechte Marktergebnisse (Eucken 2004, S. 166; Spaemann 1999, S. 52).

Eine zweite wesentliche Voraussetzung für die Funktionsfähigkeit der Wettbewerbsordnung schafft daher das Instrument des Privateigentums. Privateigentum – in Kombination mit grundsätzlicher Vertragsfreiheit – ist ein Instrument, das systematisch zur verursachungsgerechten Internalisierung von Handlungsfolgen verwendet werden kann. Um etwa den Wildtierbestand in unseren Wäldern zu schützen, bedarf es nicht notwendig besonderer Nationalparks, wie häufig gefordert (z. B. von Ciriacy-Wantrup und Bishop 1975); die Definition privater Verfügungsrechte kann möglicherweise effizienter durch eine konsequente Überführung der Wälder in Privateigentum gelöst werden (vgl. Smith 1981). Nach dem gleichen Muster funktioniert beispielsweise auch der Emissionshandel, den die Europäische Union im Gefolge des Kyoto-Prozesses für CO_2-Emissionen initiiert hat. Der Staat beschränkt sich dabei darauf, Eigentumstitel in Form von Schädigungsrechten (sog. Umweltzertifikate) zu definieren, ohne deren Besitz es Produzenten nicht länger erlaubt ist, Schadstoffe zu emittieren. Insofern das Gut Umwelt hierdurch überhaupt erst handelbar wird, bildet sich ein Markt, auf dem Produzenten, die eine höhere als die zugelassene Schadstoffmenge emittieren wollen, anderen Anbietern ihre nicht ausgenutzten Schädigungsrechte abkaufen können. Die Umwelt ist nun nicht mehr zum Nulltarif zu haben, sondern erhält einen (Knappheits-)Preis. Getrieben von dem Kostendruck, den der Produktionsfaktor Umwelt jetzt bereitet, erhalten Unternehmen einen Anreiz, nach kostengünstigeren Produktionsalternativen zu suchen. Die Inanspruchnahme der Umwelt wird reduziert und – wie bei anderen Produktionsfaktoren auch – auf jenes Maß zurückgeführt, für das die Nutzer bereit sind, einen Preis zu entrichten.

Wie aber verhält sich diese Betonung des Privateigentums als moralischer Institution zu der insbesondere vom Sozialismus geäußerten Kritik an der Institution des Privateigentums? Nach Karl Marx ist das private Eigentum – v. a. jenes an den Produktionsmitteln – dafür verantwortlich, dass die Arbeiter des von ihnen geschaffenen Mehrwerts beraubt und damit ausgebeutet werden. Die sozialistische Kritik an der Institution des Privateigentums geht indes ins Leere, wie ein einfaches Beispiel (in Anlehnung an Eucken 2004, S. 272 f.) zeigen mag: Angenommen, ein großes Automobilunternehmen in der Rechtsform einer Aktiengesellschaft hat in einer bestimmten Gegend ein regionales Gütermarktmonopol für die Produktion von Pkw. Auch auf dem Arbeitsmarkt hat das Unternehmen damit eine marktbeherrschende Stellung als monopolistischer oder zumindest oligopolistischer Arbeitsnachfrager für Kfz-Techniker. Nehmen wir weiter an, das Unternehmen spiele, um den Shareholder Value zu steigern, seine Macht dadurch aus, dass es von heute auf morgen den Lohn der beschäftigten Arbeitnehmer drastisch absenke. Sind die finanziellen und persönlichen Kosten der betroffenen Arbeiter so hoch, dass sich für sie eine Abwanderung nicht lohnt, so werden sie die Lohnsenkung entweder hinnehmen müssen oder arbeitslos werden. Ein Unternehmen im Privateigentum hätte also Macht, die es – gegen die Regeln der Moral – dazu verwenden könnte, die bei ihm beschäftigten Arbeitnehmerinnen und Arbeitnehmer auszubeuten. Was aber würde sich hieran ändern, wenn man den sozialistischen Ideen folgte – und dieses und alle übrigen Unternehmen in Kollektiveigentum überführen würde, sodass es nun öffentliche Planungseinheiten wären, die die Unternehmensgeschicke lenkten? Offensichtlich nichts! Denn die Ausbeutbarkeit der Arbeiter, die die sozialistische Kritik mit Recht bemängelt, ist gar nicht durch das Privateigentum verursacht, sondern durch die Marktstruktur, unter der es verwendet wird. Es ist die Monopolisierung des Arbeitgebers, der die Beschäftigten der Ausbeutbarkeit preisgibt, nicht aber – wie behauptet – das Privateigentum. Es trifft zu, dass Privateigentum, solange es mit monopolistischen Wirtschaftsordnungen kombiniert wird, schwere Ausbeutungen ermöglichen kann. Eigentümer privater Konzerne können Löhne drücken, Lieferantenpreise drücken und politische Macht ausüben – eine Macht, gegen die auch funktionierende Rechtsstaatssysteme wenig auszurichten vermochten. Diese Macht war ohne Legitimation, und in ihren sozialen Auswirkungen war sie häufig auch höchst unmoralisch. Dennoch wäre es falsch, die Institution des Privateigentums als Schuldigen zu bezeichnen:

Wenn [. . .] Marx gegen das ‚kapitalistische Eigentum an Produktionsmitteln‘ ganz allgemein den Vorwurf der Ausbeutung erhob, so übersah er dabei – was nicht übersehen werden darf –, daß Privateigentum je nach der Marktform ganz Verschiedenes bedeutet (Eucken 2004, S. 273).

Mehr noch: Eine Überführung des Produktivvermögens der Volkswirtschaft im Allgemeinen und des betrachteten Automobilherstellers im Besonderen würde das Ausbeutungsproblem nur noch verschlimmern. Denn nun wären die Arbeitnehmer nicht mehr nur durch die Macht ihres eigenen Arbeitgebers ausbeutbar, sondern durch die aggregierte Macht aller Arbeitgeber in der Volkswirtschaft zusammen. Befänden sich alle produzierenden Unternehmen im kollektiven Eigentum, wäre den Arbeitnehmern nun auch noch die Option entzogen, sich der Macht des Automobilherstellers durch Umschulung in andere Berufe oder durch Abwanderung zu entziehen. Die Möglichkeiten, Arbeiter auszubeuten, wären unter Kollektiveigentum maximal. Dass eine solche Ausbeutbarkeit von Menschen durch staatliche Monopolmacht nicht lediglich eine rein theoretische Möglichkeit darstellt (wie z. B. in den Arbeiten von Gandenberger 1968 oder Brennan und Buchanan 1988 analysiert), sondern eine reale Gefahr aus der Sicht ausgebeuteter Arbeitnehmer, zeigt die Geschichte der sozialistischen Volkswirtschaften in der zweiten Hälfte des 20. Jahrhunderts nur allzu deutlich.

Es ist dies der Grund, warum die wirtschaftspolitische Konzeption der Sozialen Marktwirtschaft die Institution des privaten Eigentums stets mit der Marktform des (möglichst

vollkommenen) Wettbewerbs kombiniert. Denn Privateigentum und Vertragsfreiheit bedürfen beide der „Kontrolle durch die Konkurrenz" (Eucken 2004, S. 275). Wären
Kartell- und Monopolverträge erlaubt, so könnten Arbeiter in genau jener Weise von
Unternehmern abhängig werden, die Karl Marx mit Recht an der Wirtschaftsordnung
seiner Zeit kritisierte. Die Kontrolle von Vertragsfreiheit und Privateigentum durch die
Konkurrenz ist ordnungsökonomisch zudem auch mit einer Beseitigung von Marktzu- und
-austrittsbeschränkungen aller Art (Prinzip der offenen Märkte; Abb. 2) zu kombinieren.
Dazu ist es nicht nur erforderlich, alle Formen des Schädigungswettbewerbs – Monopo-
lisierungen und Kartellierungen, Treuerabatte, Exklusivverträge oder Kampfpreise, die
allein dem Erwerb von wirtschaftlicher Macht dienen – zu verbieten, wie es in Deutschland im Gesetz gegen Wettbewerbsbeschränkungen (GWB) geschehen ist. Auch die
übrigen Prinzipien sozialmarktwirtschaftlicher Wirtschaftspolitik – von der Haftung über
die Korrektur von Umweltschäden oder der Vermeidung anomaler Angebotsreaktionen –
dienen, wie sich leicht zeigen ließe, letztlich dem gleichen moralischen Anliegen.

5 Die Soziale Marktwirtschaft als Eigentumsdemokratie

Die Wirtschaftsordnung der Sozialen Marktwirtschaft setzt – wie der klassische Liberalismus – auf die Institution des Privateigentums, sorgt aber dafür, dass es durch Konkurrenz
kontrolliert wird. Die dezentrale Marktsteuerung wird im Regelfall selbst dafür sorgen,
dass unter dieser Wirtschaftsordnung das Privateigentum eine breite Streuung erfährt.
Nach Ludwig Erhard (1964) hatte die Soziale Marktwirtschaft seit jeher die „spezifi-
sche Aufgabe", „Wohlstand für Alle" zu schaffen. Indem die Wirtschaftsordnung darauf
ausgelegt ist, den Wohlstand breiter Schichten der Bevölkerung anzuheben, werden auch
Arbeitnehmer in die Lage versetzt, Aktienkapital oder Eigenheime zu erwerben und ihre je eigenen Vorstellungen vom guten Leben zu verwirklichen. Dem Marktmechanismus
wohnt somit eine starke Tendenz inne, dass sich Eigentumsrechte über die unterschiedlichen Schichten der Bevölkerung verbreiten.

Das gilt umso mehr, wenn man die „Interdependenz der Ordnungen" (Eucken 2004,
S. 184) von Wirtschaft und Gesellschaft bedenkt, d. h., dass eine freiheitliche Wirtschaftsordnung dauerhaft immer nur mit einer freiheitlichen Ordnung von Staat und Gesellschaft
wird einhergehen können. Eine sozialistische Zentralverwaltungswirtschaft wird danach
kaum mit einem Rechtsstaat, eine freiheitliche Marktwirtschaft nicht mit einer autokrati-
schen Rechtsordnung vereinbar sein. Wie kürzlich auch Acemoglu und Robinson (2013)
zeigten, sind es v. a. die Länder mit inklusiven – die breiten Massen beteiligenden – Institutionen im politischen wie im wirtschaftlichen Raum, die im internationalen Vergleich
ökonomisch erfolgreich waren. Eine auf Privateigentum basierende Wirtschaftsordnung
bedarf daher nicht nur der Komplettierung durch eine dezentrale Lenkungsordnung (den
Markt), sondern auch durch eine freiheitlich-demokratisch orientierte Gesellschaftsordnung. Eine solche Kombination inklusiver Institutionen ist nicht nur die Voraussetzung
dafür, dass sich Privateigentum breit über die Gesellschaft verteilt, sondern auch, dass der

politische Prozess in inklusiven Gesellschaftsinstitutionen eine Umverteilung von Eigentum hin zu weniger wohlhabenden Schichten verstärkt.

Soziale Marktwirtschaft ist damit das, was der späte John Rawls (1999, S. xiv) eine Eigentumsdemokratie („property-owning democracy") nannte, die er scharf vom traditionellen Konzept des umverteilenden Wohlfahrtsstaats unterschied. Denn obwohl beide Varianten gleichermaßen das Privateigentum an Produktivvermögen zuließen, handele es sich bei ihnen doch um sehr verschiedene Gesellschaftsmodelle. Der wesentliche Unterschied besteht nach Rawls darin, dass die Institutionen im System der Eigentumsdemokratie darauf ausgerichtet seien, das Eigentum an Vermögen und Kapital breit zu streuen und somit zu verhindern, dass lediglich ein kleiner Teil der Gesellschaft die Wirtschaft und indirekt auch das politische Leben selbst kontrolliere. So schafft die Soziale Marktwirtschaft nicht dadurch „Wohlstand für Alle", dass sie bereits entstandene Einkommen am Ende einer Periode auf die Bedürftigen umverteilt. Stattdessen beteiligt sie in großem Stil die Bevölkerung direkt am Vermögen und anderen grundlegenden Gütern.

6 Die Förderung der Eigentumsbildung als Gebot der Ordnungspolitik

Einen Automatismus dahin gibt es indes wohl nicht. Die wohl wichtigste Herausforderung der Sozialen Marktwirtschaft in unserer Zeit besteht in dem immer rasanter werdenden Prozess der Digitalisierung, die durch Produkte mit hohen Netzexternalitäten und steigenden Skalenerträgen in der Nutzung und/oder Bereitstellung gekennzeichnet ist. Das bedeutet, dass der Kundennutzen steigt, wenn weitere Teilnehmer an das Netz angeschlossen werden. Unternehmen, die solche Güter als erste anbieten, können daher mitunter hohe First-Mover-Gewinne realisieren, die im Extremfall zu natürlichen Monopolen führen können. Namen wie Microsoft, Google, Facebook oder Ebay stehen für diesen Konzentrationsprozess. Damit verbunden ist ein zunehmender Ersatz menschlicher Arbeit durch Kapital in allen möglichen Formen von Computern bis hin zu künstlicher Intelligenz. Das gilt selbst für hochqualifizierte Arbeit, insofern Suchmaschinen wie Google massiv den Bedarf an Bibliothekaren oder das Angebot von Online-Vorlesungen die Nachfrage nach Professoren reduzieren. Die Digitalisierung birgt daher auch die Gefahr einer massiven Machtkonzentration, denn: „Who owns the robots rules the world" (Freeman 2015). Wird hier nicht ordnungspolitisch gegengesteuert, könnte dies letztlich dazu führen, dass der Kapitalismus aus sich selbst heraus seine schützenden Hüllen zerstört (Schumpeter 2005, S. 75 f.) – und damit auch die Wettbewerbsordnung und Eigentumsdemokratie insgesamt.

Für die Ordnungspolitik wird es deshalb darauf ankommen, diesem Prozess durch die Bildung von Eigentum in den Händen der breiten Masse der Bevölkerung und deren Beteiligung am Eigenkapital der Unternehmen systematisch entgegenzuwirken. Die Wege dazu sind vielfältig und können an dieser Stelle nur kurz skizziert werden: Finanzielle Bildung zur Förderung unternehmerischen Denkens dürfte ebenso dazu gehören wie der Ausbau der kapitalgedeckten Altersvorsorge zulasten des Umlageverfahrens. Auch die steuerli-

che Förderung von Altersvorsorgekapital muss vereinheitlicht werden: Wer Lebensversicherungen fördert, aber Investitionen in Aktien steuerlich benachteiligt, behindert die
Eigentumsbildung. Wer Mitarbeiterkapitalbeteiligungen im internationalen Vergleich nur
geringfügig fördert, muss sich nicht wundern, dass diese Form der Beteiligung unterentwi-
ckelt ist. Wer das Bausparen per „Riester" unterstützt, Aktiensparen aber nur mit Garantie
des Kapitalerhalts der eingezahlten Beiträge fördert, der reguliert die Beteiligung an der
Risikoprämie weg, die doch aber gerade die entscheidende Größe für den Vermögensaufbau ist (vgl. dazu auch den Beitrag „Zwischen Arm und Reich – die Risikoprämie als
vergessene Größe in der Verteilungsdebatte" in diesem Band). Angesichts der neuen Kon-
zentrationstendenzen der Gegenwart könnte die Beteiligung breiter Massen an Eigentum
und Wohlstand nicht nur ein Erfordernis der Teilhabegerechtigkeit sein, sondern eine Frage des Überlebens der Sozialen Marktwirtschaft insgesamt.

Literatur

Acemoglu D, Robinson JA (2013) Warum Nationen scheitern: Die Ursprünge von Macht, Wohlstand
    und Armut. S. Fischer, Frankfurt am Main
Alchian AA (1977) Some economics of property rights. Economic forces at work. Liberty Press,
    Indianapolis
Berndt A, Goldschmidt N (2000) Wettbewerb als Aufgabe – Leonhard Mikschs Beitrag zur Ord-
    nungstheorie und -politik. Ordo – Jahrb Für Die Ordn Von Wirtschaft Ges 51:33–74
Böhm F (1933) Wettbewerb und Monopolkampf. Carl Heymanns, Berlin
Brennan G, Buchanan JM (1988) Besteuerung und Staatsgewalt: Analytische Grundlagen einer Fi-
    nanzverfassung. Steuer und Wirtschaft, Hamburg
Brennan G, Buchanan JM (1993) Die Begründung von Regeln. Mohr-Siebeck, Tübingen
Buchanan JM (1990) The domain of constitutional economics. Const Polit Econ 1:1–18
Bush WC, Mayer LS (1974) Some implications of anarchy for the distribution of property. J Econ
    Theory 8:401–412
Ciriacy-Wantrup SV, Bishop RC (1975) „Common property" as a concept in natural resources poli-
    cy. Nat Resour J 15:713–727
Crane A, Matten D (2004) Business ethics – A European perspective. Managing corporate citizen-
    ship and sustainability in the age of globalization. Oxford University Press, Oxford
Erhard L (1964) Wohlstand für Alle, 8. Aufl. Econ, Düsseldorf (Bearbeitet von Wolfram Langer)
Eucken W (2004) Grundsätze der Wirtschaftspolitik, 7. Aufl. Mohr-Siebeck, Tübingen
Freeman R (2015) Who owns the robots rules the world. IZA World Labor 2015:5. https://doi.org/
    10.15185/izawol.5
Furubotn EG, Pejovich S (1972) Property rights and economic theory: a survey of recent literature.
    J Econ Lit 10(4):1137–1162
Gandenberger O (1968) Das Finanzmonopol. Fiskalische und außerfiskalische Wirkungen im Ver-
    gleich zur Verbrauchsteuer. Quelle und Meyer, Heidelberg
Gordon HS (1954) An economic theory of a common property resource. J Polit Econ 62:124–142
Grossman HI, Kim M (1995) Swords or plowshares? A theory of the security of claims to property.
    J Polit Econ 103:1275–1288
Hardin G (1968) The tragedy of the commons. Science 162:1243–1248

Hensel KP (2015) Grundformen der Wirtschaftsordnung. Marktwirtschaft – Zentralverwaltungs-
    wirtschaft. LIT, Berlin
Hobbes T (1966) Vom Menschen. Vom Bürger, 2. Aufl. Meiner, Hamburg
Kaminski H (2017) Fachdidaktik der ökonomischen Bildung. Schöningh, Paderborn (Unter Mitar-
    beit von Volker Brettschneider und Christina Schnell)
Kant I (1983) Grundlegung der Metaphysik der Sitten. In: Weischedel W (Hrsg) Immanuel Kant,
    Werke in zehn Bänden, Bd. 6. Suhrkamp, Darmstadt, S 7–102 (Sonderausgabe)
Kliemt H (1986) Moralische Institutionen: empirische Theorien ihrer Evolution. Alber, Freiburg
Kloten N (1955) Zur Typenlehre der Wirtschafts- und Gesellschaftsordnungen. ORDO – Jahrb Für
    Die Ordn Von Wirtschaft Ges 7:123–143
Kobe R (2014) Täuferische Konfessionskultur in der Frühen Neuzeit. Mennoniten am Niederrhein
    (Krefeld) und Hutterische Brüder in Mähren und Ungarn 1550–1750. Habelt, Bonn
Lange O (1936) On the economic theory of socialism. Rev Econ Stud IV(1):53–71
Lange O (1937) On the economic theory of socialism. Rev Econ Stud IV(2):123–142
Mause K, Müller C (2018) Allokationspolitik. In: Mause K, Müller C, Schubert K (Hrsg) Politik
    und Wirtschaft: Ein integratives Kompendium. Springer, Berlin, S 1–44
Miksch L (1947) Wettbewerb als Aufgabe, 2. Aufl. Küpper, Stuttgart, Berlin
Müller C (2004) Bilanzskandale: Eine institutionenökonomische Analyse. Perspekt Wirtschaftspolit
    5:211–225
Müller C (2013) Die Soziale Marktwirtschaft als wirtschaftsethische Konzeption. In: Krylov AN
    (Hrsg) Corporate Social Responsibility: Wirtschaftsmodelle – Moral – Erfolg – Nachhaltigkeit.
    West-Ost-Verlag, Moskau, Berlin, S 41–64
Müller C, Tietzel M (1998) Allmende-Allokationen. In: Tietzel M (Hrsg) Ökonomische Theorie der
    Rationierung. Vahlen, München, S 163–201
Müller C, Tietzel M (2005) Property rights and their partitioning. In: Backhaus JG (Hrsg) The Elgar
    companion to law and economics, 2. Aufl. Edward Elgar, Cheltenham, Northampton, S 40–52
Müller-Armack A (1990) Wirtschaftslenkung und Marktwirtschaft, 2. Aufl. Kastell, München (Wie-
    derabdruck)
Munro GR (1996) Approaches to the economics of the management of high seas fishery resources:
    a summary. Can J Econ 29(Special Issue):S157–S164
Ostmann A, Pommerehne WW, Feld LP, Hart A (1997) Umweltgemeingüter? Z Wirtsch Sozialwiss
    117:107–144
Ostrom E (1990) Governing the commons: the evolution of institutions for collective action. Cam-
    bridge University Press, Cambridge
Rauhut S (2000) Soziale Marktwirtschaft und parlamentarische Demokratie. Duncker & Humblot,
    Berlin
Rawls J (1992) Die Grundstruktur als Gegenstand. In: Hinsch W (Hrsg) John Rawls, Die Idee des
    politischen Liberalismus. Aufsätze 1978–1989. Suhrkamp, Frankfurt am Main, S 45–79
Rawls J (1999) A theory of justice. Belknap Press, Cambridge
Rüstow A (1945) Das Versagen des Wirtschaftsliberalismus als religionsgeschichtliches Problem.
    Iktisadi Liberalizmin Muvaffakiyetsizligi Ve Din Tarihine Ait Sebepleri, Istanbul
Rüstow A (1960) Paläoliberalismus, Kollektivismus und Neoliberalismus in der Wirtschafts- und
    Sozialordnung. In: Forster K (Hrsg) Christentum und Liberalismus. Studien und Berichte der
    katholischen Akademie in Bayern, H. 13. Katholische Akademie in Bayern, München, S 150–
    178
Schüller A, Krüsselberg HG (2004) Grundbegriffe zur Ordnungstheorie und Politischen Ökonomik,
    6. Aufl. Verlag Philipps-Universität Marburg, Marburg
Schumpeter J (2005) Kapitalismus, Sozialismus und Demokratie. A. Francke, Bern
Smith A (1994) Theorie der ethischen Gefühle. Meiner, Hamburg

Smith RJ (1981) Resolving the tragedy of the commons by creating private property rights in wild-life. Cato J 1:439–468

Smith VL (1969) On models of commercial fishing. J Polit Econ 77:181–198

Spaemann R (1999) Moralische Grundbegriffe, 6. Aufl. C.H. Beck, München

Spiegelhalter F (1959) Eigentum und Wirtschaftsordnung. Verlag Bonifacius-Druckerei, Paderborn

Spieker M (1997) Ordnungspolitik und katholische Soziallehre. ORDO Jahrb Für Die Ordn Von Wirtschaft Ges 48:757–777

Streit M (1991) Theorie der Wirtschaftspolitik, 4. Aufl. Lucius & Lucius, Düsseldorf

Thieme HJ (2003) Wirtschaftssysteme. In: Vahlens Kompendium der Wirtschaftstheorie und Wirt-schaftspolitik, 8. Aufl. Bd. 1. Vahlen, München, S 1–52

Tietzel M (1986) Zur Entstehung des Privateigentums. ORDO Jahrb Für Die Ordn Von Wirtschaft Ges 37:105–124

Ward B (1957) Workers' management in Yugoslavia. J Polit Econ 65:373–386

Prof. Dr. Christian Müller ist Diplom-Kaufmann; er promo-vierte und habilitierte in Volkswirtschaftslehre an der Universität Duisburg-Essen. Seit 2008 hat er den Lehrstuhl für Wirtschaftswis-senschaften und ökonomische Bildung an der Universität Münster inne. Seine Forschungsschwerpunkte sind ökonomische Bildung, Ordnungsökonomik, Wirtschafts- und Unternehmensethik. Er ist Vorsitzender der Gesellschaft zur Förderung von Wirtschaftswis-senschaften und Ethik (GWE) e. V. Zudem ist er federführender Herausgeber von ORDO – Jahrbuch für die Ordnung von Wirt-schaft und Gesellschaft sowie Editor-in-Chief von JoME – Journal for Markets and Ethics.

75 Jahre Freiburger Denkschrift: Die Bedeutung des Eigentums – so aktuell wie nie!

Traugott Jähnichen

1 Einleitung

Die Freiburger Denkschrift ist eines der wichtigsten Dokumente für eine Neuordnung Deutschlands aus dem Umfeld des bürgerlich-militärischen Widerstands gegen das NS-Regime. Sie wurde vor 75 Jahren (November 1942) von Mitgliedern des sog. Freiburger Kreises verfasst, einer informellen Gruppe von Akademikern der Freiburger Universität, die zugleich in der Bekennenden Kirche in Freiburg aktiv waren und weitere persönliche Kontakte v. a. nach Württemberg und Berlin unterhielten (vgl. Freiburger Kreis 1990, S. 17). Angeregt wurde die Denkschrift von Dietrich Bonhoeffer, der eine solche Konzeption für den politischen, wirtschaftlichen, gesellschaftlichen und kirchlichen Wiederaufbau nach dem Krieg für notwendig hielt, sowohl zur internen Selbstklärung wie auch als Grundlage für Gespräche mit der ökumenischen Christenheit und den Alliierten. Die sich abzeichnende Niederlage NS-Deutschlands oder ein erfolgreicher Putsch gegen Hitler waren die Voraussetzung dieser Überlegungen, weshalb nur wenige Manuskripte der streng konspirativ arbeitenden Gruppe im Umlauf waren. Einige Mitglieder des Kreises, wie Walter Bauer und Constantin von Dietze, wurden nach dem 20. Juli 1944 inhaftiert, die Gruppe insgesamt geriet nicht in das Fadenkreuz der Ermittler (vgl. Freiburger Kreis 1990, S. 131 ff.).

Die in der Freiburger Denkschrift formulierten Einsichten, insbesondere der Anhang 4: Wirtschafts- und Sozialordnung (Brakelmann und Jähnichen 1994, S. 341–362), zählen zu den „geistigen Wurzeln" (von Bismarck 1979, S. 153) der Ordnungskonzeption der Sozialen Marktwirtschaft und haben auch die sozialethischen Stellungnahmen der Evan-

T. Jähnichen (✉)
Lehrstuhl für Christliche Gesellschaftslehre Evangelisch-Theologische Fakultät, Ruhr-Universität Bochum
Bochum, Deutschland
E-Mail: traugott.jaehnichen@ruhr-uni-bochum.de

© Springer-Verlag GmbH Deutschland, ein Teil von Springer Nature 2018
H. Beyer und H.-J. Naumer (Hrsg.), *CSR und Mitarbeiterbeteiligung*,
Management-Reihe Corporate Social Responsibility,
https://doi.org/10.1007/978-3-662-57600-7_3

gelischen Kirche in Deutschland (EKD) bis in die 1960er-Jahre und erneut seit dem Ende
der 1980er-Jahre nachhaltig bestimmt.

2 Eigentumsrechte als Basis persönlicher Freiheit in der Freiburger Denkschrift

Das gesellschafts- und wirtschaftspolitische Leitbild der Freiburger Denkschrift ist grundlegend von dem Ziel geprägt, gegen alle Formen des Kollektivismus die Subjektstellung
des Menschen in der Öffentlichkeit wie im Wirtschaftsgeschehen zu sichern. Die in diesem Sinn neu zu schaffende Ordnung des wirtschaftlichen Lebens soll daher die Per-
sönlichkeitswürde des Einzelnen unbedingt respektieren. Dies bedeutet zunächst, dass es
insbesondere den Wirtschaftenden nicht unmöglich gemacht oder systematisch erschwert
werden darf, in Wirtschaft und Beruf ein Leben als Christen zu führen. Vielmehr sollen
Freiräume für ein zugleich eigenverantwortliches wie auch die Gemeinschaft berücksichti-
gendes Wirtschaften geschaffen werden. Ausgehend von diesen normativen Überlegungen
zum Menschenbild gehört es nach Ansicht der Freiburger Denkschrift zum Realismus einer neu zu schaffenden Ordnung, dass „die Menschen so genommen werden (müssen), wie
sie sind" (Brakelmann und Jähnichen 1994, S. 345). Sowohl gegenüber einer ethischen In-
differenz wie auch gegenüber einer ethischen Überforderung der Menschen hat man eine
Wirtschaftsordnung favorisiert, die an die Moral der Menschen zwar nicht geringe, aber
erfüllbare Anforderungen stellt. In diesem Sinn ist eine Wirtschaftsordnung anzustreben,
die eine Balance zwischen dem Eigeninteresse und dem Gesamtwohl herzustellen vermag. Die als selbstverständlich vorausgesetzte Sorge des Menschen für sich selbst und
für seine Angehörigen, die neben der Selbstsorge auch eine gewisse Opferbereitschaft für
das nahe persönliche Umfeld einschließt und mit der man im durchschnittlichen Verhalten der Menschen rechnen kann, ist „durch einen geordneten Wettbewerb zur Förderung
des Gemeinwohls nutzbar" (Brakelmann und Jähnichen 1994, S. 345) zu machen. Auf
diese Weise lässt sich das Eigeninteresse in eine Ordnung der Gegenseitigkeit einbinden,
wobei stets daran festgehalten worden ist, dass das berechtigte Eigeninteresse von der
Selbstsucht als einer übersteigerten und verzerrten Form deutlich abzugrenzen ist. Aus
ethischen wie aus sozialen Gründen darf daher nicht ausschließlich an den Eigennutz als
Motor wirtschaftlichen Handelns appelliert werden.

Die Sicherung der Eigentumsrechte und eine breite Streuung privaten Eigentums sind
eine unmittelbare Konsequenz dieser theologisch-sozialethischen Grundlegung und daher wesentliche Fundamente der geplanten Neuordnung der Wirtschaft. So heißt es in der
Freiburger Denkschrift programmatisch, dass „die Achtung vor fremdem Eigentum" sowohl als göttliches Gebot wie auch zur „Wahrung der Ehrlichkeit und Rechtlichkeit im
Geschäftsleben" (Brakelmann und Jähnichen 1994, S. 342) grundlegend ist. Diese Maxime führt in Verbindung mit der Betonung persönlicher Verantwortung und der daraus
erwachsenen ethischen Verpflichtung zu der Forderung, dass eine „Wirtschaftsordnung
nicht den einzelnen Menschen und ihren natürlichen Gemeinschaften, namentlich den

Familien, jede selbstverantwortliche Verfügungsbefugnis über wirtschaftliche Güter vorenthalten" (Brakelmann und Jähnichen 1994, S. 343) darf. Positiv formuliert heißt dies, dass der selbstständige und eigenverantwortliche Umgang mit Eigentum grundlegend für die „sittliche Persönlichkeit des Menschen" (Brakelmann und Jähnichen 1994, S. 343) ist.

Aus diesen ethischen Gründen hielten es die Autoren der Freiburger Denkschrift für ideal, dass die Wirtschaftsstruktur wesentlich durch „mittlere(n) und kleine(n) Betriebe(n) [...] sowie Familienwirtschaften" (Brakelmann und Jähnichen 1994, S. 353) bestimmt sein sollte, während sie wirtschaftliche „Machtzusammenballungen" (Brakelmann und Jähnichen 1994, S. 353) im Sinn einer „ungehemmten Industrialisierung" (Brakelmann und Jähnichen 1994, S. 350) für höchst problematisch hielten. Dies gilt insbesondere dort, wo „vielfach ohne zwingende technische und ökonomische Vorteile Zusammenballung(en) von Betrieben und Unternehmungen" (Brakelmann und Jähnichen 1994, S. 356) entstanden waren. Weiterführende Überlegungen, inwieweit etwa durch Miteigentum technisch oder ökonomisch notwendige Großstrukturen durch größere Teilhabe verändert werden könnten, fehlen in der Denkschrift.

3 Die Aufnahme zentraler Anliegen der Freiburger Denkschrift in die Ordnungskonzeption der Sozialen Marktwirtschaft

Die Impulse der Freiburger Denkschrift wurden im Rahmen der Diskussionen um die Gestaltung der bundesdeutschen Wirtschafts- und Sozialordnung nach 1945 aufgenommen und kamen insbesondere seit 1948 zum Zuge, als Ludwig Erhard zunächst Wirtschaftskoordinator der bizonalen Verwaltung in Frankfurt und ab 1949 Bundeswirtschaftsminister wurde. Sein langjähriger Staatssekretär Alfred Müller-Armack – ebenfalls ein bewusst protestantischer Nationalökonom und Redner auf mehreren Kirchentagen der Nachkriegszeit – gehörte gemeinsam mit den Freiburger Ökonomen sowie mit Alexander Rüstow und Wilhelm Röpke zu den wichtigsten Anregern des in der frühen Bundesrepublik realisierten Modells der Sozialen Marktwirtschaft.

Individuelle Freiheit als Konsequenz der Personenwürde des Menschen ist die grundlegende normative Bestimmung, die politische und wirtschaftliche Freiheitsrechte, nicht zuletzt Eigentumsrechte, unmittelbar nach sich zieht. Dass eine freiheitliche Ordnung sich auch als ökonomisch höchst effizient erweist, ist nach Müller-Armack ein glückliches Zusammentreffen. Der normative Vorrang der Freiheit vor anderen Wertentscheidungen wie auch gegenüber einem reinen Nutzenkalkül ist somit als ein grundlegendes Merkmal der Sozialen Marktwirtschaft herauszustellen, der sich wesentlich dem protestantischen Freiheitsverständnis verdankt. In diesem Sinn charakterisierte Alexander Rüstow die Soziale Marktwirtschaft als „einzige Wirtschaftsform, die mit der menschlichen Freiheit im Sozialen und Staatlichen vereinbar ist" (Rüstow 1955, S. 59).

Die Vorteile der marktwirtschaftlichen Ordnung entfalten sich jedoch nur in einem durch staatliches Handeln abgegrenzten Bereich, in den der Staat durchaus bei Fehlentwicklungen intervenieren soll, etwa um die ökonomische Macht einzelner Akteure zu begrenzen. Da öffentliche Macht auch aus demokratietheoretischen Gründen ein Monopol des Staats sein soll, sind im Sinn der Monopolbekämpfung die Einschränkung ökonomischer Machtballung und eine breite Eigentumsverteilung entscheidende Punkte, „wo der Weg der sozialen Marktwirtschaft sich vom Weg der unsozialen Marktwirtschaft scheidet" (Rüstow 1955, S. 71). In diesem Sinn hat auch Wilhelm Röpke stets betont, dass nur eine solche Eigentumsordnung ethisch zu legitimieren ist, die eine Wiederherstellung oder Sicherung des „Eigentums der breiten Schichten" (Röpke 1944, S. 274) zu gewährleisten vermag.

Dem starken und neutralen Staat kommt in dieser Konzeption vorrangig die Aufgabe zu, einen fairen Wettbewerb zu sichern. Neben dieser ordnungspolitischen Sicherung der Voraussetzungen des Wettbewerbs kommen dem staatlichen Handeln zudem die Aufgaben einer rahmensetzenden Wirtschafts- und einer gestaltenden Sozialpolitik zu. Allerdings müssen alle Interventionen mit den Prinzipien der marktwirtschaftlichen Ordnung verträglich sein, d. h. der Preismechanismus und die dadurch bewirkte Steuerung von Produktion und Nachfrage dürfen nicht gestört werden. Müller-Armack hat an diese Überlegungen anknüpfend häufig den Begriff der marktkonform(en) Eingriffe verwandt, wobei er darunter solche wirtschaftspolitischen Eingriffe und sozialpolitischen Schutzmaßnahmen verstand, die nicht in den marktwirtschaftlichen „Ablauf selbst schädigend einwirken" (Müller-Armack 1955, S. 96). Zusammenfassend lässt sich mit Müller-Armack die Soziale Marktwirtschaft als ein Ordnungsmodell charakterisieren, das „die Ziele der Freiheit und der sozialen Gerechtigkeit zu einem praktischen Ausgleich" (Müller-Armack 1950, S. 16) bringt, wie es auch den sozialethischen Traditionen des Protestantismus entspricht.

4 Impulse der Evangelischen Kirche in Deutschland für eine breite Eigentumsverteilung

Die EKD-Synode von 1955 in Espelkamp widmete sich erstmals nach dem Zweiten Krieg in grundsätzlicher Weise wirtschafts- und sozialpolitischen Anliegen. Dabei wurden neben der Diskussion neuer Formen kirchlicher Präsenz in der Arbeitswelt in besonderer Weise Initiativen von Unternehmen gewürdigt, die neben betrieblichen Sozialleistungen auch Formen von Gewinnbeteiligungen und Miteigentum sowie Mitbestimmungsmöglichkeiten einräumten. Sozialethisch proklamierte die Synode als Ziel das Leitbild der „sozialen Partnerschaft", das „die Verschiedenartigkeit des Menschen und seines Auftrages nicht leugnet, aber auf gegenseitigem Ernstnehmen und Verstehen beruht" (von Bismarck 1955, S. 74).

In Weiterführung der Anstöße der Synode wurden in den sozialethischen Diskussionen seit den 1950er Jahren verstärkt die Forderungen nach Gewinnbeteiligung und v. a. Miteigentum am Produktivvermögen aufgenommen, wie es dann die erste EKD-Denkschrift im Jahr 1962 zur „Eigentumsbildung in sozialer Verantwortung" (EKD 1978, S. 19–32) konkretisiert hat. Eigentum wird als eine „Grundkonstante" des menschlichen Lebens gewürdigt, die es Menschen ermöglicht, in Freiheit und Verantwortung miteinander zu leben. Die hohe Bedeutung des Eigentums wird darin gesehen, dass es dem Einzelnen ermöglicht, zumindest in gewissen Grenzen „selber Vorsorge zu treffen, [...] seine sittlichen Entscheidungen in größerer wirtschaftlicher Unabhängigkeit zu treffen [...] (sowie) Wirtschaft und Gesellschaft als Ganzes interessiert und verantwortlich mitzubestimmen" (EKD 1978, S. 21). Um diesen zentralen Zielsetzungen angesichts einer bereits 1962 beklagten ungleichen Vermögensentwicklung, die sich seither, v. a. unter dem Eindruck der Globalisierung, noch einmal deutlich vertieft hat (vgl. Hübner 2012, S. 376 f.), schrittweise näher zu kommen, spricht sich die Eigentums-Denkschrift für eine Förderung des Investivlohns aus (EKD 1978, S. 30 f.). In einem gemeinsamen Memorandum mit der römisch-katholischen Kirche im Jahr 1964 ist diese Forderung präzisiert worden (EKD und DBK 1978) und hat maßgeblich zur Verabschiedung des zweiten Vermögensbildungsgesetzes 1965 und der Ermöglichung eines Investivlohns beigetragen (vgl. Jähnichen 2006, S. 418). Dieses hat für viele Arbeitnehmer den „Erwerb von langfristigen Gebrauchsgütern, Haus- und Wohneigentum sowie das Geldsparen" (Müller 1978, S. 35) erleichtert, allerdings kaum zu vermehrtem Miteigentum an Unternehmen geführt.

Anknüpfend an diese Überlegungen wird auch in neueren kirchlichen Stellungnahmen die Bedeutung des Eigentums als Grundlage persönlicher Freiheit und als Voraussetzung eines individuellen Verantwortungsbewusstseins positiv gewürdigt. Eigentum gehört „zur Freiheit und zu den Grundrechten des Menschen" (EKD 1991, Nr. 130) und sichert den Einzelnen gegenüber der Gesellschaft. Dabei gehören in theologisch-sozialethischer Sicht Freiheit und Verantwortung untrennbar zusammen, da Eigentum „zur Freiheit der Person" gehört, „und zugleich wird die Person darin auf ihre Verantwortung angesprochen" (EKD 1991, Nr. 132).

Angesichts dieser positiven Würdigung des Eigentums, die in theologischer Perspektive immer mit einer entsprechenden sozialen Verantwortung verknüpft ist, ist die Zielsetzung einer möglichst breiten Eigentumsstreuung sozialethisch von höchster Bedeutung, wie es viele kirchliche Stellungnahmen seit 1962 beweisen. Im Kern geht es darum, möglichst allen Mitgliedern der Gesellschaft die Verfügung über Eigentum zu ermöglichen, um so gemeinsam Verantwortung wahrzunehmen und an den Gütern der Welt teilzuhaben Dafür müssen entsprechende Bedingungen geschaffen werden, damit Eigentum „der Humanisierung der Gesellschaft und der Leistungsfähigkeit der inländischen Wirtschaft" (Hübner 2012, S. 377) dienen kann.

Seither haben sowohl kirchliche Stellungnahmen (vgl. EKD und DBK 1993) wie auch kirchennahe Verbände – exemplarisch der Bund Katholischer Unternehmer e. V. (BKU) und der Arbeitskreis Evangelischer Unternehmer (AEU) im Jahr 1995 – diese Perspektive aufgenommen und präzisiert. Gerade nach der Verwirklichung der deutschen Einheit hielten es die Kirchen für wegweisend, angesichts der ungleichen Eigentumsverteilung zwischen West und Ost, v. a. in Hinblick auf Eigentum am Produktivvermögen, eine entsprechende „vermögensorientierte Tarifpolitik" (Strohm 1993, S. 133) zu entwickeln. Leider ist dieser Impuls so gut wie gar nicht umgesetzt worden. Auch das viel zitierte „Wirtschafts- und Sozialwort der Kirchen" hat erneut die Konzentration des Vermögens in wenigen Händen kritisiert und daher mit Nachdruck die Forderung erhoben, einen „Durchbruch bei der Kapitalbildung der Arbeitnehmerinnen und Arbeitnehmer" (EKD und DBK 1997, Nr. 218) zu erreichen.

Ungeachtet der insgesamt eher geringen Resonanz dieser Forderung in der Politik und auch bei den Gewerkschaften – vorrangig im Arbeitgeberbereich gibt es entsprechende nennenswerte Initiativen – wird auch in neueren EKD-Stellungnahmen, insbesondere in der Denkschrift „Unternehmerisches Handeln in evangelischer Perspektive" (EKD 2008), die Mitarbeiterbeteiligung als gesellschaftspolitisches Ziel gewürdigt. Demnach bieten sowohl eine Gewinnbeteiligung wie auch eine „Beteiligung der Arbeitnehmer am Kapital [. . .] eine Chance, eine gerechtere Vermögensverteilung herbeizuführen" (EKD 2008, S. 69) und diese können auch für die Unternehmen von Vorteil sein. Allerdings sieht die Denkschrift auch Risiken – etwa im Fall einer Insolvenz – und betont mit Nachdruck, dass die „Entscheidung für eine Kapitalbeteiligung [. . .] daher von Unternehmens- und von Arbeitnehmerseite freiwillig getroffen werden" (EKD 2008, S. 70) sollte. Dass gegenwärtig rund zwei Millionen Beschäftigte durch verschiedene Beteiligungsformen mit „ihren" Unternehmen auch ökonomisch verbunden sind, wird positiv hervorgehoben. Darüber hinaus unterstreicht die Denkschrift erneut die Notwendigkeit einer „breiten Vermögensbildung [. . .] (als) wichtiges gesellschaftspolitisches Anliegen" (EKD 2008, S. 70).

5 Ausblick

Die Plädoyers und die sozialethisch stringenten Begründungen einer breiten Eigentumsverteilung und insbesondere von Formen betrieblichen Miteigentums stehen in einem eigenartigen Kontrast zu ihrer bisher letztlich begrenzten Umsetzung. Nicht nur die genannten sozialethischen Gründe, sondern auch die vergleichsweise hohe Produktivität von Unternehmen, die in Deutschland eine Beteiligung am Produktivvermögen fördern, sprechen für dieses Modell (vgl. Hübner 2012, S. 378, 474). Insofern ist es eine wichtige sozialethische Aufgabe der evangelischen Kirche, das in der eigenen Tradition gut begründete Modell von Miteigentum am Produktivkapital stärker in die öffentlichen Diskussionen einzubringen und als wichtiges Element der Sozialen Marktwirtschaft sowie zur Sicherung einer ausgewogeneren Vermögensbildung herauszustellen. Denn eine „Konzentration des Produktivvermögens ist kein Kennzeichen der Sozialen Marktwirtschaft und kein Schicksal. Sie kann und muss durch marktwirtschaftliche Ordnungspolitik überwunden werden. Eine Vermögenspolitik der Sozialen Marktwirtschaft beteiligt alle durch Vermögensbesitz an den Unternehmen. Ihr Ziel ist eine Gesellschaft von Teilhabern" (Erhard und Müller-Armack 1972, S. 336).

Literatur

von Bismarck K (1955) Die Kirche und die Welt der industriellen Arbeit. Reden und Entschließungen der Synode der EKD Espelkamp 1955. Luther-Verlag, Witten

von Bismarck P (1979) Nachwort. In: Thielicke H (Hrsg) In der Stunde Null. Die Denkschrift des Freiburger „Bonhoeffer-Kreises". Mohr Siebeck, Tübingen, S 153–156

Brakelmann G, Jähnichen T (1994) Die protestantischen Wurzeln der Sozialen Marktwirtschaft. Gütersloher Verlag, Gütersloh

EKD (1978) Soziale Ordnung. Denkschriften der EKD, Bd. 2. Mohn, Gütersloh

EKD (1991) Gemeinwohl und Eigennutz. Eine Denkschrift der EKD. Mohn, Gütersloh

EKD (2008) Unternehmerisches Handeln in evangelischer Perspektive. Eine Denkschrift. Gütersloher Verlagshaus, Gütersloh

EKD/DBK – Evangelische Kirche in Deutschland und Deutsche Bischofskonferenz (1997) Für eine Zukunft in Solidarität und Gerechtigkeit. Wort des Rates der Evangelischen Kirche in Deutschland und der Deutsche für eine Zukunft in Solidarität und Gerechtigkeit. Wort des Rates der Evangelischen Kirche in Deutschland und der Deutschen Bischofskonferenz zur wirtschaftlichen und sozialen Lage in Deutschland. Hannover/Bonn

Erhard L, Müller-Armack A (1972) Soziale Marktwirtschaft – Ordnung der Zukunft. Manifest '72. Ullstein, Berlin, Wien

Evangelische Kirche in Deutschland, Deutsche Bischofskonferenz (1978) Empfehlungen zur Eigentumspolitik (1964). In: Soziale Ordnung. Denkschriften der EKD, Bd. 2. Mohn, Gütersloh, S 37–46

Evangelische Kirche in Deutschland, Deutsche Bischofskonferenz (1993) Beteiligung am Produktiveigentum. Kirchenamt der EKD, Sekretariat der DBK, Hannover, Bonn

Freiburger Kreis (1990) Widerstand und Nachkriegsplanung 1933–1945. In: Rübsam D, Schadek H (Hrsg) Katalog einer Ausstellung. Rombach, Freiburg

Hübner J (2012) Ethik der Freiheit. Grundlegung und Handlungsfelder einer globalen Ethik in christlicher Perspektive. Kohlhammer, Stuttgart

Jähnichen T (2006) Eigentum, theol. In: Heun M (Hrsg) Evangelisches Staatslexikon. Neuausgabe. Kohlhammer, Stuttgart, S 412–420

Müller E (1978) Eigentumspolitik. Einleitung zu den Empfehlungen zur Eigentumspolitik. In: Soziale Ordnung. Die Denkschriften der EKD, Bd. 2. Mohn, Gütersloh

Müller-Armack A (1950) Mensch oder Arbeitstier? In: Kirche im Volk H. 6, S 16

Müller-Armack A (1955) Wirtschaftspolitik in der sozialen Marktwirtschaft. In: Boarman PM (Hrsg) Der Christ und die soziale Marktwirtschaft. Kohlhammer, Köln, Stuttgart, S 73–98

Röpke W (1944) Civitas humana. Grundfragen der Gesellschafts- und Wirtschaftsreform. Erlenbach, Zürich

Rüstow A (1955) Wirtschaftsethische Probleme der sozialen Marktwirtschaft. In: Boarman PM (Hrsg) Der Christ und die soziale Marktwirtschaft. Kohlhammer, Köln, Stuttgart, S 48–71

Strohm T (1993) „Eigentum in Arbeitnehmerhand" im Licht der evangelischen Sozialethik. In: EKD, DBK (Hrsg) Beteiligung am Produktiveigentum. EKD, DBK, Hannover, Bonn, S 117–135

Prof. Dr. Traugott Jähnichen Prof. Dr. theol, evangelischer Theologe. Seit 1998 Professor für Christliche Gesellschaftslehre an der Evangelisch-Theologischen Fakultät der Ruhr-Universität Bochum. Mitherausgeber der Zeitschrift für Evangelische Ethik, des Jahrbuchs sozialer Protestantismus und des Evangelischen Soziallexikons. Seit 2013 Mitglied der Kirchenleitung der Evangelischen Kirche in Westfalen. Wichtige aktuelle Veröffentlichung: Wirtschaftsethik. In: Huber W, Meireis T, Reuter H-R (Hrsg.) Handbuch der Evangelischen Ethik. C. H. Beck, München 2015, S 331–400.

Wohlstand für alle durch Miteigentum?
Die Adenauer-Jahre

Matthias Zimmer

1 Mitbestimmung oder Mitarbeiterbeteiligung – Die Diskussion in den 1950er-Jahren

„Wir wollten die Mitbeteiligung und haben die Mitbestimmung bekommen" – diese Worte des ehemaligen Frankfurter Stadtkämmerers Ernst Gerhardt[1], der schon in den 1950er-Jahren in politischer Verantwortung stand, kennzeichnet die Gemütslage vieler Politiker gerade aus der christlich-sozialen Bewegung jener Zeit. Mitbestimmung, so hatte es eine Entschließung des Bochumer Katholikentags von 1949 festgestellt, war ein natürliches Recht in gottgewollter Ordnung. Aber Miteigentum? Sicherlich, das Ahlener Programm von 1947 hatte davon gesprochen und es schien dem Geist der Zeit zu entsprechen. Richtig ist aber auch: Mitbeteiligung stieß auf Vorbehalte sowohl der Gewerkschaften wie auch der Unternehmer, Mitbestimmung war bei den Gewerkschaften populär.

Allerdings waren die 1950er-Jahre auch ein Sammelbecken unterschiedlichster Vorschläge zum Miteigentum und Mitbeteiligung.[2] Betriebliche und überbetriebliche Beteiligungsmodelle wurden diskutiert, die mithilfe von Leistungs-, Kapital- oder Gewinnbeteiligung finanziert werden konnten, jeweils auch mit unterschiedlichen Zielrichtungen: Vermögensverteilung auf der einen, Vermögensbildung auf der anderen Seite. Die Zwecke der Vorschläge hingegen konnten sehr unterschiedlich sein: Die Verhinderung der Konzentration wirtschaftlicher Macht, die Überbrückung des Konflikts von Kapital und Arbeit auf betrieblicher Ebene, die Entproletarisierung der Arbeiter und ihre Einhausung in der Demokratie durch Vermögensbildung, die breitere Verteilung der Vermögen als Vo-

---

[1] In einem Gespräch mit dem Verfasser am 7. November 2017.
[2] Die beste Darstellung der Initiativen aus der Union bietet Dietrich (1996).

M. Zimmer (✉)
Deutscher Bundestag
Berlin, Deutschland
E-Mail: matthias.zimmer@bundestag.de

© Springer-Verlag GmbH Deutschland, ein Teil von Springer Nature 2018
H. Beyer und H.-J. Naumer (Hrsg.), *CSR und Mitarbeiterbeteiligung*,
Management-Reihe Corporate Social Responsibility,
https://doi.org/10.1007/978-3-662-57600-7_4

raussetzung einer stabilen Wirtschaftsdemokratie, aber auch die Abwehr sozialistischer Konzeptionen der Vergemeinschaftung der Produktionsmittel oder die Stärkung gewerkschaftlicher Mitwirkungsrechte im Fall überbetrieblicher Fonds. Die von Ludwig Erhard formulierte Losung eines „Wohlstands für alle" setzte notwendig voraus, dass auch die unteren Schichten von dem staunenswerten wirtschaftlichen Aufschwung profitieren, nicht nur durch höheren Konsum, sondern v. a. durch die Bildung von Vermögen und Eigentum. In der unionsinternen Auseinandersetzung zwischen Vertretern des Ordoliberalismus und der Soziallehre war Konsens, dass Vermögen und Eigentum Voraussetzung für Freiheit und Eigenverantwortung sind. Nur wurden diese Debatten zunehmend nicht im Kontext betrieblicher oder überbetrieblicher Beteiligungen geführt, sondern unabhängig davon. Als das kirchliche Lehramt dann in der Enzyklika Mater et Magistra im Jahr 1961 formulierte, es sei wünschenswert, „dass die Arbeiter in geeigneter Weise in den Mitbesitz an ihren Unternehmen hineinwachsen" (Johannes PP. XXIII. 1961), waren in Deutschland die Weichen bereits anders gestellt. Anstatt Mitbestimmung durch Mitbesitz lautete die Devise: Mitbestimmung im Betrieb und Vermögensbildung durch Sparförderung und Sozialversicherung.

2 Ordoliberalismus und Katholische Soziallehre

Die Forderung nach Miteigentum war nicht neu, sondern spielte schon in den 1920er-Jahren eine wichtige Rolle für die Positionsbestimmung christlich-sozialer Politik. In der Situation nach dem Zweiten Weltkrieg war die Ausgangssituation eine andere. Zum einen hatte der Krieg ein Maß an Zerstörung mit sich gebracht, dass es zunächst galt, die dringendsten Bedürfnisse zu befriedigen. Darüber hinaus galt es, die Lehren aus der Weimarer Republik zu ziehen, auch im wirtschaftlichen und sozialen Bereich. Im wirtschaftlichen Bereich sollte eine Konzentration von wirtschaftlicher Macht vermieden und im sozialen Bereich die Einhausung der Arbeiter in die neue demokratische Ordnung gewährleistet werden. Der wesentlich von Ludwig Erhard und Adolf Müller-Armack vertretene Ordoliberalismus und die katholische Soziallehre hatten hier sehr unterschiedliche Antworten. Der Ordoliberalismus wollte wirtschaftliche Machtkonzentration durch ein staatlich geschütztes Wettbewerbssystem garantieren, das notfalls auch durch gesetzgeberische Maßnahmen der Monopolbildung entgegentreten würde. Die Christlichsozialen sahen in einer breiten Vermögensverteilung, der Vergesellschaftung von Schlüsselindustrien und der Mitbeteiligung von Arbeitnehmern das Korrektiv zu übermäßiger Machtkonzentration. Die soziale Funktion der Einhausung des Arbeiters erschien den Ordoliberalen am ehesten gewährleistet durch ein starkes wirtschaftliches Wachstum, an dem die Arbeiter teilhaben sollten, dem Ausbau der Sozialversicherungen und der Förderung von Eigentum. Die Christlichsozialen bevorzugten betriebliche bzw. überbetriebliche Beteiligung, standen aber einer staatlichen Förderung von Vermögensbildung nicht ablehnend gegenüber.

Der häufig beschworene Gegensatz von Ordoliberalismus und Christlicher Soziallehre in der Formationsphase der Sozialen Marktwirtschaft sollte aber nicht überbetont werden.

Zum einen ergänzten sich beide Konzeptionen in vielen Bereichen und trugen damit zur Durchschlagskraft und Akzeptanz des Modells der Sozialen Marktwirtschaft bei. Zu einer „irenischen Formel" wurde die Soziale Marktwirtschaft erst durch das Ineinandergreifen beider Denkschulen. Zweitens aber bestand auch eine Übereinstimmung in wichtigen Fragen, darunter der, dass eine breite Eigentumsbildung wünschenswert für die Stabilität der politischen Ordnung sei, aber auch in der freiheitsbegründenden Potenz des Eigentums insgesamt. Drittens betonten die beiden Konzeptionen die Selbstverantwortung des Einzelnen und den Spannungsbogen von Einzelnem und Gemeinwohl; weder die Soziallehre noch der Ordoliberalismus teilten die Auffassung, dass sich das Gemeinwohl durch das Wirken einer unsichtbaren Hand beinahe natürlich entwickle.[3] Tatsächliche Differenzen gab es in der Frage des Miteigentums.

Seit Anfang der 1950er-Jahre hatte der Sozialflügel der Union das Thema auf die politische Tagesordnung gebracht. Karl Arnold etwa plädierte auf dem Parteitag der CDU 1950 für einen Investivlohn. „Sollte es nicht möglich sein", fragte er, „die Stundenlöhne um 2 Pfennig zu erhöhen unter der Voraussetzung, dass auch die Arbeitnehmer 2 Pfennig von ihrem jetzigen Lohn bereitstellen, so dass 4 Pfennig pro Arbeitsstunde einer Zentralkasse zur Finanzierung von Investitionen zur Verfügung gestellt werden könnten?" Arnold berief sich ausdrücklich auf das Ahlener Programm der CDU in der Britischen Besatzungszone von 1947, in dem die Beteiligung der Arbeitnehmer am Unternehmen als Ziel der CDU festgeschrieben worden war. Ein Investivlohn schien eine elegante Idee, um sowohl der Miteigentumsidee als auch der Möglichkeit der Selbstfinanzierung von Unternehmen gerecht zu werden, was angesichts dringend notwendiger Neuinvestitionen notwendig schien. Allerdings folgten dem bejubelten Grundsatzreferat von Arnold keine Taten, was wesentlich auch den innerparteilichen Machtverhältnissen in der Union geschuldet war (dargestellt bei Zolleis 2008, S. 109–125).

Im Wahlprogramm der CDU von 1953 taucht der Begriff Miteigentum zwar auf, aber eher aus wahltaktischen Gründen. Die Soziale Marktwirtschaft hatte für einen Aufschwung gesorgt, aber unter Vernachlässigung sozialpolitischer Maßnahmen. Die Union befürchtete, im Wahlkampf in die Defensive zu geraten, sollten SPD und Gewerkschaften die Wirtschaftsordnung unter Verweis auf die ungerechte vermögenspolitische Verteilung infrage stellen. Das Wahlergebnis 1953 sorgte hier nicht nur für Beruhigung, sondern beendete zunächst einmal die öffentlichen Debatten um ein Miteigentum in der Union. Das bedeutete aber nicht, dass das Thema zu den Akten gelegt wurde.

---

[3] Als ordoliberale Konzeption bezeichne ich hier diejenigen Varianten des Liberalismus, die gesellschaftlich orientiert sind, z. T. auch aus einem christlich-humanistischen Grundverständnis heraus; dies beinhaltet Ludwig Erhard, Alfred Müller-Armack, Wilhelm Röpke, Alexander Rüstow, Walter Eucken und Franz Böhm. Die individualistisch orientierten Varianten des Liberalismus (etwa Ludwig von Mises oder Friedrich August von Hayek) bleiben hier ausgeklammert, zumal ihre Wirkungen auf die Formulierung des Konzepts der Sozialen Marktwirtschaft marginal waren.

3 Erste Initiativen für mehr Mitarbeiterbeteiligung

Anfang 1957 veröffentlichte die CDA, der Arbeitnehmerflügel der CDU, einen eigenen Gesetzentwurf zur Mitarbeiterbeteiligung (Dittmar 1957). Der Gesetzentwurf sah vor, dass in Betrieben ab 100 Mitarbeiter diese an den Erträgen der Unternehmen zu beteiligen seien. Dieses könne nach Maßgabe betrieblicher Vereinbarungen durch das Miteigentum am Kapital des Unternehmens, durch überbetriebliches Miteigentum oder in anderer geeigneter Form erfolgen (§ 1). Die Miteigentumsanteile sollten an den Gewinnen und Verlusten des Unternehmens im Verhältnis zur Kapitalbeteiligung teilnehmen. Die Miteigentumsvereinbarungen sollten als Betriebsvereinbarungen oder in Tarifverträgen festgelegt werden (§ 4). Clou des Gesetzentwurfs war die Einrichtung von Werksgenossenschaften; damit griff man eine Konzeption auf, die Matthias Erzberger zu Anfang der 1920er-Jahre formuliert hatte (Focke 1978, S. 113 f.). Dort, wo ein betriebliches Miteigentum gebildet wird, werden die Miteigentumsanteile treuhänderisch über eine Werksgenossenschaft verwaltet. Diese Werksgenossenschaft sollte von einer Vertreterversammlung (je nach Größe des Betriebs) und einem ehrenamtlich tätigen Vorstand vertreten werden; dies sollte auch die gerichtliche und außergerichtliche Vertretungsbefugnis umschließen. Die persönlichen und sächlichen Geschäftsbedürfnisse der Werksgenossenschaft sollten vom Unternehmen selbst getragen werden. Im Rahmen der Mitbestimmungsrechte sollten diese bei Kapitalgesellschaften unterhalb eines Anteils von 33,3 % ruhen, bei den Betrieben der Montanindustrie unterhalb eines Anteils von 50 %.

Der Gesetzentwurf überrascht noch heute durch die große konzeptionelle Klarheit und die Verbindung von Miteigentum- und Genossenschaftsidee. Allerdings bediente der Entwurf eine Reihe von Angstreflexen in der Wirtschaft und sah sich heftiger Kritik ausgesetzt, auf die Rupprecht Dittmar im Januar 1958 mit einer ausführlichen Verteidigungsschrift antwortete (Dittmar 1958). Darin setzte er sich v. a. mit drei Einwänden auseinander: Die Soll-Vorschrift der Ertragsbeteiligung führe zu einer Enteignung der Unternehmer, das Instrument der Werksgenossenschaft leiste kollektiven Tendenzen in der Gesellschaft Vorschub und die freie Verfügbarkeit des betrieblichen Miteigentums sei eingeschränkt. Wie immer man die Schlüssigkeit der Argumente bewerten mag, der Gesetzentwurf starb noch in der Fraktion einen sanften Tod und hat folglich eine Befassung im Deutschen Bundestag nicht erlebt (Dietrich 1996, S. 256 ff.). Ludwig Erhard hatte zu den Kritikern gehört, aber auch insgesamt war die Resonanz innerhalb der CDU verhalten. Die Idee einer Werksgenossenschaft roch mittelstandsfeindlich und konnte im bevorstehenden Wahlkampf 1957 den wirtschaftsfreundlichen Kräften Munition gegen die Union liefern. Gleichzeitig scheute die Union aber die offene innerparteiliche Konfrontation, denn das Problem der Vermögensbildung war nach wie vor aktuell und sollte nicht auf offener Bühne debattiert werden. Der fulminante Wahlerfolg der Union in den Wahlen von 1957 klärte dann aber die Fronten. Der Vorschlag von Dittmar und seinen Mitstreitern hatte sich überlebt.

4 Sparförderung und Volksaktie

Der Parteitag der CDU 1957 hatte unter dem Motto gestanden: „Wohlstand für alle – Eigentum für jeden". Das Thema Eigentum und Vermögen stand also weiter auf der Tagesordnung, auch nach der Bundestagswahl. Es ging um nicht weniger als die zweite Phase der Sozialen Marktwirtschaft, um eine breite Streuung von Eigentum. Konrad Adenauer vermeldete in seiner Regierungserklärung nach seiner erneuten Wahl zum Bundeskanzler im Oktober 1957, dass eine Streuung von Besitz in weitem Umfang nötig sei, um den Staatsbürgern Selbstgefühl und das Gefühl der Zugehörigkeit zum Volksganzen zu geben (Adenauer 1957). Unionsfraktionsführer Heinrich Krone sekundierte, dass die Bildung von Eigentum in Arbeitnehmerhand in den nächsten Jahren zu den vordringlichsten Aufgaben gehöre; es gehe darum, den Arbeitnehmern nun auch einen größeren eigentumsmäßigen Anteil an der industriellen Ausstattung der Volkswirtschaft anzubieten (Krone 1957). Damit waren aber nicht Miteigentumsmodelle gemeint, sondern die Förderung des Sparens und der Eigentumsbildung.

Das Leitmotiv hierzu hatte Ludwig Erhard schon 1956 ausgegeben, als er in einer Debatte im Deutschen Bundestag ausführte, Eigentum zu erwerben besser sei als Miteigentum zu erwerben (Erhard 1956). In dieser Tonlage war auch der Kampf gegen den Dittmar-Plan geführt worden: Volksaktie kontra Werksgenossenschaft, so lautete die Melodie, die Erhardt mit orchestrierte. Die CDU-geführte Bundesregierung beschritt diesen Weg zunächst durch die Popularisierung des Aktienbesitzes für untere Einkommensschichten. Hierzu diente die Privatisierung industrieller Beteiligungen der Bundesregierung wie etwa bei VW und Preussag mit einer sozialen Stückelung, die auch Kleinstaktionäre ermöglichte. Diese in der öffentlichen Debatte bisweilen als Volksaktie bezeichnete Anlageform entsprach der liberalen Lehre einer breiten Vermögensverteilung ohne Sparzwang oder staatlicher Umverteilung. Am Ende würde ein Volkskapitalismus stehen, eine Gesellschaft mit breiter Vermögensverteilung, eine Gesellschaft der Anleger. Dies blieb aber nicht die einzige sozialpolitische Initiative. Schon die Rentenreform 1957 hatte gezeigt, dass die Regierung auch in der sozialversicherungspflichtigen Absicherung neue Wege beschritt. Die Rente wurde nun nicht mehr Zuschuss zum Lebensunterhalt, sondern Lohnersatz zur Sicherung des Lebensstandards. Das Kapitaldeckungsverfahren wurde zugunsten des Umlageverfahrens aufgegeben, die Rentenhöhe an die Bruttolohnentwicklung gekoppelt. Mit dem Sparprämiengesetz von 1959 wurde ein staatlicher Anreiz zum Sparen geschaffen, der sich hoher Beliebtheit erfreute, und mit der Kleinen Aktienrechtsreform von 1959 wurde eine Steuerbegünstigung für Belegschaftsaktien eingeführt.

5 Das Vermögensbildungsgesetz

Auf Initiative des Arbeitnehmerflügels der Union entstand 1961 das Vermögensbildungsgesetz. Nach diesem Gesetz blieben Zuwendungen des Arbeitgebers bis zu 312 DM im Jahr an den Arbeitnehmer von der Lohnsteuer und den Sozialversicherungsbeiträgen befreit, wenn sie als vermögenswirksame Leistungen bezahlt wurden. Der Arbeitnehmer konnte sich zwischen mehreren Anlagearten entscheiden: dem Sparprämiengesetz, dem Wohnungsbauprämiengesetz, der Anlage zum Bau, Erwerb oder Entschuldung von Wohneigentum, zum Erwerb von Aktien des Arbeitgebers zum Vorzugskurs oder im Betrieb des Arbeitgebers als Darlehen des Arbeitnehmers. In den letzten beiden Fällen war die Zustimmung des Arbeitgebers erforderlich. Die Vermögensbildung hatte also deutlich den Vorrang vor der Beteiligung – zumal dafür das Einverständnis des Arbeitgebers notwendig war. Das Gesetz erfüllte die Erwartungen nur begrenzt; erst die Novellierung der Förderung 1965 hatte eine höhere Durchschlagkraft und erlaubte auch die Förderung des Investivlohns. Vorausgegangen war eine heftige öffentliche Debatte, die u. a. durch die Pläne der IG Bau zur Förderung betrieblicher und tarifvertraglich fixierter vermögenswirksamer Leistungen befeuert wurde. In diesen Diskussionszusammenhang gehörten auch der Dräger-Schreiber-Plan aus der Union und die Eigentumsdenkschrift der evangelischen Kirche, die sich mit dem Investivlohn beschäftigten. Elmar Pieroth, in dessen eigener Firma die Mitarbeiter beteiligt waren, gehörte zu den öffentlichen Verfechtern einer Mitbeteiligung in der Union auf Arbeitgeberseite. Eine eher anekdotische Randnotiz war das Engagement des Adenauer-Sohns Paul für den Investivlohn; der Theologe und promovierte Volkswirt veröffentlichte 1962 hierzu einen Aufsatz, der auch tagespolitisch Beachtung fand. Das Thema gärte also weiterhin in der Union und darüber hinaus.

Noch 1969 resümierte der damalige CDU-Bundesminister für Arbeit und Sozialordnung, Hans Katzer, man stehe in der Vermögensbildungspolitik trotz der Verbesserung der Regeln noch am Anfang. Der entscheidende Durchbruch müsse noch erzielt werden (Katzer 1969). Der von einer CDU-Kommission unter Leitung von Fritz Burgbacher erarbeitete Plan eines gesetzlichen Beteiligungslohns sollte dies ändern. Er war im Vorfeld der Bundestagswahl 1969 erarbeitet worden und fand schließlich auch das Plazet der Fraktion. Als Gesetzentwurf eingebracht wurde er freilich aus der Opposition heraus und damit mit überschaubarer, also keiner Wirkung (zum Burgbacher-Plan: Buchstab 2000).

6   Verpasste Chancen

Im Rückblick zeigt sich, dass der Wohlstand für alle zwar durchaus Eigentum und Vermögen für alle als Zielvorstellung mit einbezog, aber keineswegs die Beteiligung und damit die Überbrückung von Arbeit und Kapital im Betrieb. Hier blieb es bei der Mitbestimmung. Die Union hätte aus ihrem Selbstverständnis heraus Vorreiter für weitergehende Initiativen sein können, denn die SPD lebte noch von der Idee einer sozialistischen Wirtschaft, der sowohl die Idee einer Eigentumsbildung in Arbeitnehmerhand als auch die Vorstellung der Überbrückung des Konflikts von Arbeit und Kapital im Betrieb suspekt war und der Staat bei der Wirtschaftslenkung eine wesentlich stärkere Rolle spielte. Die Vorschläge innerhalb der CDU für eine neue Form der Beteiligungskultur waren dabei keineswegs revolutionär. Sie bezogen sich auf die Beteiligung am Gewinn als Mittel, um zu einer gerechteren Vermögensverteilung zu kommen. Die hohen Wachstumsraten sollten nicht nur den Unternehmern, sondern auch den Arbeitnehmern zugutekommen, notfalls auch als Investivlohn. Die Alternative war eine expansive Lohnpolitik mit einer Verschärfung der Konfliktlinien von Arbeit und Kapital oder die Sozialisierung der Produktionsmittel, wie sie von der SPD noch bis 1959 präferiert wurde. In den Vorstellungen der Sozialpolitiker der Union überwog hingegen der partnerschaftliche Gedanke als Grundprinzip der Wirtschaftsbeziehungen zwischen Arbeit und Kapital auf der betrieblichen Ebene.

Diese Chance hat die Union verpasst. Ludwig Erhard sah durchaus die Notwendigkeit einer Beheimatung der arbeitenden Menschen in der Gesellschaft und unterstützte den Erwerb von Eigentum und Vermögen bei Arbeitnehmern, aber eben nicht um den Preis des Eingriffs in die betriebliche Eigentumsstruktur. Seinem Weltbild entsprach nicht der „soziale Untertan", der von sozialistischer Umverteilung lebte, sondern der arbeitende Mensch, der durch Eigentum Eigenvorsorge treffen konnte und damit vom Staat unabhängig blieb.

Gleichwohl wird man konstatieren müssen, dass das Konzept der Arbeit, das in der Soziallehre einen zentralen Stellenwert hat und mithin das Verhältnis von Arbeit und Kapital in den Mittelpunkt rückt, bei den Ordoliberalen und v. a. bei Erhard eher unterbelichtet war; ihm fehlte wohl auch die Antenne, um die Anliegen der Soziallehre aufzunehmen.[4] Arbeit blieb für ihn weitgehend Produktionsfaktor, nicht Ort der gesellschaftlichen Sinnstiftung. Auch konnte er vermutlich dem Gedanken wenig abgewinnen, den Klassenkampf auf betrieblicher Ebene zu überwinden. Die Überwindung dieses für unsere Gesellschaft konstitutiven Gegensatzes, gar die Vorstellungen postkapitalistischer Strukturen, lag außerhalb von Erhards Vorstellungshorizont. Vermutlich hätte er ein solches Anliegen als unpraktikabel und als sozialistische Schwärmerei abgetan. Die Trennung von Kapital und Arbeit blieb für ihn auf der Eigentumsebene konstitutiv. Überspitzt formuliert: Wohlstand für alle – durch alles, nur nicht durch Beteiligung. Gleichwohl überrascht Erhard, wenn er auf die letzten Ziele seiner Vision der Sozialen Marktwirtschaft zu sprechen kommt: Da wird das ewige Wachstum infrage gestellt und mehr Freizeit, Besinnung, Muße und Erholung anempfohlen, freilich mit dem einschränkenden Hinweis, dass hier nicht mehr der Ökonom und der Wirtschaftsminister sprechen könne (Erhard 2009, S. 269 f.). Das alles sind Vorstellungen, die heute unter der Überschrift einer postmateriellen Orientierung debattiert werden, unter veränderten Vorzeichen, doch immer noch im Gegensatz von Kapital und Arbeit.

7 Fazit

Der Rückblick auf die Ära Adenauer zeigt die Zeitgebundenheit vieler Argumente in die Diskussion um Mitbeteiligung. Vermögensaufbau und die Entproletarisierung der Arbei-

---

[4] Anders Müller-Armack, der sich nicht nur als Ökonom, sondern auch als christlich inspirierter Kultursoziologe verstand.

ter spielen heute kaum noch eine Rolle. Auch sind die Fragen der Vermögensverteilung längst nicht mehr zentrale Begründung für eine Beteiligung der Mitarbeiter, obwohl sie in Zeiten drohender Altersarmut erneut zu einem guten Argument werden könnten. Gerade der Baustein einer zusätzlichen, über die Mitarbeiterbeteiligung möglichen Alterssicherung sollte nicht unterschätzt werden. Zusätzlich zu den in den 1950er-Jahren ausgeführten Gründen für eine Mitarbeiterbeteiligung kommen heute weitere gewichtige Gründe hinzu: Die Bindung des Arbeitnehmers an den Betrieb, die Resilienz von Betrieben mit Mitarbeiterbeteiligung gegen institutionelle Investoren, die Stärkung der betrieblichen Eigenkapitalbasis, die Beteiligung als ein passendes Betriebsmodell gerade für Start-ups. Vielleicht liegt gerade darin, im Zusammenführen der Interessen von Arbeitgeber und Arbeitnehmer, heute der besondere Charme – und vielleicht auch die besondere Chance – der Mitarbeiterbeteiligung.

Literatur

Adenauer K (1957) Rede im Deutschen Bundestag am 29. Oktober 1957. Stenographischer Bericht, S 20 A

Buchstab G (2000) Vom Mitarbeiter zum Miteigentümer. Der Burgbacher-Plan von 1969. Historisch-Politische Mitteilungen 7:269–288

Dietrich Y (1996) Eigentum für jeden. Die vermögenspolitischen Initiativen der CDU und die Gesetzgebung 1950–1961. Droste, Düsseldorf

Dittmar R (1957) Ein Gesetzesvorschlag über „Das Miteigentum von Arbeitnehmern". Einführung, Erläuterungen und Beispiele. Schriftenreihe der Sozial-Ausschüsse der Christlich-Demokratischen Arbeitnehmerschaft. Sozialausschüsse der CDA, Königswinter

Dittmar R (1958) Miteigentum – kein praktischer Vorschlag? Schriftenreihe der Sozial-Ausschüsse der Christlich-Demokratischen Arbeitnehmerschaft,. Sozialausschüsse der CDA, Königswinter

Erhard L (1956) Debatte im Deutschen Bundestag am 26. Juni 1956. Stenographischer Bericht II, S 8306 D

Erhard L (2009) Wohlstand für alle. Anaconda, Köln

Focke F (1978) Sozialismus aus christlicher Verantwortung. Die Idee eines christlichen Sozialismus in der katholisch-sozialen Bewegung und in der CDU. Peter Hammer, Wuppertal, S 113

Johannes PP. XXIII (1961) Enzyklika Mater et magistra 77. http://w2.vatican.va/content/john-xxiii/de/encyclicals/documents/hf_j-xxiii_enc_15051961_mater.html. Zugegriffen: 25. Mai 2018

Katzer H (1969) Rede in Oldenburg am 5. Juli 1969. In: Deutschland CDU (Hrsg) Eigentum für alle. CDU, Bonn

Krone H (1957) Rede im Deutschen Bundestag am 5. November 1957. Stenographischer Bericht, S 38 B-C

Zolleis U (2008) Die CDU. Das politische Leitbild im Wandel der Zeit. VS, Wiesbaden

Prof. Dr. Matthias Zimmer MdB Geboren am 3. Mai 1961 in Marburg/Lahn; verheiratet; zwei Kinder; römisch-katholisch.

1967–1971 Grundschule Traben-Trarbach; 1971–1980 Staatliches Neusprachliches Gymnasium Traben-Trarbach; 1980–1986 Studium Politikwissenschaft, Neuere Geschichte, Völkerrecht in Trier, Indiana/Pennsylvania und München. M.A. 1986; 1986–1987 Grundwehrdienst; 1988–1991 Promotionsstudium; Promotion zum Dr. rer. pol. an der Universität der Bundeswehr, Hamburg. Im Jahr 2006 Habilitation und Erteilung der venia legendi für Politikwissenschaft, Universität zu Köln, seit 2013 Honorarprofessor

1990–1993 Wissenschaftlicher Mitarbeiter, Forschungsinstitut der Konrad-Adenauer-Stiftung, St. Augustin; 1994–1998 DAAD Associate German Studies Professor, University of Alberta. 1998 bis Juni 1999 Reintegrationsstipendium des DAAD; Lehrbeauftragter Politikwissenschaft, TU Darmstadt; 1999–2009 Stadt Frankfurt am Main, zuletzt Leiter der Stabstelle Wirtschaft

Seit 1979 Mitglied der CDU; seit 2003 der CDA; seit 2005 Kreisvorsitzender der CDA Frankfurt am Main, seit 2011 Vorsitzender der CDA Hessen und stellvertretender Bundesvorsitzender. Mitglied im Präsidium der CDU Hessen

Mitglied des Bundestages seit Oktober 2009

Eigentumsbildung oder Umverteilung – Die Gretchenfrage der Politik

Michael Theurer

1 Deutschland im Tiefschlaf

Die Bundesrepublik befindet sich im Jahr 2018 in einer ungewöhnlichen Situation: Die Wirtschaft wächst relativ stabil, die Arbeitsproduktivität ist jedoch in den letzten Jahrzehnten massiv gesunken und verharrt auf niedrigem Niveau. Die gesamtwirtschaftlichen Abschreibungen sind seit Jahren höher als die Investitionen, der Anteil der öffentlichen und privaten Investitionen an der Wirtschaftsleistung ist rückläufig – kurz: Das Land lebt von der Substanz und wird auf Verschleiß gefahren. Neben den fehlenden Investitionen in Technik und Infrastruktur sind auch die Ausgaben für Forschung und Entwicklung in Deutschland besonders niedrig. Gleiches gilt für die Bildungsausgaben, deren Anteil am Bruttoinlandsprodukt unterhalb des OECD-Durchschnitts liegen.

Dies wirft nun in einem Land, das sich in globalem Wettbewerb befindet, in dem sich ein massiver demografischer Wandel ebenso vollzieht wie ein Strukturwandel durch die disruptive Technologie der Digitalisierung ganz grundsätzliche Fragen auf. Wovon wollen wir morgen noch leben? Wie wollen wir dafür sorgen, dass die Bevölkerung auch zukünftig von der wirtschaftlichen Entwicklung profitieren kann? Wie bewegt man global agierende Konzerne dazu, in Deutschland zu investieren – und wie kann der Mittelstand das Kapital mobilisieren, um den Sprung in das neue Zeitalter zu bewältigen? Wie bewegen wir gut ausgebildete und mobile junge Menschen dazu, in Deutschland leben und arbeiten zu wollen? Wie gelingt es, breiten Bevölkerungsschichten eine gesellschaftliche Teilhabe zu ermöglichen?

Diese Fragen sind nicht trivial. Hier bedarf es einer gesamtgesellschaftlichen Debatte. Während der Jahre der Großen Koalition ist die Debatte über Zukunftsthemen in Deutsch-

M. Theurer (✉)
Deutscher Bundestag
Berlin, Deutschland
E-Mail: michael.theurer@bundestag.de

© Springer-Verlag GmbH Deutschland, ein Teil von Springer Nature 2018
H. Beyer und H.-J. Naumer (Hrsg.), *CSR und Mitarbeiterbeteiligung*,
Management-Reihe Corporate Social Responsibility,
https://doi.org/10.1007/978-3-662-57600-7_5

land allerdings nahezu völlig erlahmt. Es ist Zeit, dass dies sich ändert. Dieser Beitrag soll hierzu einen Anstoß geben.

2 Umdenken

Nachdem die Deutschen Ende der 1990er-Jahre kurzzeitig vermehrt in Aktien investierten und von der als Volksaktie angepriesenen T-Aktie enttäuscht wurden, wendeten sie sich wieder von dieser Anlagemöglichkeit ab. Seither verharrt der Anteil des Aktienbesitzes am Vermögen der Deutschen weiterhin auf einem geringen Niveau. Nicht einmal jeder achte Deutsche besitzt Aktien. Zum Vergleich: Bei den US-Amerikanern ist es etwa die Hälfte, in der Schweiz immer noch etwa jeder fünfte.

Neben den Aktien gibt es noch ein zweites Feld, in das die Deutschen auffällig selten investieren: Immobilien. Der Anteil der Immobilienbesitzer in Deutschland ist weiterhin einer der niedrigsten in der Europäischen Union – selbstgenutztes Wohneigentum ist hierzulande mehr die Ausnahme denn die Regel.

Der Deutschen liebste Anlageformen sind weiterhin Sparbücher, Girokonten und Tagesgeldkonten – gerne ergänzt um langfristige Staatsanleihen. Diese versprechen ein niedriges Risiko. Und noch vor 30 Jahren ließen sich damit auch exzellente Renditen erzielen.

Das ist heute jedoch nicht mehr der Fall. Das Marktumfeld mit historisch niedrigen Leitzinsen und teils sogar negativen Zinssätzen bei positiven Inflationsraten sorgt dafür, dass Kleinanleger mit der Zeit Geld verlieren.

Nötig wäre eine neue Aktienkultur, in der nicht übertriebenes Sicherheitsdenken die Handlungen lähmt. German Mut statt German Angst für eine neue Deutschland-AG!

Aktien sollten dabei als ein Instrument der Wirtschaftsdemokratisierung verstanden werden. Die Wirtschaftsordnung der Sozialen Marktwirtschaft schafft dezentrale Teilhabe durch Vermögensbildung und breite Streuung des Vermögens. Dies ist einer ihrer entscheidenden Unterschiede zu einer zentral geplanten Wirtschaftsordnung, in der wirtschaftliche Teilhabe – wenn überhaupt – nur mittelbar durch die Teilhabe am Planungsprozess möglich ist (Eucken 1952).

Das Teilhabeziel hat dabei Ludwig Erhard bereits 1950 auf dem 1. Bundesparteitag der CDU als Ziel der Sozialen Marktwirtschaft ausgegeben:

„Während das verwaschene, anonyme und niemals zu lebendigem Bewußtsein kommende Miteigentumsrecht des Arbeiters an den Produktionsmitteln, wie es in der Sozialisierung Ausdruck findet, niemals zu einer inneren Beziehung von Mensch und Werk führen kann, streben wir die lebendige Anteilnahme und eine gesunde Interessenverbindung an und glauben, daß das individuelle Miteigentum, z. B. in Kleinaktien oder anderen Formen der Gewinnbeteiligung, gute und fruchtbare Mittel der sozialen Verständigung wie auch der wirtschaftlichen Harmonie und Zusammenarbeit sein können" (Erhard 1988).

Der Verkauf von Kuka an Midea sorgte im Jahr 2016 für einen öffentlichen Aufschrei. Denn Kuka ist ein Unternehmen, das einer der Schlüsselindustrien der Zukunft zugeordnet ist: der Robotik. Neben der Problematik, dass hier einseitig offene Märkte vorliegen und ein solcher Verkauf mit einem wirksamen Außenwirtschaftsgesetz gründlich hätte überprüft werden müssen, wurde ein anderes Problem offensichtlich: Investoren sind häufig weniger an der mittelfristigen Arbeitsplatzsicherung oder der langfristigen Wettbewerbsfähigkeit des Standorts interessiert als an kurzfristiger Rendite. Die staatlichen Planer in der Volksrepublik haben jedoch einen anderen Zeithorizont – denn für sie ist Wirtschaftspolitik auch Geopolitik.

Wer nicht möchte, dass deutsches Know-how nach China wandert, der Unternehmenssitz in die USA oder der eigene Arbeitsplatz nach Brasilien, der könnte dies als Anteilseigner ebenso selbst verhindern, wie er sich für Sozialstandards, Umweltschutz und korrektes Begleichen steuerlicher Forderungen stark machen kann.

Eine Deutschland AG 4.0 könnte daher darin bestehen, dass die stattfindende Automatisierung sowie Vernetzung der Maschinen von breiten Teilen der Bevölkerung finanziert wird. Im Gegenzug hätten ebenso breite Teile der Bevölkerung auch Anteil am daraus entstehenden Wohlstand.

Damit ist auch eine Antwort auf die Frage gegeben, welche Verheißungen die deutschen Bürger von der Zukunft erwarten können. Denn hier gibt es die zwei altbekannten Wege: den bequemen und den unbequemen, den erfolglosen oder den erfolgreichen, den über die Umverteilung oder den über die Eigentumsbildung. Das Wohlstandsversprechen einer jeden Wirtschaftsform lässt sich nicht dauerhaft durch Umverteilung mit Leben füllen. Dies liegt einerseits an der Knappheit des vorhandenen Wohlstands und andererseits an den Fehlanreizen, die jeder Umverteilung inne wohnen.

Lässt man philosophische Betrachtungen der grundsätzlichen Legitimität von Umverteilung beiseite und betrachtet lediglich die Ergebnisse, so kommt man auch hier zu eindeutigen Ergebnissen: Selbst in einer statischen Betrachtung ist nicht „genug für alle" da: Betrachtet man die globale Perspektive, liegt die Wirtschaftsleistung pro Kopf und Monat weltweit unter jenen 1050 €, die von deutschen Umverteilungspolitikern als absolutes menschenwürdiges Minimum deklariert werden (IMF 2018). Noch wesentlich tragischer sind jedoch die dynamischen Effekte: Jeder Leistungsträger – und das umfasst sämtliche Berufstätige – wird durch hohe Steuern und Abgaben dazu angehalten, bloß nicht noch mehr zu leisten und damit mehr zu verdienen. Gerade dann, wenn mit der Mehrleistung auch Risiken verbunden sind – beispielsweise bei einem Selbstständigen – kann dies jede Eigeninitiative abwürgen. Die Innovationsfähigkeit einer Gesellschaft schrumpft. Das Ende ist bekannt: Nach einiger Zeit endet eine reine Umverteilungsgesellschaft am absoluten Abgrund – wie beispielsweise zuletzt in Venezuela.

Dies gilt in einer globalisierten Welt noch viel stärker, denn Kapital ist flüchtig. Gehen Staaten wenig sorgsam mit dem Geld ihrer Bürger bzw. der ansässigen Unternehmen um, werden jene, die es sich leisten können, sich andernorts niederlassen. Daher sollte sich der Staat auf seine Kernaufgaben zurückbesinnen – dort schafft er am meisten Mehrwert: innere und äußere Sicherheit, Infrastruktur und Bildung. Ein soziales Netz ist notwendig, damit Menschen gegen die gröbsten Lebensrisiken abgesichert sind. Damit aber Wohlstand geschaffen wird, muss es möglich sein, durch die eigene Leistung Eigentum zu erwerben. Dies ist das Wohlstandsversprechen der Sozialen Marktwirtschaft: Wohlstand für alle. Ein Volk der Eigentümer (Erhard 1957).

3   Wege zum Volk der Eigentümer

3.1   Mitarbeiterkapitalbeteiligung

Ein Weg, wie eine neue Aktienkultur angegangen werden könnte, ist die Mitarbeiterkapitalbeteiligung – beispielsweise in Form von Belegschaftsaktien. Dieses Instrument hat eine Reihe von gesamtgesellschaftlich attraktiven positiven externen Effekten, es wird jedoch im internationalen Vergleich sehr selten genutzt: In Deutschland gibt es lediglich etwa 1,2 Mio. Belegschaftsaktionäre, im kleineren Frankreich über drei Mal so viele. Dazu kommt, dass ihre Zahl in Deutschland rückläufig ist – zu Beginn des Jahrtausends waren es noch etwa 1,6 Mio. (Deutsches Aktieninstitut 2014).

Mitarbeiterkapitalbeteiligung kann für Beschäftigte und Unternehmen gleichermaßen attraktiv sein wie für die gesamte Gesellschaft. Da wäre zunächst der bereits angedeutete Aspekt der Nachhaltigkeit: Arbeitnehmer haben i. d. R. einen anderen Zeithorizont als Manager oder Investoren. Wenn sie Vermögen bilden, geht es ihnen häufig um die Altersvorsorge oder darum, an ihre Kinder etwas weitergeben zu können. Daher ist es naheliegend, dass derartige Modelle von gesellschaftlicher Seite gewünscht sein können: Bei unzähligen Skandalen beispielsweise in der Finanz- oder Automobilbranche entstanden hohe externe Kosten – diese waren häufig von der Gesellschaft zu tragen, während das von Managern durch kurzfristige Kennzahlenorientierung angehäufte Vermögen nicht zur Kostendeckung herangezogen wurde oder werden konnte. Durch die Mitarbeiterkapitalbeteiligung kann folglich der Einheit von Handeln und Haften stärker Rechnung getragen werden. Ein weiterer Aspekt ist der Anreiz, sich über Anlagemodelle und -möglichkeiten aufklären zu lassen, der mit dem Angebot einer Kapitalbeteiligung einhergeht. Darüber hinaus kann das Beteiligungskapital zu einer besseren Vermögensbildung insgesamt beitragen – und diese wiederum durch die bessere Kapitalausstattung der Wirtschaft zu einer Steigerung der Produktivität des Faktors Arbeit führt, wodurch mehr und besserbezahlte Arbeitsplätze geschaffen werden und wiederum die Teilhabe breiter Bevölkerungsschichten gestärkt wird (Lambsdorff 2006).

Die für Arbeitnehmer relevantesten Faktoren wurden bereits angerissen: Neben Teilhabe und Selbstbestimmung geht es hierbei um die Möglichkeiten zum Vermögensaufbau. Wenn Unternehmen den Nutzen von Mitarbeiterbeteiligungsmodellen evaluieren, betrachten sie hierfür insbesondere die Faktoren Motivation und Mitarbeiterbindung, Finanzierungswirkung, steuerliche Behandlung und staatliche Förderung (Nawrot et al. 2010).

Motivation und Mitarbeiterbindung können unter dem Begriff Miteigentümermentalität zusammengefasst werden: Je stärker die beteiligten Mitarbeiter an Gewinnen und Verlusten des Unternehmens einerseits und an der Entscheidungsfindung andererseits beteiligt sind, desto stärker diese Mentalität (Leuner 2003). Mit dem Begriff Finanzierungswirkung ist gemeint, dass es gerade mittelständischen Unternehmen daran gelegen sein kann, durch Mitarbeiterkapitalbeteiligung ihr Eigenkapital zu erhöhen und somit günstigere Kennzahlen und Finanzierungsbedingungen zu erreichen. Steuerlich relevant ist aus Unternehmenssicht insbesondere die Möglichkeit, die Kosten für die Mitarbeiterkapitalbeteiligung als Betriebsausgaben geltend zu machen. Unter staatliche Förderung fallen sämtliche sonstige direkten oder indirekten Subventionen, die mit der Mitarbeiterkapitalbeteiligung einhergehen (Nawrot et al. 2010).

Aus den verschiedenen Nutzenebenen wird dabei folgendes deutlich: Es gibt einerseits positive Externalitäten, aber auch ein klares Eigeninteresse von Arbeitgebern und Arbeitnehmern sowie Mitnahmeeffekte. Nach einer Untersuchung des Deutschen Aktieninstituts stehen der stärkeren Nutzung dieses Instruments insbesondere rechtliche Unklarheiten, innerhalb Europas deutlich unterschiedliche Regeln und die in Deutschland relativ niedrigen Freibeträge entgegen: Der steuer- und abgabenfreie Betrag wurde 2009 auf 360 € angehoben, ist jedoch weiterhin einer der niedrigsten in der Europäischen Union. So gewährt beispielsweise das Vereinigte Königreich einen Freibetrag von etwa 3500 €, Spanien gar 12.000 € pro Jahr. Folglich wird hier eine rechtliche Vereinfachung, eine Anhebung des Freibetrags auf mindestens 1000 € und eine europaweite Harmonisierung der rechtlichen Vorschriften gefordert (Deutsches Aktieninstitut 2014).

Diese Forderungen sind naheliegend und berechtigt. Doch gerade bei der Forderung nach einer steuerlichen Förderung sollte bedacht werden, dass mit einer zu starken Fokussierung auf Kapitalbeteiligung am eigenen Arbeitgeber auch Risiken verbunden sind: Sollte dieser in eine erhebliche Schieflage geraten, könnte neben dem Arbeitsplatzverlust auch ein Vermögensverlust eintreten. Sofern also eine steuerliche Privilegierung notwendig und gesellschaftlich sinnvoll erscheint, sollte es damit keinesfalls übertrieben werden: Es drohen Klumpenrisiken.

Auch über restriktive Wirkungen Europäischer Vorschriften sollte nochmals verstärkt nachgedacht werden – das zeigt das Beispiel des Wertpapiererwerbs. Aufgrund der Umsetzung der MiFID II durch die Finanzmarktnovellierungsgesetze 1 und 2 erhält der Anleger künftig ein Basisinformationsblatt für verpackte Produkte aufgrund einer europäischen Regelung (PRIIPs) sowie ein Produktinformationsblatt für Aktien und Anleihen aufgrund deutscher Gesetzgebung. Das fernmündlich geführte Beratungsgespräch wird aufgezeichnet und in einer besonderen Erklärung wird die Geeignetheit der Anlageempfehlung im Hinblick auf die persönlichen Anlageziele des Kunden dargelegt. Dabei tritt die künftig europarechtlich vorgeschriebene Geeignetheitserklärung an die Stelle des erst 2010 in Deutschland eingeführten Beratungsprotokolls. Die Summe dieser im Einzelnen sicher vernünftigen und nachvollziehbaren Maßnahmen hat bereits jetzt eine signifikante Zahl insbesondere kleinerer und mittlerer Kreditinstitute dazu veranlasst, das individuelle Beratungsangebot für bestimmte Produkte wie z. B. Aktien einzuschränken oder ganz einzustellen. Weitere Institute werden folgen; sie werden die mit der Umsetzung der Anforderungen aus der MiFID II verbundenen bürokratischen Hürden, finanziellen Belastungen und Haftungsrisiken vermeiden und sich aus der Individualberatung zurückziehen. Damit wäre dem Kunden jedoch letztlich auch nicht gedient (Zeitler und Wolf 2017).

3.2 Wohneigentum

Der zweite zentrale Weg, wie sich Bürger aus der Mitte der Gesellschaft ein Vermögen aufbauen können, ist die selbstgenutzte Immobilie – gerade als Absicherung gegen einen einsetzenden Strukturwandel. Der Traum von den eigenen vier Wänden ist und bleibt für viele Menschen ein zentrales Element der Selbstverwirklichung. Doch die Preise sowohl für Mieten als auch für Wohneigentum sind in den letzten Jahren massiv gestiegen (Deutsche Bundesbank 2017). So erklärt sich auch, dass die Wohneigentumsquote in Deutschland die niedrigste in der gesamten Europäischen Union ist und auf diesem niedrigen Niveau stagniert (Statista 2018).

Das Wohnen insbesondere in Städten ist für viele Menschen kaum mehr erschwinglich, die Mietpreise steigen weit schneller als die Lebenshaltungskosten. Es besteht sogar die Gefahr einer Blasenbildung – die Deutsche Bundesbank geht inzwischen von einer Überbewertung von 15 bis 30 % in den Städten aus. Die starken Preissteigerungen hängen einerseits mit der Niedrigstzinspolitik der Europäischen Zentralbank zusammen (Deutsche Bundesbank 2017), andererseits mit wachsenden bürokratischen Nebenkosten, steigender Nachfrage wegen Zuzugs und wachsender steuerlicher Belastungen (Möbert 2017). Der größte Faktor sind die gestiegenen Baukosten. Die Kostensteigerung entsteht hier vor allem durch neue staatliche Vorgaben, beispielsweise Energieeffizienz, Begrünungspflichten, Barrierefreiheit, Brand- und Schallschutz sowie weitere Sicherheitsvorgaben (Walberg et al. 2015).

Aufgrund der gestiegenen Grunderwerbssteuer liegen die Fixkosten eines Immobilienerwerbs inzwischen in vielen Bundesländern über 10 % der Kaufsumme. Die Möglichkeiten der Abschreibung für Abnutzung, die den steuerlichen Rahmen für Neubauten setzen, wurden in den vergangenen Jahren massiv verschlechtert: Zum einen konnten Wohngebäude bis 1995 über lediglich 40 statt wie jetzt über 50 Jahre abgeschrieben werden. Zum anderen war bis zum Jahr 2005 eine degressive Abschreibung möglich. Seit 2006 gilt eine lineare Abschreibung von 2 % jährlich (Sachverständigenrat 2013). Sachlich rechtfertigbar ist dies nicht: Im Vergleich zu den 1980er-Jahren enthalten Neubauten heutzutage wesentlich mehr Technik, die jedoch schneller veraltet ist und ersetzt bzw. saniert werden muss als der Gebäuderohbau an sich. Der ökonomische Abschreibungssatz, der dem realen kumulierten Wertverzehr der Gebäudebestandteile entspräche, läge bei über 4 %. Trotz der beständigen Kritik an Gentrifizierung und dem Bedarf an zusätzlichem Wohnraum sind Sanierungen inzwischen steuerlich bessergestellt als Neubauten (Brügelmann et al. 2013). Doch nur durch Neubau besteht eine Chance, der Überhitzung des Wohnungsmarkts wirksam zu begegnen (Möbert 2017). Der Staat hat also sämtliche Rahmenbedingungen, die zu bezahlbarem Wohnraum beitragen, verschlechtert.

Während manche Schutzvorschriften sicherlich sinnvoll sind, gibt es in Zeiten sprudelnder Steuereinnahmen kaum einen Grund, warum die dadurch entstehenden Mehrkosten nicht durch niedrigere Besteuerung ausgeglichen werden sollten. Die Stellschrauben sind bekannt: Freibeträge für die Grunderwerbssteuer bei der ersten selbstgenutzten Immobilie, höhere (und möglicherweise degressive) Abschreibungen, Deklarierung zusätzlicher Bauflächen, steuerliche Absetzbarkeit des Erwerbs von Wohneigentum.

4   Fazit

Wer in Deutschland von steigendem Wohlstand profitiert, hängt ganz entscheidend von den politischen Rahmenbedingungen ab. Der Bereich der Mitarbeiterkapitalbeteiligung ist ein bisher unterentwickeltes Feld, in dem durchaus Potenziale für eine stärkere Teilhabe breiter Bevölkerungsschichten an der wirtschaftlichen Entwicklung einerseits und an der Entscheidungsfindung in der Wirtschaft andererseits liegen. Mit fortschreitender Digitalisierung und dem Sprung in die 4.0-Gesellschaft könnte diesem Bereich entscheidende Wichtigkeit zukommen. Ähnliches gilt für die Versorgung mit bezahlbarem Wohnraum: Aufgrund der Rahmenbedingungen des Zinsumfelds, der staatlichen Regulierung und des steuerlichen Rahmens sind die Kosten für Mieten massiv gestiegen. Das Wohlstands- und Aufstiegsversprechen der Sozialen Marktwirtschaft lässt sich jedoch aufgrund der durch die gleichen Faktoren massiv gestiegenen Kosten für den Bau und den Erwerb von Immobilien nicht durch Ausweichen auf selbstgenutzte Immobilien umsetzen. Hier liegt eine Fehlsteuerung vor, die der Korrektur bedarf.

Literatur

Ausschuss für Finanzstabilität (2015) Empfehlung vom 30. Juni 2015 zu neuen Instrumenten für die Regulierung der Darlehensvergabe zum Bau oder Erwerb von Wohnimmobilien. https://www.bundesbank.de/Redaktion/DE/Pressemitteilungen/BBK/2015/2015_06_30_afs_empfehlungen.pdf?__blob=publicationFile. Zugegriffen: 15. Mai 2018

Brügelmann R, Clamor T, Voigtländer M (2013) Abschreibungsbedingungen für den Mitwohnungsneubau. IW-Trends 2/2013. https://www.iwkoeln.de/fileadmin/publikationen/2013/116513/TR-2-2013-Bruegelmann-Clamor-Voigtlaender.pdf. Zugegriffen: 15. Mai 2018

Deutsche Bundesbank (2017) Monatsbericht Februar 2017, 69. Jahrgang, Nr. 2. https://www.bundesbank.de/Redaktion/DE/Downloads/Veroeffentlichungen/Monatsberichte/2017/2017_02_monatsbericht.pdf?__blob=publicationFile. Zugegriffen: 15. Mai 2018

Deutsches Aktieninstitut (2014) Neuer Schwung für die Belegschaftsaktie in Deutschland: Angemessene Anreize setzen – Hindernisse beseitigen. https://www.dai.de/files/dai_usercontent/dokumente/positionspapiere/2014-12-10%20DAI%20Belegschaftsaktie%20Regulierung%20final.pdf. Zugegriffen: 15. Mai 2018

Dworkin R (1996) Do liberty and equality conflict? In: Barker P (Hrsg) Living as equals. Oxford University Press, Oxford, S 39–57

Erhard L (1957) Wohlstand für alle. Econ, Düsseldorf

Erhard L (1988) Kühle Köpfe – Starke Herzen. Rede auf dem 1. Bundesparteitag der CDU. In: Hohmann K (Hrsg) Ludwig Erhard – Gedanken aus fünf Jahrzehnten. Reden und Schriften. Econ, Düsseldorf, Wien, New York

Eucken W (1952) Grundsätze der Wirtschaftspolitik. J.C.B. Mohr (Paul Siebeck), Tübingen

Hamm W (2000) Das Ende der Bequemlichkeit. Ein Leitfaden zur Modernisierung von Wirtschaft und Gesellschaft. Frankfurter Allgemeine Zeitung, Frankfurt am Main

IMF (Hrsg) (2018) IMF DataMapper. http://www.imf.org/external/datamapper/PPPSH@WEO/OEMDC/ADVEC/WEOWORLD. Zugegriffen: 25. Jan. 2018

Kersting W (2000) Theorien der Sozialen Gerechtigkeit. Springer, Berlin, Heidelberg

Lambsdorff OG (2006) Mehr Beteiligungskapital – mehr Marktwirtschaft: Vermögenspolitik und Beteiligungskapital in der Bürgergesellschaft. http://edoc.vifapol.de/opus/volltexte/2010/2336/pdf/340_Beteiligung_80S_161106.pdf. Zugegriffen: 15. Mai 2018

Leuner R (2003) Intelligente Mitarbeiterbeteiligung: Ein Instrument, zwei Wirkungen. In: Rödl, Partner (Hrsg) Gegen.Steuern: Erfolg für den Mittelstand. Haufe, Freiburg

Möbert J (2017) Deutsche Wohnungspolitik: Falsche Weichenstellungen korrigieren. Deutsche Bank Research. https://www.dbresearch.de/PROD/RPS_DE-PROD/PROD0000000000449677/Deutsche_Wohnungspolitik_%C2%96_Falsche_Weichenstellung.PDF. Zugegriffen: 15. Mai 2018

Nawrot K, zu Knyphausen-Aufseß D, Leuner R (2010) Eigenkapitalbeteiligung bei der GmbH. Corp Finance 6:364–374 (https://www.roedl.de:10006/de-DE/de/medien/publikationen/fachaufsaetze/RechtSteuernWirtschaft/Eigenkapitalbeteiligung-GmbH.pdf. Zugegriffen: 15.05.2018)

Sachverständigenrat zur Begutachtung der gesamtwirtschaftlichen Entwicklung (2013) Jahresgutachten 2013/2014. https://www.sachverstaendigenrat-wirtschaft.de/publikationen/jahresgutachten/fruehere-jahresgutachten/jahresgutachten-201314.html. Zugegriffen: 15. Mai 2018

Sachverständigenrat zur Begutachtung der gesamtwirtschaftlichen Entwicklung (2017) Jahresgutachten 2017/2018. https://www.sachverstaendigenrat-wirtschaft.de/publikationen/jahresgutachten/aktuelles-jahresgutachten.html. Zugegriffen: 15. Mai 2018

Statista (2018) Wohneigentumsquoten in ausgewählten europäischen Ländern im Jahr 2016. https://de.statista.com/statistik/daten/studie/155734/umfrage/wohneigentumsquoten-in-europa/. Zugegriffen: 25. Jan. 2018

Walberg D, Gniechwitz T, Halstenberg M (2015) Kostentreiber für den Wohnungsbau. Untersuchung und Betrachung der wichtigsten Einflussfaktoren auf die Gestehungskosten und die aktuelle Kostenentwicklung von Wohnraum in Deutschland. Bauforschungsbericht Nr. 67. http://www.impulse-fuer-den-wohnungsbau.de/fileadmin/images/Studien/kostentreiber/kostentreiber-fuer-den-wohnungsbau_studie.pdf. Zugegriffen: 15. Mai 2018

Zeitler F-C, Wolf S (2017) Verbraucherschutz im Finanzmarkt – Wirtschaftsbeirat Bayern

Diplom-Volkswirt Michael Theurer MdB, Jahrgang 1967, Dipl.-Volkswirt, Oberbürgermeister a. D. in Horb. Von 2001 bis 2009 Mitglied des Landtags Baden-Württemberg; von 2009 bis 2017 Mitglied des Europäischen Parlaments, seit 2017 Mitglied des Deutschen Bundestags und stellvertretender Vorsitzender der FDP-Fraktion. Seit 2013 Präsidiumsmitglied der FDP und Vorsitzender der FDP Baden-Württemberg.

Ethik der Kapitalbeteiligungen. Freiheit, Würde und Nachhaltigkeit in der Vermögensgesellschaft

Joachim Fetzer

1 Kapitalbeteiligung als Vermögen – Methodische Überlegungen

In den Debatten zu Einkommen, Eigentum und Vermögen spielen Zahlen, Statistiken und quantitative Relationen eine dominierende Rolle. „Nur was man zählen kann, zählt", möchte man meinen; doch weiß jeder, dass genau das nicht stimmt. Zum Beispiel wird zunehmend bezweifelt, dass das Bruttoinlandsprodukt und dessen Wachstum das Maß aller Dinge sei. Für monetär bewertete Vermögenswerte, darunter Kapitalbeteiligungen, und deren Verteilung gilt dies genauso. In Zeiten der (notwendigen) Quantifizierung muss Ethik darauf bedacht sein, die Wahrnehmung der Wirklichkeit nicht über Gebühr auf die quantifizierbaren Wirklichkeitsausschnitten beschränken zu lassen.

Eine Ethik der Kapitalbeteiligung muss mehr sein als ein Aufruf zur Überwindung der Kluft zwischen Kapital und Arbeit (das kann eine Konsequenz sein). Sie muss mehr sein als eine moralische Rechtfertigung bestimmter Kapitalbildungsformen (das kann eine Konsequenz sein). Ethik der Kapitalbeteiligung bedeutet letztlich, das (in sich vielgestaltige) Instrument der Kapitalbeteiligung einzuordnen in eine Ethik als Theorie der menschlichen Lebensführung (vgl. Rendtorff 2011).

Die folgende Skizze einer solchen Ethik der Kapitalbeteiligungen geht von der Annahme aus, dass Kapitalbeteiligungen mit Vermögen zu tun haben. Vermögen und seine Formen und Funktionen seien daher der Ausgangspunkt – betrachtet unter einer spezifischen normativen Perspektive, die Freiheit, Würde und Nachhaltigkeit ins Zentrum rückt.[1] In diesem Rahmen wird skizziert, wie Formen der Kapitalbeteiligung und die kritischen

---

[1] Es ist evident, dass andere normative Grundentscheidungen zu anderen Beurteilungen führen könnten. Hierauf kann nur in Andeutungen Bezug genommen werden.

J. Fetzer (✉)
Maintal, Deutschland
E-Mail: fetzer@wirtschaftsethik.com

© Springer-Verlag GmbH Deutschland, ein Teil von Springer Nature 2018
H. Beyer und H.-J. Naumer (Hrsg.), *CSR und Mitarbeiterbeteiligung*,
Management-Reihe Corporate Social Responsibility,
https://doi.org/10.1007/978-3-662-57600-7_6

Diskurse hierzu zu beurteilen sind und welche Perspektive sich daraus im Hinblick auf einzelne individuelle, unternehmerische und politische Sachverhalte ergibt.

Der eigentlich triviale Hinweis darauf, dass es sich bei Kapitalbeteiligungen um Vermögensbestandteile handelt, soll den Blick öffnen und auf die lebensweltlichen Zusammenhänge lenken: Was ist es eigentlich, was man mit Vermögen „vermag"?

In einem lesenswerten Aufsatz „Wohlstand für alle – Nachdenkliches zum Thema Vermögen, Kapital und Eigentum" bringt der Marburger Volkswirt Hans-Günther Krüsselberg das Werk des Wirtschafts-Nobelpreisträgers Amartya Sen *Development as freedom* (deutscher Titel: *Ökonomie für den Menschen*; 2005), in den Zusammenhang mit unserem Thema. „Der bei Sen vorherrschende Schlüsselbegriff ist ‚capability to achieve', der im vorliegenden deutschen Text mit Verwirklichungschancen übersetzt wird. Dabei gibt es doch ein eindeutig passenderes Wort für das, was gemeint ist: das Wort Vermögen" (Krüsselberg 2005, S. 224). Daran anknüpfend sei hier die These vertreten, dass mindestens drei Vermögensarten zu unterscheiden sind und zu bilanzieren wären, wenn man sie denn bilanzieren könnte.

Sach- und Geldvermögen, der weithin übliche und gewohnte Begriff von Kapitalvermögen. Es beinhaltet einerseits Sachvermögen wie Immobilien (ob selbst genutzt oder nicht), Unternehmen, Fahrzeuge, Schmuck und andere Wertgegenstände und andererseits finanzielle Vermögensgegenstände wie Geld, Bausparverträge und Lebensversicherungen, aber eben auch Aktien und andere Unternehmensbeteiligungen. Dass der Wert dieser Vermögensgegenstände durch Hypotheken und andere Schulden gemindert wird, sei nur der Vollständigkeit halber erwähnt.

Humanvermögen, die Fähigkeiten und Potenziale jedes Individuums, dringt in (noch) schwer bewertbare Bereiche vor und wurde schon zu biblischer Zeit mit ökonomischen Bildern umschrieben: „Es hatte ein Mensch mehrere Talente [. . .]". Der Begriff Humanvermögen beschreibt das Handlungspotenzial des einzelnen, aber auch die Gesamtheit der Kompetenzen aller Mitglieder einer Gesellschaft. Bildung ist ganz sicher ein wichtiger, wenngleich nicht der einzige Aspekt davon. Für Ökonomen unter den Lesern sei der Hinweis ergänzt, dass „Humanvermögen" auf die Aktivseite einer Bilanz gehört und die häufiger verwendete Begrifflichkeit „Humankapital" aus der Passivseite eigentlich irreführend ist.

Analoges gilt für den dritten Vermögensbegriff: **Sozialvermögen** bezieht sich – anders als das Humanvermögen – nicht auf Personen, sondern auf die Beziehungen zwischen ihnen. Es geht um die Teilhabe am Netz sozialer Beziehungen, des Kennens und Anerkennens. Sozialvermögen vermittelt einen Zugang zu den materiellen und immateriellen Ressourcen gesellschaftlichen Lebens wie Unterstützung und Hilfeleistung, aber auch Anerkennung, Reputation und Vertrauen. Wie bedeutend und unschätzbar Bindungen und Beziehungen für das menschliche Leben sein können, das beschreibt der Philosoph Peter Bieri in seinem Buch *Würde – eine Art zu leben* (2013) sinngemäß: Die Entscheidung über den eigenen physischen Tod würde ich treffen, wenn es ein Ende aller Begegnungen gibt.

Nicht Sach- und Finanzvermögen allein, sondern nur zusammen machen diese drei Aspekte von Vermögen ein Leben reich. So lässt sich das Paradox erklären, dass der eine oder andere Vermögende in seiner Einsamkeit am Ende doch arm ist. Aber nichts wäre so falsch, als materielle Armut zu romantisieren. Wer nichts (mehr) hat, verliert auch schnell (vermeintliche) Freunde. Und mit hinreichend Geld lässt sich Einsamkeit und mangelnde Bildung doch leichter vertuschen – auch vor sich selbst.

Warum aber ist Vermögen – in ethischer Hinsicht – überhaupt wertvoll?

2 Freiheit – Würde – Nachhaltigkeit: Die ethische Perspektive

Wer Vermögen und darin Sach- und Geldvermögen und darin Kapitalbeteiligungen in eine ethische Perspektive stellt, muss deutlich machen, welche ethische Perspektive gewählt wird. Man könnte z. B. die These vertreten: Vermögen ist dann gut, wenn es möglichst gleich verteilt ist. Gleichheit wäre dann ein Selbstzweck und moralischer Wert in sich. Gefordert wäre dann mehr Gleichheit von Sach- und Geldvermögen, mehr Gleichheit von Humanvermögen, mehr Gleichheit von Sozialvermögen. Bezieht man so den Wert der Gleichheit auf die umfassende Perspektive dreier Vermögensarten, wird deutlich, wie sehr die Gleichheit von Vermögen in Konflikt mit anderen Werten gerät. Man muss daher ein solches Gleichheitsideal nicht teilen. Im Folgenden werden die drei Leitwerte einer europäischen Wirtschaftsethik zugrunde gelegt: Freiheit, Würde und Nachhaltigkeit (vgl. Fetzer et al. 2015).

Die Idee der **Freiheit** ist so eng mit der Ideengeschichte Europas verbunden, dass ihre Bedeutung wegen ihrer (vermeintlichen) Selbstverständlichkeit immer wieder in Erinnerung zu rufen ist. Von Luthers Freiheitsschrift bis zum aufklärerischen Aufruf zur eigenen Urteilsfähigkeit, von der französischen Revolution bis zum Fall der Mauer bzw. des Eisernen Vorhangs: Europa ohne die Idee der Freiheit gibt es nicht oder zumindest nicht mehr. Hinzu kommt: Wo immer wir ernsthaft von Verantwortung reden, setzen wir voraus, dass der Verantwortungsträger frei zur Verantwortung und nicht nur Spielball von Einflussfaktoren ist. Ohne die Voraussetzung der Freiheit ist Verantwortung ein unsinniger Begriff.

Auch die **Würde** des Menschen ist Kernelement der in Europa historisch prägenden Religionen. Unabhängig von Religion wurde daraus bei Immanuel Kant die berühmte Kurzformel, Menschen nie nur als Mittel, sondern stets auch als Zweck in sich zu betrachten. Die Würde des Menschen ist dabei der „Anspruch auf Achtung eines jeden Menschen" und konkretisiert sich im Recht auf Selbstbestimmung, im Recht und der Pflicht zur Verantwortung, in der Solidarität und Zuwendung zu denen, die ihren Anspruch auf Achtung nicht selbst durchsetzen können, aber z. B. auch in den Menschenrechten (vgl. Vogel 2006).

Werte fallen nicht vom Himmel, sondern entwickeln ihre Kraft aus geschichtlichen Erfahrungen. **Nachhaltigkeit** ist der historisch jüngste Begriff in dieser europäischen Wertetrias (vgl. Grober 2013). Auch wenn uns der Nachhaltigkeitsbegriff heute v. a. im Zusammenhang globaler Herausforderungen begegnet und mit einer Vielzahl von globalen Schlüsselkonferenzen (Rio, Brundtland-Kommission, Sustainable Development Goals) verknüpft ist, kann man ihn auch als Leitwert des individuellen Lebens ansehen. Schon

Aristoteles verstand Eudaimonia, das höchste Gut und Glück eines Lebens, als dauerhaftes Tätigsein „in einem vollen Menschenleben". Heute würde man sagen: als nachhaltiges Glück.

Freiheit, Würde und Nachhaltigkeit als Wertetrias europäischer Wirtschaftsethik ist mehr als die Addition dreier Begriffe. Das spezifisch europäische Gepräge liegt wohl darin, dass Freiheit und Würde sich wechselseitig interpretieren und nur zusammen den europäischen Wertekanon bestimmen, was zu einem qualitativen Verständnis von Freiheit führt (vgl. Dierksmeier 2015). Nachhaltigkeit ist die intertemporale Komponente zu Freiheit und Würde. Bei Nachhaltigkeit in dieser Wertetrias geht es nicht um Konservierung, nicht darum die Welt oder unseren Wohlstand zu erhalten, wie sie sind. Sondern es geht darum, sich selbst in der Zukunft und auch künftigen Generationen ein Leben in Freiheit und Würde zu ermöglichen. Die Herausforderung ist, dass Menschen auch künftig ihre eigenen Entscheidungen treffen können und nicht über die Maßen hinterlassene Schulden abbezahlen müssen – seien diese Schulden nun ökonomischer oder ökologischer oder sozialer Art. Nachhaltigkeit ist dann mehr als die Rettung des Planeten oder die Einhaltung eines Zwei-Grad-Klimaerwärmungsziels. Nicht nur heutigen, sondern auch künftigen Generationen ist ihre eigene, von ihnen selbst zu gestaltende Entwicklung zuzugestehen. Insofern ist die Trias Freiheit – Würde – Nachhaltigkeit die europäische Ausprägung für nachhaltige Entwicklung.

Ist der Bezug auf eine solche europäische Perspektive nicht zu eng? Mag sein. Aber wer beim indischen Nobelpreisträger Sen (2005) den Inhalt und nicht nur den fragwürdigen Untertitel der deutschen Übersetzung zur Kenntnis nimmt, wird feststellen, dass diese Perspektive von Freiheit, Würde und Nachhaltigkeit nicht auf Europa beschränkt sein muss.

3   Vermögen in ethischer Perspektive

Vermögen ist kein Selbstzweck. Dies gilt auch und v. a. für Geld- und Sachvermögen – aber nicht nur für dieses. Welche Perspektiven ergeben sich, wenn man Vermögen in seinen drei Dimensionen unter einer Werteperspektive betrachtet?

Vermögen ermöglicht Freiheit. Das ist plausibel und evident: Vermögen schafft nicht nur Handlungsmöglichkeiten, sondern entlastet auch von Handlungszwängen. Besonders deutlich wird dies mit einem Blick auf Reichtum und Armut. „Reich ist derjenige", so der Vermögensforscher Lauterbach, „der von den Notwendigkeiten des Alltags – insbesondere von der Erwerbstätigkeit – befreit ist, und der so hohe (Kapital-)Erträge aus seinem Vermögen erzielt, dass er diese völlig frei einsetzen kann" (Kremer 2017). Gilt dies nur für Geldvermögen? Nein: Auch eine umlagebasierte Rente entlastet von der Notwendigkeit zu arbeiten. Dies zeigt deutlich, dass Kapitalvermögen und Sozialvermögen vergleichbare Freiheitswirkungen haben. Schon seit der Antike ist die Möglichkeit zur Muße, die Freiheit von der Arbeitsnotwendigkeit zum Lebensunterhalt ein Charakteristikum des erstrebenswerten guten Lebens.

Nicht unbedingt erstrebenswert ist das Gegenteil: Armut. Auch an diesem Ende der Skala gilt der Zusammenhang von Vermögen und Freiheit bzw. Armut und Unfreiheit. Nicht zufällig hat Amartya Sen als einer der bedeutendsten Armutsforscher sein Hauptwerk *Development as Freedom* genannt. Nicht Einkommensarmut, sondern die Ermöglichung von Fähigkeiten und Freiheiten müsse im Zentrum der Armutsforschung und -bekämpfung stehen.

Nicht nur Eigentum ermöglicht Freiheit. Bildung und Humanvermögen sind in einer komplexer werdenden Welt mehr denn je nötig, um freie Entscheidungen treffen und Verantwortung übernehmen zu können. Auch dabei gibt es Risiken: Das erworbene Humanvermögen einer langen und hochspezialisierten Berufsausbildung kann bei disruptiven Entwicklungen auf dem Arbeitsmarkt einem ungeahnten Wertverlust unterliegen. Auch eine von Vertrauen geprägte Umwelt (Sozialvermögen) schafft Freiheit. Man spürt dies v. a. dann, wenn sie fehlt oder infrage gestellt wird. Eine vollkommen atomisierte Konkurrenzwelt, die sich wie ein Rattenrennen anfühlt, verhindert persönliche Freiheit genauso wie eine Welt, in der Eigentum ständig gefährdet ist. Funktionierender Eigentumsschutz (sei es durch wachsame Nachbarn im Dorf oder durch funktionsfähige Sicherheitsarchitektur in der Großstadt) ist ein Teil des Sozialvermögens. Vermögen in allen drei Spielarten ermöglicht Freiheit.

Doch es gibt auch die Schattenseite: Was ist eigentlich das Problem an gigantischen Sach- und Kapitalvermögen? Warum gönnen wir den Vermögenden nicht einfach, was sie haben? Vielleicht ist es dieses: Extrem große Vermögen ermöglichen ein hohes Maß an Freiheit und wecken die Befürchtung, dass diese Freiheit des Vermögenden als vermeintliche Macht über andere ausgelebt werden könnte. Erst durch die Art seiner Nutzung wird das Vermögen und die Freiheit des einen zur Bedrohung für die gleichwertige Freiheit des anderen (vgl. EKD 2006, Ziff. 16). „Es gibt keinen Automatismus des guten Gebrauchs wirtschaftlicher Macht" (Koslowski 1989, S. 44).

Vermögen ist Ausdruck von Würde. Dieser Zusammenhang erscheint nicht ganz so evident wie bei der Freiheit. Ist die Würde des Menschen nicht gerade unabhängig von seinem Vermögen zu sehen? Bei dieser Frage sind unterschiedliche (differenzierende) und gemeinsame (gleiche) Würde aufeinander zu beziehen. In den Worten einer Gruppe von Sozialethikern beider Konfessionen: „Würde kann einerseits bedeuten: das Achtung gebietende Sein, das einzelne Menschen aufgrund einer bestimmten Leistung oder Position besitzen" (Vogel 2006, S. 19). Sachvermögen, Humanvermögen und Sozialvermögen als wichtige Faktoren sozialer Anerkennung sind allesamt Teil dieser differenzierenden Würde.

„Die Idee der Menschenwürde orientiert sich jedoch gerade nicht an solchen Unterschieden, auch nicht an einer [...] Gleichförmigkeit der unterschiedlichen Individuen, sondern bloß an der alle Menschen miteinander verbindenden, ihnen gemeinsamen Tatsache des Menschseins" (Vogel 2006, S. 19). Jeder Mensch – ungeachtet jeglicher Leistung, Status, Herkunft und Vermögen – hat diesen Anspruch auf Achtung (oft genug missachtet).

Aber: Zum MenschSein gehört die Individualität und damit auch individuelle Differenzierung gerade hinzu! Das „differenzierte Würdeverständnis ist weder kritikwürdig noch konkurriert es mit dem alle Menschen verbindenden Verständnis von Würde als Menschenwürde. Im Gegenteil: Die Stärke des gemeinsamen Begriffs der Menschenwürde bewährt sich gerade dort, wo der differenzierende Aspekt der Würde nicht hinter einer falschen Vorstellung von Gleichheit als Gleichförmigkeit zum Verschwinden gebracht wird. Eine Gesellschaft, die solche Differenzierungen von Würde aufgrund von Lebensleistung oder gesellschaftlicher Stellung nicht wahrnimmt und achtet, beschädigt langfristig sich selbst" (Vogel 2006, S. 19).

Natürlich gibt es solche Ausmaße von Ungleichheit, die die Idee der Menschenwürde, des Anspruchs eines jeden Menschen auf Achtung, dermaßen verdunkeln, dass sie mit diesem Anspruch nur schwer in Einklang zu bringen sind. Unter dieser Perspektive ist die Kritik an extrem ungleichen Verteilungen von Vermögen und ihrer Nutzung durchaus zu führen. Vor allem aber muss es um den willkürlichen Ausschluss von Menschen an angemessenen Verwirklichungschancen (und damit eben Vermögen) gehen, wie Amartya Sen es mit seinem stark entwicklungspolitisch geprägten Fokus tut. Er bezieht sich dabei u. a. auf Adam Smith, den „nicht nur das Realeinkommen oder das verfügbare Güterbündel" beschäftigte, sondern „die Möglichkeit solcher Funktionen wie die Freiheit, sich ohne Scham in der Öffentlichkeit zu zeigen" (Sen 2005, S. 93). Überdeutlich wird in diesem Zitat der Zusammenhang von Freiheit, Würde und Vermögen. Ein Leben in Würde jedoch erfordert nicht nur Einkommen, sondern auch kulturelle Bildung. Die Scham manches Analphabeten kann nicht durch Umverteilung von Einkommen getilgt werden, sondern nur durch Bildung (Humanvermögen). Diese wiederum ist häufig nicht zu erreichen ohne Unterstützung von Menschen (Sozialvermögen), die erst die Scham zu überwinden helfen.

Braucht man für Menschenwürde ein Basiseinkommen und die differenzierende Würde beginnt mit dem Mehr an Einkommen und Finanzvermögen? Die Zusammenhänge sind komplexer. Die durchaus differenzierende Würde mancher Ordensangehörigen resultiert keineswegs aus individuellem Geld- und Sachvermögen. Sie zeigt überdeutlich, dass Human- und Sozialvermögen hilfreich sind, um nicht nur ohne Scham, sondern geachtet an der Gesellschaft teilhaben zu können. Vermögenslosigkeit in allen drei Dimensionen widerspricht dagegen der Idee der Menschenwürde als Achtung vor jedem Menschen als Mensch.

Viele Vermögensdebatten verlaufen anders: Hier werden mit Gini- und anderen Koeffizienten Ungleichheitsmaße etabliert und politisch genutzt. Die implizite Normativität dieser Instrumente sagt: Je gleichmäßiger verteilt, desto besser. Auch viele Gerechtigkeitstheorien gehen von einem Gleichheitsverständnis aus. Jede Form von Ungleichheit muss sich dann – als Ausnahme von der Gleichheitsregel – legitimieren. Gegen diese Gleichheitsvorstellung gilt es, die Idee der Würde zu verteidigen. Zugespitzt formuliert: Wer Gleichheit zum Selbstzweck erklärt, hat die Würde des Menschen als unverwechselbares Individuum schon verraten.

Nachhaltigkeit zielt auf ein **Leben ohne unnötigen Vermögensverzehr**, also auf zukünftige Freiheit und Würde. Wer Vermögen steigern will, ist gut beraten alle drei Vermögensformen zu berücksichtigen und die jeweils enthaltenen Risiken abzufedern. Dies gilt für die individuelle Lebensplanung nicht anders als für die großen politischen

Entscheidungen. Die am messbaren Bruttoinlandsprodukt orientierten Wachstumsmodelle geben den Verzehr an Vermögen in keiner seiner Dimensionen hinreichend wieder.

Kalkulationen in die Zukunft hinein beinhalten immer (!) ein bestimmtes Maß an Unsicherheit. Dies gilt für alle Vermögensformen. Wenn z. B. disruptive Entwicklungen auf den Arbeitsmärkten eine Teilentwertung des eigenen Humanvermögens wahrscheinlicher werden lassen, sind andere Vermögensformen umso wichtiger (vgl. den Beitrag „Employee and Citizen Ownership of Business Capital in the Age of AI Robots" in diesem Band). Auch in Unternehmen wird qualitative Freiheit nicht durch einen hohen Umsatz ermöglicht, sondern durch eine stabile Vermögensbasis. Symptomatisch hierfür war nach der Bankenkrise 2008 die viel diskutierte Frage, wie hoch eine Eigenkapitalquote sein soll und muss. Das war auch eine Frage, welche Form von Freiheit man will. Vereinfachend gesagt: Der höhere Hebel, der mit niedrigen Eigenkapitalquoten erzielt wird, ist eine kurzfristige Gewinnchance, die in Krisensituationen die eigene Handlungsfreiheit massiv reduziert. Es gibt also beide Aspekte: Wer beim Vermögensaufbau die Risikoprämie ignoriert, übersieht eine Chance – aber es irrt derjenige, der die Risiken jeglichen Vermögens nicht wahrnimmt. Nachhaltigkeit zielt auf dauerhafte Freiheit.

Der Aufbau von Vermögen lässt sich durchaus als Nachhaltigkeitspflicht kennzeichnen: Wer Freiheit und Würde im Alter sich und anderen ermöglichen will, für den muss es als Akt der Klugheit erscheinen, Eigentum, Human- und Sozialvermögen zu bilden und zu pflegen. Nicht nur Eigentum, sondern jede Form von Vermögen verpflichtet – zur Pflege und verantwortbaren Nutzung.

4 Kapitalbeteiligungen in der Ethik des Vermögens

Welche Rolle kommen Kapitalbeteiligungen in einer Ethik des Vermögens zu?

Begrifflich geht es bei Kapital- oder besser Unternehmensbeteiligungen um das Eigentum an Kapitalanteilen an einem (oder mehreren) Unternehmen. Im Sinn der üblichen Definitionen, z. B. einer Legaldefinition in § 2 Mitbestimmungsgesetz, bezieht sich dies auf Aktionäre von Aktiengesellschaften, Gesellschafter von GmbHs, Genossen von Genossenschaften und anderer gesellschaftsrechtlicher Formen. Von dieser Fokussierung auf die Rechtsform sollte man sich für ethische Reflexionen etwas frei machen: Die finanzielle Beteiligung an einer unternehmerisch tätigen Gesellschaft bürgerlichen Rechts ist bei Fragen der Lebensführung durchaus als Kapitalbeteiligung anzusehen, auch wenn nicht ausdrücklich eine Kapitalgesellschaft gegründet wurde. Auf der anderen Seite muss infrage gestellt werden, ob eine Unternehmensbeteiligung von mehr als 95 % noch als Kapitalbeteiligung angesehen werden kann. Beide Grenzfälle zeigen, dass Kapitalbeteiligung ein Sammelbegriff mit fließendem Übergang zum Unternehmertum ist. Von einem Ein-Prozent-Anteil am Streubesitz einer beliebigen Aktiengesellschaft (nach Handelsgesetzbuch nur bei Dauerhaftigkeit eine Kapitalbeteiligung) über die stille Beteiligung eines Mitarbeiters an einem Familienunternehmen bis zur unternehmerischen Existenz nach einem Management-buy-Out: Unter Kapitalbeteiligung wird vieles verstanden.

4.1   Kapitalbeteiligungen als spezifische Vermögensform

Kapitalbeteiligungen sind nur eine von vielen verschiedenen Formen des Vermögens. Sie zu bilden (oder auch nicht) steht daher in einem Wahl- und Substitutionsverhältnis zu anderen Vermögensformen. Die Reflexion auf **Substitutionsbeziehungen innerhalb des Geld- und Sachvermögens** ist durchaus üblich und Gegenstand jeder Vermögensberatung: Wie sinnvoll ist z. B. eine Kapitalbeteiligung für die eigene Alterssicherung? Das hängt auch davon ab, ob man schon lange im Eigentum oder zur Miete wohnt. Die langfristige Reduktion von Ausgaben durch Erwerb selbstgenutzten Wohnraums kann sinnvoller sein – außer man möchte oder muss öfters den Standort wechseln. Die Beispiele lassen sich beliebig verlängern.

Weniger selbstverständlich ist es, die **Beziehungen zu den beiden anderen Vermögensformen** bewusst herzustellen: Wer jungen Menschen, seien es die eigenen Kinder oder gesellschaftlich die nächste Generation, gute Lebenschancen ermöglichen will, der wird möglicherweise zuerst in deren Bildungsmöglichkeiten investieren und erst dann über zu vererbendes Sach- und Geldvermögen nachdenken. Aber als vererbungswürdiger Vermögensbestandteil, der Verwirklichungschancen sichert, ist auch Sozialvermögen anzusehen, z. B. in Gestalt stabiler Familienstrukturen oder eines funktionierenden Rechtsstaates. Zum Sozialvermögen mag auch die vertrauenswürdige Erwartung gehören, dass die nächste Generation in solidarischer Weise für die eigene Lebenssicherung sorgen werde. Wer diese Erwartung hegen darf, muss weniger Sach- und Geldvermögen aufbauen. Diese Erwartung kann sich entweder auf innerfamiliäre Unterstützungsleistungen (inklusive Pflegeleistungen) der nächsten Generation beziehen oder im größeren Rahmen auf (z. B. staatlich) organisierte Leistungen künftiger Generationen – wie dies im Rahmen der umlagebasierten Rente stattfindet. Eine Diskussion Rente vs. Kapitalbildung betrifft daher einen kleinen Ausschnitt unterschiedlicher Formen der Vermögensbildung.

4.2   Kapitalbeteiligung als Kombinationsmöglichkeit von Vermögensformen

Kapitalbeteiligungen sind – abhängig von der konkreten Ausgestaltung – nicht nur eine Ergänzung oder Substitut zu, sondern auch eine **Kombination von verschiedenen Vermögensformen**. In dem Maß, wie sich Kapitalbeteiligungen von Kapitalanlagen unterscheiden, implizieren sie Partizipation und Mitwirkung und werden mit Aspekten von Sozial- und Humanvermögen angereichert. Drei Beispiele mögen dies verdeutlichen.

1. Bei der Kapitalbeteiligung der Mitarbeiter am Kapital des eigenen Unternehmens, der Sonderform der Mitarbeiterbeteiligung also, wird der Hinweis auf die Kombination mit Human- und Sozialvermögen häufig genannt: Mitarbeiterbeteiligungsmodelle dokumentieren Wertschätzung und Verantwortung, tragen zu Mitarbeiterbindung und Arbeitgeberattraktivität bei, sie fördern eine partnerschaftliche Zusammenarbeit, weil

sich die Stellung der Mitarbeiter zu Miteigentümern ändert (vgl. den Beitrag „Mitarbeiterloyalität als Asset" in diesem Band).

2. Aber auch bei der Beteiligung an anderen Unternehmen wird gelegentlich der Unterschied von Kapitalanlage und Kapitalbeteiligung nicht nur anhand Umfang und Dauer, sondern anhand der aktiven inhaltlich bestimmten Auswahl und insofern der eigenen Mitwirkung deutlich. So wirbt die kirchliche Handelsgesellschaft GEPA für Beteiligungen an der Fair Trade Beteiligungsgesellschaft mbH mit der Aufforderung, „in die wichtigste Immobilie aller Zeiten zu investieren: in unsere Welt, die es im Gleichgewicht zu halten gilt!" Die GEPA-Werbung stellt dies in den Kontrast zu Investitionen „in Immobilienblasen oder als Kapitalbeteiligung bei fragwürdigen Energiegewinnungsprojekten" (GEPA 2018). Mögliche Übertreibungen in dieser Werbung sind hier nicht zu diskutieren. Das Beispiel dieses Nischenprodukts zeigt aber besonders deutlich, dass und wie sich die reine Kapitalanlage mit Aspekten der Human- und Sozialvermögensbildung mischen kann.

3. Zunehmend hält die Kombination von Sach-, Human- und Sozialvermögensförderung Einzug in das normale Anlagegeschäft. Alle Entwicklungen rund um die Integration von Environment-Social-Governance(ESG)-Kriterien in Finanzanlagen zielen letztlich darauf, den inhaltlichen Mitwirkungsaspekt der Anteilseigner zu stärken – auch jenseits der Mitwirkung an der Führung eines Unternehmens und den genannten Nischenprodukten (vgl. den Beitrag „Teilhaberfonds: Wohlstand für alle ermöglichen" in diesem Band).

Bei all diesen Beispielen gilt: Je intensiver die Einflussnahme des Anlegers ist, je mehr aus der Kapitalanlage also eine Kapitalbeteiligung wird, desto wichtiger ist die hierfür nötige Kompetenz, also entweder eigenes Humanvermögen oder Sozialvermögen als Vertrauen in Fondmanager und andere Gewährsleute oder schließlich – wie bei indexbasierten Beteiligungen – das Vertrauen in ganze Ausschnitte des Unternehmenssektors.

4.3 Freiheit, Würde und Nachhaltigkeit bei Kapitalbeteiligungen

Die ethische Beurteilung von Kapitalbeteiligungen in Hinblick auf Freiheit, Würde und Nachhaltigkeit ist sehr von der spezifischen Situation bestimmt. Allgemeingültige Aussagen sind daher kaum möglich. Benennbar sind zu beachtende Faktoren der Situationseinschätzung. Solche Faktoren sind z. B.

- der Umfang der Vermögensbildung (gegenüber kurzfristiger konsumtiver Nutzung),
- die Auswahl und Zusammenstellung von Vermögensbestandteilen (darunter Kapitalbeteiligungen),
- deren Art und Ausgestaltung,
- die Mitwirkung an der Beteiligung und schließlich auch
- Fristigkeiten und Möglichkeiten der Beendigung.

In ethischer Hinsicht kann es auch nicht nur um die jeweils eigene Freiheit und Würde und deren dauerhafte Sicherung (z. B. bezüglich der Alterssicherung) gehen. Einzubeziehen sind vielmehr auch die Auswirkungen auf Freiheit und Würde anderer.

Ein Beispiel: Denkt man von der Unternehmensseite eines Familienunternehmens her, so gehören Überlegungen zum Vermögensübergang, zu Erhalt und/oder Teilbarkeit im Todesfall unabdingbar zur eigenen Verantwortung. Mag im einen Fall die stückweise Überschreibung eines Unternehmens der angemessene Weg sein, um persönliche Freiheit und Verantwortung der nächsten Generation zu ermöglichen, so kann im anderen Fall gerade die Trennung vom Unternehmen für die Nachkommen der größere Beitrag zur Freiheit der eigenen Lebensgestaltung sein. Die Übergabe von Unternehmen an Mitarbeiter kann hier wichtig werden.

Ein anderes Beispiel: Auch von der Anlegerseite aus lassen sich vielfältige Erwägungen anstellen. Wer eine wahrlich verdiente Summe Geldes nicht zur Vermögensbildung nutzt, sondern in einen Jaguar als mittelmäßig langlebiges Konsumgut investiert, mag hierin den zwar kurzfristigeren, aber persönlich tragfähigeren Ausdruck von (differenzierender) Würde sehen. Die Freiheit der Mobilität ist mit anderen Fahrzeugen günstiger zu haben. Im Blick auf ökologische Nachhaltigkeit werden die einen oder anderen die Entscheidung fragwürdig finden. Eine Kapitalbeteiligung in einem Unternehmen verbraucht wahrscheinlich weniger CO_2 – jedenfalls in Relation zum gestifteten Nutzen. Und auch für die Nachhaltigkeit der eigenen Vermögensbildung ist eine solche Verwendung wahrscheinlich günstiger. Denn kaum eine Anlage hat einen höheren Wertverlust als ein PKW – er ist eben gar keine Anlage, sondern ein Konsumgut. Wenn aber die Kapitalbeteiligung als stille Beteiligung an einem Hersteller von geächteten Kriegswaffen wie Tretminen oder ähnlichem ausgestaltet ist, erscheint der schicke Jaguar schon wieder als die bessere Alternative – sowohl hinsichtlich des eigenen Würdegefühls als auch der Menschenwürde. Kapitalbeteiligungen beinhalten jedenfalls eine – wie stark auch immer verdünnte – Beteiligung an der Verantwortung des Unternehmens (vgl. Fetzer 2004).

4.4 Ökonomische Nachhaltigkeit und Leben mit Risiken

Zum Aspekt der Nachhaltigkeit gehören nicht nur Fragen der ökologischen und sozialen Nachhaltigkeit, sondern auch der ökonomischen: der Umgang mit der Zukunft im Allgemeinen und mit Risiken im Besonderen. Vermögenserhalt und dauerhafte Vermögenssteigerung sind Gebote der Nachhaltigkeit. Daher kann die Nutzung der Risikoprämie zur dauerhaften Steigerung des Vermögens beitragen, weil die Übernahme von Zukunftsrisiken eine wichtige gesellschaftliche und daher zu entlohnende Funktion ist. Allerdings: *Von wem* Zukunftsrisiken vernünftigerweise getragen werden können und sollen, *wo* sich Risiken häufen und unverantwortbar werden, *wo* Risikoprämien und Kapitalbeteiligungen breiter verteilt werden können, *das* steht auf einem anderen Blatt (vgl. den Beitrag „Zwischen Arm und Reich – die Risikoprämie, als vergessene Größe in der Verteilungsdebatte" in diesem Band).

Ein Minimum an Bildung und Kompetenz ist für Kapitalbeteiligungen sicher hilfreich. Die heute vorgeschriebenen Warnhinweise, dass Unternehmensbeteiligungen „keine mündelsicheren Kapitalanlagen" seien, sondern ein Wagnis darstellen, weil man nicht nur die Risikoprämie ernten, sondern auch sein eingesetztes Kapital verlieren kann, sind zwar inhaltlich richtig. Aber das Wissen darum sollte eigentlich so selbstverständlich sein, dass die Vorschrift solcher Warnhinweise auf einen verbreiteten Mangel an Humanvermögen (und damit auf Defizite im Bildungssystem) hinweist. Unklar ist auch, warum ähnliche Warnungen wie „nicht mündelsicher" auch bei anderen Formen der Vermögensbildung kommuniziert werden? Ein Berufsabschluss (Humanvermögen) kann durch technologische Entwicklungen entwertet werden und ein Eheschluss (Sozialvermögen) garantiert keine lebenslange Versorgung. Richtig ist: Kapitalbeteiligungen sind nichts für Mündel, also nichts für unmündige Personen. Aber ein solcher Warnhinweis ist ein Hinweis auf eine Gesellschaft, die ihre Bürger zumindest für unmündig hält. Es ist nicht weit vom „jemanden für unmündig halten" zum „jemanden unmündig halten".

Nachhaltigkeit, d. h. die dauerhafte Bewahrung von Freiheit und Würde bleibt eine kontinuierliche Gestaltungsaufgabe. Nachhaltigkeit bedeutet nicht automatisch die Vermeidung von Risiken, sondern den klugen Umgang mit der Zukunft, die immer (!) Risiken beinhaltet. Sicherheitsversprechen jeder Art („Die Rente ist . . . ") lenken von dieser eigentlich trivialen Einsicht ab.

5 Kapitalbeteiligungen in der Vermögensgesellschaft

Die Frage nach einer Ethik der Kapitalbeteiligungen hat zu einer grundsätzlicheren Aufgabenstellung geführt, nämlich Kapitalbeteiligungen in ihrer Vielgestaltigkeit als eines von verschiedenen Elementen der Vermögensbildung in ein normatives Leitbild vom richtigen und guten Leben zu integrieren.

Auf der **Ebene des Individuums** kann Ethik als Theorie der Lebensführung hierfür Kategorien bereitstellen, die einerseits der Selbstreflexion und andererseits der Kommunikation individueller Entscheidungen dienen. Es ist zwar nicht Aufgabe der Wirtschaftsethik, besserwisserische oder marktschreierische Argumente von Lebens- (oder Finanz)beratern legitimatorisch zu verstärken. Aber ethische Reflexion kann (und soll) aufklärend wirken, indem sie Gewohnheiten in einen größeren Rahmen stellt und damit einlädt, das Gewohnte zu relativieren, eventuell zu korrigieren oder auch neu und bewusst zu bestätigen. Die Kategorien von Kapitalvermögen, Humanvermögen und Sozialvermögen im Zusammenspiel mit individuellen Wertorientierungen (hier Freiheit, Würde und Nachhaltigkeit) liefern hinreichend Stoff für solche Reflexion.

Gelebt wird jedes Leben vom menschlichen Subjekt selbst. Es findet jedoch in Traditionslinien, Pfadabhängigkeiten sowie gesellschaftlichen und politischen Rahmenbedingungen statt. Unterschiedliche Werte und politische Leitbilder sind Gegenstand der politischen Auseinandersetzung und im besten Fall demokratischer Entscheidung.

Wie steht es also um die **Ebene der Gesellschaft** und die **Ebene der Unternehmen**?

5.1   Die Vermögensgesellschaft als politisches Leitbild …

Schon bei den Vätern der Sozialen Marktwirtschaft wurde das Ziel einer Gesellschaft von Teilhabern formuliert. Verschiedene Stellungnahmen und Denkschriften der christlichen Kirchen haben seit Bestehen der Bundesrepublik eine breitere Streuung von Eigentum und insbesondere Produktivvermögen, also Unternehmensbeteiligungen, gefordert und sozial-ethisch begründet (vgl den Beitrag „75 Jahre Freiburger Denkschrift: Die Bedeutung des Eigentums – so aktuell wie nie!" in diesem Band). Hübner, der das letzte Konkretions-kapitel seiner „Ethik der Freiheit" unter die Überschrift „Förderung des Miteigentums" stellt (Hübner 2012, S. 372–379), vermutet, dass es am mangelnden Erfolg dieser Ver-suche lag, dass die Kirchen diese „Bemühungen seit Mitte der 1990er Jahre eingestellt" haben (Hübner 2012, S. 378).

Eine Gesellschaft von Eigentümern oder Gesellschaft von Teilhabern klingt sympa-thisch. Doch das erste dieser Leitbilder ist allzu sehr an einer Mittelschichtsnivellierung orientiert: Bedeutet die Gesellschaft von Eigentümern nicht die Standardisierung von Biographien auf Industriemeister mit Belegschaftsaktien und Eigenheim (einschließlich häuslich wirkender Ehefrau und Familie)? Natürlich ist dies eine Karikatur jenes Leit-bilds, aber vielleicht doch eine treffende. Die Gesellschaft von Teilhabern klingt un-gleich moderner und kann an die neueren Debatten zu Teilhabe, Inklusion und inklusivem Wachstum anknüpfen. Der Nachteil: Gedanklich ist bei Teilhabe immer die Gesellschaft dem Individuum vorgeordnet. Das Individuum erscheint nicht als selbständiger Ausgangs-punkt, sondern (nur) als Teil der Gesellschaft.

Das Leitbild einer Vermögensgesellschaft, einer Gesellschaft der im dreifachen Sinn Vermögenden würde am ehesten den Werten einer an Freiheit, Würde und Nachhaltig-keit orientierten Gesellschaft entsprechen. Statt einem individualistischen monetären und materialistischen Eigentumsfetisch anzuhängen oder mit dem Begriff der Teilhabe sprach-lich doch von einem auf die eine oder andere Art zu verteilenden Kuchen auszugehen, fokussiert Vermögen auf Verwirklichungschancen und kann als Kapital-, Human- und So-zialvermögen eine gute Balance zwischen Autonomie und Eingebundensein darstellen.

5.2   … und ihre Konsequenzen

Die Perspektive der Vermögensgesellschaft würde es auch ermöglichen, kontroverse wirt-schaftspolitische Fragen in einem gemeinsamen begrifflichen Rahmen thematisieren zu können.

Zu diskutieren ist dann z. B., ob die drei Vermögensformen in jeder Hinsicht gleichran-gig zu bewerten sind. Auch Eigentum hat eine soziale Basis. Daher problematisiert Hübner (2012, S. 374–376) einen liberalen Eigentumsbegriff in der Tradition von Locke bis Hegel sogar als ideologisch. Gegen allzu einseitige Vorstellungen von einer Marktgesellschaft atomisierter Individuen wird man die Bedeutung des Sozialvermögens betonen müssen. Auch in der Werteperspektive von Freiheit, Würde und Nachhaltigkeit ist die grundlegende Bedeutung des Sozialvermögens für das individuelle Leben anerkannt. Und doch wird es eher ein Ziel sein, selbst zum Sozialvermögen beizutragen und beitragen zu können, als über die Maßen hiervon abhängig sein zu müssen. Das „Recht und die Pflicht, wo immer möglich für seinen eigenen Lebensunterhalt zu sorgen" (Vogel 2006, S. 30) ist die erste Konkretion der Menschenwürde. Mag in anderen Werteordnungen das Leben erst in Gemeinschaft und wechselseitiger solidarischer Unterstützung wertvoll werden, so impliziert eine Orientierung an Freiheit, Würde und Nachhaltigkeit die Aufgabe, die eigene Einkommenssicherung soweit als möglich als eigene Aufgabe zu betrachten, ohne dabei die notwendige solidarische Absicherung – sei es in der Familie, in größeren Gemeinschaften, in Versicherungssystemen oder in der sozialstaatlichen Solidargemeinschaft – gering achten zu müssen. Dabei könnten Kapitalbeteiligungen wegen ihres Mischcharakters eine deutlich größere Rolle zukommen, als dies aktuell der Fall ist. Die im internationalen Vergleich unterdurchschnittliche Ausstattung nicht nur mit Wohneigentum, sondern auch mit Kapitalbeteiligungen – sei es am eigenen Unternehmen oder an anderen – in einem überaus wohlhabenden und vermögenden Land, ist zumindest ein Indiz für die Wirkung politischer Rahmenordnungen, die an anderen Leitbildern orientiert sind.

Sollten Kapitalbeteiligungen steuerlich stärker gefördert werden? Eigentlich wäre im Sinn von Menschenwürde und Selbstbestimmung überhaupt keine Förderung angemessen. Warum soll es unzumutbar sein, einen Teil seines Einkommens nach Abzug eines angemessenen Steuersatzes selbstbestimmt in Kapitalbeteiligungen anzulegen? Nicht steuerliche Förderung von Kapitalbeteiligungen wäre die adäquate Forderung, sondern die Gleichbehandlung gegenüber anderen Vermögensformen. Wenn man in dieser Hinsicht die steuerliche Abzugsfähigkeit von Rentenbeiträgen (Sozialvermögen) sowie die massiven passiven und aktiven staatlichen Subventionierungen von Humanvermögensbildung (von der Schule bis zur Universität) einbezieht, so klingt eine steuerliche Abzugsfähigkeit bei Kapitalbeteiligungen von 30 € pro Monat fast wie ein Verbot – und wirkt auch so (vgl. den Beitrag „Mitarbeiterkapitalbeteiligung in Deutschland – Ein Überblick" in diesem Band). Eine partielle Wahlmöglichkeit zwischen Beiträgen in der Rentenversicherung und in Kapitalanlagen wäre der Überlegung wert.

Inkonsistent ist es jedenfalls, in einer Gesellschaft, in der eine umlagebasierte Rentenversicherung das bedeutendste Element allgemeiner Alterssicherung ist, eine international überdurchschnittliche Ungleichverteilung von Vermögen zu beklagen oder gar korrigieren zu wollen, wenn eben jener wichtige Teil des Sozialvermögens in die Ungleichheitsberechnung gar nicht einbezogen ist. Die ethische Aussagekraft solcher Berechnungen, wie sie von Oxfam und ähnlichen Organisationen immer wieder vorgelegt wird, tendiert daher nicht nur wegen des zugrunde gelegten Gleichheitsideals, sondern auch wegen dieser Wahrnehmungsverzerrung gegen Null.

5.3 Kapitalbeteiligungen als Lücke im Corporate-Social-Responsibility-Diskurs

Auf Unternehmensebene schließlich stellen sich nochmals andere Fragen. Ob eine breite-re Basis von Kapitalbeteiligungen für eine verantwortliche Unternehmensführung positiv oder negativ wäre, kann pauschal nicht entschieden werden. Auffällig ist jedoch – gerade im Rahmen einer Buchreihe zu Corporate Social Responsibility (CSR): Die Diskurse zu CSR, Creating Shared Value oder Shared Value Creation (vgl. Wieland et al. 2017) ver-laufen erstaunlich unabhängig von der Frage der Eigentumsverhältnisse. Wenn Eigentum verpflichtet, so wäre es ja naheliegend, bei der anvisierten gesellschaftlichen Verpflich-tung von Unternehmen auch deren sehr heterogene Eigentumsverhältnisse zu reflektieren. In Weiterführung einer vom Bundesministerium für Arbeit und Soziales (BMAS) ge-förderten Studie formulieren Wieland et al. (2017) in ihren Schlussbemerkungen, dass der „gesamtgesellschaftliche CSR-Lernprozess in Politik, Zivilgesellschaft und Wirtschaft beispielhaft [verdeutlicht], wie die Stakeholder-Gesellschaft des 21. Jahrhunderts – und die in ihr agierenden Organisationen – Formen und Inhalt von öffentlicher und privater Wertschöpfung kombinieren." Dabei gehe es konkret darum, die „Beziehung von Unter-nehmen und Gesellschaft im Hinblick auf die Vergesellschaftung sozialer Akteure durch Governance zu reflektieren" (Wieland et al. 2017, S. 215 f.). Man muss hoffen, dass bei dieser Begriffsverwendung von Vergesellschaftung nicht der ökonomische, sondern der soziologische Begriff gemeint ist. Vergesellschaftung in der soziologischen Tradition von Max Weber oder Ferdinand Tönnies zielt auf den zweck- oder wertrational motivierten Interessenausgleich. Ökonomisch versteht man unter Vergesellschaftung die Überführung von Produktionsmitteln in Formen des Gemeineigentums. Der CSR-Lernprozess würde dann auf eine Teilenteignung von Produktionsmitten durch CSR-Governance hinauslau-fen. Dies wäre aber wohl ein Missverständnis der CSR-Bewegung. Oder nicht?

Jedenfalls gehört zu den Formen des Gemeineigentums nicht nur die Verstaatlichung, sondern auch die Übergabe an Genossenschaften oder die Beteiligung der Belegschaft und anderer – also Kapitalbeteiligungen. Dieser Aspekt einer stärkeren Verankerung von Unternehmen in der Gesellschaft und einer breiteren gesellschaftlichen Beteiligung an Unternehmen ist bisher in der deutschsprachigen CSR-Debatte massiv unterbelichtet (ge-wesen).

Literatur

Bieri P (2013) Eine Art zu leben. Über die Vielfalt menschlicher Würde. Hanser, München
Dierksmeier C (2015) Freedom and Dignity – European Values for a Globalized Business Ethics. In: Fetzer J, Baumann Montecinos J, Verstl I (Hrsg) Freiheit – Würde – Nachhaltigkeit. European Business Ethics (Forum Wirtschaftsethik, Jahresschrift des DNWE, 22. Jg., Ausgabe 2014). Deutsches Netzwerk Wirtschaftsethik, Berlin, S 7–15

EKD – Evangelische Kirche in Deutschland (2006) Gerechte Teilhabe. Befähigung zu Eigenverantwortung und Solidarität. Eine Denkschrift des Rates der Evangelischen Kirche in Deutschland
   zur Armut in Deutschland. EKD, Gütersloh
Fetzer J (2004) Die Verantwortung der Unternehmung. Eine wirtschaftsethische Rekonstruktion,
   Gütersloh. http://hdl.handle.net/10419/172204. Zugegriffen: 1. März 2018
Fetzer J, Baumann Montecinos J, Verstl I (Hrsg) (2015) Freiheit – Würde – Nachhaltigkeit. Eu-
   ropean Business Ethics (Forum Wirtschaftsethik, Jahresschrift des DNWE, 22. Jg., Ausgabe
   2014). Deutsches Netzwerk Wirtschaftsethik, Berlin
GEPA (2018) Investieren Sie in eine faire Zukunft, Homepage der GEPA Fair Trade – Beteiligungs-
   gesellschaft mbH. https://www.gepa.de/gepa/mission/beteiligungsgesellschaft/ueberblick.html.
   Zugegriffen: 10. Jan. 2018
Grober U (2013) Die Entdeckung der Nachhaltigkeit. Kulturgeschichte eines Begriffs. Kunstmann,
   München
Hübner J (2012) Ethik der Freiheit. Grundlegung und Handlungsfelder einer globalen Ethik in
   christlicher Perspektive. Kohlhammer, Stuttgart
Koslowski P (1989) Ethik gegen Ideologien. Die Zeit 20/1989:43–44
Kremer D (2017) Wie reich sind die Reichen? Frankfurter Allgemeine Sonntagszeitung, 24.12.2017,
   S 31
Krüsselberg H-G (2005) „Wohlstand für alle" – Nachdenkliches zum Thema „Vermögen, Kapital
   und Eigentum". In: Leipold H, Wentzel D (Hrsg) Ordnungsökonomik als aktuelle Herausforde-
   rung. Schriften zu Ordnungsfragen der Wirtschaft, Bd. 78. De Gruyter, Oldenbourg, Stuttgart,
   S 212–230
Rendtorff T (2011) Ethik. Grundelemente, Methodologie und Konkretionen einer ethischen Theo-
   logie, 3. Aufl. Mohr Siebeck, Tübingen
Sen A (2005) Ökonomie für den Menschen. Wege zu Gerechtigkeit und Solidarität in der Marktwirtschaft, 3. Aufl. Deutscher Taschenbuch Verlag, München
Vogel B (2006) Im Zentrum: Menschenwürde. Politisches Handeln aus christlicher Verantwortung. Konrad-Adenauer-Stiftung, Berlin/Bonn. http://www.kas.de/wf/de/33.8951/. Zugegriffen:
   5. Jan. 2018
Wieland J, Baumann Montecinos J, Heck AEH, Jandeisek I, Möhrer M (2017) CSR Performance:
   managen und messen, Studien zur Governanceethik Bd. 12. Metropolis, Marburg

Prof. Dr. Joachim Fetzer ist geschäftsführender Gesellschafter
der Fetzer Immobilien GbR und Honorarprofessor für Wirtschaftsethik der Hochschule Würzburg-Schweinfurt. Der Volkswirt und
Theologe arbeitet zu wirtschaftsethischen Themen der digitalen
Transformation, zu Fragen der Unternehmensverantwortung und
Compliance sowie zu gesellschaftlichen und politischen Fragestellungen in der Perspektive von Freiheit, Würde und Nachhaltigkeit
(www.wirtschaftsethik.com). Für die Monographie *Die Verantwortung der Unternehmung* erhielt er 2004 den Max-Weber-Preis für
Wirtschaftsethik des Instituts der deutschen Wirtschaft Köln. An
den Schnittstellen zwischen Wissenschaft, Politik und Wirtschaft
arbeitet er in verschiedenen Gremien mit, z. B. in den Vorständen
des Deutschen Netzwerks Wirtschaftsethik und des Sustainable Development Solutions Network Germany.

Vermögensbildung und Vermögensverteilung in Deutschland – Befunde und Perspektiven

Die Deutschen sparen sich arm – Eine Bestandsaufnahme des Sparverhaltens in Deutschland

Arne Holzhausen

1 Die Deutschen sind nicht reich

Ende 2017 belief sich das Geldvermögen[1] der privaten Haushalte in Deutschland laut Bundesbank auf 5857 Mrd. € (Deutsche Bundesbank 2018). Das private Geldvermögen ist damit nicht nur mehr als dreimal höher als die private Verschuldung, sondern auch beinahe doppelt so hoch wie die Wirtschaftsleistung eines Jahres. Die Deutschen sind also ein reiches Volk?

Der Blick auf das globale Ranking des Allianz Global Wealth Reports (Geldvermögen pro Kopf; Allianz 2017) offenbart eine andere Wahrheit: Danach findet sich Deutschland nur auf dem Platz 19 wieder, angesichts der deutschen Wirtschaftsstärke ein eher enttäuschendes Abschneiden. Denn nicht nur die Schweizer und Amerikaner rangieren weit vor den Deutschen, sondern auch viele europäische Nachbarländer wie die Niederlande, Frankreich oder Österreich; selbst die Pro-Kopf-Vermögen in Italien bewegen sich auf deutschem Niveau (Abb. 1).

Zwei Ursachen werden häufig genannt, um das relativ niedrige Geldvermögen der Deutschen zu erklären: die späte Wiedervereinigung und die hohen gesetzlichen Rentenansprüche.

Durch die späte Wiedervereinigung wurde knapp ein Fünftel der Bevölkerung jahrzehntelang der Möglichkeit beraubt, privates Vermögen aufzubauen. Als Konsequenz sind selbst 25 Jahre nach der Wiedervereinigung die Geldvermögen in Ostdeutschland im

---

[1] Das Geldvermögen setzt sich zusammen aus Bargeld und Bankeinlagen, Schuldverschreibungen, Aktien, sonstigen Anteilsrechten und Investmentfondanteilen sowie versicherungstechnischen Rückstellungen.

A. Holzhausen (✉)
Economic Research der Allianz SE, Allianz SE
München, Deutschland
E-Mail: arne.holzhausen@allianz.com

© Springer-Verlag GmbH Deutschland, ein Teil von Springer Nature 2018
H. Beyer und H.-J. Naumer (Hrsg.), *CSR und Mitarbeiterbeteiligung*,
Management-Reihe Corporate Social Responsibility,
https://doi.org/10.1007/978-3-662-57600-7_7

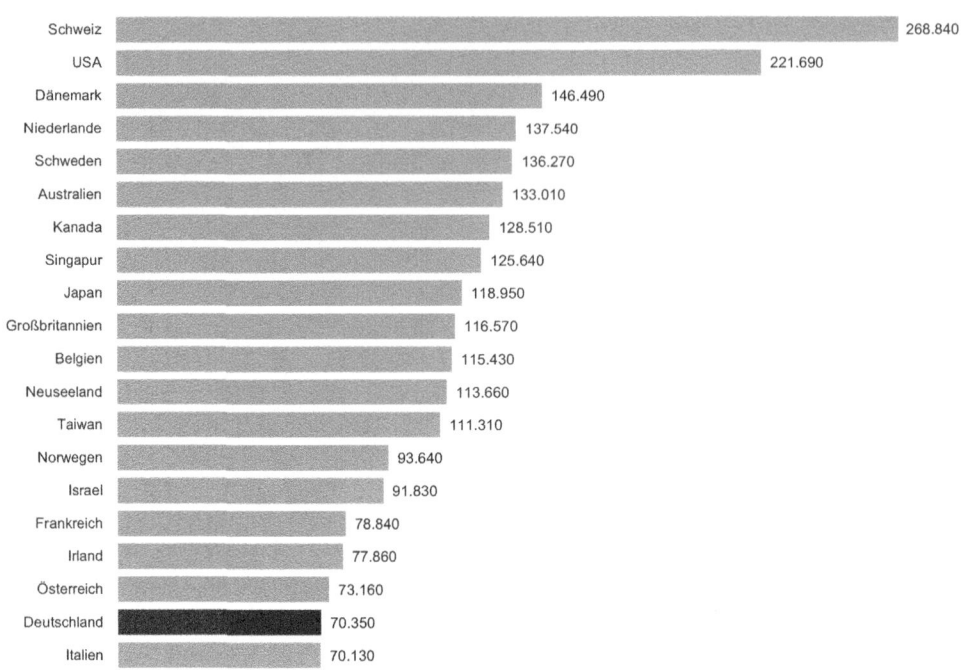

Abb. 1 Globale Rangliste nach dem durchschnittlichen Geldvermögen pro Kopf, 2016 in Euro. (Allianz 2017)

Schnitt nur halb so hoch wie die im Westen. Würde im globalen Ranking nur Westdeutschland berücksichtigen werden, lägen die durchschnittlichen Pro-Kopf-Werte etwa 10–15 % höher. Deutschland würde damit Österreich und Italien hinter sich lassen und zu Frankreich aufschließen. Andere Nachbarn wie Dänemark oder die Niederlande blieben aber weiterhin außer Reichweite.

Ändert sich dies, wenn die gesetzlichen Rentenansprüche in die Berechnung der privaten Geldvermögen miteinbezogen werden? Natürlich stellen Rentenanwartschaften kein Vermögen im herkömmlichen Sinn dar, da es sich bei ihnen nicht um einen privatrechtlich geschützten Kapitalbestand handelt – der beispielsweise auch jederzeit veräußert werden könnte. Dennoch könnten (zumindest in der Vergangenheit) viele Sparer im Vertrauen auf die spätere staatliche Rente weniger ehrgeizig den Aufbau ihres Vermögens betrieben haben. Hohe gesetzliche Rentenansprüche wären somit mit einem geringeren Geldvermögen korreliert.

Staatliche Rentenanwartschaften gibt es selbstredend nicht nur in Deutschland. Bei einer überschlagsmäßigen und vereinfachten Berechnung der heutigen Barwerte zukünftiger Rentenzahlungen zeigt sich daher auch, dass Deutschland bei den gesetzlichen Rentenansprüchen keineswegs an der Spitze, sondern eher im europäischen Mittelfeld rangiert. Die Erklärung relativ niedriger Geldvermögen mit vermeintlich sehr hohen Anwartschaften trifft also nur bedingt zu, z. B. mit Blick auf die Niederlande und Schweden: Bei Einbezug der Rentenansprüche wird die Vermögenslücke zu diesen Ländern zumindest kleiner. Auch gegenüber Frankreich kann Deutschland aufholen; der durchschnittliche deutsche Sparer erscheint jetzt reicher als sein französisches Pendant. Auf der anderen Seite stehen aber Länder wie Österreich, Dänemark oder Belgien, deren Geldvermögen bereits höher ist – und deren gesetzliches Rentensystem gleichzeitig großzügiger ausgestaltet ist.

Die üblichen Erklärungen zum relativ niedrigen Geldvermögen in Deutschland treffen also nur teilweise zu. Ihre Überzeugungskraft entfalten sie weniger bei der Frage nach der durchschnittlichen Höhe der Vermögen als vielmehr bei der Frage nach der Verteilung. Bekanntermaßen ist das private Geldvermögen in Deutschland relativ ungleich verteilt, der entsprechende Gini-Koeffizient von 0,73 wird in Europa nur noch von Großbritannien übertroffen. Und hier dürften die späte Wiedervereinigung – die geringen Vermögen in Ostdeutschland – und die gesetzlichen Rentenansprüche bzw. das weitgehende Fehlen einer kapitalgedeckten Altersvorsorge tatsächlich eine entscheidende Rolle spielen.

2 Die Deutschen sparen viel

An den Sparanstrengungen der Deutschen liegt das enttäuschende Abschneiden in der globalen Rangliste jedenfalls nicht. Die Deutschen haben sich ihren Titel als Sparweltmeister redlich verdient, allerdings vornehmlich in den letzten fünf Jahren, den Zeiten der extremen Niedrigzinsen, die 2012 mit der berühmten Rede von Mario Draghi zur Rettung des Euro („what ever it takes") eingeläutet wurden. Seither betreibt die Europäische Zentralbank (EZB) ganz offensichtlich nicht mehr nur Geldpolitik zur Stabilisierung des Preisniveaus, sondern verfolgt mit erweitertem Instrumentenkasten eine Politik, die zudem das Überleben des Euros sichern soll. Die Wirkung der Geldpolitik auf Zinsen und Finanzmärkte hat sich damit noch einmal deutlich verstärkt.

Wie der Vergleich mit einigen anderen Euroländern zeigt, waren die Sparleistungen der Deutschen in den Vorkrisenjahren (2003–2007) keineswegs exzeptionell, im Gegenteil: Selbst Italiener und Spanier legten im Durchschnitt pro Jahr mehr zur Seite. Auch während der Krise zeigten sich andere – Österreicher, Franzosen, Belgier und Holländer – ähnlich sparsam wie die Deutschen (Abb. 2).

Seit 2012 hat sich dieses Bild jedoch grundlegend gewandelt. Nicht nur sind die deutschen Sparer die einzigen, die ihre Sparleistungen in den folgenden Jahren kontinuierlich erhöht haben, sondern sie stehen heute auch unangefochten an der Spitze. In allen übrigen untersuchten Ländern gingen die Sparleistungen dagegen zurück; im Süden Europas verlief diese Entwicklung geradezu dramatisch: Die tiefe Wirtschaftskrise zwang die Haushalte in Italien, Spanien und Portugal nicht nur ihre Ersparnisbildung zu drosseln, sondern teilweise auch Finanzanlagen zu veräußern. So sparten die Haushalte dort zwischen 80 und 90 % weniger als noch vor der Krise.

Neben der absoluten Höhe zeichnet die deutschen Sparer dabei noch ein weiteres Merkmal aus: Sie sparen nicht nur aus Vermögenseinkommen, sondern auch aus Erwerbseinkommen. Damit bilden sie heute, zusammen mit den Österreichern, die große

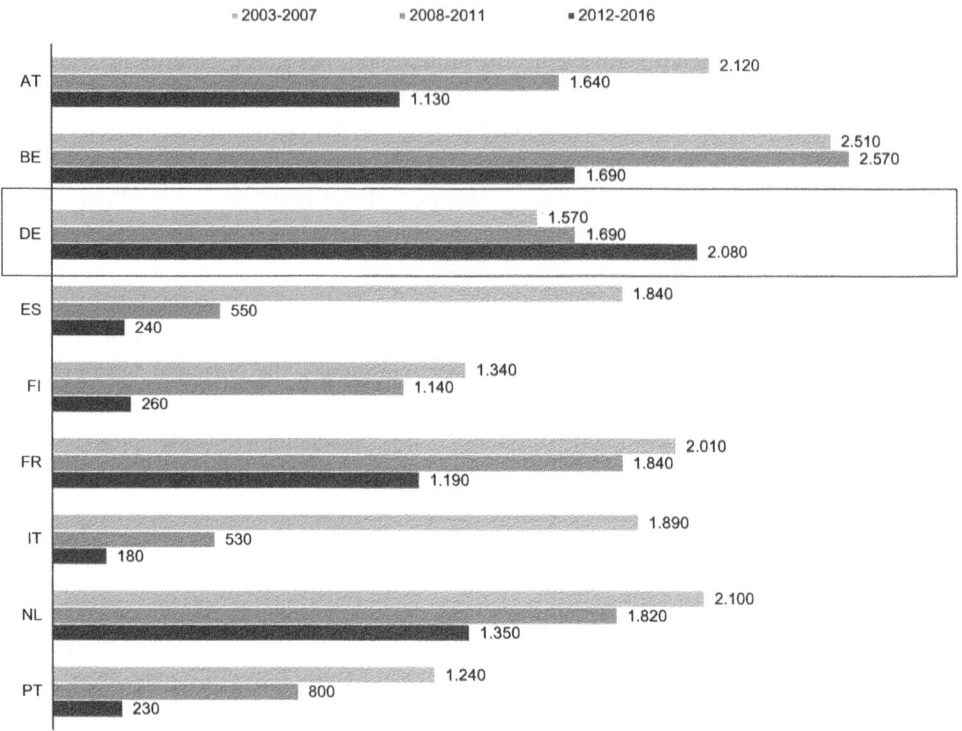

Abb. 2 Geldvermögensbildung pro Kopf, Jahresdurchschnittswerte in Euro. (Brandmeir und Holzhausen 2017)

Ausnahme. In allen anderen Ländern dagegen bestreiten die Haushalte ihre Sparleistungen allein aus der Wiederanlage von Vermögenseinkommen – das darüber hinaus auch zur Aufbesserung der Arbeitseinkommen genutzt wird. In den Vorkrisenjahren war dies anders, damals sparten – mit Ausnahme der Niederländer – noch alle Haushalte auch aus Erwerbseinkommen (Abb. 3).

Die Krisenjahre und die anschließende Phase der extremen Niedrigzinsen haben also zu einem deutlichen Wandel des Sparverhaltens im Euroraum geführt. Die Situation in Deutschland hat sich dabei gegen den Trend entwickelt: Während überall sonst im Euroraum im Durchschnitt deutlich weniger gespart wird, haben die deutschen Sparer ihre diesbezüglichen Anstrengungen noch einmal erhöht. Darin schlagen sich die tiefe Verunsicherung nach der Finanzkrise und wohl auch das verzweifelte Bemühen nieder, Sparziele auch angesichts von Nullzinsen zu erreichen.

Ganz erfolglos waren diese Bemühungen auch nicht: Seit der Finanzkrise wachsen die Geldvermögen pro Kopf in Deutschland wieder etwas schneller als im übrigen Euroraum (Abb. 4). Damit liegen sie im Durchschnitt auch wieder leicht höher als im Rest der Währungsunion: Aus einer durchschnittlichen Vermögenslücke von 4500 € im Jahr 2006 ist in den folgenden zehn Jahren ein Vorsprung von rund 2500 € pro Kopf geworden.

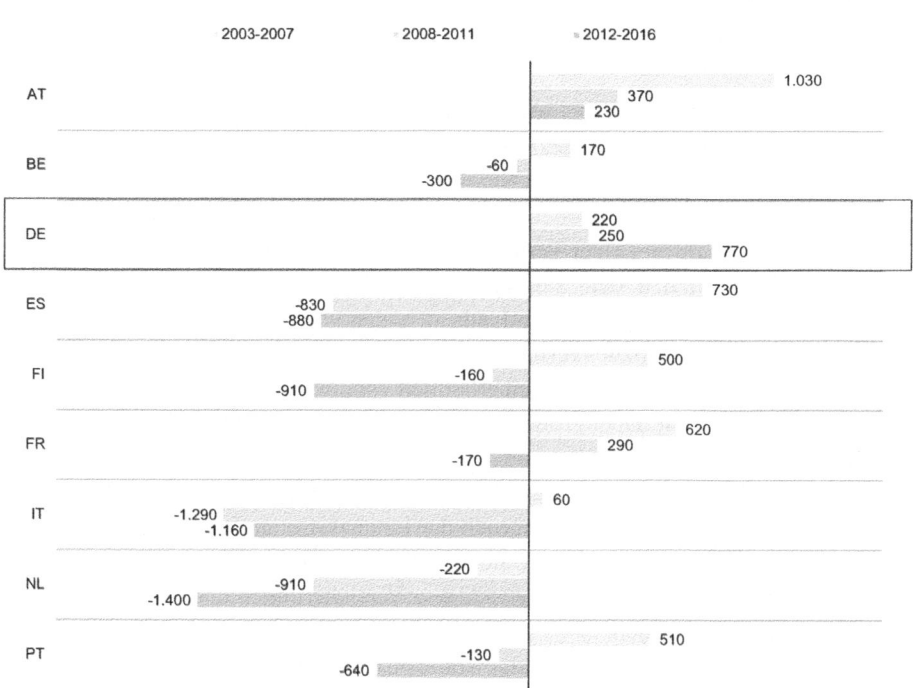

Abb. 3 Pro-Kopf-Sparleistungen aus Erwerbseinkommen, Jahresdurchschnittswerte in Euro. (Brandmeir und Holzhausen 2017)

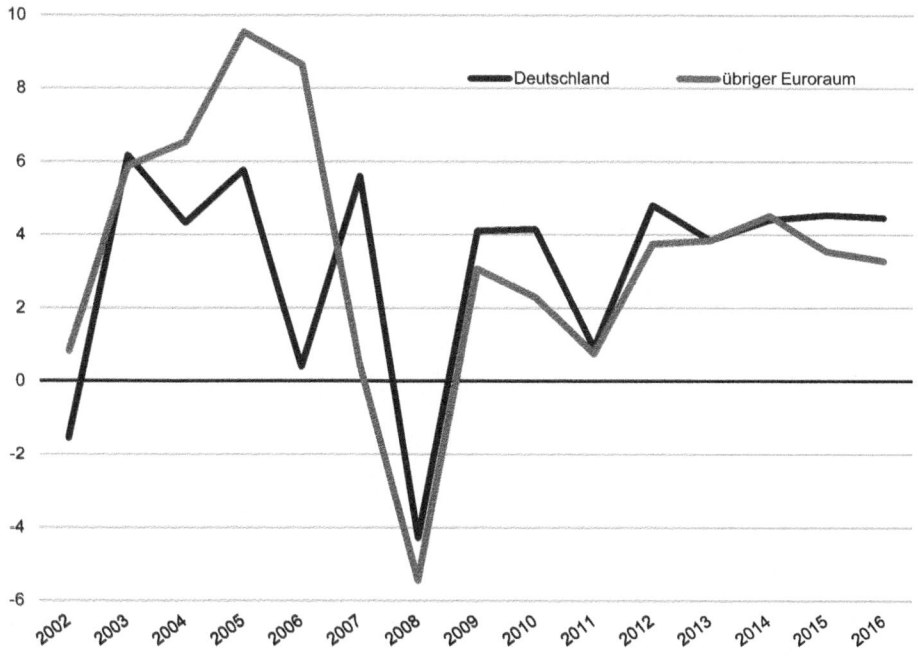

Abb. 4 Wachstum des durchschnittlichen Pro-Kopf-Geldvermögens in Prozent. (Allianz 2017)

3 Die Deutschen wählen Sicherheit

Dennoch bleibt natürlich die Frage, warum die deutschen Sparer im Durchschnitt nur geringfügig höhere Wachstumsraten erzielen als die übrigen Europäer – obwohl sie doch so
viel mehr sparen, während andere ihre Sparbemühungen nahezu eingestellt haben. Dazu
lohnt es sich, näher auf die Komponenten des Vermögenswachstums zu schauen.

Das Vermögenswachstum einer Periode setzt sich zusammen aus der Geldvermögensbildung (vulgo Sparen), d. h. dem Saldo aus Zu- und Abflüssen neuer Anlagegelder, und
der Wertveränderung des Vermögensbestands, d. h. den von der Kapitalmarktentwicklung
abhängigen Wertgewinnen bzw. -verlusten. Die Beiträge dieser beiden Wachstumstreiber
unterscheiden sich je nach Land und Zeit erheblich voneinander; insbesondere der Beitrag
der Wertveränderungen ist dabei großen Schwankungen unterworfen (Abb. 5).

Die bewertungsbedingten Veränderungen des Vermögensbestands waren beispielsweise in den Krisenjahren von 2008 bis 2011 im Durchschnitt negativ – wenig überraschend
angesichts des Erdbebens, das der Ausbruch der Finanzkrise an den Kapitalmärkten aus-
löste. Einzige Ausnahme bilden dabei die Niederlande: Dank fallender Zinsen konnten
auf die Anleihebestände in der Vermögensklasse Versicherungen und Pensionen kräftige
Wertgewinne verbucht werden.

Auffallend ist aber v. a., dass die Wertgewinne pro Kopf im Zeitraum von 2012 bis 2016
in fast allen Ländern höher waren als in den Vorkrisenjahren: Damals bezifferten sie sich

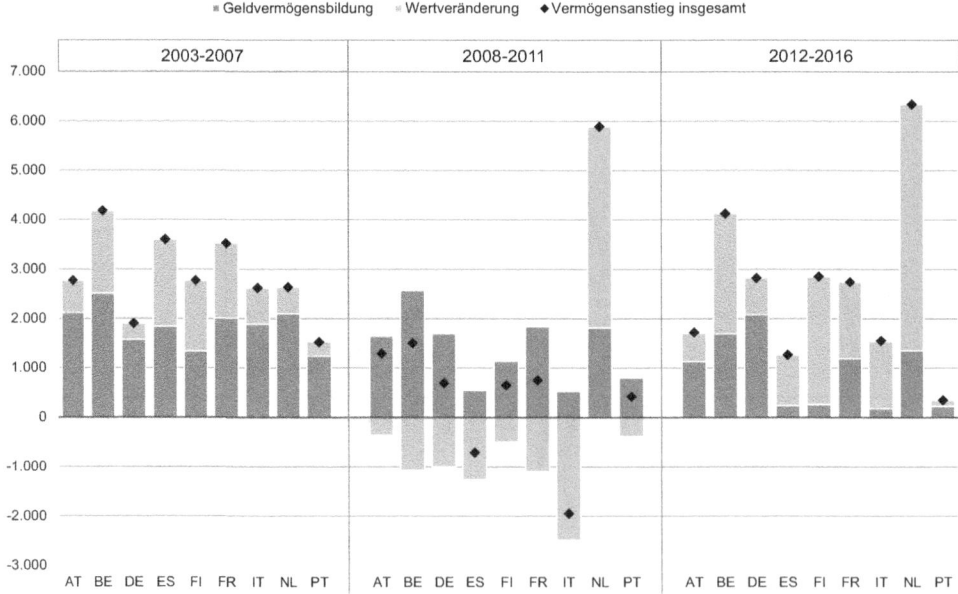

Abb. 5 Komponenten des Vermögensanstiegs, Jahresdurchschnittswerte pro Kopf in Euro. (Brandmeir und Holzhausen 2017)

im Länderdurchschnitt auf jährlich 950 € im Mittel, während in den letzten fünf Jahren Wertgewinne von durchschnittlich 1380 € pro Jahr zu verzeichnen waren. Selbst wenn man den Ausreißer Niederlande herausrechnet, waren die durchschnittlichen Wertgewinne seit 2012 um 200 € höher als in den Vorkrisenjahren. Darin spiegelt sich nicht zuletzt die extrem expansive Geldpolitik der EZB wider; v. a. Wertpapierbesitzer konnten in diesem Zeitraum von satten Kursgewinnen profitieren.

Allerdings ist der Anteil von Wertveränderungen am Vermögenswachstum in den einzelnen Ländern unterschiedlich hoch – mit dem niedrigsten Wert in Deutschland: Hier gehen nur knapp 27 % des Vermögensanstiegs zwischen 2012 und 2016 auf Wertgewinne zurück; ähnlich niedrig (34 %) ist dieser Wert sonst nur noch in Österreich und Portugal. Wobei im Fall Portugals dafür in erster Linie die schwache Börsenentwicklung verantwortlich zeichnet: Der portugiesische Leitindex verzeichnet als einziger in diesen fünf Jahren Verluste, der DAX dagegen verdoppelte sich beinahe. In den anderen Ländern liegt der Anteil der Wertsteigerungen dagegen meist doppelt so hoch, in Spanien, Italien und Finnland sogar über 80 %. Damit ist ein zentraler Aspekt angesprochen, warum die deutschen Sparer trotz im Vergleich enormer Sparanstrengungen kaum vom Fleck kommen: Im Gegensatz zu den übrigen Europäern profitieren sie kaum von den Preissteigerungen am Kapitalmarkt, ihr Vermögenszuwachs ist im wahrsten Sinne des Wortes hart erarbeitet.

Diese Eigenart des deutschen Sparverhaltens kristallisiert sich in einer Kennzahl: der (impliziten) Rendite des Geldvermögens. Die Vermögensrendite stellt dabei die Höhe der Wertsteigerungen und Vermögenseinkommen in Prozent des Gesamtvermögens dar. Je höher sie liegt, desto geringer können die echten Sparanstrengungen, d. h. aus dem Erwerbseinkommen, ausfallen. Dass gerade diese Sparleistungen in Deutschland (und Österreich) in den letzten Jahren besonders hoch waren, ist ein Indiz für eine niedrige Vermögensrendite. Und mit Blick auf die letzten fünf Jahre der extremen Geldpolitik bestätigt sich diese Vermutung: Die Vermögensrenditen in Deutschland und Österreich – und auch Portugal – sind besonders niedrig. Wobei die Renditeunterschiede nicht auf die relative Höhe der Vermögenseinkommen zurückzuführen sind, sondern vornehmlich auf den Einfluss der Wertveränderungen (Abb. 6).

Warum ist der Beitrag der Wertveränderungen in Deutschland (und Österreich) – trotz guter Aktienmarktentwicklung – so niedrig, sodass nur unterdurchschnittliche Vermögensrenditen erzielt werden? Eine Antwort liefert der Blick auf die Zusammensetzung des Vermögensportfolios. Die Haushalte setzen v. a. auf konservative, risikoarme Anlagevehikel: Trotz Nullzinsen und realer Wertverluste lagen in Deutschland im Jahr 2016 rund zwei Fünftel des privaten Geldvermögens als Einlagen bei Banken, in Österreich sogar fast die Hälfte (Abb. 7). Die Treue zu Bankeinlagen ist zwar auch in Spanien mit knapp 43 % des Vermögensportfolios sehr ausgeprägt. Trotzdem liegt die spanische Rendite gut zwei Prozentpunkte höher als in Deutschland, denn die spanischen Haushalte sind zugleich offener gegenüber Investitionen in Aktien: Durchschnittlich rund 22 % ihrer Ersparnisse hielten die Spanier 2016 in Form von direktem Aktienbesitz und lagen damit zusammen mit den Belgiern (20 %) weit über dem Mittelwert der untersuchten Länder (12 %). In Österreich und Deutschland machen Aktien lediglich 4,7 bzw. 6,8 % des Finanzvermögens aus. Am

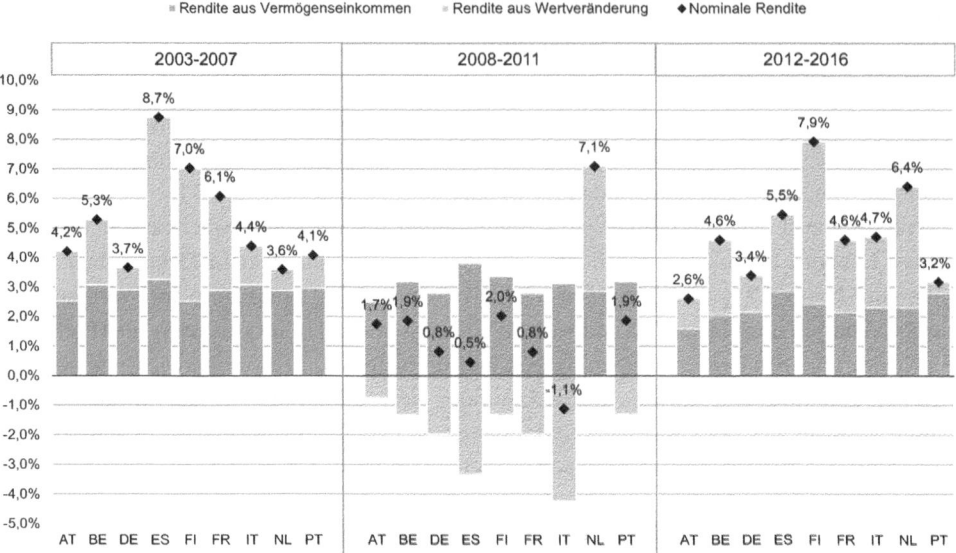

Abb. 6 Zusammensetzung der nominalen Vermögensrendite, Jahresdurchschnittswerte in Prozent. (Brandmeir und Holzhausen 2017)

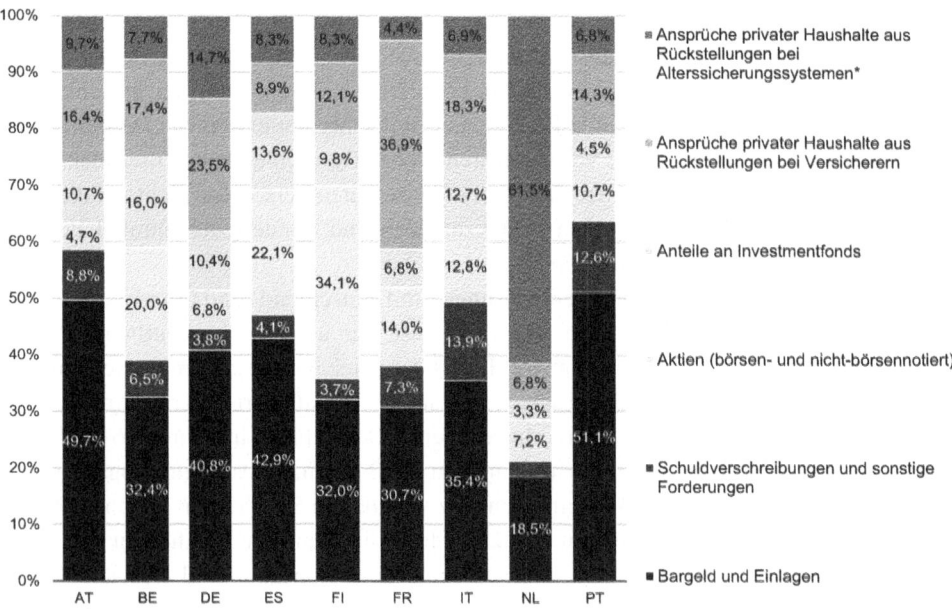

Abb. 7 Struktur der Geldvermögen, Jahresdurchschnittswerte 2016 in Prozent. (Brandmeir und Holzhausen 2017)

risikofreudigsten sind die finnischen Haushalte; sie investieren mehr als ein Drittel ihres Portfolios in Aktien – und erwirtschafteten in den Jahren zwischen 2012 und 2016 auch mit Abstand die höchste Rendite.

Zumindest für die letzten Jahre bleibt den Sparern hierzulande aber noch ein Trost: die niedrige Inflationsrate. Während die nominale Rendite im Durchschnitt der Länder mit 4,8 % von 2012 bis 2016 etwas niedriger ausfiel als im Zeitraum von 2003 bis 2007, nahm die reale Rendite mit 3,7 % im Mittel Dank fallender Inflationsraten sogar um einen halben Prozentpunkt zu. Die viel beschworene Deflationstendenz stellt für die Sparer keine Gefahr dar, im Gegenteil. Bei einer nominalen Rendite von 3,4 %, die die deutschen Sparer im Mittel der letzten fünf Jahre erzielten, fällt es allerdings nicht schwer, sich vorzustellen, was eine Rückkehr der Inflation bedeuten könnte: Die reale Rendite könnte schnell unter die Ein-Prozent-Marke sinken. Trotz hoher und fortgesetzter Sparanstrengungen hieße dies: Die deutschen Haushalte mehren ihren Wohlstand nur mehr im Schneckentempo.

4 Fazit: Die Deutschen verschenken Geld

Das deutsche Sparverhalten ist ein Paradoxon. Seit der Finanzkrise – die im Kern eine Bankenkrise war – haben die deutschen Sparer ihr Geld v. a. einem Finanzdienstleister anvertraut: der Bank. Zwischen Ende 2007 und Ende 2016 haben sie ihre Sichteinlagen bei Banken um 760 Mrd. € aufgestockt; dies entspricht einem Zuwachs von 160 %. Gleichzeitig haben die Haushalte im selben Zeitraum per Saldo 21 Mrd. € an den Kapitalmärkten neu angelegt, wobei zumindest in den letzten beiden Jahren das Interesse wieder etwas größer geworden ist. Dennoch sprechen diese Zahlen Bände.

Auf der einen Seite ist dieses sehr sicherheits- und liquiditätsorientierte Sparverhalten natürlich verständlich: Die Krisen der letzten Jahre stellten nicht einfach nur Marktrückgänge und wirtschaftliche Rezessionen dar, wie sie im zyklischen Auf und Ab der Konjunktur eben vorkommen, sondern waren tiefgreifende Erschütterungen des Finanzsystems. Deshalb fehlt der Mehrheit der Haushalte auch mehr als neun Jahre nach Lehman immer noch das Vertrauen in die Finanzmärkte, trotz aller Fortschritte bei der Reregulierung. Gerade die Geldpolitik selbst dürfte diese Skepsis mit ihren unkonventionellen Maßnahmen weiter genährt haben. So dürfte beispielsweise die Idee der Negativzinsen – die dem normalen Verständnis vom Funktionieren der Finanzmärkte diametral entgegenläuft – kaum dazu geeignet sein, neues Vertrauen aufzubauen. Eher das Gegenteil dürfte der Fall sein. Gleiches gilt für die Finanzierung von Staatsschulden mit der Druckerpresse.

Auf der anderen Seite ist es aber natürlich sehr kurzsichtig, Sparen vornehmlich als Geldparken – und nicht als langfristig orientiertes Investieren – zu betreiben. Die wenigsten profitierten daher bislang von den durch die extreme Niedrigzinspolitik getriebenen Kursanstiegen an den Kapitalmärkten. Dabei geht es um viel Geld, wie eine einfache Simulationsrechnung zeigt: Hätten die deutschen Haushalte in den fünf Jahren 2012 bis 2016 nicht etwa 40 % ihres Geldvermögens mit Verlust bei den Banken geparkt – die reale Rendite dieser Anlage betrug im Durchschnitt dieser Jahre −0,3 % –, sondern nur 30 %

und mit den so frei gewordenen Mitteln Aktien gekauft, wäre die Vermögensrendite in diesem Zeitraum um 1,2 Prozentpunkte höher ausgefallen. Die dadurch erzielten zusätzlichen Vermögenseinnahmen hätten bei knapp 60 Mrd. € pro Jahr bzw. 290 Mrd. € für die gesamten fünf Jahr gelegen.

Es ist höchste Zeit, dass die deutschen Sparer eine stärker risiko- und renditeorientierte Anlagepolitik verfolgen und nicht weiter Geld verschenken. Denn auf diese Weise können sie weder ihre langfristigen Sparziele, beispielsweise die Absicherung im Alter, erreichen (erst recht nicht, sollte die Inflation wieder zurückkehren), noch erhält die Wirtschaft dringend benötigtes Investitionskapital. Am Ende produziert ein kurzsichtiges, vermeintlich auf Sicherheit gerichtetes Sparverhalten nur Verlierer.

Literatur

Allianz (2017) Global wealth report. Economic research. https://www.allianz.com/de/economic_research/publikationen/spezialthemen_fmo/agwr17d.html/. Zugegriffen: 26. Nov. 2017

Brandmeir K, Holzhausen A (2017) Private Vermögensrenditen in ausgewählten Euroländern. Working Paper 211, Economic Research, Allianz. https://www.allianz.com/de/economic_research/publikationen/working_papers/. Zugegriffen: 26. Nov. 2017

Deutsche Bundesbank (2018) Geldvermögensbildung und Außenfinanzierung in Deutschland im vierten Quartal 2017. https://www.bundesbank.de/Redaktion/DE/Pressemitteilungen/BBK/2018/2018_04_13_geldvermoegensbildung.html. Zugegriffen: 16. Mai 2018

Dr. Arne Holzhausen leitet das Team Insurance & Wealth Markets im Bereich Economic Research der Allianz Gruppe in München. Sein Team ist für die langfristigen Prognosen der globalen Versicherungsmärkte sowie die Analyse der privaten Geldvermögen weltweit verantwortlich. Zu diesen Themen publiziert er auch regelmäßig. Bevor er im Jahr 2009 zur Allianz kam, war er acht Jahre in der Volkswirtschaftlichen Abteilung der Dresdner Bank tätig, zuletzt als Leiter der Abteilung Bankenmärkte. Zwischen 1995 und 2000 lehrte er als Wissenschaftlicher Mitarbeiter am Ostasiatischen Seminar der Freien Universität Berlin.

Arne Holzhausen studierte in Berlin und Tokio und hat einen Doktor in Japanologie sowie ein Diplom in Volkswirtschaftslehre erworben.

Zwischen Arm und Reich – die Risikoprämie als vergessene Größe in der Verteilungsdebatte

Hans-Jörg Naumer

1 „Capital in the 21th Century" – viel Lärm um nichts?

Die Debatte um die Ungleichheit bei Löhnen, Einkommen und Vermögen in Deutschland nimmt an Bedeutung zu. Anstoß dafür gab nicht zuletzt das Buch des französischen Ökonomen Piketty *Capital in the Twenty-First Century* (Piketty 2014). Aber: Ist die Pikettysche Formel zur Ungleichheit wirklich so aufregend neu? Und: Was ist der eigentliche Treiber der Ungleichheit bei den Vermögen? Wer die Zusammenhänge versteht, versteht wo die Lösung beginnt (Naumer 2016).

Hier ist nicht der Platz, die Debatte um die Ungleichheit in all ihren Facetten zusammenfassend zu würdigen, noch ist hier der Platz zu beurteilen, inwieweit die Ungleichheit der Vermögen (um diese geht es in diesem Beitrag) in Deutschland ein unerwünschtes Ausmaß erreicht hat, noch wie sich diese über die letzten Jahre und Jahrzehnte entwickelt hat. Hier geht es um die Betrachtung, was die Ungleichheit der Vermögen bewirkt.

Dabei ist das vieldiskutierte Buch von Piketty durchaus aufschlussreich, wenn es auch nicht unumstritten ist (Piketty 2014).[1] Die sich auf historische Daten stützende Argumentationskette von Thomas Pikettys viel diskutiertem Buch „Capital in the Twenty-First Century" geht entlang der von ihm postulierten Ungleichung „r > g". Die auf das Kapital erzielte Rendite „r" überträfe das gesamtwirtschaftliche Wachstum „g". Aus dieser Ungleichung ergäbe sich im Zusammenspiel der von ihm so genannten „fundamentalen

---

[1] Die Kritik an Piketty reicht von dem Vorwurf ökonomischer Evidenz (Sinn 2014) über falsche Berechnungen und Datengrundlagen (Giles 2014) und Historizismus (Paqué 2014) bis hin zur Totalkritik an den unterstellten Formeln und Entwicklungen (Mayor 2015; Homburg 2014), um nur einige zu nennen.

H.-J. Naumer (✉)
Global Capital Markets & Thematic Research, Allianz Global Investors
Frankfurt, Deutschland
E-Mail: hans-joerg.naumer@allianzgi.com

© Springer-Verlag GmbH Deutschland, ein Teil von Springer Nature 2018
H. Beyer und H.-J. Naumer (Hrsg.), *CSR und Mitarbeiterbeteiligung*,
Management-Reihe Corporate Social Responsibility,
https://doi.org/10.1007/978-3-662-57600-7_8

Gesetze des Kapitalismus" eine zunehmende Kräfteverschiebung weg vom Arbeitseinkommen hin zum Kapitaleinkommen. Während die Kapitalkonzentration steige, und der
Anteil des Arbeitseinkommens am volkswirtschaftlichen Einkommen sinke, steige der
Anteil des Kapitaleinkommens.[2] Die Ungleichheit, so Pikettys These, nehme durch diese
Kräfteverschiebung noch weiter zu. Die Verteilungswirkung zugunsten der Kapitaleigen-
tümer verschärfe sich zusätzlich dadurch, dass bei letzteren eine höhere Sparquote unterstellt werden könne als bei den Beziehern von Arbeitseinkommen.

Aber ist dieses Ungleichung tatsächlich so aufregend neu und richtig? Und: Falls diese
Entwicklung zutreffend ist, welche Konsequenzen sollten daraus gezogen werden?

Tatsächlich wird bei der Debatte übersehen, dass für unterschiedliche Investitionen
unterschiedliche Erträge zu erwarten sind. Wer risikoreicher investiert, tut dies, da er erwartet, dass diese Investitionen über die Zeit eine höhere Risikoprämie erwirtschaften.

2   Das eigentliche fundamentale Gesetz des Kapitalismus

Die Kapitalmarkttheorie lehrt, dass auf Risikokapital eine Prämie für das eingegangene
Risiko zu erwarten ist. In jüngerer Zeit haben u. a. Fama und French (2002) sowie Ibbotson und Chen (2003) diesen Zusammenhang untersucht und belegt. Die Risikoprämie
wird als jener Teil der Rendite verstanden, der sich über den realen risikofreien Zins, die
Kompensation für die Inflationserwartung und die Zeitprämie für den aufgesparten Konsum hinaus ergibt (Abb. 1). Es kann, wie im Schaubild geschehen, noch in eine Kredit- und
Konkursprämie als Teil der umfassenden Risikoprämie unterschieden werden, die ebenfalls für Risiken ex post entschädigt, und die Investoren in Unternehmensanleihen wie in
Aktien gleichermaßen erwarten.

Die Ungleichheit der Vermögen steht damit im direkten Zusammenhang mit der Bereitschaft in risikoreichere Anlagegattungen, wie z. B. Aktien, zu investieren. Ist die Bereitschaft, in unternehmerisches Kapital zu investieren unterschiedlich ausgeprägt, sollte
es dadurch zu einer unterschiedlichen Vermögensverteilung kommen – vorausgesetzt die
eingegangenen Risiken werden im Durchschnitt der Anlagemöglichkeiten entlohnt.[3]

Da Piketty unter „r" den durchschnittlichen Realzins einer Volkswirtschaft subsum-
miert, bleiben die unterschiedlichen Renditen auf den Kapitaleinsatz aber unberücksich-
tigt.

Das eigentliche „fundamentale Gesetz des Kapitalismus" müsste deshalb folgenderma-
ßen formuliert werden: Wer unternehmerisch tätig ist, wer in risikobehaftete Anlagefor-

---

[2] Zur Verschiebung vom Arbeits- zum Kapitaleinkommen vergleiche auch den Beitrag von Naumer
zum bedingungslosen Grundeinkommen in diesem Buch.

[3] Dieser Akkumulationsprozess muss sich allerdings nicht wie von Piketty implizit unterstellt, um
im Volksmund in der Formel „Die Reichen werden immer reicher, die Armen werden immer ärmer"
verdichtet, qua einem perpetuum mobile fortsetzen. Kapital unterliegt Risiken, es kann vernichtet
werden durch externe Umstände (Kriege, Enteignungen) wie persönliche Umstände (Fehlinvestitionen, Misswirtschaft).

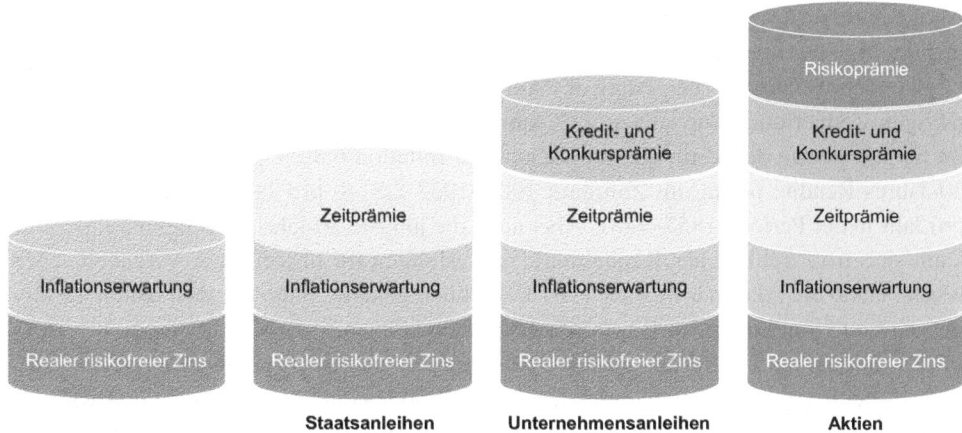

Abb. 1 Skizzierter Aufbau der langfristigen Risikoprämien verschiedener Anlageklassen. (Eigene Darstellung nach Ibbotson und Siegel 1988)

men investiert, Aktien sind ja nichts anderes als ein Vehikel, um an der unternehmerischen Tätigkeit zu partizipieren, kann längerfristig eine Prämie als Entlohnung für dieses Risiko erwarten – sonst würde er es ja auch nicht eingehen.

3   Die Lehren des Kapitalmarkts

Aus langen historischen Zeitreihen, wie sie für den US-amerikanischen Aktienmarkt vorliegen, zeigt sich, dass die Erwartung einer Risikoprämie nicht enttäuscht wurde, wenn es sich auch nicht über alle Zeiträume hinweg gleichermaßen gelohnt hat, in US-Aktien zu investieren. Der schlechteste 30-Jahres-Zeitraum war von 1981–2011 mit einer durchschnittlichen Risikoprämie von −0,85 Prozentpunkten. Der beste Zeitraum fiel auf die Periode 1943–1973 mit 11 Prozentenpunkten an Risikoprämie.

Definiert der Anleger Sicherheit nicht als Abwesenheit von Kursschwankungen, sondern als Kaufkrafterhalt, das heißt unter Einbeziehung der Inflation, so waren Aktien (die Betrachtungen beziehen sich im Folgenden noch auf den US-amerikanischen Markt) in der Historie über einen langen Anlagehorizont von zehn Jahren oder mehr sogar sicherer als Anleihen. Bei der Analyse der zehnjährigen rollierenden Durchschnittsrenditen im Zeitraum der letzten 215 Jahre waren die negativen Ausreißer für Aktien im Vergleich mit kurz- und langlaufenden Staatsanleihen sogar geringer. Ein Aktionär konnte in der Spitze im Zehn-Jahres-Zeitraum 1949–1959 real durchschnittlich etwa 17 % pro Jahr verdienen, während er im Zuge des Ersten Weltkriegs von 1911 bis 1921 und der ersten Ölkrise 1965–1975 beim Aktienkauf rund 4 % pro Jahr verloren hätte. US-Anleihebesitzer verzeichneten hingegen mit über −5 % pro Jahr den größeren realen Verlust in der Anlageperiode 1971–1981 – eine Phase stark gestiegener Inflation. Im Vergleich dazu fiel die negative

Aktienmarktperformance von 2000 bis 2009 während des Platzens der Technologieblase und der Finanzkrise in Höhe von −3 % pro Jahr noch moderat aus.

Bei noch weiterer Verlängerung des Anlagehorizonts ergaben sich bei rollierenden 30-jährigen Zeitperioden der letzten 217 Jahre immer positive reale Renditen bei Aktien. Im Schnitt betrug der Vermögenszuwachs nach Inflation 6,89 % pro Jahr. Die niedrigste 30-Jahres-Rendite betrug im Zeitraum 1903–1933 2,81 % pro Jahr, die höchste 10,6 % pro Jahr in der Periode 1857–1887. Aber auch die jüngste 30-jährige Aktienmarktperiode kann sich trotz zahlreicher Kapitalmarktverwerfungen im historischen Vergleich sehen lassen. Hätte ein Aktionär im Jahr 1987 US-Aktien gekauft, hätte er einen realen Vermögenszuwachs von knapp 7,6 % pro Jahr verbuchen können.

Bei Zeiträumen von 10 und 30 Jahre war dagegen das Risiko eines realen Vermögensverlusts bei US-Staatsanleihen durchaus gegeben. So verzeichneten Anleger in Treasuries (also US-Staatsanleihen) während der Periode 1934–1964 und den Folgeperioden bis 1985 – die Zeit der „Finanziellen Repression" – negative reale Renditen. In der Spitze betrug der Verlust über einen Zeitraum von 30 Jahren bei zehnjährigen Staatspapieren real −2,00 % pro Jahr (1950–1980). Das Rekordniveau 30-jähriger Renditen bei US-Staatsanleihen liegt dabei gar nicht so weit zurück: Im Zuge der Nullzinspolitik der Notenbanken sind die Renditen in den letzten Jahren nahe ihrer historischen Tiefstände gesunken. Die Folge: Der Anleiheinvestor verzeichnete in der 30-jährigen Anleihehausse zwischen 1981 und 2011 den größten realen Wertzuwachs mit im Schnitt von 7,44 % pro Jahr. Über die letzten 30 Jahre von Ende 2017 an gerechnet hat er pro Jahr 4,77 % verdient.

Was sich bei der Betrachtung der Zeiträume über 10 und 30 Jahre zeigt, ist, dass nur die Aktien, anders als Anleihen, es schafften, in allen 30-Jahres-Zeiträumen eine real positive Rendite zu erzielen. Während bei Anleihen im schlechtesten 30-Jahres-Zeitraum −2 % pro Jahr erreicht wurden, waren real knapp +3 % pro Jahr der niedrigste reale Wertzuwachs, den Aktien erreichten. Der beste 30-jährige Anlagezeitraum bei Anleihen erbrachte 7,44 %, bei Aktien knapp 11 %.

Ergebnis: Das Eingehen von höheren Risiken wurde offensichtlich bei Aktien entlohnt. Aktien brachten unter Berücksichtigung der Kaufkraft ein höheres Maß an Sicherheit als Anleihen.

Aus der Betrachtung über den gesamten verfügbaren Zeitraum von 1800 bis Ende 2017 wird noch einmal ganz besonders deutlich, wie sich die Risikoprämie von Aktien auswirkte. Angenommen, ein Investor hätte im Jahr 1801 einen US-Dollar in Treasuries investiert, so hätte er bis Ende 2017, kaufkraftbereinigt, etwas über 1500 US-Dollar erzielt. Ein Investment in Aktien hätte im gleichen Zeitraum mehr als 1,9 Mio. US-Dollar ergeben. Die durchschnittliche Risikoprämie, gemessen als Mehrrendite von US-Aktien gegenüber US-Staatsanleihen, hätte sich von 1801 bis heute auf 3,4 % im Durchschnitt der Jahre belaufen (Abb. 2).

Für den deutschen Kapitalmarkt sind vergleichbar lange historische Zeitreihen nicht erhältlich, auch ist die Entwicklung bedingt durch die beiden Weltkriege problematischer in der Auswertung. Wird jedoch der CDAX auf Oktober 1957 zurückgerechnet, zeigt sich auch hier, dass sich die Risiken des Aktienmarkts gelohnt haben. Die durchschnittliche

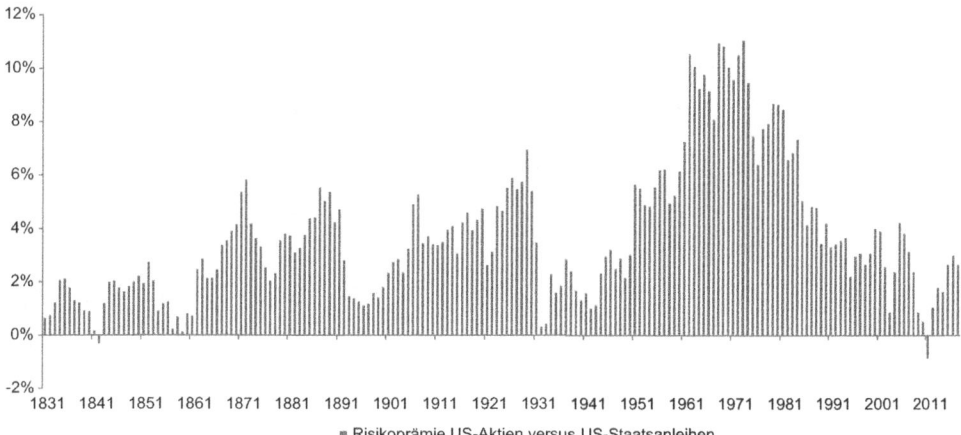

Abb. 2 Risikoprämie von US-Aktien gegenüber US-Staatsanleihen, rollierende 30-Jahres-Rendite. (Eigene Darstellung nach Shiller 2005; Siegel 2016)

Rendite des CDAX lag für den Zeitraum Dezember 1957 bis Dezember 2017 bei 8,9 %. Für den REX-P als Abbild des Anleihenmarkts ergab sich für diesen Zeitraum nur eine annualisierte Rendite von 6,6 %, was zu einer Risikoprämie von 2,3 % im Schnitt der Jahre führt.[4] Auch die rückblickende Risikoverteilung spricht für Aktien. Werden die DAX-

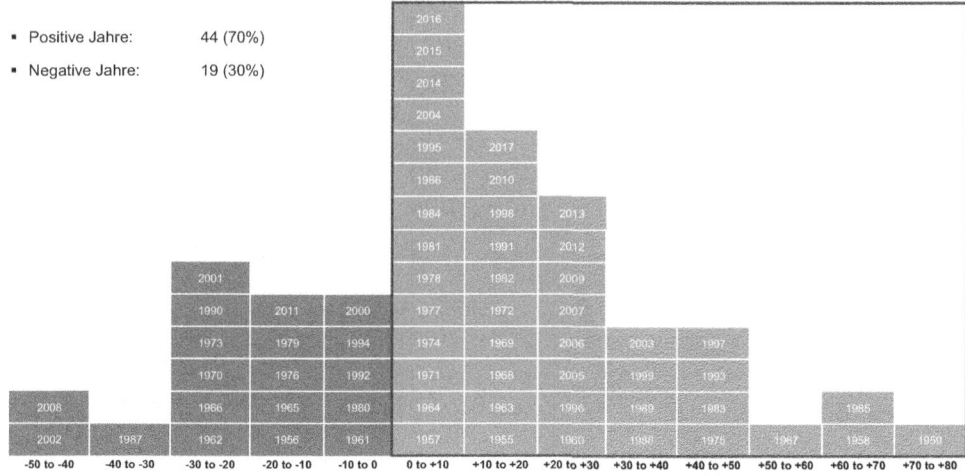

Abb. 3 Die guten und die schlechten Jahre: DAX-Index seit 1955. (Eigene Darstellung nach Taylor 2006; Deutsche Bundesbank 2017)

---

[4] Umfassende Analysen zum (historischen) Renditevorsprung von Aktien gegenüber Anleihen finden sich besonders bei Dimson et al. (2002).

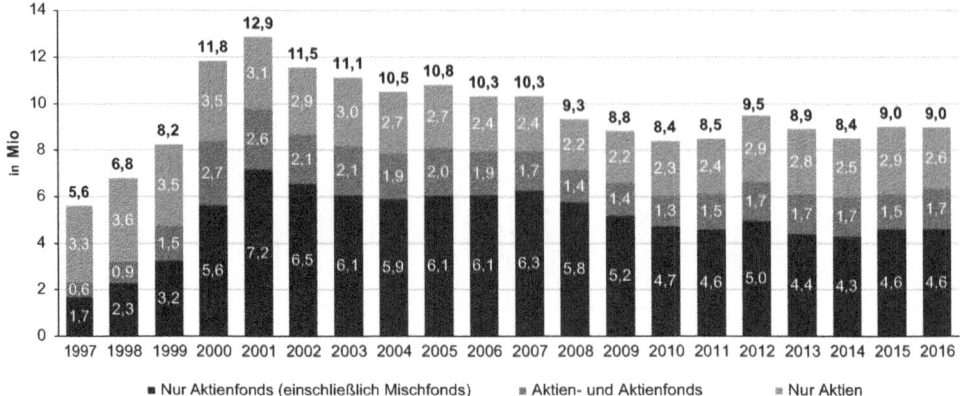

Abb. 4 Aktionäre und Aktienfondsanleger in Deutschland in Millionen. Rundungsdifferenzen möglich. (Eigene Darstellung nach Deutsches Aktieninstitut 2017)

Renditen für die Jahre von 1955 bis 2017 nach Renditespannbreiten geclustert, kann von einem Triumph der Optimisten gesprochen werden; 19 Jahre mit negativen Renditen stehen 44 Jahre mit positiven Renditen gegenüber (Abb. 3).

Da ist es geradezu tragisch, dass die Zahl der Aktionäre nach Erhebungen des Deutschen Aktieninstituts während der letzten Jahre nicht über die neun Millionen mittelbarer oder unmittelbarer Aktienbesitzer hinausgekommen ist, und das bei einer Gesamtbevölkerung von über 80 Mio. (Abb. 4). Die grundsätzliche Dringlichkeit Aktienkapital aufzubauen, wird umso deutlicher, da die Renditen für Staatsanleihen über weite Laufzeitenbereiche hinweg nominal (wie real) negativ sind und ein Ende der Negativzinsphase kaum absehbar ist (Abb. 5). Ein Novum in der Geschichte von Schulden und Sühne. Das aber

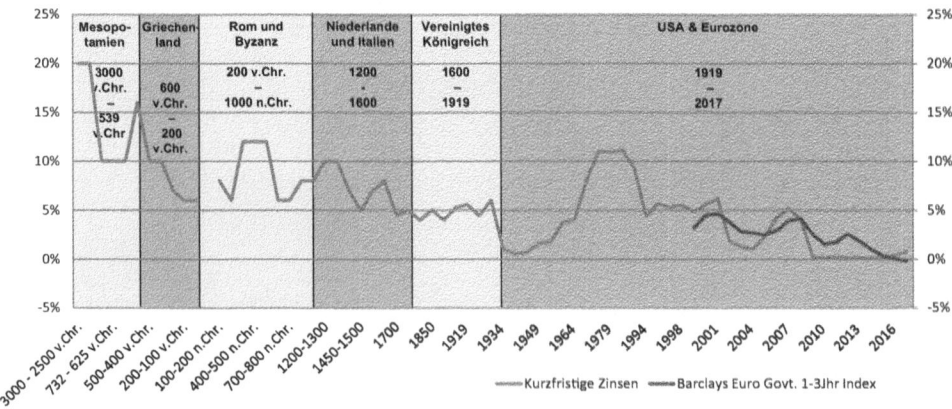

Abb. 5 Historische Renditen: 3000 vor Christus bis heute. (Eigene Darstellung nach Homer und Sylla 1991; Bank of England 2017; Federal Reserve Bank of St. Louis 2017)

heißt, dass die Investoren in Anleihen nicht nur nicht an der Risikoprämie partizipieren, sondern Geld verlieren. Dazu kommt das Durationsrisiko der Anleihen, das zu Kursverlusten führt, sollten die Renditen wieder steigen.

In der Gesamtsicht zeigt sich, dass die Beteiligung an unternehmerischem Kapital, nichts anderes sind Aktien, auch als Maßnahme gegen die Ungleichheit gefördert werden sollte.[5]

Die Risikoprämie ist die vergessene Größe in der Verteilungsdebatte. Wer weniger Ungleichheit will, muss Kapitalbeteiligung wollen.

Literatur

Bank of England (2017) Statistics. http://www.bankofengland.co.uk/statistics/Documents/rates/baserate.pdf. Zugegriffen: 10. Nov. 2017

Deutsche Bundesbank (2017) Zeitreihen-Datenbanken, Zeitreihe BBK01.WU001A: CDAX Kursindex / Basis: Ultimo 1987 = 100/Monatsendstand. http://www.bundesbank.de/Navigation/DE/Statistiken/Zeitreihen_Datenbanken/Makrooekonomische_Zeitreihen/its_details_value_node.html?tsId=BBK01.WU001A&listId=www_s140_mb05. Zugegriffen: 12. Okt. 2017

Deutsches Aktieninstitut (2017) Aktionärszahlen des Deutschen Aktieninstituts 2016. Frankfurt am Main, 13. Feb. 2017. https://www.dai.de/files/dai_usercontent/dokumente/studien/2017-02-14%20DAI%20Aktionaerszahlen%202016%20Web.pdf. Zugegriffen: 15. Febr. 2018

Dimson E, Marsh P, Staunton M (2002) Triumph of the optimists: 101 years of global investment returns. Princeton University Press, Princeton

Fama EF, French KR (2002) The equity premium. J Finance 57(2):637–659

Favilukis J (2013) Inequality, stock participation, and the equity risk premium. J Financ Econ 107:740–759

Federal Reserve Bank of St. Louis (2017) Federal reserve economic data, economic research division. https://fred.stlouisfed.org/search?st=DCPN3M. Zugegriffen: 10. Nov. 2017

Giles C (2014) Piketty findings undercut by errors. Financial Times, 23. Mai 2014. http://www.ft.com/cms/s/2/e1f343ca-e281-11e3-89fd-00144feabdc0.html#axzz32bM8Do1r. Zugegriffen: 7. Apr. 2017

Homburg S (2014) Critical remarks on Pikettys Capital in the twenty-first century. https://www.econbiz.de/Record/critical-remarks-on-pikettys-capital-in-the-twenty-first-century-homburg-stefan/10010349913. Zugegriffen: 10. Sept. 2016

Homer S, Sylla R (1991) Reviewed work: a history of interest rates, 3. Aufl. Rutgers University Press, New Brunswick

Ibbotson RG, Chen P (2003) Long-run stock returns: participating in the real economy. Financial Analyst J 59(1):88–98

Ibbotson RG, Siegel LB (1988) How to forecast long-run asset returns. *Investment Management Review* 2(September/October):88–98.

Mayor T (2015) Income inequality: piketty and the neo-marxist revival. Cato J 35(1):96–116

Naumer H-J (2016) Kapitalbeteiligung im 21. Jahrhundert: Antwort auf Thomas Piketty. Wirtschaftsdienst 96:179–184

Paqué K-H (2014) Der Historizismus des Jakobiners. Perspekt Wirtschaftspolit 15(3):271–287

---

[5] Zu einem ähnlichen Schluss kommt auch (Favilukis 2013).

Piketty T (2014) CAPITAL in the twenty-first century. Harvard University Press, Cambridge, Massachusetts London

Shiller RJ (2005) Irrational Exuberance. 2nd ed., Currency/Doubleday, New York. http://www.econ.yale.edu/~shiller/data.htm. Zugegriffen: 23. Juni 2017

Siegel J (2016) Jeremy Siegel database

Sinn H-W (2014) Thomas Pikettys Weltformel. Frankfurter Allgemeine Sonntagszeitung, Nr. 19, S 29, 11. Mai 2014

Taylor B (2006) Global financial data, GFdatabase

Hans-Jörg Naumer leitet seit 2000 Capital Markets and Thematic Research bei Allianz Global Investors. Kapitalanlage, Vermögensaufbau und die Analyse langfristig wirkender Trends bilden den Dreiklang seiner Analysen und Präsentationen, mit denen er sowohl institutionelle als auch private Investoren erreicht. Die Studien von Global Capital Markets and Thematic Research erscheinen in bis zu acht Sprachen und werden weltweit gelesen. Bevor er zum damaligen dit kam, arbeitete Hans-Jörg Naumer bei der Société Générale. Vor seinem Wechsel zu Allianz Global Investors hatte Hans-Jörg Naumer dort zuletzt die Funktion des Head of Research Germany inne.

Der Aufstieg der Roboter im deutschen Arbeitsmarkt

Jens Südekum

1 Einleitung

Die Angst vor einer bevorstehenden Welle der technologischen Arbeitslosigkeit ist eine der beherrschenden ökonomischen Themen unserer Zeit. Eine gängige und weit verbreitete These lautet, dass Produktionsprozesse, insbesondere im verarbeitenden Gewerbe, mit der Digitalisierung und dem Voranschreiten künstlicher Intelligenz immer stärker automatisiert werden (Ford 2015; Broy und Precht 2017). In vielen Bereichen wird demnach menschliche Arbeitskraft durch intelligente Maschinen – z. B. Roboter – ersetzt. Menschen werden in der Produktion quasi überflüssig und dies trifft v. a. jene mit geringer Qualifikation und Ausbildung. Somit führen die Roboter zu fundamentalen gesellschaftlichen Veränderungen und einem dramatischen Anstieg der Ungleichheit.

Es mangelt nicht an dramatischen Vorhersagen, wie viele Arbeitsplätze hiervon bedroht sind oder demnächst bedroht sein werden. So gehen Frey und Osborne (2017) davon aus, dass fast die Hälfte aller momentan gängigen Berufe prinzipiell durch neue Technologie wegfallen könnten. Aber nur, weil etwas potenziell wegfallen könnte, fällt es nicht automatisch auch tatsächlich weg. Ob eine Firma tatsächlich Menschen durch Roboter ersetzt, ist eine ökonomische Entscheidung, die im Hinblick auf vorherrschende Preis- und Lohnniveaus getroffen wird. Diese verändern sich aber im Zuge der technologischen Entwicklung. Bis vor Kurzem gab es kaum systematische Analysen über diese allgemeinen Gleichgewichtseffekte von Robotern und anderer neuer Technologien. In einer bahnbrechenden theoretischen Arbeit zeigen Acemoglu und Restrepo (2016a), dass diese Gleichgewichtseffekte tatsächlich nicht eindeutig sind. Zwar können Roboter – bei konstanten Preisen und Löhnen – menschliche Arbeit unmittelbar ersetzen, aber die da-

J. Südekum (✉)
Düsseldorf Institute for Competition Economics (D.I.C.E.), Heinrich-Heine-Universität Düsseldorf
Düsseldorf, Deutschland
E-Mail: suedekum@dice.hhu.de

© Springer-Verlag GmbH Deutschland, ein Teil von Springer Nature 2018   91
H. Beyer und H.-J. Naumer (Hrsg.), *CSR und Mitarbeiterbeteiligung*,
Management-Reihe Corporate Social Responsibility,
https://doi.org/10.1007/978-3-662-57600-7_9

raus resultierenden Kosteneinsparungen und Preissenkungen führen wiederum zu einem Anstieg der Güternachfrage und somit zu zusätzlichem Arbeitskräftebedarf. Außerdem können neue Tätigkeiten und Berufsfelder für die Menschen entstehen, die in der Industrieproduktion möglicherweise nicht mehr benötigt werden. Diese Spezialisierung auf neue und komplementäre Tätigkeiten hat auch in der Vergangenheit das Entstehen einer technologischen Arbeitslosigkeit stets verhindert. Ob Roboter also tatsächlich Jobs vernichten, ist letztlich eine offene Frage, die man nur empirisch beantworten kann.

In einer jüngeren Studie (Dauth et al. 2017) haben meine Co-Autoren und ich den Einfluss untersucht, den Industrieroboter zwischen 1994 und 2014 auf Löhne und Beschäftigung im deutschen Arbeitsmarkt hatten. Dieser Beitrag fasst die wesentlichen Erkenntnisse unserer Studie zusammen und leitet daraus einige Politikimplikationen zum Thema Mitarbeiterbeteiligung ab.

2   Deutschland: Das Land der Roboter und Industriearbeiter

In unserer Analyse greifen wir auf einen Datensatz der International Federation of Robotics (IFR) zurück, der bereits in der wegweisenden Studie von Graetz und Michaels (2017) verwendet wurde. Diese Daten basieren auf Befragungen führender Roboterhersteller, die mehr als 90 % des Weltmarkts abdecken. Sie bilden die Anzahl von installierten Industrierobotern in 72 verschiedenen Wirtschaftszweigen und 50 Ländern zwischen 1994 und 2014 ab.

Die Daten zeigen deutlich, dass Industrieroboter in Deutschland viel stärker verbreitet sind als in den USA oder in anderen industrialisierten Ländern. Im Jahr 1994 waren in Deutschland rund zwei Industrieroboter pro tausend Beschäftigten installiert. Das waren fast doppelt so viele wie im europäischen Durchschnitt und rund viermal so viele wie in den USA. Die Installationszahlen haben sich in Deutschland über die Zeit beinahe vervierfacht, sodass heute 7,6 Roboter auf tausend Beschäftigte kommen. In Europa sind es nur 2,7 und in den USA sogar nur 1,6 (Abb. 1). Nur in Japan und Südkorea gibt es noch mehr Roboter pro Beschäftigten als bei uns.

Trotz dieser enormen Verbreitung ist Deutschland eine der bedeutendsten Industrienationen der Welt mit einem außergewöhnlich hohen Beschäftigungsanteil im verarbeitenden Gewerbe geblieben. Er liegt derzeit bei rund 25 %, im Vergleich zu nur 9 % in den USA (Abb. 1). Auch hierzulande ist dieser Anteil in den letzten 20 Jahren gesunken. Aber dieser Rückgang war weniger dramatisch als anderswo. Und das, obwohl es bei uns noch viel mehr Industriearbeitsplätze und mehr Roboter gibt.

Außerdem ist Deutschland nicht nur in der Nutzung, sondern auch in der Entwicklung und Produktion von Industrierobotern weltweit führend. So haben laut der Robotics World Rankings 5 der 20 größten Hersteller weltweit (Haupt-)Standorte in Deutschland. Unser Arbeitsmarkt bietet sich als Anschauungsobjekt also geradezu an, wenn man sich für den Einfluss von Robotern auf Beschäftigung und Löhne interessiert.

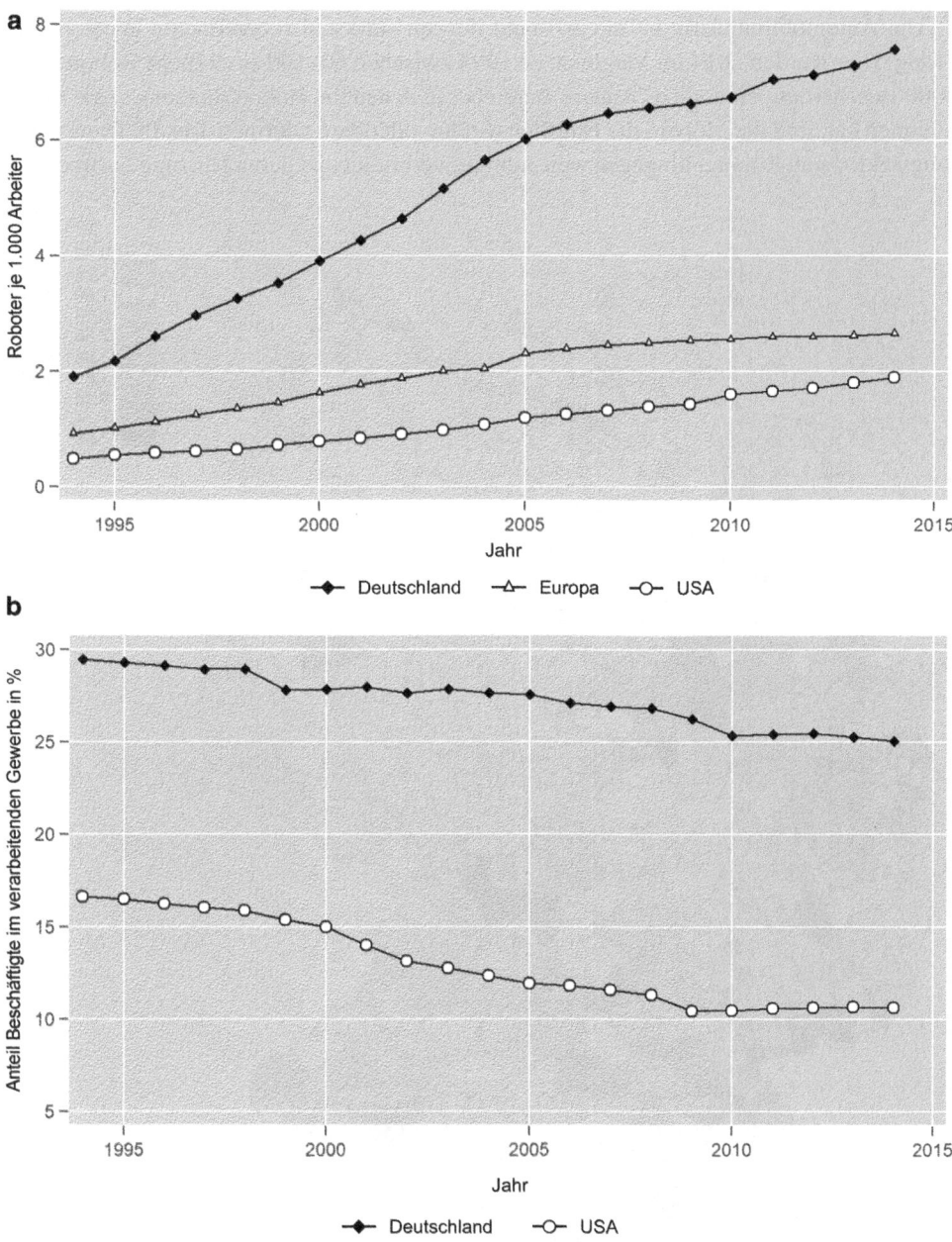

Abb. 1 Roboterinstallation und Beschäftigungsanteil im verarbeitenden Gewerbe, 1994–2010. (Dauth et al. 2017)

Die Automobilindustrie ist mit Abstand der am stärksten roboterisierte Wirtschafts-
zweig. Hier wurden 2014 im Vergleich zu 1994 zwischen 60–100 zusätzliche Roboter pro
1000 Beschäftigte eingesetzt. Andere Bereiche, in denen die Roboternutzung stark zugenommen hat, sind die Möbel-, die Haushaltsgeräte- oder die Lederindustrie. Im Dienstleistungssektor sind Roboter hingegen weit weniger verbreitet und deren Nutzung hat über die

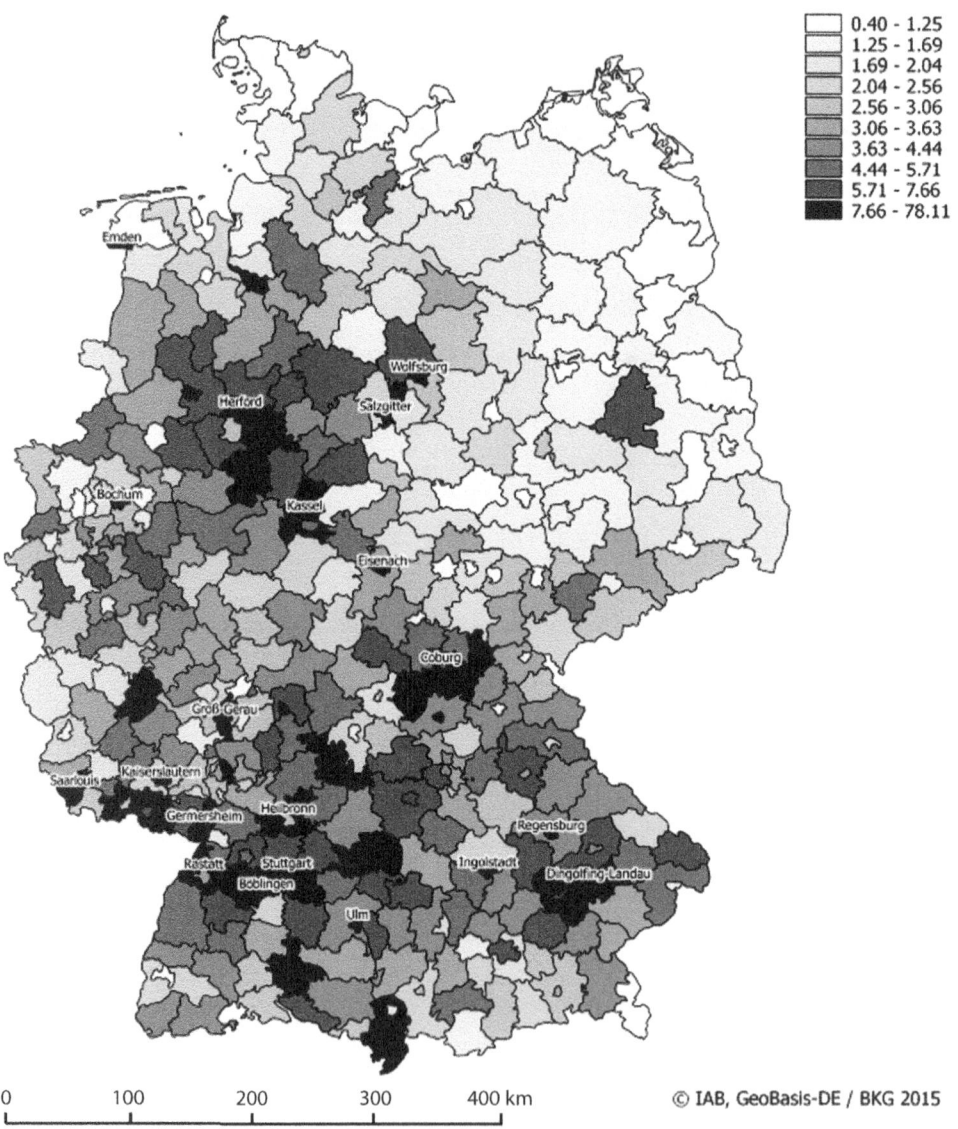

Abb. 2 Die Verbreitung von Robotern in lokalen Arbeitsmärkten in Deutschland, 1994–2014.
(Dauth et al. 2017)

Zeit kaum zugenommen. Andere Formen der Digitalisierung, etwa der Einsatz genereller Informations- und Kommunikationstechnologie haben hingegen in den Dienstleistungen großen Einzug erhalten, werden in diesem Beitrag aber nicht weiter betrachtet.

Basierend auf unseren branchenbezogenen Daten konstruieren wir zunächst ein Maß der lokalen Roboternutzung, das den regionalen Industriemix der Landkreise in Deutschland widerspiegelt. Die Karte in Abb. 2 zeigt, dass es in Ostdeutschland vergleichsweise wenig Roboter gibt. Dies ist ein Spiegelbild des insgesamt geringeren ostdeutschen Industrieanteils. Innerhalb Westdeutschlands reichen die Werte von nahe null bis zu 78,1 zusätzlichen Robotern pro 1000 Arbeitern in den Autostandorten Wolfsburg und Dingolfing-Landau. Insgesamt verzeichnen die lokalen Arbeitsmärkte in Deutschland eine enorme Streuung ihrer sektoralen Spezialisierungsmuster und damit ihrer Anfälligkeit gegenüber der zunehmenden Roboterisierung.

3   Arbeitsmarkteffekte von Robotern

In einem ersten Schritt untersuchen wir den Gesamteffekt von Robotern auf das lokale Beschäftigungswachstum. Im Gegensatz zu einer vergleichbaren Studie für die USA (Acemoglu und Restrepo 2016b) finden wir bei uns keine negativen Effekte. Im Gegenteil – die einfache Korrelation zwischen Roboterausbreitung und Beschäftigungswachstum ist in Deutschland sogar positiv, was jedoch stark auf die Besonderheiten der Automobilindustrie zurückzuführen ist. Sobald wir Industriestrukturen und demografische Variablen in der Analyse berücksichtigen, ist der Einfluss von Robotern auf Beschäftigung praktisch gleich null. Es gibt also bislang keine empirische Evidenz für die These, dass Roboter in Deutschland die Gesamtzahl der Arbeitsplätze reduziert haben.

Stark negative Effekte zeigen sich indes auf die Beschäftigung im verarbeitenden Gewerbe. Unsere Berechnungen ergeben, dass ein zusätzlicher Roboter durchschnittlich gut zwei Jobs in der Industrie substituiert. Im Zeitraum von 1994 bis 2014 wurden etwa 131.000 Roboter in Deutschland installiert. Statistisch gesehen führte dies also zu einem Rückgang von rund 275.000 Vollzeitjobs in der Industrie. Dies entspricht etwa 23 % des in Abb. 1 dargestellten Rückgangs des Industrieanteils in der Gesamtbeschäftigung. Diese beträchtlichen Verluste wurden jedoch durch Arbeitsplatzgewinne außerhalb des verarbeitenden Gewerbes, also im Dienstleistungssektor, vollständig ausgeglichen. Mit anderen Worten: Roboter haben die Struktur der Beschäftigung in Deutschland stark verändert. Aber die Gesamtzahl von Arbeitsplätzen wurde durch Roboter bislang nicht beeinflusst.

4   Der Effekt von Robotern auf einzelne Arbeiter

Diese aggregierten empirischen Befunde werfen die Frage auf, durch welche Kanäle sich der Einsatz von Robotern auf einzelne Arbeiter ausgewirkt hat. Um diese bisher unerforschte Fragestellung zu analysieren, verwenden wir detaillierte Daten des Instituts für

Arbeitsmarkt- und Berufsforschung (IAB), die es uns erlauben, individuelle Erwerbs-
biografien genau zu rekonstruieren. Unser Datensatz umfasst die Profile von etwa einer
Million Beschäftigten im verarbeitenden Gewerbe, die je nach Branchenzugehörigkeit
unterschiedlich von einer Roboterisierung betroffen waren. Diese Analyse ist bislang die
erste, die sich umfassend mit der Frage beschäftigt, wie einzelne Beschäftigte vom Aufstieg der Roboter beeinflusst wurden und auf diese Entwicklung reagiert haben.

Unsere Studie führt zu einem überraschenden Ergebnis: Roboter gefährden existierende Industriearbeitsplätze überhaupt nicht! Im Gegenteil weisen Arbeitnehmer aus robo-
terintensiveren Wirtschaftszweigen eine höhere Wahrscheinlichkeit auf, ihren ursprünglichen Arbeitsplatz behalten zu können. Zwar verändern sich manchmal die Tätigkeiten,
die die Menschen fortan bei ihrem Arbeitgeber verrichten. Aber Roboter führen auch in
der Industrie keineswegs zu Entlassungen. Ganz im Gegenteil: Existierende Arbeitsplätze
wurden im Zeitraum 1994–2014 durch Roboter sicherer gemacht.

Der negative Gleichgewichtseffekt von Robotern auf die aggregierte Beschäftigung
im verarbeitenden Gewerbe kommt vielmehr dadurch zustande, dass geringere Arbeits-
markteintritte von jungen Berufsanfängern in stärker roboterisierten Wirtschaftszweigen
zu verzeichnen sind. Anders ausgedrückt zerstören Roboter keine bestehenden Jobs in der
Industrie, sondern veranlassen Unternehmen dazu, weniger neue Arbeitsplätze für junge
Menschen zu schaffen.

5   Der Einfluss von Robotern auf Löhne

Die Lohn- und Einkommenseffekte von Robotern unterscheiden sich auf der individuellen
Ebene sehr stark nach dem Berufs- und Qualifikationsprofil der einzelnen Beschäftigten.
Die wesentlichen Ergebnisse sind in Abb. 3 dargestellt.

Der steigende Robotereinsatz führt zu beträchtlichen Einkommensgewinnen bei hoch-
qualifizierten Beschäftigten mit Universitätsabschluss, v. a. in Forschungs- und Manage-
mentpositionen. Sie verfügen über komplementäre Fähigkeiten und führen Aufgaben aus,
die nicht so einfach durch Roboter substituierbar sind. Bei Geringqualifizierten stellen wir
keine statistisch messbaren Lohneffekte fest. Aber bei Arbeitnehmern mit mittlerem Qualifikationsprofil lassen sich deutlich negative Auswirkungen von Robotern auf Löhne und
Erwerbseinkommen diagnostizieren.

Eine abgeschlossene Berufsausbildung ist das typische Beschäftigungsprofil in der
deutschen Industrie. Diese Gruppe mit mittlerer Qualifikation macht nahezu 75 % aller
Individuen in unserem Datensatz aus. Sie sind stark überrepräsentiert in Berufen in der
Produktion mit einem hohen Grad an manuellen Routinetätigkeiten. Diese Facharbeiter
verrichten also zumeist jene Tätigkeiten, die auch gut von Robotern übernommen werden können. Diese Gruppe ist somit auch am stärksten von der Automatisierung bedroht.
Interessanterweise finden wir aber selbst für diese Facharbeiter mit abgeschlossener Be-
rufsausbildung keine negativen Beschäftigungseffekte. Roboter haben auch hier nicht zu
Entlassungen geführt, aber die Betroffenen mussten Lohneinbußen hinnehmen.

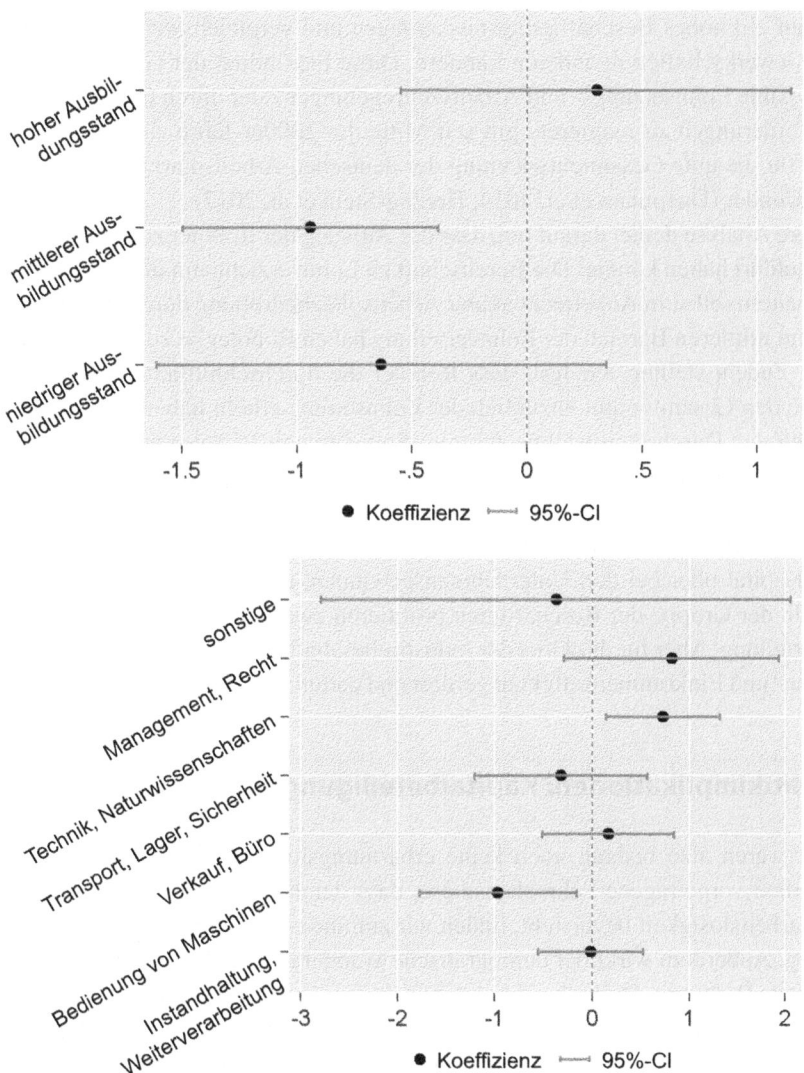

Abb. 3 Der Effekt von Robotern auf Arbeitseinkommen. (Dauth et al. 2017)

Ein durch Roboter hervorgerufener Rückgang der Arbeitsnachfrage scheint also vornehmlich zu einem Lohnrückgang und zu Änderungen im Aufgabenprofil der Beschäftigten geführt zu haben. Aber ein direkter Arbeitsplatzverlust konnte abgewendet werden. Eine derartige Anpassungsreaktion ist durchaus typisch für den deutschen Arbeitsmarkt. Das verarbeitende Gewerbe ist noch immer hochgradig gewerkschaftlich organisiert und Industrielöhne werden durch die starke Beteiligung von Betriebsräten determiniert. Schon häufig wurde das Argument angeführt, dass die deutschen Gewerkschaften einen starken

Fokus auf ein hohes Beschäftigungsniveau legen und vergleichsweise kooperativer sind als die Gewerkschaften in anderen Ländern. Diese Flexibilität der Gewerkschaften, etwa durch flexible Lohnsetzungs- und Arbeitszeitregelungen oder durch Öffnungsklauseln auf Herausforderungen zu reagieren, gilt seit Mitte der 2000er-Jahre als einer der zentralen Gründe für die gute Gesamtentwicklung des deutschen Arbeitsmarkts, das sog. Beschäftigungswunder (Dustmann et al. 2014; Herzog-Stein et al. 2017).

Unsere Analyse deutet darauf hin, dass der Aufstieg der Roboter zu einer ähnlichen Reaktion geführt haben könnte: Die Bereitschaft zu Lohnverzicht, um die Beschäftigung von Facharbeitern selbst in Anbetracht akuter Arbeitsplatzbedrohung durch Roboter zu stabilisieren. Im mittleren Bereich der Lohnverteilung haben Roboter so zu spürbaren Einbußen geführt. Zudem stellten wir fest, dass Roboter die durchschnittliche Arbeitsproduktivität sowie den Gesamtoutput abzüglich der Lohnsumme erhöht haben, aber nicht zu einer Erhöhung der Durchschnittslöhne führten. Somit tragen Roboter auch zum tendenziellen Rückgang des Lohnanteils am Gesamteinkommen bei, der in vielen industrialisierten Ländern in den letzten Jahren zu verzeichnen war (Autor et al. 2017; Kehring und Vincent 2017). Die vornehmlichen Erträge aus dieser neuen Technologie fallen also beim Faktor Kapital oder bei den Unternehmensgewinnen, aber nicht beim Faktor Arbeit an. Innerhalb der Gruppe der Beschäftigten profitieren zwar einige am oberen Rand von der Lohnverteilung. Aber für das Gros der Industriebeschäftigten haben die Roboter zu negativen Lohn- und Einkommenseffekten geführt und dadurch die Lohnungleichheit gesteigert.

6   Politikimplikationen: Kapitalbeteiligungen als Ausweg?

Roboter waren also bislang noch keine erbarmungslosen Jobkiller. Für die oftmals in den Medien vorgetragene Schreckensthese, dass demnächst eine dramatische Welle der Massenarbeitslosigkeit bevorsteht, finden wir zumindest bislang keinerlei empirische Bestätigung. Außerdem wirkt der demografische Wandel in Deutschland genau in die entgegengesetzte Richtung. Deshalb sind in der Diskussion auch genau gegenteilige Prophezeiungen von akutem Arbeits- und Fachkräftemangel zu vernehmen, die geradezu konträr zu der Behauptung sind, schon bald werde fast niemand mehr eine Arbeit haben.

Der Aufstieg der Roboter sollte uns nicht in Panik versetzen. Aber unsere Forschung zeigt trotzdem, dass die Roboter auch nicht ganz harmlos sind, denn sie haben ja zum Anstieg der Einkommens- und Lohnungleichheit in Deutschland beigetragen. Vor allem Beschäftigte in der Mitte des Lohnspektrums waren getroffen. Bislang waren diese Verteilungseffekte quantitativ noch moderat. Aber sie können in Zukunft natürlich stärker werden. Wie kann und wie soll die Gesellschaft darauf reagieren?

Ein möglicher Weg besteht im Instrument der Mitarbeiterbeteiligung, das in diesem Buch aus unterschiedlichster Perspektive beleuchtet und vertieft wird. Roboter steigern die Produktivität und die Gewinne der Betriebe. Dieser Befund wird durch unsere empirischen Ergebnisse deutlich nahegelegt. Eine Beteiligung an diesen gestiegenen Gewinnen kann also die Verluste ausgleichen oder sogar überkompensieren, die im Bereich der Lohneinkommen für etliche Beschäftigte entstehen. Bei den Modellen der Mitarbeiterbeteiligung ist allerdings darauf zu achten, dass ein hohes Maß der Risikostreuung erfolgt.

Werden Beschäftigte lediglich zu Miteigentümern der im eigenen Betrieb installierten Roboter gemacht, dann verdienen sie in guten Zeiten sicherlich ordentlich daran. Aber geht es dem Betrieb einmal schlecht, dann stehen im Extremfall nicht nur der eigene Arbeitsplatz, sondern zusätzlich die persönlichen Ersparnisse im Feuer. Eine derartige Klumpung von Risiken sollte tunlichst vermieden werden. Abhilfe könnte man über einen breit gestreuten Kapitalbeteiligungsfonds schaffen, der Mitarbeiter zu Miteigentümern eines breit gestreuten Roboterportfolios macht. Eine weitere Alternative bestünde darin, die Beschäftigten zwar an den periodischen Unternehmensgewinnen, aber nicht am Kapitalstock (also den Robotern) partizipieren zu lassen. So binden sie kein Kapital im eigenen Betrieb und die Entscheidung über eine Ersparnisbildung verbleibt bei den Beschäftigten. Viele weitere wichtige Überlegungen finden sich in den anderen Kapiteln dieses Buchs.

Die grundsätzliche Frage ist, wie man dem Verteilungsproblem begegnet, das durch Digitalisierung, Automatisierung und Roboterisierung entsteht. Soll man bereits bei den Primäreinkommen ansetzen und versuchen, über unterschiedliche Beteiligungsmodelle ein allzu starkes Auseinanderdriften zu verhindern? Oder sollte die wesentliche Umverteilung ex post durch den Staat erfolgen, im Extremfall durch Bereitstellung eines staatlichen Bürgergelds? Dieser Beitrag kann diese wichtigen Zukunftsfragen nicht weiter vertiefen; der Schwerpunkt lag stattdessen auf der Diagnose: Was ist bislang durch den Aufstieg der Roboter auf dem deutschen Arbeitsmarkt passiert?

Literatur

Acemoglu D, Restrepo P (2016a) The race between machine and man: implications of technology for growth, factor shares and employment. NBER Working Paper No. 22252

Acemoglu D, Restrepo P (2016b) Robots and jobs: evidence from US labor markets. NBER working paper no. 23285

Autor DH, Dorn D, Katz LF, Patterson C, Van Reenen J (2017) The fall of the labor share and the rise of superstar firms. NBER working paper no. 23396

Broy M, Precht RD (2017) Daten essen Seele auf. Die Zeit 2017(5):8

Dauth W, Findeisen S, Suedekum J, Woessner N (2017) German robots – the impact of industrial robots on workers. London. CEPR discussion papers 12306.

Dustmann C, Fitzenberger B, Schoenberg U, Spitz-Oener A (2014) From sick man of europe to economic superstar: Germany's resurgent economy. J Econ Perspect 28(1):167–188

Ford M (2015) The rise of the robots. Basic Books, New York

Frey CB, Osborne MA (2017) The future of employment: how susceptible are jobs to computerisation? Technol Forecast Soc Change 114:254–280

Graetz G, Michaels G (2017) Robots at work. CEP discussion paper 1335 (Revised version (June 22, 2017))

Herzog-Stein A, Lindner F, Sturn S (2017) The German employment miracle in the great recession: the significance and institutional foundation of temporary working-time reductions. Oxford economic papers (im Erscheinen)

Kehrig M, Vincent N (2017) Growing productivity without growing wages: the micro-level anatomy of the aggregate labor share decline. CESifo working paper series no. 6454

Prof. Dr. Jens Südekum (geb. 1975 in Goslar) ist Universitäts-professor für Internationale Volkswirtschaftslehre am Düsseldorfer Institut für Wettbewerbsökonomie (DICE) an der Heinrich-Heine-Universität. Er ist ein international ausgewiesener Experte zu Fragen des globalen Handels, der Arbeitsmarkt- und der Regional-ökonomik. Das Handelsblatt zählte ihn 2017 zu den 100 publika-tionsstärksten deutschsprachigen Ökonomen weltweit und die FAZ wählte ihn im 2017er-Ranking zu einem der 100 einflussreichsten deutschen Ökonomen. Er veröffentlicht regelmäßig Kommentare zu aktuellen wirtschaftspolitischen Fragestellungen und seine Arbeit wurde u. a. in der New York Times, der Washington Post, der Financial Times, im Economist, der Frankfurter Allgemeinen Zeitung, der ZEIT, der BILD usw. rezipiert. Er war als Berater für diverse nationale und internationale Institutionen und Parteien tätig, z. B. für die Welthandelsorganisation (WTO), die Bundesregierung, die nordrhein-westfälische Landesregierung und die Deutsche Bundesbank.

Employee and Citizen Ownership of Business Capital in the Age of AI Robots

Richard B. Freeman

1 Challenge of AI Robots

Warnings that advanced robots, artificial intelligence software, and automation threaten employment fill the media: "Robots will destroy our jobs – and we're not ready for it"; "Robots Threaten Bigger Slice of Jobs in US, Other Rich Nations"; "Automation could impact 375 million jobs by 2030"; "Will Robots take our Children's Jobs?"[1] Google any occupation and you will find reports about robots outperforming humans in: radiology, bar tending, law, welding, serving fast food, surgery, delivery services, manipulating money on Wall Street, consulting, writing novels, etc. etc.

The economic principle of comparative advantage suggests that the impact of AI robot technologies will be on the work tasks that people do and the income they earn from that work, rather than in joblessness per se. Comparative advantage holds that even if robots outdo humans in every job, firms will hire human workers. They will hire humans to do jobs or parts of jobs that humans do at lower cost than machines while hiring machines to do the work at which humans are more expensive.

The key question in the "fourth industrial revolution" is thus whether AI robotics technology will shift comparative advantage from humans to machines in the high-paying cognitive activities that have been the hallmark of human advancement. Are you going to work for the robot or is the robot going to work for you?

Past automation technologies gave comparative advantage to machines in physically difficult or dangerous work or provided workers with tools that enhanced human ability to

---

[1] Guardian, Jan 11, 2017; Wired, Nov 28, 2017 Morningstar Dec 4, 2017; New York Times, Dec 11, 2017.

R. B. Freeman (✉)
National Bureau of Economic Research
Cambridge MA, USA
E-Mail: freeman@nber.org

© Springer-Verlag GmbH Deutschland, ein Teil von Springer Nature 2018
H. Beyer und H.-J. Naumer (Hrsg.), *CSR und Mitarbeiterbeteiligung*,
Management-Reihe Corporate Social Responsibility,
https://doi.org/10.1007/978-3-662-57600-7_10

do that work. Because the machines/tools were specialized and could not think, humans had comparative advantage in tasks that required cognition and flexibility switching from activity to activity or from issue to issue. When technology displaced workers from agriculture to industry and from industry to service sector jobs, workers gained better jobs with higher pay than before automation struck their workplaces.

As best we can tell from limited data, robotics and software automation at the outset of the 21st century extended machine comparative advantage from physical labor to routine human work. As the number of industrial robots nearly tripled from 2006 to 2016[2], firms deployed most machines to undertake routine blue collar factory work previously done by humans. In offices, firms used advanced software to digitalize routine white collar work. The modest growth of productivity that accompanied these changes suggested to some that robotization was following long-standing patterns of automation as opposed to being the disruptive technology of media headlines (Mishel and Bivens 2017 for the traditionalist view). Notwithstanding Deep Blue's 1997 victory over world chess champion Garry Kasparov and Watson's 2011 victory over human Jeopardy champions, the notion that AI could shift comparative advantage to machines in cognitive work seemed far-fetched. Deep Blue and Watson triumphed by the computational power they brought to chess and jeopardy, not on their learning ability, creativity, or intuition from past experiences that people bring to messy real-world jobs and workplace problems.

This view underestimated the speed at which machine learning, based in part on neural nets and in part on reinforced learning algorithms, was progressing. In 2016, Google's Alpha Go algorithm shocked the world by defeating Korean Go master Lee Sedol in a game whose potential moves far exceeds that of chess. In the same year, Carnegie Mellon's Libratus algorithm and the University of Alberta's Deep Stack algorithm triumphed over professional poker players, in a game with incomplete information where decisions depend on intuition and human interactions.[3] The successful programs won by developing something akin to intuition about what moves worked best in different situations from a vast catalog of example moves by humans and playing against themselves in tens of thousands of games, accruing more experience than humans could in our lives.

To be sure, the algorithms could only beat humans in their designated task, Alpha Go at Go, Libratus at tournament poker, Deep Stack in heads up no limit Texas poker. None could drive a car, vacuum a floor, write a legal document, nor undertake any of thousands of other work activities to which humans apply *general intelligence* and the flexibility of biological bodies. In cognition, our 100-billion-neuron brains maintain comparative advantage in the broad range of tasks that constitute much of work and living, though a computer with the ability to decide quickly which program from a portfolio of specia-

---

[2] International Federation of Robotics data shows 328,000 robots introduced in 2016 compared to 112,000 in 2006.
[3] AlphaGo first beat a human Go professional in 2015, defeated Sedol in 2016 and went on to beat the world Go champion in 2017 (see Wikipedia 2018a; Solon 2017; Moravčík 2017).

lized programs fits a particular task might beat a human even over the broad range of tasks.

Then, on December 5, 2017, the Google Go team reported a major advance in machine learning toward general intelligence. With no *knowledge of how humans played*, its new AlphaZero algorithm *learned by itself* to master several games in nearly real time: "Starting from random play, and given no domain knowledge except the game rules, AlphaZero achieved within 24 h a superhuman level of play" beating algorithms that had defeated the best humans in Go, chess, and Shogi (Dockrill 2017).[4] If AlphaZero needed just 24 h to learn from scratch to dominate strategic games, imagine what its Nth prototype will be able to do 20 years from now when today's children enter the job market.

Who you gonna hire in 2040 – new college/high school graduate John or Martha or AlphaN, who will almost surely be connected to some Cloud computing site?[5] In a world of digital work, comparative advantage in cognitive tasks seems destined to belong to the machines.

The competence of robots in the real (off-line, non-virtual reality) world where we live is also improving rapidly, though not at the pace of AI. Robot welders have replaced humans in high-skilled welding work in automobile factories, leaving to workers menial tasks such as dabbing paint on parts or assembling sections of the vehicle. Firms around the world are developing driverless cars that combine advanced sensors, computer processing, and mechanical control to replace us in driving. Robotics researchers are seeking ways to give robot hands the flexibility of human hands and to mimic other advantages associated with biological creatures (Yu 2016).

How long will it take for machines to have the cognitive power and real-world skills to dominate us in work tasks broadly?

In 2015, researchers asked AI experts at two major computer science conferences: "How many years will it take for machines to do our jobs better than us?" The median response was that robots will beat humans in virtually every job in about 45 years (Grace et al. 2017). Focused on technical efficiency, the survey did not ask about the cost to build the specialized machines, which determines their competitiveness in the job market. But if the *three laws of robo-economics* (Freeman 2017) hold, it is just a matter of time before technical dominance becomes cost effectiveness, and the machines will do much of the work and gain the earnings from that work for their owners.

The three laws are:

Law 1. ***Robots become better substitutes for humans in work activities over time.***

The combination of artificial intelligence based on improved machine learning algorithms, greater computer power, and sensors/mechanics to interface with the "real" (off-line)

---

[4] The article quotes one human expert declaring, "This algorithm could run cities, continents, universes."

[5] If Elon Musk's Neuralink company succeeds in developing brain implants that link our brains to computers, the choice will include some cyborg mixture as well (Wikipedia 2018b).

world, make it easier to substitute machine for human labor. In economics lingo, technology increases the elasticity of substitution between AI robots and humans.[6]

Law 2. *Technology will reduce the cost of robot substitutes for humans, driving wages down.*

Costs of substitution will fall as the effectiveness of robots improves relative to their price, either by price falls for robots with specified skills or through improved skills for robots at a fixed or modestly increasing price. Since firms will always choose the least expensive way to produce goods and services, the falling cost of robot substitutes will drive wages down.

Taken together, laws 1 and 2 predict a Malthusian future for humans due not to Malthus' prediction that humans would produce an endless supply of babies at the subsistence wage, but because humans will produce an endless supply of robot substitutes for humans. When capital substitutes (near) perfectly for labor, increases in capital reduce wages and shift income to the owners of capital.

Law 3. *The effect of AI robot technologies on income depends on who owns the technologies.*

In a world where machines do much of the work and receive much of the earnings, the economic winners are the owners of the machines while the losers are workers who compete with the machines. If you own the robot that does your job/the jobs of others, you benefit from the new technology. But if I own the robot that does your job, tough luck suckah!

Who owns the robots rules the world!

2   Employee and Citizen Ownership to the Rescue

There are two ways to distribute income so that the vast majority of humans benefit from the "intolerable abundance" that AI robot technologies can bring to us. The first is to spread ownership of capital more broadly than it is today by expanding employee ownership of the firms where people work and ownership of business capital in the rest of the economy. Ownership guarantees that a share of the improved productivity from ever-smarter machines goes to people as owners of the capital rather than as workers competing with the machines. The second is to undertake a tax/spending policy that taxes the owners of capital per Bill Gates' proposed robot tax or Thomas Piketty's global capital tax and

---

[6] In a production function F where labor (L) and robots (R) produce output, the elasticity of substitution is $d\ln(L/R)/d\ln F_L/F_R$, where ln is the natural log and Fi is the marginal product. Profit-maximizer will hire workers so that $F_L/F_R = W/CR$, where W is wage unit of time and CR is the cost of the robot per unit of time.

use the moneys to deliver goods and services to citizens, as in the Universal Basic Income that has attracted some attention. Following the "who owns the robots rules the world" apothegm, I focus on the ownership solution.

The starting place to increase workers' ownership of capital is at their workplace, and the natural way to do this is to increase incentives for firms to introduce new or expand existing compensation systems that link worker pay or wealth to the performance of the firm or work group[7]; and to give incentives to workers to participate in such programs. A great virtue of employee ownership is that it bridges the capital/labor divide by incentivizing worker-owners to raise firm performance, which can benefit nonemployee owners as well as workers. Comparisons between workers and firms with varying forms of employee ownership and those without ownership finds that on average both workers and firms benefit from ownership, effectively dividing the productivity boost between them.

On the workers side, workers covered by an employee ownership scheme have higher incomes, participate more in workplace decisions, have greater trust/loyalty to their firm, are more likely to stay with an employer with an ownership plan than otherwise comparable workers without such plans; and are more likely to monitor coworkers to keep their productivity high. In the US, a disproportionate proportion of firms on Fortune's annual list of Great Places to Work in America, are employee owned, with ESOPs (Employee Stock Ownership Plan), majority employee ownership, or broad-based options. Workers in employee-owned firms also benefit from greater job security over the business cycle (Kruse et al. 2010).[8]

On the firm side, ownership/profit-sharing boosts productivity, reduces the chance of bankruptcy, and produces higher returns on assets than otherwise comparable non-employee-owned competitors. Using confidential British Census files, Oxera (2007) found that ownership increased value added/worker by ~2.5% in the UK. Blasi et al. (2016) reported that return on equity was higher in US firms with greater employee ownership among firms that entered the best place to work competition. O'Boyle's et al. (2016) meta-analysis of econometric studies reported "a small, but positive and statistically significant relation (of ownership) to firm performance (r = 0.04)" of similar magnitude among firms that shifted from nonemployee ownership to employee ownership as in cross-section studies of firms with/without employee ownership. This study found further that "the effect of employee ownership on performance has increased … over time" and was stronger outside the USA (Oxera 2007; Blasi et al. 2016).

---

[7] These practices range from 100% employee ownership via a trust fund, exemplified by the UK's John Lewis; modest employee shares of equity paid by firm profits as per most US Employee Stock Ownership Plans; ownership in start-ups, funded by workers receiving below market pay; partnerships; employee stock purchase plans; broad-based stock options; and profit-sharing and gain-sharing, which give ownership of part of earnings or cost-reductions but not of capital per se.

[8] Chap. 8 summarizes these studies; Chap. 2 analyzes workers monitoring coworkers. For best places to work, see Blasi et al. (2016), Kurtulus and Kruse (2017) examines ownership and employment fluctuations.

That firms that chose ownership or profit-sharing in the past gained from this choice does not guarantee that incentivizing other firms to follow suit will generate similar gains. To the extent that firms choose their form rationally, the productivity benefits of ownership are likely to be larger for early adopters of ownership than for late-comers who adopted the forms in response to greater incentives. Measured gains are also likely to fall as the share of firms with ownership grows as employee-owned firms will have more employee-owned competitors and fewer presumptively less productive non-employee-owned competitors.

Finally, there are clear limits to the extent to which employee ownership can ameliorate or reverse any inequality-increasing tendency of the new technologies. The risk of "holding all one's eggs in one basket" will limit the extent to which workers in firms with employee ownership will invest in their employer.[9] The varying performance of firms will give workers in some employee-owned firms higher incomes from their ownership stake than those in other firms. Workers in the public sector, in nonprofit firms, or in profit-seeking firms that reject employee ownership forms of compensation, cannot by definition supplement their wage and salary income with a stake in their employer. Finally, self-employed worker-owners almost certainly face greater risks from changing AI robot technology than workers with a collective ownership stake in a larger entity.

These limits on the extent of employee ownership suggests that to protect their economic well-being from the competition of AI robots, workers will need a substantial stake in business capital outside their firm as well as in their employer. In his 1976 analyses of "pension fund socialism," Peter Drucker estimated that US workers in business firms owned about 25 % of equity capital and that workers in the public sector or in nonprofit enterprises or self-employed owned another 10 %. Defining socialism as "ownership of the means of production by the workers," Drucker pronounced the US as the most "socialist" country in the world and predicted that by 1985 workers would own at least 50 % of business capital.

In fact, the retirement accounts and plans proportion of US equity have stabilized at just a bit above his estimated mid-1970s rate, as IRAs ("Individual Retirement Accounts") grew at the expense of defined-benefit plans (Rosenthal and Austin 2016). Moreover, since retirement accounts are largely accessible to workers only when they retire, pension funds do not provide the income security during the working years that may be needed in the age of AI robots. There is a great need for research to expand beyond employee ownership in their own firm and in pension funds, to consider ways for workers to increase their share of equity that provides income during the working years, which seems necessary for distributing broadly the benefits of the coming AI robotic dominance of the world of work.

---

[9] US ESOPs often have retirement plans that invest outside the firm in addition to their ESOP trust; many firms with a long-term ownership plan also offer workers cash profit-sharing in the short run. Employees with stock options or stock grants often cash them out quickly after they have met the usual required holding period. On the order of half of workers offered employee stock purchase plans forego the opportunity to buy shares in their firm.

3   Conclusion

If you accept the claim that the expansion of AI/robot technology will shift comparative advantage in high-value-added cognitive activities to machines, and that ownership of capital is the best way to avoid the dystopia of an economy dominated by a small minority of owners of the AI robots, the road ahead is clear. Employers, employees, labor organizations, and governments should implement policies to increase an employee's ownership in their firm and to make more citizens owners of capital in the broader economy. Widening the who in "who owns the robots rules the world" and the forms of ownership beyond one's own firm is necessary to assure that the vast majority benefit from a technological future in which AI robots do more of the work and earn more of the income from work.

References

Blasi JR, Richard BF, Kruse DL (2016) Do broad-based employee ownership, profit sharing and stock options help the best firms do even better? Br J Ind Relations 1:55–82

Dockrill P (2017) In Just 4 hours, Google's AI mastered all the chess knowledge in history. Science Alert. https://www.sciencealert.com/it-took-4-hours-google-s-ai-world-s-best-chess-player-deepmind-alphazero. Accessed 4 June 2018

Freeman RB (2017) Work and income in the age of AI robots. Hong Kong University of Science & Technology/Ernst-Young Seminar, 16.05.

Grace K, Salvatier J, Dafoe A, Zhang B, Evans O (2017) When will AI exceed human performance? Evidence from AI experts, available at: arXiv:1705.08807 [cs.AI]

Kruse DL, Richard BF, Blasi JR (2010) Shared capitalism at work. University of Chicago Press for NBER, Chicago

Kurtulus FA, Kruse DL (2017) How did employee ownership firms weather the last two recessions?: Employee ownership, employment stability, and firm survival in the United States: 1999–2011. W.E. Upjohn Institute for Employment Research, Kalamazoo https://doi.org/10.17848/9780880995276

Mishel L, Bivens J (2017) The zombie robot argument lurches on: There is no evidence that automation leads to joblessness or inequality. Economic Policy Institute May 24 (Washington, DC). https://www.epi.org/publication/the-zombie-robot-argument-lurches-on-there-is-no-evidence-that-automation-leads-to-joblessness-or-inequality/. Accessed 4 June 2018

Moravčík M, Schmid M, Burch N, Lisý V, Morrill D, Bard N, Davis T, Waugh K, Johanson M, Bowling M (2017) DeepStack: Expert-level artificial intelligence in heads-up no-limit poker. Science 356(6337):508–513 (available at: http://science.sciencemag.org/content/356/6337/508.full (accessed 4 June 2018))

O'Boyle EH, Patel PC, Gonzalez-Mulé E (2016) Employee ownership and firm performance: A meta-analysis. Hum Resour Manag J 26(4):425–448

Oxera (2007) Tax-advantaged employee share schemes: Analysis of productivity effects. HM revenue and customs, research report no. 33. http://webarchive.nationalarchives.gov.uk/20080804003221/http://www.hmrc.gov.uk//research/index.htm. Accessed 4 June 2018

Rosenthal SM, Austin LS (2016) The dwindling taxable share of U.S. corporate stock. Tax notes, May 16. Tax Policy Center, Urban Institute & Brookings Institution, 16 May. http://www.taxpolicycenter.org/publications/dwindling-taxable-share-us-corporate-stock/full. Accessed 4 June 2018

Solon O (2017) Oh the humanity! Poker computer trounces humans in big step for AI. The Guardi-
    an, January 30. https://www.theguardian.com/technology/2017/jan/30/libratus-poker-artificial-
    intelligence-professional-human-players-competition. Accessed 4 June 2018
Wikipedia (2018a) AlphaGo. Wikipedia, the free encyclopedia. https://en.wikipedia.org/w/index.
    php?title=AlphaGo&oldid=842270143. Accessed 4 June 2018
Wikipedia (2018b) Neuralink. Wikipedia, the free encyclopedia. https://en.wikipedia.org/w/index.
    php?title=Neuralink&oldid=837056992. Accessed 4 June 2018
Yu A (2016) Behold a robot hand with a soft touch. NPR all tech considered, Decem-
    ber 11. https://www.npr.org/sections/alltechconsidered/2016/12/11/504953475/behold-a-robot-
    hand-with-a-soft-touch. Accessed 4 June 2018

Prof. Dr. Richard B. Freeman holds the Herbert Ascherman
Chair in Economics at Harvard University. He is currently serving
as Faculty co-Director of the Labor and Worklife Program at the
Harvard Law School, and is Senior Research Fellow in Labor Markets at the London School of Economics' Center for Economic
Performance. He directs the National Bureau of Economic Re-
search/Science Engineering Workforce Projects, and is Co-Director
of the Harvard Center for Green Buildings and Cities.

Bedingungsloses Grundeinkommen für das zweite Maschinenzeitalter

Hans-Jörg Naumer

1 Die Motivation

In der öffentlichen Debatte gewinnt eine Idee an Momentum: das bedingungslose Grundeinkommen (BGE). Dieser Beitrag durchleuchtet das BGE anreiz- wie demokratietheoretisch und kommt zu dem Schluss, dass ein Grundeinkommen – bedingungslos – besser aus Kapitaleinkommen zu erreichen wäre. Dass dies kein Wunschtraum bleiben muss, zeigen die hier angestellten Berechnungen am Beispiel Deutschlands.

Die Motivation hinter einem BGE erscheint geradezu als bestechend: Das BGE soll eine Einkommenssicherung, die alle anderen Sozialleistungen ersetzt und damit eine Vereinfachung und Vereinheitlichung bedeuten würde, ermöglichen. Es soll „die soziale Welt ein Stück weit menschenwürdiger machen" so Werner, der wohl zu den engagiertesten Befürwortern eines BGE gehört (Werner et al. 2013). Neben den sozialethischen Ansatz tritt die sozialpolitische Motivation. Das BGE als Mittel der Armutsbekämpfung und als Antwort auf die Arbeitslosigkeit – Vorzeichen unter denen es z. B. in Italien diskutiert wird (Bloomberg Businessweek 2017).

So ist es nicht verwunderlich, dass es nicht nur in der akademischen Debatte einen breiten Widerhall findet, sondern zunehmend in der öffentlichen Diskussion (man denke nur an das – mit Nein beschiedene – Volksbegehren in der Schweiz) und darüber hinaus in der Politik Einzug hält. In Finnland und den Niederlanden werden mit begrenzter Teilnehmerzahl Experimente mit einem Grundeinkommen durchgeführt, die Regierung von Québec hat eine Expertengruppe eingesetzt, die das BGE als Mittel der Armutsbekämpfung untersuchen soll, in den USA will der Unternehmer Elon Musk Experimente mit einer kleineren Zahl an Teilnehmern durchführen (OECD 2017a), und auch in Deutsch-

H.-J. Naumer (✉)
Global Capital Markets & Thematic Research, Allianz Global Investors
Frankfurt, Deutschland
E-Mail: hans-joerg.naumer@allianzgi.com

© Springer-Verlag GmbH Deutschland, ein Teil von Springer Nature 2018
H. Beyer und H.-J. Naumer (Hrsg.), *CSR und Mitarbeiterbeteiligung*,
Management-Reihe Corporate Social Responsibility,
https://doi.org/10.1007/978-3-662-57600-7_11

land können sich einige Wirtschaftskapitäne für dieses Konzept erwärmen. Darunter ist der Vorstandsvorsitzende der Siemens-AG ebenso zu zählen (Werner et al. 2013) wie der Vorstandsvorsitzende der Deutsche Telekom AG, Timotheus Höttges. Auf dem Weltwirtschaftsgipfel 2016 konnten sich ebenfalls eine Reihe an Wirtschaftsvertretern für dieses Konzept begeistern (Straubhaar 2013).

2   Die Schwächen des Konzepts

Allerdings: Grundeinkommen, bedingungslos und für alle – die Schwächen des Konzepts sollten nicht unterschätzt werden.

Gemäß der reinen Lehre ist unter einem BGE ein Geldtransfer an alle Bürger von der Wiege bis zur Bahre zu verstehen (also auch für Kinder), unabhängig ob sie diesen benötigen oder ob sie selbst (höhere) Einkünfte erzielen.[1]

Als erstes drängt sich sicher die Frage nach der Finanzierbarkeit auf (Enste und Schneider 2016). Bei der Frage der Finanzierbarkeit müssen die entfallenden Sozialleistungen, die es ersetzten würde, gegengerechnet werden, aber die so errechnete Umverteilungswirkung kann nur eine Momentaufnahme sein. Es ist kaum zu erwarten, dass es bei einem BGE i. H. v. z. B. 1000 € pro Monat, bleibt, wie es immer wieder ins Gespräch gebracht wird. Genauso wenig ist zu erwarten, dass der Kreis der Bezieher gegenüber dem aktuellen Kreis an Beziehern nicht wächst. Wachsen in dem Sinn, dass sich mehr Menschen darauf verlassen vom BGE zu leben, statt selbst erwerbstätig zu sein/bleiben. Im Gegenteil, denn das wichtigste Merkmal ist ja gerade die Bedingungslosigkeit. Das Element des Forderns entfällt ja ersatzlos.

3   Das BGE, der Mindestlohn und das Grenzleid der Arbeit

Des Weiteren manifestiert das BGE das Mindesteinkommen für bezahlte Arbeit. Unterhalb dieses Einkommens zuzüglich eines Zuschlags für das „Grenzleid der Arbeit" werden nur die wenigsten bereit sein, eine Tätigkeit aufzunehmen und auf das BGE zu verzichten (von den Anreizen für die Schwarzarbeit abgesehen). BGE und der Mindestlohn sind damit eng verknüpft. Wird das BGE angehoben, muss auch der Mindestlohn steigen. Eine geradezu fatale Anreizstruktur, wenn es darum geht, Menschen mit schlechteren Jobchancen in den Arbeitsmarkt zu integrieren. Der Eintritt in den Arbeitsmarkt wäre aber gerade die Grundbedingung durch „training on the job" in höhere Lohnsegmente aufzusteigen. In einer Zeit, in der der Konkurrenzkampf gegen die Maschine v. a. mit Bildung gewonnen werden kann, setzt das BGE einen nicht zu überwindenden Anreiz, Weiterbildung

---

[1] Das BGE wird, aus dem Blickwinkel von Beziehern höherer Einkommen auch als negative Einkommensteuer beschrieben bzw. konzeptioniert (Straubhaar 2013). Eine Deckungsgleichheit der beiden Konzepte ist trotz Gemeinsamkeiten, allerdings nicht gegeben (Tondani 2009).

durch Arbeit zu unterlassen (Schneider 2017). Die Schwächeren am Arbeitsmarkt stehen vor dem nichtauflösbaren Dilemma, sich – egal wie sie sich entscheiden – nur irrational verhalten zu können: Irrational, wenn sie arbeiten und auf das BGE verzichten, irrational, wenn sie nicht arbeiten und auf Aufstiegschancen verzichten. Unter wirtschaftsethischer Perspektive liegt dieses Dilemma in einem falsch gesetzten Ordnungsrahmen (Homann 2014). Überspitzt lässt sich sagen: Das BGE verleitet zum Untenhalten durch sozialen Unterhalt – und dies umso mehr, je stärker sich die Spirale der Umverteilung dreht.

4 Grundeinkommen: Bedingt oder bedingungslos?

Zum anreiz- und wirtschaftsethischen Problem tritt das demokratietheoretische Problem: Wie souverän ist der Souverän (also Sie und ich), wenn er von den Staatsorganen, denen er die Macht per Stimme überträgt, alimentiert wird? Die Alimentierung der Wähler durch Staatsorgane ist in unserem Sozialstaat kein neues Phänomen, man denke nur an die Regelmäßigkeit, mit der Renten vor Wahlen angehoben werden; aber der Wählerkauf wäre durch das BGE noch umfassender zu implementieren, da der Kreis der Anspruchsberechtigten das gesamte Wählerklientel umfasst. Steigendes BGE, steigender Mindestlohn, sinkende Wettbewerbsfähigkeit bei sinkendem Ausbildungsniveau (da sinkende Arbeits- und Aufstiegsanreize) bei insgesamt steigender Umverteilung zulasten der Wählergruppen, die in der Minderheit sind oder noch nicht wählen können, da zu jung oder ungeboren, aber voll verantwortlich für die aufgehäuften Schulden – eine Spirale, die sich nach unten dreht. Die Generationengerechtigkeit bliebe auf der Strecke. Im politischen Kräftespiel geht es ja genau darum, den Medianwähler für die eigene Parlamentsmehrheit zu erreichen. Wer sich mit seiner Einkommens- und Vermögenssituation jenseits des Medianwählers bewegt, wird schnell zur Ausbeutung freigeben. Die Public-choice-Theorie lässt grüßen (Downs 1993).

Damit aber wird das bedingungslos Grundeinkommen zum bedingten Grundeinkommen: Es bedingt politisches Wohlverhalten. Nur wer eine umverteilungswillige Regierung bzw. ein umverteilungswilliges Parlament wählt, kann es erhalten. Bedingtes Grundeinkommen gegen politisches Wohlverhalten heißt die Devise. Der Souverän als Almosenempfänger der Organe, denen er politische Macht erteilt – die Demokratie wird ad absurdum geführt.

5 Bedingungsloses Grundeinkommen unbedingt!

Warum aber nicht das Verlangen nach einem Sicherheitsnetz mit entsprechenden Anreiz- und Eigentumsstrukturen versehen? Eine mit dem BGE verbundene, auf Milton Friedman zurückgehende Grundidee, die negative Einkommenssteuer, könnte dafür mit dem Kapitalaufbau in privater Hand verbunden werden.

Das Grundeinkommen könnte für Arbeitnehmer über eine negative Einkommenssteuer garantiert werden: Der lineare Einkommensteuertarif wird in den negativen Bereich fortgeschrieben. Fällt jemand unter ein bestimmtes Einkommensniveau wird die Differenz zu einem Grundeinkommen, das einem Mindesteinkommen entspricht, durch Zuzahlungen des Finanzamts aufgefüllt. Die unterschiedlichen Sozialleistungen könnten durch diese Zuschüsse ersetzt werden.

Der Vorteil: Der Arbeits- und Weiterbildungsanreiz wird nicht unterminiert, sondern gefördert. Voraussetzung: Mit jedem Euro mehr Einkommen sinken die staatlichen Zuschüsse, wobei die Rücknahme der Zuschüsse durch den Steuertarif so gestaltet sein muss, dass im Saldo mehr in der Kasse des Beschäftigten bleibt.

Parallel dazu wird der Kapitalaufbau gefördert, mit dem Ziel, dass das Arbeitseinkommen durch Kapitaleinkommen ergänzt, vielleicht sogar am Ende ersetzt wird. Das BGE würden dann aus Kapitaleinkommen in Form von Dividenden fließen – bedingungslos, auch bedingungslos von der öffentlichen Kassenlage.

Dass dies kein Wunschtraum bleiben muss, zeigen nachfolgende beispielhafte Berechnungen:

Es wird unterstellt, ein Sparplan auf deutsche Aktien, wie er vom DAX beispielhaft repräsentiert wird, wäre seit 1976 (das Jahr, in dem auch das Mitarbeiterbeteiligungsgesetz verabschiedet wurde) steuerlich gefördert worden, z. B. indem Kursgewinne und Dividenden von der Steuer befreit worden wären. Ein Beschäftigter hätte dann monatlich damals 50 DM (heute also etwa 25 €) in diesen geförderten Sparplan eingezahlt. Des Weiteren wurde unterstellt, dass alle zehn Jahre der Sparbeitrag pro Monat um 5 € erhöht wurde, um die Inflationsentwicklung annähernd auszugleichen, aber auch um den steigenden Löhnen Rechnung zu tragen. Was hätte sich daraus entwickelt?

Der Beschäftigte, der von Anfang an dabei war, alles reinvestiert hat und gegebenenfalls das entstandene Vermögen weitervererbt hat, hätte im Lauf der Jahre etwas mehr als 16.000 € eingezahlt. Stand heute, würde er über knapp 133.000 € an Kapital verfügen. Die Risikoprämien, die reinvestierten Dividenden und der Zinseszinseffekt sind die Trei-

Tab. 1 „Wohlstand für alle" ist möglich – Kapitalaufbau mithilfe Sparplan seit Einführung des Mitbestimmungsgesetzes

	Eingezahlt (€)	Endvermögen (€)	Ertrag (€)	„Vermögen" der deutschen Sozialversicherungspflichtigen (Mrd. €)	Anteil am Dax (%)
10 letzten Jahre	4920	8190	3270	224,25	17
20 letzten Jahre	9240	19.229	9989	487,59	37
30 letzten Jahre	12.960	46.668	33.708	1118,93	86
Seit 1976	**16.380**	**133.140**	**116.760**	**2820,14**	**216**

Annahmen: Start mit 25 €/Monat, Dynamisierung um 5 €/Monat alle zehn Jahre, Thesaurierung der Dividenden, Dividenden steuerfrei, Entnahme bei Renteneintritt, Arbeitslose ohne Sparbeiträge

ber hinter diesem Vermögensaufbau. Nun werden die wenigsten Arbeitnehmer 40 Jahre im Berufsleben stehen. Wird nur die Hälfte der Zeitspanne, 20 Jahre ausgewählt, wären nur knapp 20.000 € zusammengekommen (Tab. 1).

6 Bedingungsloses Grundeinkommen für alle!

Gesamtwirtschaftlich wären beim 40-Jahres-Zeitraum knapp 2,8 Bio. € über die Jahre zusammengekommen. Anders ausgedrückt: Den Deutschen könnte heute der DAX rein rechnerisch 2,2 Mal gehören (Stand Dezember 2017). Nach 20 Jahren wären knapp eine halbe Billion investives Kapital entstanden, was immer noch knapp 40 % der Marktkapitalisierung des DAX 30 entspricht (Naumer 2016a). Dabei wurden bei dieser gesamtgesellschaftlichen Betrachtung nur die tatsächlich Erwerbstätigen berücksichtigt und Renteneintritten ebenso wie Arbeitslosenquoten und Neuzugängen am Arbeitsmarkt Rechnung getragen (Naumer 2014).

Bei einer Dividendenrendite von 2,5 %, wie sie der DAX aktuell (Stand Dezember 2017) ausweist, ergäben sich auf ein angespartes Vermögen von 133.000 € eine Dividendenausschüttung von 3325 € pro Jahr – rund 275 € pro Monat. Das mag als Grundeinkommen noch zu niedrig sein, eine gute Ergänzung zum Arbeitseinkommen wäre es aber allemal und lädt dazu ein, darüber nachzudenken, wie der Kapitalaufbau zur Erzielung eines bedingungslosen, da auf Eigentum beruhenden, Grundeinkommens weiter gefördert werden kann.[2]

Denkbar wäre die Integration der Förderung von Kapitaleigentum in die bestehenden Durchführungswege der (betrieblichen) Altersversorgung, in die vermögenswirksamen Leistungen und/oder durch eine zumindest teilweise (wahlweise) Reduktion der Beiträge für die gesetzliche Rentenversicherung, damit die freiwerdenden Lohnbestandteile für das Ansparen von Kapital genutzt werden können. In einem nächsten Schritt kann dann noch überlegt werden, wie die Kapitalbeteiligung für jene gefördert wird, die nicht oder mit nur geringem Einkommen am Erwerbsleben teilhaben.

Das BGE aus Kapitaleinkommen lässt den Souverän souverän bleiben. Es ist bedingungslos – und: Es käme gerade rechtzeitig für das „2. Maschinenzeitalter" (Brynjolfsson und MacAfee 2014).

7 Kapitaleinkommen ergänzt Arbeitseinkommen

Denn: Wenn die Roboter tatsächlich mehr und mehr menschliche Arbeit ersetzen sollten, ohne dass in ausreichender Zahl neue Arbeitsplätze mit einer vergleichbaren oder höheren Einkommensstruktur geschaffen werden, würde das BGE die entfallenden Arbeitslöhne

---

[2] Für eine ähnliche Analyse, die sich auf die fünf größten Staaten der EU mit einem kürzeren Zeitraum bezieht s. Naumer 2016b.

zumindest z. T. ersetzen. Die Kernthese des von Brynjolfsson und MacAfee verfochtenen „2. Maschinenzeitalters" ist es ja gerade, dass – anders als noch beim ersten Maschinenzeitalter – bei dieser neuen Form des Maschinenzeitalters, die in Deutschland etwas beschaulich mit Industrie 4.0 bezeichnet wird – bestehende Arbeitsplätze durch Technologisierung entfallen, aber keine oder zumindest verhältnismäßig weniger neue mit höherer Produktivität für die Menschen entstehen.

Frey und Osborn werden in ihrer branchenübergreifenden Studie sehr konkret und kommen zu dem Schluss, dass in den USA 47 % der Arbeitsplätze durch Computerisierung mit einer Wahrscheinlichkeit von über 70 % entfallen könnten. Die Radikalität dieser Thesen findet ihre Begründung in der Digitalisierung, verbunden mit künstlicher Intelligenz, ist aber sicher nicht unumstritten (Frey und Osborne 2013). Zu einem deutlich besänftigenden Ergebnis kommt z. B. die im Auftrag des Bundesministeriums für Arbeit und Soziales erstellte Studie des Zentrums für Europäische Wirtschaftsforschung (ZEW). Sie untersucht Tätigkeitsprofile, nicht Berufe, und kommt zu dem Schluss, dass in den USA „9 % der Arbeitsplätze Tätigkeitsprofile mit einer hohen Automatisierungswahrscheinlichkeit" aufweisen. In Deutschland träfe dies auf 12 % der Arbeitsplätze zu (ZEW 2013; Arntz et al. 2016). Schneider (2017) allerdings lehnt die These einer technologisch bedingten Arbeitslosigkeit rundweg ab und verweist u. a. auf die Erkenntnisse der Vergangenheit, in der es immer zu einem „parallelen Wandel der Beschäftigung" gekommen sei.

Zu einer ähnlichen Bestandsaufnahme kommen auch Dauth et al. (2017) mit ihrer im Spätsommer 2017 vorgelegten Studie. Dabei ist zu beachten, dass diese Studie nur die Auswirkung der Industrieroboter auf die Arbeitsplätze über die letzten Jahre in Deutschland untersucht, aber keine Prognosen über die Zukunft anstellt. Sie ist deshalb nicht zwingend ein Widerspruch zu Analysen, die einen radikaleren Wandelt erwarten, und: Wenn es schon nicht zu quantitativen Veränderungen bei der Gesamtzahl der Arbeitsplätze kommt, so stellen Dauth et al. (2017) dennoch bemerkenswerte Verschiebungen fest, so im verarbeitenden Gewerbe einen Arbeitsplatzabbau, der zulasten v. a. jüngerer Arbeiter geht und der durch neue Arbeitsplätze im Dienstleistungssektor ausgeglichen wird. Bedeutsam ist auch ihre Schlussfolgerung, dass der mit den Robotern verbundene Anstieg der Arbeitsproduktivität nicht zu höheren Löhnen führt, was u. a. auch den Rückgang des Arbeitseinkommens am Volkseinkommen erklärt. Das verstärkt die These, dass die Robotisierung den Kapitaleignern zugutekommt.

Die sozialpolitische Aufgabe bleibt also bestehen, der technologische Wandel ebenfalls, selbst wenn dessen Auswirkungen kaum antizipiert werden können. Und zeigen sich nicht bereits Verschiebungen am Arbeitsmarkt zwischen den Einkommenssegmenten und bei der Beschäftigung? Acemoglu und Restrepo (2017) weisen für den US-amerikanischen Arbeitsmarkt einen negativen Zusammenhang von Robotisierung und Arbeitsplätzen und Entlohnung aus. Der bereits zitierte Frey erklärt die Wahl von US-Präsident Trump als Protestwahl der von der Automatisierung bedrohten Arbeitenden, indem er die Wahlergebnisse mit den Gebieten in Deckung bringt, in denen der Anteil schlecht bezahlter und schlecht ausgebildeter Arbeiter besonders hoch ist (Frey et al. 2017). Autor

(2015) weist für eine ganze Reihe an Industrieländern Verschiebungen im Gehaltsgefüge nach und führt dies ebenfalls auf den technologischen Wandel zurück. Was er zeigt ist v. a., dass das mittlere Einkommenssegment anteilsmäßig verliert, wohin gegen die unteren und oberen Einkommensklassen Zugewinne verzeichnen – nicht zwingend in der Höhe des Einkommens, wohlgemerkt, sondern anteilig an der Gehaltsklasse. Er führt dies u. a. darauf zurück, dass die mittleren Einkommen nach unten verdrängt werden, wo die Tätigkeiten aktuell noch schwer durch Roboter erledigt werden können, da sie viel mit zwischenmenschlicher Interaktion verbunden sind.

Diese Entwicklung dürfte auch die Begründung dafür liefern, dass sich die Verteilung zwischen Arbeits- und Kapitaleinkommen über die letzten Jahrzehnte zugunsten eines steigenden Anteils des Kapitaleinkommens am Volkseinkommen verschoben hat. Zu diesem Schluss kommt zumindest der Internationale Währungsfonds (Internationaler Währungsfonds 2017).

Die OECD belegt die Entwicklung eines steigenden Kapitaleinkommens für die G20 (OECD 2015). Für die Bundesrepublik Deutschland bedeutet dies: Lag der Anteil des Arbeitseinkommens am Volkseinkommen im Durchschnitt der 1970er-Jahre bei 75 %, so liegt er im Durchschnitt der zweiten Dekade dieses Jahrtausends bei etwas unter 68 % (Abb. 1 und 2; OECD 2017b; Destatis 2017).

Wenn Einkommen als die Summe von Kapital- und Arbeitseinkommen gesehen wird und das Kapitaleinkommen über die hier beschriebene Form des Grundeinkommens ge-

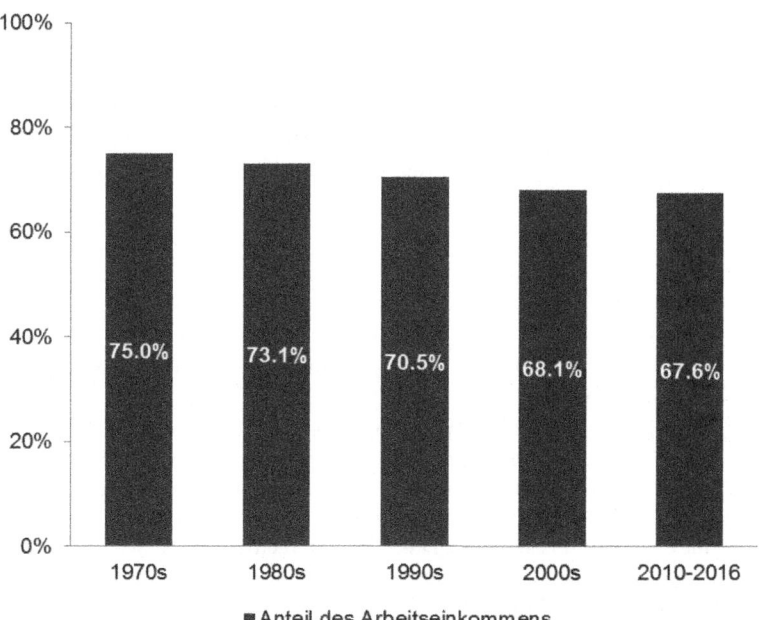

Abb. 1 Anteil des Arbeitseinkommens in Deutschland. (Eigene Darstellung nach OECD 2017b; Destatis 2017)

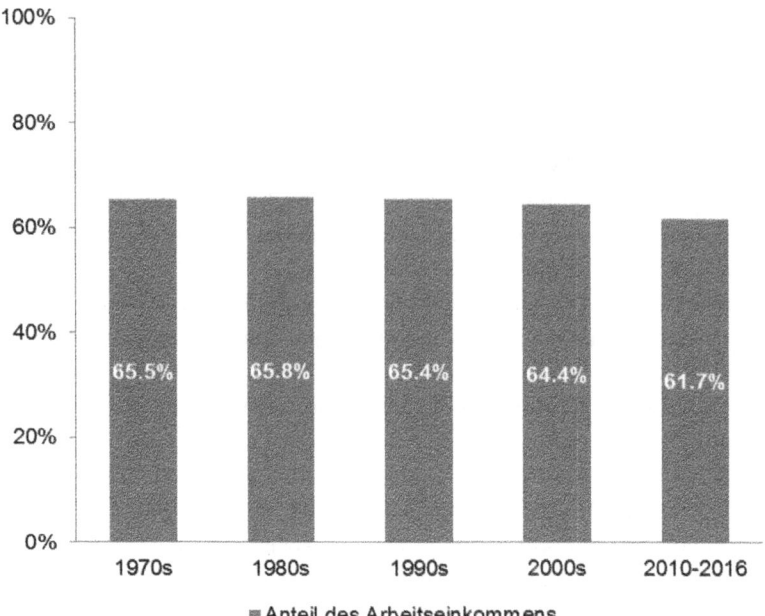

Abb. 2 Anteil des Arbeitseinkommens in den USA. (Eigene Darstellung nach OECD 2017b; Bureau of Economic Analysis 2017)

fördert würde, würde dies zusätzlich an den beiden Aspekten der Ungleichheit ansetzen: Der Ungleichheit beim Einkommen wie beim Vermögen (Milanovic 2017).

Je früher die Förderung der Kapitalbeteiligung beginnt, desto früher können die Roboter für uns arbeiten (unabhängig davon, wie stark es zu einem Beschäftigungsabbau kommt oder nicht), desto schneller werden die Grundlagen für diese Form eines bedingungslosen Grundeinkommens geschaffen.

Literatur

Acemoglu D, Restrepo P (2017) Robots and jobs: evidence from the US labor markets. NBER Working Paper Series, Working paper No. w23285

Arntz M, Gregory T, Zierahn U (2016) The risk of automation for jobs in OECD countries. http://www.ifuturo.org/sites/default/files/docs/automation.pdf. Zugegriffen: 14. Nov. 2017

Autor DH (2015) Why are there still so many jobs? The history and future of workplace automation. J Econ Perspect 29:3–30

Bloomberg Businessweek (2017) When La Dolce Vita Starts to Sour. 04. Sep. 2017, S 23–25

Bureau of Economic Analysis (2017) Bureau of economic analysis GDP and the national income and product account (NIPA). https://www.bea.gov/iTable/iTable.cfm?reqid=19&step=2# reqid=19&step=2&isuri=1&1921=survey. Zugegriffen: 14. Nov. 2017

Dauth W, Findeisen S, Sudekum J, Woessner N (2017) German robots – the impact of industrial robots on workers. CEPR discussion paper no. DP12306

Destatis (2017) Volkswirtschaftliche Gesamtrechnungen des Bundes. https://www-genesis.destatis. de/genesis/online/logon?language=de&sequenz=tabellen&selectionname=81000. Zugegriffen: 14. Nov. 2017

Downs A (1993) Ökonomische Theorie der Demokratie. Mohr Siebeck, Tübingen

Enste DH, Schneider S (2016) Bedingungsloses Grundeinkommen Vision, Fiktion oder Illusion? IW policy paper 11/2016. Institut der Deutschen Wirtschaft, Köln

Frey CB, Osborne MA (2013) The future of employment: how susceptible are jobs to computerisation? Technol Forecast Soc Change. https://doi.org/10.1016/j.techfore.2016.08.019

Frey CB, Berger T, Chen C (2017) Political machinery: automation anxiety and the 2016 U.S. Presidential election. Oxford Martin school, Juli 2017

Homann K (2014) Sollen und Können: Grenzen und Bedingungen der Individualmoral. Ibera, European University Press, Wien

Internationaler Währungsfonds (2017) World Economic Outlook; Chapter 3, Understanding the downward trend in labor income shares. http://www.astrid-online.it/static/upload/imf_/imf_weo_ch3_04_2017.pdf. Zugegriffen: 14. Nov. 2017

Brynjolfsson E, MacAfee (2014) The second machine age: work, progress, and prosperity in a time of brilliant technologies. Plassen, Kulmbach

Milanovic B (2017) Rising capital share and transmission into higher interpersonal inequality. VOXEU.org: 16. Mai 2017. https://voxeu.org/article/reducing-inequality-deconcentrating-capital. Zugegriffen: 14. Nov. 2017

Naumer H-J (2016b) Kapitalbeteiligung im 21. Jahrhundert: Antwort auf Thomas Piketty. Wirtschaftsdienst 96(3):179–184

Naumer H-J (2014) Kapitalbeteiligung im 21. Jahrhundert. Ökonomenstimme vom 16. September 2014

Naumer H-J (2016a) Wer mehr Gleichheit will, muss die Beteiligung an der Risikoprämie fördern. Ökonomenstimme vom 13. Juni 2016

OECD (2015) The labour share in G20 economies. https://www.oecd.org/g20/topics/employment-and-social-policy/The-Labour-Share-in-G20-Economies.pdf. Zugegriffen: 14. Nov. 2017

OECD (2017a) Basic income as a policy option: can it add up? http://www.oecd.org/els/soc/15_Immervoll_OECD_Basic_Income_Brief.pdf (Erstellt: 11.2017)

OECD (2017b) OECD database. http://stats.oecd.org/index.aspx?queryname=345&querytype=view. Zugegriffen: 14. Nov. 2017

Schneider H (2017) Das bedingungslose Grundeinkommen: Der löchrige Traum vom Schlaraffenland. IZA Standpunkte Nr. 88. http://ftp.iza.org/sp88.pdf. Zugegriffen: 14. Nov. 2017

Straubhaar T (2013) Das Bedingungslose Grundeinkommen – ein tragfähiges Konzept? Wirtschaftsdienst 9:583–605

Tondani D (2009) Universal basic income and negative income tax: two different ways of thinking redistribution. J Soc Econom 38:246–255

Werner G, Eichhorn W, Friedrich L (2013) Bedingungsloses Grundeinkommen, Soziale Marktwirtschaft, Finanzierungsfrage: Begriffserklärungen und Ergebnisse. Beitrag zu Zeitgespräch: Das bedingungslose Grundeinkommen, ein tragfähiges Konzept. Wirtschaftsdienst 93(9):583

ZEW (2013) Übertragung der Studie von Frey/Osborne (2013) auf Deutschland. ftp://ftp.zew.de/pub/zew-docs/gutachten/Kurzexpertise_BMAS_ZEW2015.pdf. Zugegriffen: 14. Nov. 2017

Hans-Jörg Naumer leitet seit 2000 Capital Markets and Thematic Research bei Allianz Global Investors. Kapitalanlage, Vermögensaufbau und die Analyse langfristig wirkender Trends bilden den Dreiklang seiner Analysen und Präsentationen, mit denen er sowohl institutionelle als auch private Investoren erreicht. Die Studien von Global Capital Markets and Thematic Research erscheinen in bis zu acht Sprachen und werden weltweit gelesen. Bevor er zum damaligen dit kam, arbeitete Hans-Jörg Naumer bei der Société Générale. Vor seinem Wechsel zu Allianz Global Investors hatte Hans-Jörg Naumer dort zuletzt die Funktion des Head of Research Germany inne.

Gestaltungswege für eine Gesellschaft von Teilhabern

Mitarbeiterkapitalbeteiligung in Deutschland – Ein Überblick

Heinrich Beyer

1 Eine Win-win-Situation für Unternehmen und Beschäftigte

Die Beteiligung von Mitarbeitern im und am Unternehmen hat in Deutschland eine lange Tradition. Schon 1847 beteiligte der Nationalökonom Johann Heinrich von Thünen die Arbeiter auf seinem Gut Tellow in Mecklenburg-Vorpommern an den Erträgen des Guts, um neben der Kaufkraft und der Vermögensbildung der Mitarbeiter auch deren Engagement und Identifikation zu fördern. Im Jahr 1890 führte der Berliner Unternehmer Otto Lilienthal ein Gewinnbeteiligungsmodell als Anreiz zu effektiver und qualitativ hochwertiger Arbeit sowie zur Bindung der Belegschaft an das Unternehmen ein. Und Ernst Abbe verfolgte 1896 mit der Einführung einer Mitarbeiterbeteiligung bei den Optischen Werkstätten Carl Zeiss in Jena das Ziel, die Mitarbeiter fair am gemeinsamen Erfolg des Unternehmens zu beteiligen (Gaugler 2002).

Heute praktizieren rund 4200 Unternehmen in Deutschland unterschiedliche Beteiligungsmodelle. Wie damals sind die Beweggründe und Zielsetzungen, die die Unternehmen mit der Einführung eines Beteiligungsprogramms verfolgen, durchaus vergleichbar (AGP und RKW-BW 2014):

- Wertschätzung und Verantwortung dokumentieren,
- Mitarbeiterbindung und Arbeitgeberattraktivität stärken,
- mehr Erfolg durch eine bessere Performance erzielen,
- das Eigenkapital erhöhen und
- die Unternehmensnachfolge sichern.

H. Beyer (✉)
Geschäftsführer, Bundesverband Mitarbeiterbeteiligung – AGP
Kassel, Deutschland
E-Mail: heinrich.beyer@agpev.de

© Springer-Verlag GmbH Deutschland, ein Teil von Springer Nature 2018
H. Beyer und H.-J. Naumer (Hrsg.), *CSR und Mitarbeiterbeteiligung*,
Management-Reihe Corporate Social Responsibility,
https://doi.org/10.1007/978-3-662-57600-7_12

Seit einigen Jahren ist ein weiteres wichtiges Motiv hinzugekommen: Infolge des zunehmenden Fachkräftemangels wollen sich die Unternehmen durch die Ausgabe von Aktien oder – im Mittelstand – die Einrichtung einer stillen Beteiligung ein Alleinstellungsmerkmal im Wettbewerb um qualifizierte Fach- und Führungskräfte schaffen.

Dass diese Ziele durchaus erreicht werden, belegt eine Vielzahl von Studien, in denen positive Auswirkungen einer Mitarbeiterbeteiligung im Hinblick auf Mitarbeiterbindung, Motivation und Engagement der Beschäftigten und somit auf die Performance sowie die Leistungs- und Überlebensfähigkeit der Unternehmen nachgewiesen wurden (s. Wolff und Zschoche 2015 und den Beitrag „Was bringt Mitarbeiterbeteiligung? Empirische Befunde zu einer wenig erforschten Fragestellung am Beispiel der Siemens AG" in diesem Band).

Gleichermaßen profitieren die Mitarbeiter: Die Beteiligung der Arbeitnehmer am Kapital des eigenen Unternehmens fördert eine partnerschaftliche Zusammenarbeit und wertet die Stellung der Mitarbeiter als Miteigentümer nachhaltig auf. Die Beschäftigten erfahren Wertschätzung, profitieren am Erfolg der gemeinsamen Arbeit und bekommen Zugang zu einer renditestraken Anlageform für ihren Vermögensaufbau.

Mitarbeiterbeteiligung

- führt zu mehr finanzieller Teilhabe,
- ist eine hochrentierliche Anlageform für Vermögensbildung und Vorsorge,
- macht Beschäftigte zu Partnern und Miteigentümern,
- erhöht die Arbeitszufriedenheit und Identifikation und
- schafft mehr Handlungsfreiheit und Vertrauen.

Mitarbeiterbeteiligung gewinnt nicht zuletzt vor dem Hintergrund von Globalisierung, Digitalisierung, Automatisierung und demografischem Wandel zusätzliche Bedeutung. Das Prinzip Mitarbeiterbeteiligung und damit auch die finanzielle Beteiligung der Beschäftigten am Erfolg und am Kapital ihres Unternehmens sind zentrale Bestandteile einer sich verändernden Arbeitswelt, in der Selbstbestimmung, Partizipation und Potenzialentfaltung zu wichtigen Voraussetzungen für wirtschaftlichen Erfolg werden.

2   Formen der Mitarbeiterkapitalbeteiligung

Bei einer Mitarbeiterkapitalbeteiligung macht das Unternehmen den Mitarbeitern (regelmäßig) das Angebot, eine Kapitaleinlage zu leisten, die i. d. R. durch einen steuer- und sozialabgabenfreien Zuschuss (Kapitalbildungszuwendung) vonseiten des Arbeitgebers aufgestockt wird. Die beteiligten Mitarbeiter erhalten darüber hinaus eine vom Unternehmenserfolg abhängige Dividende bzw. Verzinsung. Die Teilnahme an einem derartigen Programm ist freiwillig.

Mitarbeiterbeteiligung wird oftmals gleichgesetzt mit der Ausgabe von Belegschaftsaktien an die Beschäftigten. Beteiligungen der Mitarbeiter am Kapital des Arbeit gebenden Unternehmens kommen jedoch nicht nur in Form von Aktien oder Optionen vor;

in den meisten Unternehmen – insbesondere im Mittelstand – werden Programme der Mitarbeiterkapitalbeteiligung als mezzanine Beteiligungen – das sind stille Beteiligungen und Genussrechte bzw. Genussscheine – angeboten. Grund dafür ist natürlich zum einen die Rechtsform der Unternehmen: Nur etwa 12.000 Unternehmen in Deutschland mit der Rechtsform AG oder KGaA können überhaupt aktienbasierte Programme auflegen und somit ihre Mitarbeiter gesellschaftsrechtlich am Eigenkapital des Unternehmens beteiligen.

Andere Formen der gesellschaftsrechtlichen Beteiligung der Mitarbeiter an ihrem Unternehmen, beispielsweise als GmbH-Gesellschafter oder Kommanditisten, scheitern an Formerfordernissen und steuerlichen Nachteilen.

Darüber hinaus spielen in den Unternehmen bei der Wahl einer Rechtsform für die Mitarbeiterkapitalbeteiligung aber weitere Überlegungen eine Rolle (Beyer 2014):

- In vielen eigentümergeführte Unternehmen gibt es eine gewisse Skepsis gegenüber gesellschaftsrechtlichen Beteiligungen sowohl der Mitarbeiter als auch externer Investoren aufgrund der damit einhergehenden Mitentscheidungsrechte.
- Hinzu kommen bei gesellschaftsrechtlichen Beteiligungsformen in den nicht gelisteten Unternehmen Bewertungsprobleme beim Verkauf der Beteiligung durch die Mitarbeiter.
- Schließlich spielen aber auch Aspekte der Unternehmenskultur und die Wertvorstellungen des Eigentümers eine große Rolle, wenn es um die Gestaltung eines Beteiligungsprogramms geht.

Von daher ist festzustellen, dass stille Gesellschaften und Genussrechte die maßgeblichen und am weitesten verbreiteten Formen der Mitarbeiterkapitalbeteiligung in Nicht-AGs bzw. in eigentümergeführten Unternehmen sind.

Im Hinblick auf die Durchführung bzw. die Rechtsform einer Mitarbeiterkapitalbeteiligung haben sich daher sehr unterschiedliche Programme in den Aktiengesellschaften und im Mittelstand herausgebildet (Beyer 2014, S. 205 ff.; Leuner 2009, S 44 ff.).

2.1 Aktienbasierte Beteiligungsprogramme

Bei aktienbasierten Beteiligungsprogrammen werden Mitarbeiter durch den Kauf von Belegschaftsaktien oder Optionen am Eigenkapital des Unternehmens beteiligt. Wie alle anderen Aktionäre haben sie – je nach Aktiengattung – ein Auskunftsrecht und das Recht auf Teilnahme an der Hauptversammlung mit entsprechendem Stimmrecht. Sie sind am Wertzuwachs des Unternehmens, an der Dividendenausschüttung und am Liquidationserlös beteiligt. Die Haftung der Aktionäre ist auf ihre Einlage beschränkt und der Verkauf der Aktien (Fungibilität) ist – zumindest bei börsennotierten Unternehmen – unproblematisch.

Die Unternehmen bieten ihren Mitarbeitern Belegschaftsaktien meist zu Vorzugskonditionen an (Matching- oder Discountmodelle, s. dazu auch die Beiträge „Mehr Aktionäre braucht das Land" und „Mitarbeiterbeteiligung in börsennotierten Unternehmen in Deutschland – Eine Bestandsaufnahme" in diesem Band). Dabei ist die Differenz zwischen dem höheren Börsenkurs bzw. Verkehrswert und dem Abgabepreis an die Mitarbeiter ein geldwerter Vorteil, der für die Mitarbeiter steuer- und sozialversicherungspflichtig ist.

Trotz der strengen aktienrechtlichen Bestimmungen gibt es immer mehr kleine und mittelständische Aktiengesellschaften, die Belegschaftsaktien ausgeben.

2.2 Stille Gesellschaft

Die – typische – stille Gesellschaft ist die in mittelständischen Unternehmen am weitesten verbreitete Form der Mitarbeiterkapitalbeteiligung. Bei dieser Beteiligungsform handelt es sich um eine sog. Innengesellschaft, die nicht nach außen in Erscheinung tritt. Die Mitarbeiter haben als stille Gesellschafter nicht die Rechte und Pflichten der echten Gesellschafter des Unternehmens; sie haben zwar Informationsrechte aber keinen Einfluss auf die Entscheidungen der Geschäftsführung. Die stillen Gesellschafter müssen am Unternehmensgewinn beteiligt werden. Die Verlustbeteiligung ist ebenfalls obligatorisch, aber in jedem Fall auf die Einlage begrenzt. Eine Beteiligung am Wertzuwachs des Unternehmens findet nicht statt.

Die stille Beteiligung kann so ausgestaltet werden, dass sie wirtschaftlich und bilanziell als Eigenkapital gewertet werden kann.

Die stille Gesellschaft ist die für den Mittelstand attraktivste Beteiligungsform – rechtlich geregelt im Handelsgesetzbuch, seit Jahrzehnten praxiserprobt, für jede Anforderung flexibel gestaltbar und für jede Branche und Betriebsgröße geeignet. Der Aufwand für die Einführung und Verwaltung des Modells ist auch für kleine Unternehmen zu bewältigen.

2.3 Genussrechte

Bei der Kapitalbeteiligung durch Ausgabe von Genussrechten überlassen die Mitarbeiter dem Unternehmen ihre Einlage wie ein Gläubiger und erhalten eine jährliche Gewinnbeteiligung in Form einer erfolgsabhängigen Verzinsung. Die Mitarbeiter erwerben reine Vermögens- und keine Beteiligungsrechte. Der Inhaber der Genussrechte wird kein Gesellschafter und erhält somit keine aus der Beteiligung entstehenden Informations- und Mitwirkungsrechte.

Genussrechte können von Unternehmen aller Rechtsformen ausgegeben werden und bieten wie die stille Gesellschaft einen großen Gestaltungsspielraum. Auch Genussrechtskapital kann je nach Ausgestaltung des Beteiligungsprogramms als Eigenkapital gewertet werden. Genussrechte sind in verbriefter Form hoch fungibel; sie können als Genussscheine gehandelt werden.

Im Gegensatz zur stillen Gesellschaft sind Genussrechte nicht gesetzlich definiert und es fehlt am gemeinsamen Zweck, die Förderung des Unternehmenserfolgs, den die stillen Gesellschafter mit ihrer Einlage verfolgen.

2.4   Andere Formen der Mitarbeiterkapitalbeteiligung

Beim Mitarbeiterdarlehen überlassen die Beschäftigten dem Unternehmen Kapital für einen festgesetzten Zeitraum; sie leihen dem Unternehmen also Geld und werden zu Fremdkapitalgebern (Gläubigern). Entsprechend dem abzuschließenden Darlehensvertrag erhalten sie i. d. R. eine feste Verzinsung. Die Verzinsung kann auch an betriebliche Kennzahlen gekoppelt werden (partiarisches Darlehen). Es ist das einzige Beteiligungsprogramm mit dem Zwang zur Insolvenzsicherung.

Beim Mitarbeiterguthaben baut der Arbeitgeber für die Mitarbeiter einen Kapitalstock auf, indem Mittel aus einer freiwilligen Erfolgsbeteiligung nicht ausgezahlt, sondern im Unternehmen angelegt werden. Eigenleistungen der Mitarbeiter sind nicht vorgesehen. Einlagen als Mitarbeiterguthaben sind bis zur Auszahlung steuer- und sozialabgabenfrei (Bruttoumwandlung). Mitarbeiterguthaben erfreuen sich einer zunehmenden Beliebtheit als Ergänzung oder auch als Alternative zu einer betrieblichen Altersversorgung.

Mit virtuellen Beteiligungsprogrammen, die gern in Start-ups eingesetzt werden, kann das Prinzip Mitarbeiterbeteiligung ebenfalls umgesetzt werden, ohne dabei inhaltlich vom wesentlichen Ziel der wirtschaftlichen Erfolgsbeteiligung Abstriche zu machen. Über virtuelle Geschäftsanteile (Phantom Shares) können die Begünstigten vermögensmäßig so gestellt werden, als wären sie mit realen Geschäftsanteilen am Unternehmen beteiligt.

Die meisten dieser Beteiligungsformen werden im Rahmen des Mitarbeiterkapitalbeteiligungsgesetzes (MKBG) steuerlich gefördert.

2.5   Verlust des Kapitals und doppeltes Risiko?

Bei der finanziellen Beteiligung der Mitarbeiter am Arbeit gebenden Unternehmen in Form von Belegschaftsaktien, Genussrechten oder stillen Beteiligungen handelt es sich um eine unternehmerische Beteiligung, die durch Kursverluste, Verlustzuweisungen und insbesondere bei Insolvenz des Unternehmens teilweise oder ganz verloren gehen kann. Einer der wichtigsten Einwände der Gewerkschaften gegen eine Mitarbeiterbeteiligung ist der des doppelten Risikos: Im Fall der Insolvenz verlieren die Beschäftigten unter Umständen nicht nur ihren Arbeitsplatz, sondern auch ihre Kapitaleinlage.

Dieses Risiko ist jedoch überschaubar:

- Das Beteiligungsprogramm und das damit verbunden Risiko wird vonseiten der Unternehmen gegenüber den Mitarbeitern klar kommuniziert und ist den Mitarbeitern bei

Teilnahme an einem Beteiligungsprogramm bewusst. Im Übrigen ist die Teilnahme natürlich freiwillig.

- Die Mitarbeiter kennen die Rahmenbedingungen dieses Investments besser als jede andere Anlageform aus tagtäglichem Erleben.
- Die Höhe der Beteiligung wird in vielen Programmen limitiert; die beteiligten Mitarbeiter legen nicht „alle Eier in einen Korb".
- Ein möglicher Verlust von eigenem Geld wird auch dadurch begrenzt, dass ein maßgeblicher Anteil der angesparten Einlagen als freiwillige Leistung vom Unternehmen beigesteuert wurde.

Im Übrigen spricht nichts dagegen, Möglichkeiten einer Insolvenzsicherung, zumindest eines Teils des von den Mitarbeitern eingebrachten Kapitals, zu prüfen.

3 Förderung und steuerliche Anreize

Der Gedanke einer breiten Partizipation aller Bevölkerungsschichten am Kapital der Unternehmen ist nicht neu. Schon die verschiedenen Vermögensbildungsgesetze aus den 1970er- und 1980er-Jahren umfassten als zulässige Anlagenformen für die vermögenswirksamen Leistungen u. a. Einlagen in das Arbeit gebende Unternehmen. Auch wurden Beteiligungsprogramme für Mitarbeiter beispielsweise durch den alten § 19a des Einkommenssteuergesetzes (Überlassung von Vermögensbeteiligungen an Arbeitnehmer) geringfügig gefördert. Zum 1. April 2009 trat dann das von der ersten Großen Koalition beschlossene MKBG in Kraft.

3.1 Das Mitarbeiterkapitalbeteiligungsgesetz 2009

Ende 2005 hatte der damalige Bundespräsident Horst Köhler in einem stern-Interview gesagt, er halte „die Zeit für gekommen, die Ertragsbeteiligung der Arbeitnehmer oder ihre Beteiligung am Produktivvermögen wieder auf den Tisch zu bringen" (Köhler 2005). In der Globalisierung könnten „solche Kapitalbeteiligungen in Arbeitnehmerhand dazu beitragen, einer wachsenden Kluft zwischen Arm und Reich entgegenzuwirken". Bundeskanzlerin Angela Merkel hat dem beigepflichtet und dies zu einem wichtigen Ziel ihrer Regierungskoalition erklärt.

Es folgte eine fast dreijährige intensive politische Diskussion über die Themen Teilhabe breiter Bevölkerungskreise am Kapital der Wirtschaft, Vermögensbildung und Altersvorsorge, an der auch die Gewerkschaften und Arbeitgeberverbände maßgeblich mitwirkten. Dabei wurde die bis heute vorhandene Zurückhaltung der Sozialpartner und vieler Sozialpolitiker gegenüber der Mitarbeiterkapitalbeteiligung deutlich, die in erster Linie mit den Aspekten Kumulation von Mitbestimmungsrechten, Primat der betrieblichen Altersversorgung und dem vermeintlich doppelten Risiko der beteiligten Mitarbeiter bei Insolvenz des Unternehmens (Verlust des Arbeitsplatzes und des Kapitals) sowie mit der fehlenden Absicherung der Mitarbeitereinlagen begründet wurde.

Das Ergebnis des Gesetzgebungsverfahrens war ernüchternd: Aufgrund unterschiedlicher politischer Absichten und Einstellungen von Union und SPD ist das Gesetz in Hinblick auf den Förderrahmen von 360 € pro Jahr nicht weitreichend genug ausgefallen, mit bürokratischen Hemmnissen überfrachtet und damit hinsichtlich seiner Zielsetzung, zusätzliche Anreize für Unternehmen und Mitarbeiter zu bieten, nur eingeschränkt geeignet. Die noch in den Gesetzesvorlagen vorgesehene, breit angelegte Informationskampagne der Bundesregierung und der Bundesländer ist in den Turbulenzen der Finanz- und Wirtschaftskrise untergegangen. Das neue Gesetz hat zwar Verbesserungen, aber keinen Durchbruch in Sachen Mitarbeiterbeteiligung gebracht. Die noch Anfang 2009 vom damaligen Arbeitsminister Olaf Scholz angekündigte Zahl von bis zu einer Million zusätzlicher beteiligter Arbeitnehmer jährlich ist nicht einmal ansatzweise erreicht worden.

Gleichwohl darf das MKBG auch nicht unter Wert verkauft werden: Die 360-Euro-Regelung bietet deutlich Vorteile für Unternehmen und Mitarbeiter.

3.2   Steuerbefreiung nach § 3 Nr. 39 Einkommensteuergesetz

Die Regelung sieht vor, dass jeder Arbeitgeber seinen Mitarbeitern Unternehmensanteile bis zu einer Höhe von 360 € pro Jahr steuer- und sozialabgabenfrei überlassen kann. Diese Steuervergünstigung kann in Anspruch genommen werden, wenn folgende Bedingungen erfüllt sind:

- Die steuerfreie Überlassung des Arbeitgebers darf nicht mit tariflichen und einzelvertraglichen Ansprüchen der Arbeitnehmer verrechnet werden.
- Es gilt das Gleichbehandlungsgebot, d. h. mindestens allen Mitarbeitern eines Unternehmens, die länger als ein Jahr sozialversicherungspflichtig beschäftigt sind, muss das Angebot zur Mitarbeiterbeteiligung offenstehen.

Die Mitarbeiter selbst haben ebenfalls die Möglichkeit, den Förderrahmen von insgesamt 360 € auszuschöpfen, wenn der Zuschuss des Unternehmens darunter bleibt, indem sie ihre Leistungen oder einen Teil davon als Einlagen gemäß § 3 Nr. 39 Einkommensteuergesetz (EStG) deklarieren. Diese Einlagen der Mitarbeiter sind dann zwar ebenfalls steuerfrei, nicht aber – wie die Zuwendung des Arbeitgebers – sozialabgabenfrei.

Die Ungleichbehandlung sollte 2010 von der neuen Bundesregierung aus Union und FDP beseitigt werden. Eine entsprechende Initiative vonseiten einiger Abgeordneter ist aber im politischen Prozess versandet.

3.3   Vermögenswirksame Leistungen

Jeder Mitarbeiter kann bis zu 400 € pro Jahr als vermögenswirksame Leistungen in eine Mitarbeiterkapitalbeteiligung einbringen – und zwar zusätzlich zu möglicherweise schon bestehenden Bauspar- oder Altersvorsorgeverträgen. Für vermögenswirksame Leistungen in der Anlageform der Kapitalbeteiligung am Arbeit gebenden Unternehmen gibt es eine Arbeitnehmersparzulage von 20 %. Die Einkommensgrenzen liegen bei 20.000 € zu versteuerndem Einkommen für Ledige und 40.000 € für Verheiratete. Vermögenswirksame Leistungen unterliegen einer Sperrfrist von sieben Jahren. Die Auszahlung des Kapitals erfolgt erst nach Ablauf dieser Sperrfrist.

Diese Förderung hat in der Praxis nur noch eine geringe Bedeutung, weil aufgrund der niedrigen Einkommensgrenzen immer weniger Arbeitnehmer in den Genuss der Arbeitnehmersparzulage kommen. Hinzu kommt der bürokratischen Aufwand für die Unternehmen und die Insolvenzsicherungspflicht für Einlagen nach dem Vermögensbildungsgesetz.

3.4   Der Deutschlandfonds

Ebenfalls Teil des Gesetzes war der sog. Deutschlandfonds.[1] Mit diesem Mitarbeiterbeteiligungssondervermögen sollte ein einfaches Beteiligungsangebot v. a. für mittelständische Unternehmen geschaffen werden, das die in der Praxis vorhandenen Umsetzungsprobleme umgeht, die ansonsten mit gesellschaftsrechtlichen Beteiligungen verbunden sind (s. dazu auch die Beiträge von „Neustart für den Deutschlandfonds?" und „Teilhaberfonds: Wohlstand für alle ermöglichen" in diesem Band).

Mit der Aufnahme von überbetrieblichen Fonds als zusätzlicher Förderkategorie wollte der Gesetzgeber drei wesentliche Vorteile im Vergleich zu den bisher vorhandenen direkten betrieblichen Kapitalbeteiligungen miteinander verbinden:

- Durch eine indirekte und überbetriebliche Beteiligung sollte das Anlagerisiko gestreut und das doppelte Risiko der Beschäftigten, d. h. das Arbeitsplatz- und Vermögensrisiko im Fall der Insolvenz des Unternehmens, vermindert werden.
- Durch die Wahl eines Fondsmodells sollte sichergestellt werden, dass Beteiligungen an nicht-börsennotierten Unternehmen leichter handelbar sind (Fungibilität). Für Arbeitnehmer sollte eine Rückgabe der Anteile an den Fonds z. B. bei einem Wechsel der Arbeitsstelle möglich sein.
- Der administrative und juristische Aufwand bei der Einführung und Umsetzung eines Kapitalbeteiligungsprogramms sollte für Unternehmen (insbesondere der kleinen und mittleren Unternehmen) und Mitarbeiter reduziert werden.

Diese Fonds sind nie aufgelegt worden. Die entsprechenden Regelungen sind 2013 entfallen. Maßgebliche Gründe waren die gesetzlich fixierten Hürden für Fondsgesell-

---

[1] Nicht zu verwechseln mit der aktuell diskutierten Deutschlandrente (Schäfer 2016).

schaften bei der Angebotsentwicklung und beim Management des Fondsvermögens. So dürfte es beispielsweise für Fondsmanager kaum zu bewerkstelligen sein, die Anlageuntergrenze für die Investitionen des Fonds – 60 % des Fondskapitals sollten in am Fonds beteiligte Unternehmen fließen – einzuhalten, ohne gegen das Gebot der Risikostreuung zu verstoßen. Zum anderen traf nicht zuletzt auch wegen der einsetzenden Wirtschafts- und Finanzkrise das abstrakte Angebot eines Fondsmodells auf einem Markt, auf dem es eine nur sehr geringe Nachfrage nach Beteiligungsmodellen im Allgemeinen gab (Beyer et al. 2013).

4 Deutschland und Europa im Vergleich

Auch wenn das Gesetz gegenüber den vorherigen Regelungen Vorteile gebracht hat, ist ein breitflächiger Durchbruch der Mitarbeiterkapitalbeteiligung nicht erreicht worden. Nur etwa 2 % aller Unternehmen in Deutschland bieten ihren Mitarbeitern eine Kapitalbeteiligung an.

Wie wenig dies im internationalen Vergleich ist, verdeutlichen Zahlen zur Belegschaftsaktie (s. dazu auch den Beitrag „Mehr Aktionäre braucht das Land" in diesem Band). So geht die in Brüssel ansässige European Federation of Employee Share Ownership (EFES) in ihrem Annual Economic Survey of Employee Share Ownership in European Countries 2017, in dem Daten zu Belegschaftsaktien aus 2560 Unternehmen in 32 Ländern erhoben wurden (Deutschland 231 Unternehmen), davon aus, dass in Deutschland etwa 780.000 Mitarbeiter (ohne Führungskräfte) Aktien ihres Arbeit gebenden Unternehmens halten; in Frankreich sind es etwa 3 Mio. und in Großbritannien etwa 2 Mio. Mitarbeiteraktionäre (Mathieu 2017).

Im Hinblick auf den Anteil des Mitarbeiterkapitals am Stammkapital der Unternehmen liegt Deutschland mit 0,9 % auf Rang 18 von 32 Ländern. Der Anteil der Mitarbeiteraktionäre an der gesamten Belegschaft hat sich in den vergangenen drei Jahren zwar leicht auf 18,4 % erhöht, im europäischen Durchschnitt sind es aber 29,6 %.

Insgesamt liegt Deutschland bei allen untersuchten Ausprägungen der Mitarbeiterkapitalbeteiligung unter dem europäischen Durchschnitt. Die Lage sieht bei den Beteiligungsprogrammen im Mittelstand nicht besser aus, auch wenn hier in den letzten Jahren eine gewisse Bewegung zu verzeichnen war. Der Bundesverband Mitarbeiterbeteiligung – AGP schätzt, dass etwa 3500 mittelständische Unternehmen ihren Mitarbeitern Beteiligungsprogramme anbieten, an denen etwa 1,2 Mio. Mitarbeiter teilnehmen. Die Ursache für die geringe Verbreitung der Mitarbeiterkapitalbeteiligung in Deutschland liegt – darin sind sich alle Experten und Wissenschaftler einig – in dem mit 360 € zu niedrigen Freibetrag für Investitionen in das eigene Unternehmen. In den Niederlanden sind es 1200 €, in Österreich 3000 €, in Italien 2100 €, in Ungarn 3200 € und in Großbritannien 3500 €.

Im Hinblick auf die Unternehmen werden beispielweise nicht nur innovative Lösungen zur Überwindung temporärer Ertrags- und Liquiditätsdefizite derart verhindert – wie die während der Finanzkrise diskutierten Möglichkeiten zur Sicherung der Unternehmen durch Beteiligung statt Lohnverzicht. Insgesamt bleiben viele Möglichkeiten einer nachhaltigen Personal-, Vergütungs- und Versorgungspolitik ungenutzt.

Diese und ähnliche Statistiken verweisen darauf, dass die steuerlichen Rahmenbedingungen, die in Deutschland vergleichsweise ungünstig sind, wesentlichen Einfluss auf die Verbreitung von Mitarbeiterkapitalbeteiligungen haben. EFES fasst den Befund einfach und deutlich zusammen: „Fiscal incentives are indispensable prerequisites for the development of employee share ownership" (Mathieu 2014).

Wie zielgenau eine gut durchdachte Förderung gestaltet werden kann, zeigt das Beispiel Österreich: Im Rahmen der neuen Förderung von Ankeraktionärsmodellen wird bei kollektiver Stimmrechtsausübung und langer Sperrfrist die steuerliche Förderung von Aktienzuteilungen auf jährlich 4500 € angehoben. Unabhängig davon, wie man diese spezielle Zielsetzung bewertet, verweist das Beispiel auf den politischen Gestaltungsspielraum, der in Deutschland in Zukunft hoffentlich besser ausgeschöpft wird.

5   Die aktuelle Diskussion – Mehr Teilhabe am Kapital der Wirtschaft

Nikolas Stihl, Vorsitzender des Aufsichtsrats der Stihl AG, hat die Aufgabe wie folgt formuliert:

Unternehmen, Politik und Sozialpartner sollten stärker für die Vorteile der Mitarbeiterkapitalbeteiligung werben. Durch eine moderne Förderung und notwendige Anreize sollte sich insbesondere die Politik dafür einsetzen, dass sich die Mitarbeiterkapitalbeteiligung als wichtiges Instrument einer nachhaltigen Personalpolitik und des langfristigen Vermögensaufbaus etabliert (Stihl 2016).

Mit dem Berliner Appell für mehr Vermögensbildung in Mitarbeiterhand (Berliner Appell 2017) fordern weitere hochrangige Vertreter der deutschen Wirtschaft und Repräsentanten von Wirtschaftsverbänden die Bundesregierung auf, bessere Rahmenbedingungen für die Mitarbeiterkapitalbeteiligung zu schaffen. „Die Versorgung der Menschen im Alter wird eine zentrale Frage unserer Gesellschaft. Eine langfristige und attraktive Form der Vermögensbildung ist, wenn sich Mitarbeiter an ihrem Unternehmen beteiligen können. Sie nehmen direkt am Erfolg ihrer Firma teil, sind langfristig orientierte Teilhaber und bauen Vermögen auf. Diese Form der langfristigen Beteiligung am Unternehmen und Alterssicherung braucht eine steuerliche Besserstellung der Arbeitnehmer als verantwortungsvolle Miteigentümer", betont Joe Kaeser, Vorstandsvorsitzender der Siemens AG und einer der Initiatoren des Aufrufs (Kaeser 2017).

Der Bundesverband Mitarbeiterbeteiligung – AGP hat seine Forderungen an den Gesetzgeber zur Förderung der Mitarbeiterkapitalbeteiligung in einem Sieben-Punkte-Plan zusammengefasst (AGP 2017; DAI u. a. 2015).

5.1 Novellierung des Mitarbeiterkapitalbeteiligungsgesetzes

Die Erhöhung des steuer- und sozialabgabenfreien Freibetrags nach § 3,39 EStG von 360 € pro Jahr auf europäisches Niveau von 3000 € für Arbeitnehmer- und Arbeitgeberleistungen in ein Mitarbeiterbeteiligungsprogramm wäre die angemessene und sachgerechte Form der steuerlichen Förderung.

5.2 Das Vermögensbildungsgesetz wieder in Kraft setzen

Die Förderung der Vermögensbildung muss wieder in Kraft gesetzt werden. Hierzu sollten die Einkommensgrenzen für die Arbeitnehmersparzulage an die aktuelle Einkommenssituation in Deutschland angepasst und auf 40.000 € für Einzelpersonen und 80.000 € für Verheiratete verdoppelt werden.

5.3 Nachgelagerte Besteuerung von Mitarbeiterbeteiligung und Vermögensbildung

Mitarbeiterbeteiligungen und andere Formen der Vermögensbildung, die verstärkt auf kapitalmarktbasierte Anlageprodukte setzen, können dazu beitragen, dass wesentlich mehr Altersvorsorgevermögen gebildet wird. Von daher wäre es ausgesprochen sachgerecht, wenn für die Mitarbeiterkapitalbeteiligung und die Vermögensbildung die gleichen steuerlichen Bedingungen gelten würden wie bei der Förderung der betrieblichen Altersversorgung. Darüber hinaus sollte die steuerunschädliche Übertragung von Mitarbeiterbeteiligungskapital und von Leistungen aus der Vermögensbildung in die betriebliche Altersversorgung vorgesehen werden (s. dazu auch den Beitrag „Integration der Kapitalbeteiligung in bestehende Durchführungswege der Altersversorgung" in diesem Band).

5.4 Besteuerung darf Unternehmensnachfolge nicht erschweren

Die Übergabe des Unternehmens an Führungskräfte und Mitarbeiter ist eine Option zur Regelung der Unternehmensnachfolge. Die Aufbringung des Kapitals für den Erwerb maßgeblicher Unternehmensanteile ist für den oder die potenziellen Nachfolger eine große finanzielle Herausforderung, die in der Praxis in vielen Fällen nur durch ein Entgegenkommen des Verkäufers im Hinblick auf den Kaufpreis zu bewältigen ist.

Beim Verkauf der Anteile an Mitarbeiter ist der Nachlass auf den Unternehmenswert aber – im Gegensatz zum Verkauf an einen unbeteiligten Dritten – als geldwerter Vorteil zu versteuern. Die damit verbundene zusätzliche Steuerbelastung beim erwerbenden Mitarbeiter kann zum Scheitern der Übergabe, zum Verkauf an Dritte oder gar zur Schließung des Unternehmens führen. Zudem führen die Ansätze der Finanzbehörden zur Ermittlung des Unternehmenswerts i. d. R. zu deutlich höheren Unternehmensbewertungen als marktübliche Bewertungsansätze und -kennzahlen, was die Problematik noch verschärft.

Um die Unternehmensübergabe an die Mitarbeiter nicht zu erschweren bzw. zu verhindern, sollte auf die Besteuerung von Vorteilen aus einem (vermeintlich) vergünstigten Erwerb von Unternehmensanteilen durch die Beschäftigten verzichtet werden. Zumindest sollten die Finanzbehörden in diesen Fällen übliche Bewertungsverfahren anwenden.

5.5   Entbürokratisierung der Mitarbeiteraktie

Die Einführung von Mitarbeiteraktienprogrammen ist mit einem hohen bürokratischen Aufwand verbunden und wirkt auf die Unternehmen abschreckend. Dies betrifft u. a. die Regelungen zur Beschaffung der an die Mitarbeiter auszugebenden Aktien. Beispielsweise ist unklar, in welchem Umfang Aktien beschafft werden können und wie hoch der Rabatt sein darf, der den Mitarbeitern als Abschlag vom Marktpreis gewährt werden kann. Die Ressourcen, die von den Unternehmen zur Klärung dieser Unsicherheiten aufgewendet werden müssen, sind erheblich. Klarstellungen im Aktiengesetz wären daher sehr hilfreich. Ähnliches gilt für die Depotverwahrung der Mitarbeiteraktien. Die Regelungen zur Eröffnung von Depots durch die Mitarbeiter müssen entschlackt werden.

5.6   Internationale Harmonisierung der Regulierungen

Ein wesentlicher Anteil des Erfolgs der deutschen Wirtschaft beruht auf der globalen Konkurrenzfähigkeit. Die Unternehmen sind mit Tochtergesellschaften oder Zweigstellen weltweit vertreten. Die Mitarbeiterkapitalbeteiligung ist aber i. d. R. – wenn überhaupt – auf Mitarbeiter an den deutschen Standorten beschränkt. Große Unterschiede in den einzelnen Ländern im Arbeits- und Sozialrecht, im Steuerrecht, im Kapitalmarkt- und Gesellschaftsrecht erschweren bzw. verhindern eine Beteiligung der Mitarbeiter an ausländischen Unternehmensstandorten, die damit nicht von den Vorteilen des Beteiligungsprogramms der Muttergesellschaft profitieren können. Um dies zu ermöglichen, sind internationale oder zumindest EU-weite Harmonisierungsbestrebungen notwendig.

5.7   Informationskampagne und Öffentlichkeitsarbeit

Politik und Wirtschaft können sehr erfolgreich sein, wenn es darum geht, wirtschaftliche und gesellschaftliche Probleme oder Entwicklungstendenzen aufzugreifen und neue Ideen, Argumente, Konzepte und Lösungen massiv ins öffentliche Bewusstsein zu rücken.

Was heute fehlt, ist eine Initiative Mitarbeiterbeteiligung – ein Vorstoß von Politik, Verbänden und Gewerkschaften für mehr Teilhabe und Vermögensbildung in Deutschland.

6 Fazit

Mitarbeiterkapitalbeteiligung ist ein unternehmerisches und gesellschaftspolitisches Thema ersten Rangs. Sie bietet Unternehmen und Mitarbeitern weitreichende Vorteile und ist v. a. geeignet, breiten Schichten der Bevölkerung die Teilhabe am Erfolg der Wirtschaft zu eröffnen und dadurch einen wesentlichen Beitrag zur Vermögensbildung zu leisten. Auch wenn die Formen und Durchführungswege der Mitarbeiterkapitalbeteiligung in Aktiengesellschaften und Familienunternehmen sehr unterschiedlich sind, so verfolgen doch alle Programme das Ziel, die Interessen der Mitarbeiter und des Unternehmens stärker in Einklang zu bringen. Bei der steuerlichen Förderung und Verbreitung derartiger Programme liegt Deutschland im Vergleich zu anderen europäischen Ländern weit zurück. Hier besteht politischer Handlungsbedarf.

Literatur

AGP – Bundesverband Mitarbeiterbeteiligung (2017) Argumente und Vorschläge für den nachhaltigen Ausbau der Mitarbeiterbeteiligung und Vermögensbildung. AGP-Mitteilungen 2017 358:18 f. https://www.agpev.de/downloads/agp-mitteilungen-2017.pdf. Zugegriffen: 23. Apr. 2018

AGP, RKW-BW – Bundesverband Mitarbeiterbeteiligung und Rationalisierungs- und Innovationszentrum der Deutschen Wirtschaft e. V. (2014) Informationsbroschüre – Mitarbeiterkapitalbeteiligung: Erfolgsrezepte für mittelständische Unternehmen. https://www.mbg.de/uploads/media/2015_02_Mitarbeiterkapitalbeteiligung.pdf. Zugegriffen: 23. Apr. 2018

Berliner Appell (2017) Berliner Appell zu mehr Vermögensbildung in Arbeitnehmerhand. http://mitarbeiterbeteiligung.de/. Zugegriffen: 23. Apr. 2018

Beyer H (2014) Belegschaftsaktien und mezzanine Beteiligungen – ein Vergleich. In: Birkner G (Hrsg) Mitarbeiterbeteiligung in Aktiengesellschaften – Management von Belegschaftsaktienplänen in Konzernen und Mittelstand. F.A.Z.-Institut für Management-, Markt- und Medieninformationen, Frankfurt am Main

Beyer H, Stracke S, Wilke P (2013) Die Praxistauglichkeit finanzieller Mitarbeiterbeteiligung verbessern – Gestaltungsoptionen für Sondervermögen. Friedrich-Ebert-Stiftung. https://www.agpev.de/plaintext/downloads/wiso-diskurs-mai-2013.pdf. Zugegriffen: 23. Apr. 2018

DAI Deutsches Aktieninstitut et al (2015) Agenda Mitarbeiterkapitalbeteiligung. https://www.agpev.de/downloads/2015-05-28-agenda-mitarbeiterkapitalbeteiligun.pdf. Zugegriffen: 23. Apr. 2018

Gaugler E (2002) Die Anfänge der Mitarbeiterbeteiligung im 19. Jahrhundert. In: Wagner K-R (Hrsg) Visionen für eine Gesellschaft von Teilhabern. Gabler, Wiesbaden

Kaeser J (2017) Pressemitteilung zum Berliner Appell. http://mitarbeiterbeteiligung.de/wp-content/uploads/2017/10/AGP_DAI_PM_30Okt17_Berliner-Appell.pdf. Zugegriffen: 23. Apr. 2018

Köhler H (2005) Bundespräsident Horst Köhler im Gespräch mit dem STERN. https://www.boeckler.de/pdf/mbf_mab_interview_koehler_2005.pdf. Zugegriffen: 23. Apr. 2018

Leuner R (2009) Mitarbeiterbeteiligung – Recht, Steuer, Beratung. Gabler, Wiesbaden

Mathieu M (2014) Fiscal incentives are indispensable prerequisites for the development of employee share ownership, EFES Brüssel. http://www.efesonline.org/INDISPENSABLE/Fiscal%20incentives%20are%20a%20prerequisite.pdf. Zugegriffen: 6. Aug. 2018.

Mathieu M (2017) Annual economic survey of employee share ownership in European countries. EFES Brüssel. http://www.efesonline.org. Zugegriffen: 23. Apr. 2018

Schäfer T (2016) Einfach, sicher, günstig – die Deutschland-Rente. In: Kurvenlage, Halbjahresbericht des Deutschen Aktieninstituts 1/2016. https://kipdf.com/2016_5ae6a7a77f8b9a722f8b4583.html. Zugegriffen: 15. Mai 2018

Stihl N (2016) Mehr Profit für alle. AGP-Mitteilungen 357:16

Wolff M, Zschoche U (2015) Studie zur Wirkung der Mitarbeiterbeteiligung am Beispiel der Siemens AG. https://www.uni-goettingen.de/de/studie %3A+wirkung+der+mitarbeiterbeteiligung+am+beispiel+der+siemens+ag/522544.html. Zugegriffen: 23. Apr. 2018

Dr. Heinrich Beyer ist seit 2006 Geschäftsführer des Bundesverbands Mitarbeiterbeteiligung – AGP. Nach einer Ausbildung zum Bankkaufmann und dem wirtschaftswissenschaftlichen Studium war er wissenschaftlicher Mitarbeiter an der Universität Kassel und zugleich Leiter verschiedener Projekte der Bertelsmann Stiftung und der Hans-Böckler-Stiftung. Im Jahr 2005 wechselte er als Referatsleiter zur Bertelsmann Stiftung nach Gütersloh und 1999 als kaufmännischer Geschäftsführer zu einem mittelständischen Unternehmen. Heinrich Beyer unterstützt Unternehmen bei der Einführung ihres Beteiligungsprogramms und berät Politik und Verbände. Er ist Autor verschiedener Publikationen zu den Themen Unternehmensführung und Mitarbeiterbeteiligung.

Mehr Aktionäre braucht das Land

Norbert Kuhn

1 Aktien für alle!

An Aktien führt kein Weg vorbei. Dieser Grundsatz gilt nicht nur in der Niedrigzinsphase, sondern generell. Unumstritten steigert aber die expansive Geldpolitik der Zentralbanken den Handlungsdruck der Anleger. Mit Spareinlagen oder anderen herkömmlichen festverzinslichen Wertpapieren gelingt gerade mal der Erhalt der Kaufkraft – jedenfalls solange die Inflationsrate niedrig bleibt.

Doch wie sieht das Verhältnis der Deutschen zur Aktienanlage aus? Wie hoch ist der Aktienanteil im deutschen Geldvermögen und wie viele Aktionäre zählen wir hierzulande? Warum ist es wichtig, überhaupt und gerade jetzt in Aktien anzulegen? Und was kann getan werden, damit die Deutschen mehr als bislang von den Vorteilen der Aktienanlage profitieren? Der vorliegende Beitrag beantwortet diese Fragen.

2 Aktienbesitz in Deutschland

An der Geldvermögensstatistik der Deutschen Bundesbank und der Zahl der Aktionäre wird deutlich, dass Aktien in Deutschland eine weitaus größere Rolle spielen sollten. Das Geldvermögen der Deutschen, das sich im dritten Quartal 2017 auf immerhin 5,8 Bio. € belief, wird weiterhin von der Sparbuchmentalität dominiert (Abb. 1).

Bargeld, Sicht-, Termin- und Spareinlagen sowie Sparbriefe stellen 37 % des Vermögens dar. Weitere 39 % sind Ansprüche gegenüber Versicherungen, d. h. Lebensversicherungen und andere Versicherungen, und Ansprüche gegenüber Alterssicherungssystemen, i. d. R. gegenüber den Einrichtungen der betrieblichen Altersvorsorge. Nicht mal jeder

N. Kuhn (✉)
Leiter Unternehmensfinanzierung, Deutsches Aktieninstitut e.V.
Frankfurt am Main, Deutschland
E-Mail: Kuhn@dai.de

© Springer-Verlag GmbH Deutschland, ein Teil von Springer Nature 2018
H. Beyer und H.-J. Naumer (Hrsg.), *CSR und Mitarbeiterbeteiligung*,
Management-Reihe Corporate Social Responsibility,
https://doi.org/10.1007/978-3-662-57600-7_13

Abb. 1 Geldvermögen deutscher privater Haushalte.
Drittes Quartal 2017. (Deutsche Bundesbank 2014)

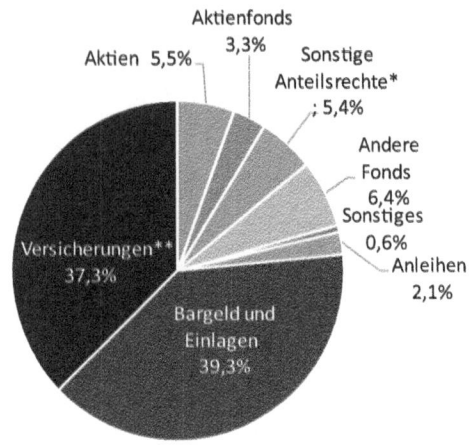

* einschließlich nicht notierter Aktien
** einschließlich Ansprüche gg. Alterssicherungssysteme

zehnte Euro des Geldvermögens deutscher Haushalte wird in Aktien oder Aktienfonds
angelegt.

Die Aktienskepsis der Deutschen verdeutlicht auch die Zahl der Aktienbesitzer in
Deutschland insgesamt und die Zahl der Belegschaftsaktionäre (Abb. 2). Mit fast 13 Mio.
Aktionären (einschließlich Aktienfondsbesitzer) bzw. 1,6 Mio. Belegschaftsaktionären
wurde in der New-Economy-Ära um die Jahrtausendwende der Höchststand erreicht.
Nach dem Platzen der Dotcom-Blase gingen nicht nur die Aktienkurse nach unten, sondern auch die Aktionärszahlen. Die Insolvenz von Lehman Brothers und die Finanzkrise
hat das Vertrauen der Anleger in Aktien nochmals beeinträchtigt. Allerdings zeigt sich
im letzten Jahr ein leichter Aufschwung: 2017 wurden 10 Mio. Aktionäre gezählt, davon
1,3 Mio. Belegschaftsaktionäre. Damit ist jeder sechste Deutsche über 14 Jahren Aktionär
oder Besitzer eines Aktienfonds. Diese Zahl ist weiterhin deutlich ausbaufähig.

Gerade vor dem Hintergrund, dass Aktien langfristige Anlageformen sind, ist es sinnvoll, so früh wie möglich mit dem Aktiensparen zu beginnen. Daher ist ebenfalls ein Blick
auf die Altersstruktur der deutschen Aktionäre und Aktienfondsbesitzer interessant. Trotz
einer leichten Erholung in den letzten Jahren zeigen die Zahlen in Abb. 3, dass immer noch
zu wenig jüngere Menschen in Deutschland in Aktien investieren. Bei der Generation zwischen 20 und 39 Jahren hat sich der Anteil der Aktionäre seit 2000 fast halbiert. Ebenfalls
überdurchschnittlich, aber weniger drastisch ist der Rückgang in der Altersgruppe der 40-
bis 59-Jährigen. Ein leichter Anstieg ist hingegen bei der Gruppe der über 60-Jährigen zu
verzeichnen. Daran zeigt sich, dass gerade bei den Jüngeren ein deutlicher Nachholbedarf
besteht, mit Aktien frühzeitig Vermögen aufzubauen und für das Alter vorzusorgen.

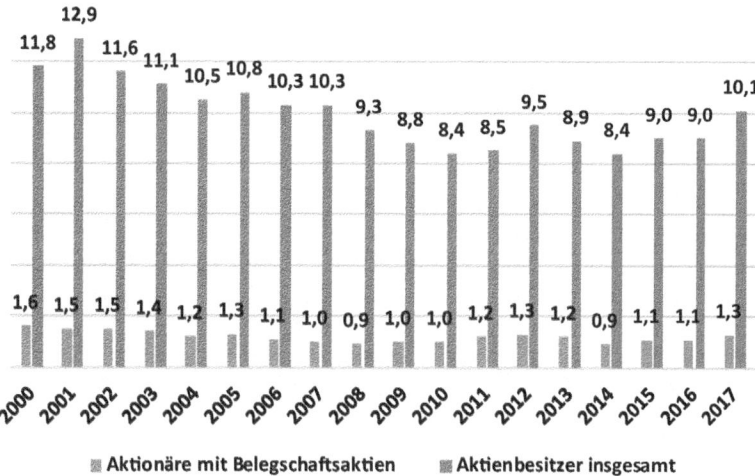

Abb. 2 Zahl der Aktionäre und Belegschaftsaktionäre in Deutschland. (Deutsches Aktieninstitut 2018)

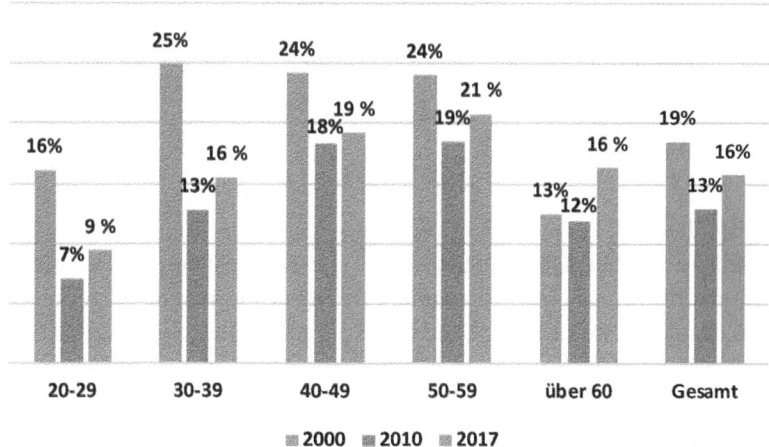

Abb. 3 Altersstruktur der Aktionäre in Deutschland in Prozent der Gesamtbevölkerung der jeweiligen Altersgruppen. (Deutsches Aktieninstitut 2018)

3 Langfristige Renditevorteile von Aktien

Aufgrund der langfristigen Renditevorteile ist das Aktiensparen wichtig. Aus vermögenspolitischer Sicht ist es daher dringend notwendig, die Zahl der Aktionäre in Deutschland zu erhöhen.

Die langfristigen Vorteile von Aktien zeigt die folgende Berechnung, der Sparpläne mit monatlichen Beiträgen zugrunde liegen (Abb. 4). Für viele Anleger ist das der rea-

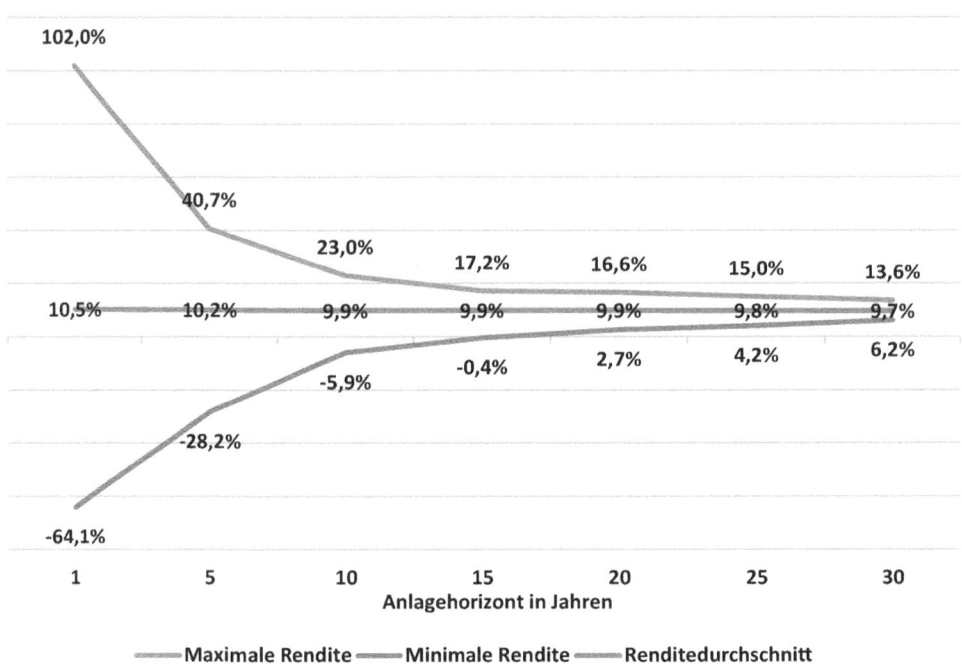

Abb. 4 Historische Rendite in Prozent pro Jahr bei unterschiedlichen Anlagehorizonten. (Deutsches Aktieninstitut et al. 2016)

listischere Fall, da ihnen keine größeren Beträge – zumindest nicht regelmäßig – für eine einmalige Anlage zur Verfügung stehen. Unter diesen Umständen ist es eine sinnvolle Strategie, Monat für Monat einen bestimmten Betrag des Einkommens für einen Aktiensparplan zurückzulegen. Außerdem schützt ein kontinuierliches Sparen in Aktien vor dem Risiko, den falschen Einstiegszeitpunkt zu erwischen. Man kauft mal günstiger, mal teurer und erzielt am Ende einen geglätteten Einstiegskurs.

Die Berechnungen in Abb. 4 legen daher Sparpläne zugrunde. Als Maßstab für die Höhe der Aktienrenditen wird der Deutsche Aktienindex DAX herangezogen, dem die 30 größten börsennotierten deutschen Unternehmen angehören. Betrachtet werden monatliche Daten für den Zeitraum von Anfang 1967 bis Ende 2016. Dabei werden nominale Werte zugrunde gelegt, d. h. es findet keine Bereinigung der Wertentwicklung um die Inflationsrate statt.

Es wird deutlich, dass Aktien bei kurzfristigen Anlagehorizonten von einem oder fünf Jahren zwar sehr hohe maximale Renditen von 102,0 % pro Jahr bzw. 40,7 % pro Jahr aufweisen können. Dem stehen aber auch hohe Verluste von −64,1 % pro Jahr bzw. −28,2 % pro Jahr gegenüber. Die Wertschwankungen, d. h. die mit der Aktienanlage verbundenen Risiken, sind also bei kurzfristigen Zeiträumen sehr hoch.

Bei längeren Anlagehorizonten, d. h. idealerweise einem Ansparen über das gesamte Berufsleben von 20, 30 oder 40 Jahren hinweg, werden hingegen nur noch positive Erträge erwirtschaftet. Ansehnlich ist die maximale Rendite, die nach 15 Jahren 17,2 % pro Jahr, nach 20 Jahren 16,6 % pro Jahr betrug und letztendlich bei 30 Jahren immer noch 13,6 % pro Jahr ausmacht.

Bei historischen DAX-Sparplänen von 15 Jahren betrug hingegen der Verlust für die schlechteste 15-Jahres-Periode pro Jahr zwar noch −0,4 %. Nach 20 Jahren lag die minimale jährliche Rendite auf DAX-Sparpläne mit 2,7 % im positiven Bereich. Ab 30 Jahren betrug die minimale Rendite pro Jahr sogar 6,2 %.

Abgesehen von der Betrachtung dieser Extreme, d. h. der minimalen und der maximalen Rendite, ist der Durchschnittsertrag aller möglichen Sparpläne bei unterschiedlicher Haltedauer interessant. Er liegt bei rund 10 % pro Jahr.

4   Mehr Aktienbesitz als vermögenspolitische Notwendigkeit

Aus unterschiedlichen Gründen ist es notwendig, weitere Teile der Bevölkerung zu Aktionären zu machen und damit ihre Teilhabe am Produktivkapital der Wirtschaft zu sichern. Mit der Altersvorsorge und der Diskussion um die soziale Gerechtigkeit werden im Folgenden zwei von diesen Gründen beschrieben.

4.1   Aktien in der Altersvorsorge

Aufgrund ihres Langfristcharakters sind Aktien ein ideales Instrument der Altersvorsorge, werden aber bislang für diesen Zweck in Deutschland noch viel zu wenig genutzt. Dies liegt zum einen daran, dass sich die deutschen Rentner immer noch sehr stark auf die gesetzliche Rente verlassen, die durch das Umlageverfahren finanziert wird. Dabei zahlen die jetzigen Arbeitnehmer über ihre Beiträge unmittelbar die Renten der Ruheständler. Es findet also keine Anlage der Gelder am Kapitalmarkt statt, sodass Aktien im Umlageverfahren keine Rolle spielen können.

Aber auch in der zweiten und dritten Säule, d. h. in der betrieblichen und privaten Altersvorsorge, werden Aktien nur unzureichend genutzt. So betrug beispielsweise der Anteil an Aktien und sonstigen Beteiligungen in der Kapitalanlage der Pensionskassen lediglich 7 % (BaFin 2015).

Die Notwendigkeit, mehr Aktien in der Altersvorsorge zu nutzen, wird aber immer deutlicher. Unter dem Stichwort Rentenlücke rückt die Leistungsfähigkeit der gesetzlichen Rente zunehmend in den Fokus der Debatte. Prognosen zufolge werden die Beiträge zur gesetzlichen Rentenversicherung von aktuell weniger als 20 % des Bruttoeinkommens bis auf 27,2 % im Jahr 2060 ansteigen. Bei steigenden Beiträgen sinkt zudem das Nettorentenniveau vor Steuern – gemessen am letzten Einkommen – von 51,6 % im Jahr 2010 auf voraussichtlich 41,2 % im Jahr 2060 (Werding 2013). Gemessen am letzten Einkommen steht den Ruheständlern dann rund ein Fünftel weniger Rente zur Verfügung. Schließlich steigt die staatliche Subvention der Rente weiter an. Bereits jetzt müssen Defizite zwischen den Einnahmen und den Rentenzahlungen durch Mittel aus dem Bundeshaushalt finanziert werden, die fast ein Drittel der Ausgaben (85 Mrd € im Jahr 2015) ausmachen (Deutsche Rentenversicherung Bund 2016).

Um diese absehbare Lücke in der gesetzlichen Rentenversicherung zu schließen und den Lebensstandard im Alter zu halten, müssen künftige Rentnergenerationen zusätzliche Ersparnisse zurücklegen. Wichtig ist es, dass diese Mittel möglichst effizient, d. h. renditestark, angelegt werden. Eine Berechnung soll dies verdeutlichen: Arbeitnehmer, die im Jahr 2060 in Rente gehen, brauchen nach einer Ansparphase von 45 Jahren rund 4 % Rendite pro Jahr, um bei einer jährlichen Sparrate von 3 bis 4 % des Bruttoeinkommens das heutige Rentenniveau, sprich den heutigen Lebensstandard, halten zu können (Deutsches Aktieninstitut et al. 2016). Bei Renditen von 2 %, die derzeit immer noch nur für wenige Staatsanleihen selbst mit einer längeren Laufzeit überhaupt realistisch sind, müssten die Rentner zusätzliche Beiträge von 6 bis 7 % ihres Bruttogehalts jährlich zurücklegen. Die ausschließliche Kapitaldeckung über Anleihen ist also nicht zielführend. Gleiches gilt für den Ausbau des Umlageverfahrens, der derzeit von Teilen der Politik gefordert wird, aber aufgrund des demografischen Wandels effektiv nicht finanzierbar ist. Bleibt die Aktienanlage, die – historisch betrachtet – langfristig eine nominale Rendite von über 4 % erwirtschaften kann und dementsprechend das Mittel der Wahl ist, um die Lücke in der gesetzlichen Rente zu schließen (Abb. 4).

4.2   Aktien für mehr Verteilungsgerechtigkeit

Darüber hinaus trägt mehr Aktienbesitz, etwa im Rahmen der Altersvorsorge, zu mehr sozialer Gerechtigkeit in Deutschland bei. Unterschiedliche Studien kommen zu dem Schluss, dass der Anteil der Arbeitseinkommen an der Wertschöpfung einer Volkswirtschaft gemessen am Bruttoinlandsprodukt sinkt (Autor et al. 2017). Wesentlicher Treiber dieser Entwicklung ist der immer schnellere technologische Wandel. Hinzu kommt der zunehmende Wettbewerb durch die Globalisierung, der die Löhne tendenziell unter Druck setzt.

Daraus folgt, dass die Arbeitseinkommen, mit denen die meisten Haushalte den wesentlichen Teil ihrer Ausgaben bestreiten, geringer angestiegen sind als die Kapitaleinkommen, d. h. insbesondere die von den Kapitalgesellschaften wie Aktiengesellschaften erwirtschafteten Gewinne. Seit 1991 haben sich die Gewinne der Kapitalgesellschaften in Deutschland mehr als verdoppelt. Die Einkünfte aus Arbeit sind hingegen nur um rund 80 % gestiegen. Deutlich geringer sind die Zuwächse bei den mittleren und unteren Einkommensklassen (Grabka und Goebel 2017).

Diese Entwicklung, die Folge der oben genannten Faktoren Technologie und Globalisierung ist, lässt sich schwer umkehren. Auch stoßen steuerpolitische Instrumente der Umverteilung bereits jetzt an ihre Grenzen. Daher ist es dringend notwendig, die Arbeitnehmer viel mehr als heute zu Aktionären zu machen, um sie – bei abnehmender Bedeutung der Arbeitseinkommen – an den wirtschaftlichen Erfolgen der deutschen Kapitalgesellschaften zu beteiligen. Am Beispiel der börsennotierten Unternehmen lässt sich zeigen, dass es hier viel zu tun gibt: Nur rund ein Zehntel der Marktkapitalisierung deutscher börsennotierter Unternehmen ist im Besitz privater Haushalte. Fast 60 % gehören ausländischen Investoren (Deutsche Bundesbank 2014). Damit profitiert also der US-Rentner, der über seine Anteile an den Pensionskassen Miteigentümer der Unternehmen hierzulande ist, von den Erfolgen der deutschen Wirtschaft, während der deutsche Privatanleger aufgrund seiner Aktienabstinenz weitgehend leer ausgeht.

5 Maßnahmen zur Förderung der Aktienkultur

Es gibt also gute Gründe, Deutschland zu einem Land der Aktionäre zu machen. Aber wie? Wichtig sind Instrumente und Maßnahmen, die der breiten Bevölkerung die Anlageform Aktie näherbringen. Denn ein wesentlicher Grund für die geringe Affinität deutscher Privatanleger sind Schwierigkeiten, das Risiko der Aktienanlage richtig einzuschätzen. Dies belegen Umfragen, in der die Mehrheit der Befragten gängige Vorurteile gegenüber der Aktienanlage bestätigt. Dazu gehört, dass die Aktienanlage gute bzw. ausgeprägte wirtschaftliche Kenntnisse voraussetze, bei kleineren Anlagebeträgen ohnehin nicht sinnvoll und sowieso nicht einfach sei, sondern unsicher und riskant (Deutsches Aktieninstitut und Börse Stuttgart 2015).

Aufklärungsarbeit ist also notwendig. Hier kommt der Mitarbeiteraktie eine wichtige Rolle zu, da sie oftmals die erste Berührung privater Anleger mit der Anlageform Aktie darstellt. Was liegt hier näher, als in Aktien des eigenen Unternehmens zu investieren, das dementsprechend bestens bekannt ist? Hilfreich ist dabei auch, dass die Unternehmen im Rahmen ihrer Beteiligungsprogramme über die Chancen der Aktienanlage informieren und Wege für den Umgang mit den Risiken aufzeigen. Sie leisten einen wertvollen Beitrag zur Aktienkultur. Die Belegschaftsaktie ist dabei oftmals der Einstieg in ein breit gestreutes Aktienportfolio, das auch Börsenneulinge umfassen kann. So kann ein doppeltes Risiko vermieden werden, d. h. die Gefahr, dass bei einer Insolvenz des eigenen Unternehmens der Arbeitsplatz und die Geldanlage weg sind.

Allerdings hat die Mitarbeiteraktie in Deutschland deutliches Potenzial. Um dieses zu heben, müssen die politischen Rahmenbedingungen verbessert werden. Außerdem muss den Unternehmen die Scheu vor der Einführung genommen werden. Hierzu trägt der *Praxisleitfaden: Einführung von Mitarbeiteraktienprogrammen* bei, den das Deutsche Aktieninstitut gemeinsam mit Ernst & Young GmbH Wirtschaftsprüfungsgesellschaft (EY) erstellt hat (Deutsches Aktieninstitut und EY 2018).

Darüber hinaus tragen auch Banken und Sparkassen wesentlich dazu bei, in ihren Kundengesprächen auf die Anlageform Aktie aufmerksam zu machen und damit den Appetit auf diese Anlageform zu steigern. Allerdings verringern die Kreditinstitute immer stärker ihre Beratung in Einzelaktien; gerade kleinere haben diese ganz eingestellt. Spürbar ist diese Entwicklung auch bei anderen Finanzprodukten wie Aktienfonds (Deutsches Aktieninstitut 2014).

Grund ist die zunehmende Regulierung der Anlageberatung, die mit einem enorm gestiegenen Aufwand in der Aktienberatung verbunden ist. Dies ist ein Anzeichen dafür, dass über das Ziel, den Anleger zu schützen, hinausgeschossen wurde. Sogar den Anlegern wird der steigende Informations- und Dokumentationsaufwand in der Anlageberatung zunehmend lästig. Daran schließt sich der Wunsch vieler Anleger, hierauf verzichten zu dürfen, was aber regulatorisch bedingt nicht möglich ist (Ortmann und Tutone 2014).

Vor dem Hintergrund der Interessen der Banken und Teile ihrer Kunden ist es daher notwendig, die Regulierung im Bereich der Anlageberatung neu zu justieren. Ein erster Schritt in die richtige Richtung wurde mit dem Finanzmarktnovellierungsgesetz gemacht. Ab Mitte 2018 ist es für die Banken möglich, statt eines Produktinformationsblatts für jede Einzelaktie in der Bankberatung ein Produktinformationsblatt für die Gattung Aktien bereitzustellen. Gerade für kleinere Banken standen die Kosten, die bei dem Erwerb der Produktinformationsblätter anfallen, in keinem Verhältnis zu den Erträgen, die in der Aktienberatung erwirtschaftet werden können. Damit war das Produktinformationsblatt ein wesentlicher Grund, sich komplett aus der Aktienberatung zurückzuziehen.

Inwiefern dieser Trend gestoppt werden kann, hängt allerdings vom gesamten Regulierungsrahmen ab, der ab Anfang 2018 mit der überarbeiteten Finanzmarktrichtlinie MiFID II nochmals deutlich erweitert wurde. Stichwörter hierzu sind die neuen Pflichten zur Produkt-Governance inklusive der Bestimmung des Zielmarkts, Produktfreigabeverfahren sowie Produktüberwachungsvorkehrungen. Ebenfalls werden die Pflichten zur Kostentransparenz und der Eignungsbeurteilung ausgeweitet. Allein diese exemplarische Aufzählung neuer bzw. erweiterter Pflichten lässt wenig Hoffnung, dass der regulatorisch bedingte Exodus der Banken aus der Aktien- und Wertpapierberatung gestoppt werden kann. Es bleibt also weiterhin Handlungsbedarf.

Schließlich muss der steuerliche Rahmen die notwendigen Anreize für den Aktienbesitz privater Haushalte setzen. Zumindest darf er ihn nicht behindern. Mit der Einführung der Abgeltungsteuer im Jahr 2009 wurde das Halbeinkünfteverfahren auf Dividenden abgeschafft. Außerdem werden seitdem Veräußerungsgewinne besteuert. Damit werden Aktienerträge uneingeschränkt sowohl auf Unternehmens- als auch auf Anlegerebene besteuert. Resultat ist ein Steuersatz auf Aktienerträge von fast 50 %. Im Vergleich dazu beläuft sich die Steuer auf Erträge festverzinslicher Wertpapiere, die lediglich auf Anlegerebene anfällt, auf etwa 28 % (Abgeltungsteuer plus Solidaritätszuschlag und gegebenenfalls Kirchensteuer).

Die Aktienanlage wird daher unter steuerlichen Gesichtspunkten gegenüber der festverzinslichen Anlage diskriminiert. Um das Kapital der privaten Anleger für den Aktienmarkt zu heben, muss die steuerliche Diskriminierung deutlich verringert werden. Notwendige Maßnahmen müssen den Aktienanleger deutlich entlasten, etwa durch einen im Vergleich zu dem derzeitigen Stand reduzierten Steuersatz.

Diese Entlastung könnte mit Anreizen für den langfristigen Aktienbesitz kombiniert werden. Dazu gehört die Steuerfreiheit von Kursgewinnen ab einer Spekulationsfrist, über deren Länge zu diskutieren wäre. Einen weiteren Vorschlag, wie etwa die Aktie im Rahmen der staatlich geförderten Altersvorsorge viel stärker als heute genutzt werden kann, hat das Deutsche Aktieninstitut mit seinem Förderkonzept Altersvorsorge vorgelegt. Gefördert werden in diesem Konzept alle Instrumente des langfristigen Vermögensaufbaus, aus Diversifikationsgründen idealerweise Aktienfonds. Als Beimischung denkbar sind aber auch Mitarbeiteraktien, die im Laufe des Lebens erworben wurden. Die Voraussetzung, um überhaupt eine Förderung zu erhalten, ist eine Mindestaktienquote. Der Aktienfokus wird weiter durch eine staatliche Aktienzulage auf die eingezahlten Beträge unterstrichen. Um Anreize für den langfristigen Vermögensaufbau mit Aktien zu setzen, sollen die Erträge nach 20 Jahren Anlagedauer von der Abgeltungsteuer freigestellt werden. Damit die Gelder effektiv für den Ruhestand genutzt werden können, muss der Anleger bis zum Renteneintritt sparen und dafür Sorge tragen, dass die Ersparnisse bis zum Lebensende reichen (Deutsches Aktieninstitut et al. 2016).

6   Fazit

Mehr Aktionäre braucht das Land! Denn die Aktie trägt zur Lösung wesentlicher gesellschaftspolitischer Probleme bei, insbesondere im Rahmen der Altersvorsorge künftiger Rentnergenerationen. Hierfür müssen die Weichen gestellt werden, die in diesem Beitrag beschrieben werden. Die Politik muss handeln: Besser jetzt, als später. Darüber hinaus müssen alle, Unternehmen, Politik und Regulatoren, einen Bewusstseinswandel fördern. Die Aktie muss aus der Schmuddelecke des Risikopapiers herausgeholt werden. Um weiten Teilen der Bevölkerung die Scheu vor Aktien zu nehmen, ist es dementsprechend wichtig, dass auch die Chancen betont werden, selbstverständlich ohne die Risiken und ihren richtigen Umgang damit zu verschweigen.

Literatur

Autor D, Dorn D, Katz LF, Patterson C, Van Reenen J (2017) The fall of the labor share and the rise of Superstar firms. Working paper. https://economics.mit.edu/files/12979. Zugegriffen: 15. Mai 2018

BaFin Bundesanstalt für Finanzdienstleistungsaufsicht (2015) Kapitalanlagen der Erstversicherer – 4. Quartal 2015. https://www.bafin.de/SharedDocs/Downloads/DE/Statistik/Kapitalanlagen/dl_kapitalanlagen_4q_2015_va.html. Zugegriffen: 15. Mai 2018

Deutsche Bundesbank (2014) Eigentümerstruktur am deutschen Aktienmarkt: allgemeine Tendenzen und Veränderungen in der Finanzkrise. Monatsbericht September. Frankfurt am Main. https://www.bundesbank.de/Redaktion/DE/Downloads/Veroeffentlichungen/Monatsberichtsaufsaetze/2014/2014_09_eigentuemerstruktur_aktienmarkt.pdf?__blob=publicationFile. Zugegriffen: 15. Mai 2015

Deutsche Rentenversicherung Bund (2016) Rentenversicherung in Zeitreihen. Berlin. https://www.deutsche-rentenversicherung.de/Allgemein/de/Inhalt/6_Wir_ueber_uns/03_fakten_und_zahlen/03_statistiken/02_statistikpublikationen/03_rv_in_zeitreihen.pdf?__blob=publicationFile&v=21. Zugegriffen: 15. Mai 2018

Deutsches Aktieninstitut (2014) Regulierung drängt Banken aus der Aktienberatung – eine Umfrage unter deutschen Kreditinstituten. Frankfurt am Main. https://www.dai.de/files/dai_usercontent/dokumente/studien/2014-7-10%20DAI-Studie%20Regulierung%20der%20Aktienberatung.pdf. Zugegriffen: 15. Mai 2018

Deutsches Aktieninstitut (2018) Aktionärszahlen des Deutschen Aktieninstituts 2017: Deutliche Steigerung auf über 10 Millionen. Frankfurt am Main. https://www.dai.de/files/dai_usercontent/dokumente/studien/2018-02-19%20Aktieninstitut%20Aktionaerszahlen%202017%20Web.pdf. Zugegriffen: 15. Mai 2018

Deutsches Aktieninstitut, Börse Stuttgart (2015) Aktienanlage ist Kopfsache. Die Einstellung der Deutschen zur Aktie. Frankfurt am Main. https://www.dai.de/files/dai_usercontent/dokumente/studien/2015-05-07%20Aktienanlage%20ist%20Kopfsache%20Web%20FINAL.pdf. Zugegriffen: 15. Mai 2018

Deutsches Aktieninstitut, Ernst & Young GmbH Wirtschaftsprüfungsgesellschaft (2018) Praxisleitfaden: Einführung von Mitarbeiteraktienprogrammen. Frankfurt am Main. https://www.dai.de/files/dai_usercontent/dokumente/studien/2018-02%20Leitfaden%20Mitarbeiteraktie%20EY%20DAI.pdf. Zugegriffen: 15. Mai 2018

Deutsches Aktieninstitut, Bankhaus Metzler, DekaBank, Union Investment (2016) Lebensstandard im Alter sichern – Rentenlücke mit Aktien schließen. Aktionsplan „Aktienorientierte Altersvorsorge". Frankfurt am Main. https://www.dai.de/files/dai_usercontent/dokumente/studien/2016-12-06%20Studie%20Aktienorientierte%20Altersvorsorge%20DAI%20Deka%20Metzler%20UI.pdf. Zugegriffen: 15. Mai 2018

Grabka MM, Goebel J (2017) Realeinkommen sind von 1991 bis 2014 im Durchschnitt gestiegen – erste Anzeichen für wieder zunehmende Einkommensungleichheit. DIW Wochenbericht 4/2017:71–82

Ortmann M, Tutone S (2014) Evaluierung der Beratungsdokumentation im Geldanlage- und Versicherungsbereich. http://www.ita-online.info/system/comfy/cms/files/files/000/000/025/original/Evaluierung_der_Beratungsdokumentation_im_Geldanlage_und_Versicherungsbereich.pdf. Zugegriffen: 15. Mai 2018

Werding M (2013) Alterssicherung, Arbeitsmarktdynamik und neue Reformen: Wie das Rentensystem stabilisiert werden kann. Studie im Auftrag der Bertelsmann Stiftung. Gütersloh. http://www.bertelsmann-stiftung.de/fileadmin/files/BSt/Publikationen/GrauePublikationen/GP_Alterssicherung_Arbeitsmarktdynamik_und_neue_Reformen.pdf. Zugegriffen: 15. Mai 2018

Dr. Norbert Kuhn verantwortet am Deutschen Aktieninstitut e. V. den Bereich Unternehmensfinanzierung. Dort betreut er unter anderem Themen wie Mitarbeiteraktien, private Altersvorsorge, Regulierung der Anlageberatung und Besteuerung der Aktienanlage. Nach dem Volkswirtschafts- und Politologiestudium an der Philipps-Universität Marburg hat er in Wirtschaftswissenschaften promoviert.

Neustart für den Deutschlandfonds?

Kurt Beck

1 Vermögens- und Einkommensverteilung in Deutschland

Die ungleiche Verteilung von Vermögen und Einkommen als Folge der kapitalistischen Wirtschaftsordnung war eine der Triebfedern der Entstehung der sozialdemokratischen Arbeiterbewegung. Im 19. Jahrhundert und der Weimarer Republik war die Aufhebung des Privateigentums an Produktionsmitteln für die Sozialdemokratie die maßgebliche Antwort auf die materielle Ungleichheit. Spätestens mit dem Godesberger Programm von 1959 hat sich die SPD dann vom Ziel der grundsätzlichen Aufhebung des Gegensatzes von Kapital und Arbeit durch Vergesellschaftung der Produktionsmittel verabschiedet. Das private Eigentum an Produktionsmitteln (z. B. Unternehmen, Immobilien, Grund und Boden) und der Markt als dezentraler wirtschaftlicher Koordinationsmechanismus werden seither nicht mehr grundsätzlich infrage gestellt. Gleichwohl ist die Sozialdemokratie nicht einer unkritischen Marktgläubigkeit verfallen. Denn das Kernziel der Sozialdemokratie, die gerechte Verteilung des erwirtschafteten Volkseinkommens, ist ohne eine politische Steuerung und auch Begrenzung von Marktprozessen nicht zu erreichen. Die Sozialdemokratie steht daher für einen handlungsfähigen Staat, der an verschiedenen Stellen und mit unterschiedlichen Instrumenten in Marktergebnisse und Marktprozesse eingreift, um Wirtschaft und Gesellschaft insbesondere in sozialer und ökologischer Hinsicht gerechter und lebenswerter zu machen. „So viel Markt wie möglich – so viel Staat wie nötig" (Godesberger Programm 1959) ist auch heute noch ein zentraler Leitsatz der SPD.

Mit Blick auf die Einkommens- und Vermögensverteilung in Deutschland ist allerdings nicht zu verkennen, dass die Schere zwischen Wohlhabenden und relativ Armen – nach einem Rückgang der Ungleichheit in den Nachkriegsjahrzehnten – seit den 1970er-Jahren

K. Beck (✉)
Vorsitzender, Friedrich-Ebert-Stiftung
Bonn, Deutschland
E-Mail: kurt.beck@fes.de

wieder auseinanderläuft. Die reichsten 10 % der Haushalte in Deutschland besitzen heute etwa 60 % des Vermögens. Die unteren 50 % der Haushalte besitzen hingegen nur 2,5 % des Vermögens, wobei 30 % gar kein Vermögen besitzen oder verschuldet sind (Deutsche Bundesbank 2016, S. 67–72). Auch die Einkommensentwicklung driftet seit Jahrzehnten auseinander, auch wenn seit der Finanzkrise eine Stabilisierung zu beobachten ist. Der langfristige Trend in Richtung einer zunehmend ungleichen Einkommensverteilung ist aber unverkennbar.

Eine wesentliche Ursache der unausgewogenen Eigentumskonzentration ist in der Lohnentwicklung zu finden. Diese ist seit Mitte der 1990er-Jahre für Arbeitnehmer, insbesondere in unteren und mittleren Einkommensbereichen, nicht zufriedenstellend verlaufen. Die durchschnittlichen Arbeitnehmerentgelte in Deutschland nahmen beispielsweise zwischen 2000 und 2013 nominal nur um knapp 28 % zu, was einen realen (preisbereinigten) Verlust von 0,7 % darstellt. Während die Einkommen aus Arbeitskraft also überwiegend stagnierten, legten Einkommen aus Vermögen und Unternehmensgewinnen – also aus Produktivkapital – in dieser Periode nominal um rund 62 % zu (Hans-Böckler-Stiftung 2014). Die Einkommensschere zwischen Arbeitnehmereinkommen und Unternehmens- bzw. Kapitaleinkommen hat sich also weiter geöffnet.

Das spiegelt sich auch in der Lohnquote wider, die den Anteil des Lohneinkommens am Volkseinkommen misst: Unter starken Schwankungen hat sich diese langfristig negativ entwickelt. So fiel die Lohnquote zwischen 2000 und 2007 von etwa 72 % auf unter 64 %. Nach der Finanzkrise stieg sie zwar wieder an, konnte Werte von über 70 % aber nicht mehr erreichen. Seit mehreren Jahren stagniert die Lohnquote nun bei etwa 68 % (Grabka und Goebel 2017, S. 71). Selbst der Internationale Währungsfonds konstatiert sowohl einen deutschen als auch einen länderübergreifenden Trend des Rückgangs des Anteils der Arbeitseinkommen gegenüber den Kapitaleinkommen seit 1980 (Abb. 1). Für die international preisgekrönte Arbeit des französischen Ökonomen Thomas Piketty *Das Kapital im 21. Jahrhundert* ist dies der zentrale Widerspruch der gegenwärtigen Wirtschaftsordnung (Piketty 2014, S. 25).

Man kann es auch anders formulieren: Die Gruppe von Kapitalbesitzern, deren Eigentum sich ohne viel eigenes Zutun immer weiter vermehrt, setzt sich materiell zunehmend von den Arbeitnehmern ab, deren Einkommen allein von ihrer Arbeitskraft abhängt. Für die Sozialdemokratie ergibt sich daraus ein dringender politischer Handlungsbedarf.

Was ist also zu tun? Einen alleinigen Königsweg zur Reduzierung der Ungleichheit gibt es nicht. Die klassische staatliche Umverteilungspolitik (Sekundärverteilung), etwa durch höhere Steuern auf Vermögen, Erbschaften und Kapitaleinkommen, ist wichtig. Auf diesem Feld sind bislang noch nicht alle Möglichkeiten ausgeschöpft, wie erst jüngst die Friedrich-Ebert-Stiftung gezeigt hat (Bormann et al. 2017). Staatliche Umverteilungspolitik ist aber politisch oft schwer durchsetzbar, weshalb auch andere Instrumente Beachtung finden sollten. Ganz wichtig in diesem Zusammenhang ist, das Zerbröseln der Tarifbindung aufzuhalten. Ebenfalls in den Fokus rücken sollte aber auch eine stärkere Beteiligung der Arbeitnehmer am Produktivvermögen, also an den Gewinnen der (erwirtschaftenden) Unternehmen. Denn je mehr Arbeitnehmer schon bei der Primärverteilung des Erwirt-

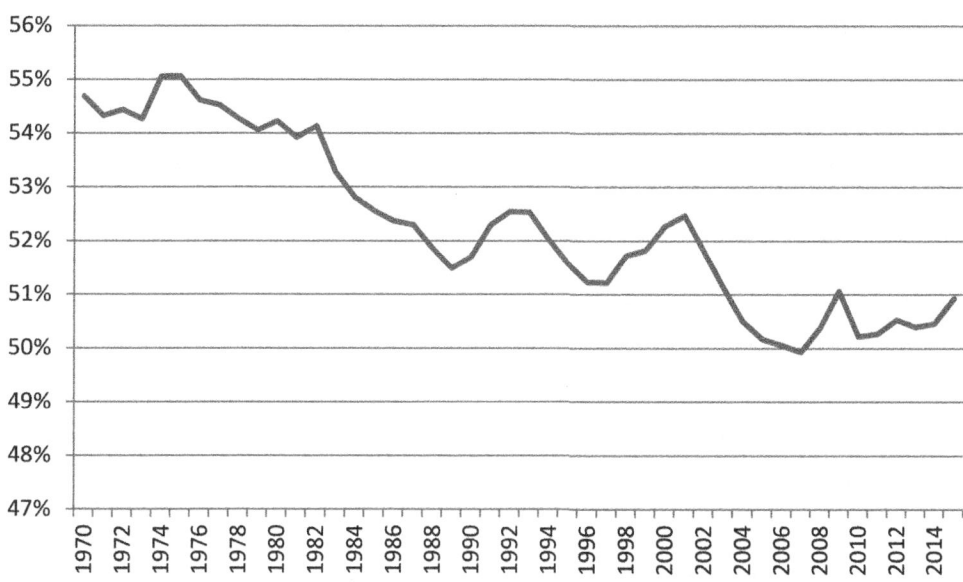

Abb. 1 Entwicklung der Lohnquote in Industrieländern. (IMF 2017, S. 126–153)

schafteten berücksichtigt werden, desto weniger stark muss der Staat später in Form von Umverteilung eingreifen.

Die Förderung der Beteiligung der Arbeitnehmer an den Unternehmen ist als politische Zielsetzung nicht neu. Schon in den 1950er- und 1960er-Jahren setzte sich die Sozialdemokratie für mehr Vermögensbildung in Arbeitnehmerhand ein. Maßgeblich war die Einsicht, dass gute Lohnabschlüsse oder staatliche Umverteilungsmaßnahmen allein die Vermögenskonzentration nicht ausreichend reduzieren können, sondern eine breite gesellschaftliche Beteiligung am Produktivkapital notwendig ist.

Während meiner Zeit als Vorsitzender der SPD habe ich das Thema erneut auf die Tagesordnung gesetzt. Denn trotz aller vorangegangenen Bemühungen stellte sich heraus, dass die Beteiligung der Arbeitnehmer an den Unternehmen in Deutschland im europäischen Vergleich weiter unterdurchschnittlich verbreitet war. Nur 10 % der Betriebe mit über 200 Mitarbeitern boten ihren Mitarbeitern eine Kapitalbeteiligung an – in Frankreich, den Niederlanden und Großbritannien waren es mehr als doppelt so viele (Arbeitsgruppe Mitarbeiterbeteiligung SPD 2007, S. 2). Zwar waren deutsche Arbeitnehmer im internationalen Vergleich vorbildlich an den sie betreffenden Entscheidungsprozessen beteiligt (durch die Mitbestimmung in Betrieben und Aufsichtsräten), bei der materiellen Beteiligung sah es aber schlecht aus.

2   Das Konzept des Deutschlandfonds für Arbeitnehmer

Auf meine Initiative hin hat sich dann eine SPD-Arbeitsgruppe mit der Thematik auseinandergesetzt. Wir kamen damals zu dem Schluss, dass es viele gute Gründe für mehr Mitarbeiterkapitalbeteiligung gibt, nicht nur verteilungspolitische: Sie fördert die Identifikation der Beschäftigten mit ihrem Unternehmen, sie kann die Finanzierungslage der Unternehmen verbessern, sie kann für Unternehmen im Krisenfall eine Möglichkeit sein, Mitarbeiter zu halten und das Unternehmen zu retten, und sie kann ganz generell Stabilität und Langfristdenken in der Wirtschaft stärken.

Woran lag es dann, dass trotz dieser Vorzüge die materielle Mitarbeiterbeteiligung noch immer ein Nischendasein fristete? Meiner Ansicht nach fehlte es zum einen an einer einfachen und leicht zu verwirklichenden Lösung für die Unternehmen. Viele Beteiligungsmodelle, gerade bei nicht börsennotierten kleinen und mittleren Unternehmen, sind steuer- und gesellschaftsrechtlich kompliziert und daher für Unternehmen wie Mitarbeiter mit hohen administrativen Kosten verbunden. Zum anderen erschien mir das Problem des sog. doppelten Risikos für die Mitarbeiter als ein zentrales Hemmnis. Durch die Konzentration der Vermögensanlage auf das Arbeit gebende Unternehmen ist im Fall einer Insolvenz sowohl die Vermögensbeteiligung als auch der Arbeitsplatz bzw. der Arbeitslohn akut in Gefahr.

Um diesen Hemmnissen wirksam zu begegnen, reichten konventionelle Vorschläge wie eine Verbesserung der steuerlichen Förderung der Mitarbeiterkapitalbeteiligung meiner Ansicht nach nicht aus. Die Idee war daher, neben den bestehenden Modellen der Mitarbeiterkapitalbeteiligung eine überbetriebliche Beteiligungsmöglichkeit in Form eines Mitarbeiterbeteiligungsfonds zu schaffen. In diesen Deutschlandfonds sollten Arbeitnehmer über ihr Unternehmen einzahlen und Anteile erwerben können. Der Fonds wiederum sollte das Kapital entsprechend der Höhe der Einlagen der Mitarbeiter in die Arbeit gebenden Unternehmen reinvestieren.

Die Vorteile der überbetrieblichen Fondslösung liegen auf der Hand: Durch die breite Streuung der Anlagen ist das Verlustrisiko für die Arbeitnehmer viel geringer. Zudem können durch standardisierte Beteiligungsformen auch die administrativen Kosten, insbesondere für den Mittelstand, gesenkt werden. Außerdem wird die Finanzierungsbasis der Unternehmen durch die entstehenden Kapitalrückflüsse gestärkt.

Die SPD-Vorschläge mündeten 2009 in das Mitarbeiterkapitalbeteiligungsgesetz. Dieses sah neben Fördererhöhungen für bestehende Beteiligungsmodelle das sog. Mitarbeiterkapitalbeteiligungssondervermögen vor. Damit wurde im Kern die Idee des Deutschlandfonds aufgegriffen. Leider wurde das Konzept im Rahmen der parlamentarischen Verhandlungen deutlich verkompliziert. Viele Vorgaben zur Anlagepolitik erschwerten die praktische Umsetzung. Beispielsweise sollte das Sondervermögen zu mindestens 60 % in Unternehmen, die ihren Mitarbeitern die Beteiligung ermöglichen, investiert werden. Die restlichen 40 % durften in andere Unternehmen fließen. Viele weitere Vorgaben zu Beteiligungsformen und Portfolioaufteilung kamen hinzu.

Den Praxistest hat unsere damals gefundene Regelung leider nicht bestanden. Kein einziger überbetrieblicher Mitarbeiterbeteiligungsfonds ist aufgelegt worden. Für alle beteiligten Parteien – Fondsanbieter, Beschäftigte und Unternehmen – war das Angebot nicht interessant genug. Neben den bürokratischen Vorgaben war ein wesentlicher Grund für das Scheitern wohl die Überfrachtung mit zu vielen im Kern sich widersprechenden Zielen. So war das Konzept zum einen geprägt von dem Bemühen, ein möglichst ideales Anlageergebnis für die Beschäftigten zu erzielen. Diesem Ziel entspricht die überbetriebliche, breite Streuung der Investitionen – sogar auch in Unternehmen, die selbst ihren Mitarbeitern keine Beteiligung anbieten. Andererseits sollte die Bindung der Mitarbeiter an ihr Unternehmen nicht ganz aufgegeben werden – diesem Ziel entsprach der festgesetzte Rückfluss von 60 % des Kapitals in Unternehmen, die ihren Mitarbeiten die Beteiligung am Fonds ermöglichen. Beide Ziele widersprechen sich im Kern und werden dadurch nur mehr schlecht als recht eingelöst: Die Fondslösung verwässert den Zusammenhang zwischen Kapitalbeteiligung und Engagement im eigenen Unternehmen unweigerlich. Und die Investitionsbindung an sich beteiligende Unternehmen schmälert die Renditechancen im Vergleich zu herkömmlichen Publikumsfonds, die ihre Investitionen ausschließlich nach Ertragsgesichtspunkten auswählen – daran kann auch keine öffentliche Förderung etwas ändern. Doch aus den Konstruktionsfehlern der Vergangenheit kann man lernen.

3 Neustart für den Deutschlandfonds?

Das Problem einer weltweiten Tendenz zur Konzentration der Vermögen bleibt weiter ungelöst. Studien, u. a. auch der Friedrich-Ebert-Stiftung, haben gezeigt, dass die Ungleichheit der Vermögen und Einkommen ab einem bestimmten Grad mit einem Verlust an Massenkaufkraft und damit auch gesamtwirtschaftlichen Wohlstands- und Wachstumseinbußen einhergeht (Albig et al. 2016). Es ist also ein Gebot sozialer Gerechtigkeit und wirtschaftlicher Vernunft, dass Beschäftigte am Ertrag der Volkswirtschaft gerecht und ausgewogen teilhaben. Dies funktioniert auch durch angemessene Teilhabe am Produktivkapital, zusätzlich zum Arbeitseinkommen.

Vor diesem Hintergrund sind neue Anläufe für mehr materielle Beteiligung aller Schichten der Bevölkerung notwendig. Hierfür könnte ich mir drei wesentliche Ansatzpunkte vorstellen:

1. Betriebliche Modelle der Mitarbeiterbeteiligung (direkte Beteiligung am Arbeit gebenden Unternehmen) sollten stärker gefördert werden. Hierfür könnte die steuerliche Förderung angehoben werden, etwa auf ein Niveau, das auch in vergleichbaren europäischen Ländern üblich ist. Steuerrechtliche Unsicherheiten im Umgang mit Mitarbeiterbeteiligung, die vielfach von den Unternehmen beklagt werden, sollten durch den Gesetzgeber beseitigt werden.
2. Neben der Möglichkeit der direkten Beteiligung der Arbeitnehmer am eigenen Unternehmen sollte ein für alle Bürger offenstehender Vermögensbildungsfonds in staat-

licher Trägerschaft geschaffen werden. Der Fonds wäre unabhängig und würde ausschließlich im Interesse der Anleger in Unternehmen im In- und Ausland investieren. Das Management würde durch eine Ausschreibung ermittelt und könnte z. B. durch die Kreditanstalt für Wiederaufbau (KfW) erfolgen. Internationale Beispiele für Staatsfonds zeigen, dass äußerst geringe Verwaltungskosten bei durchschnittlichen Renditen von mindestens 4 % jährlich realistisch sind (Mooney 2016). Dies gilt selbst dann, wenn Fonds, wie der norwegische Staatsfonds, der den Empfehlungen eines Ethikrats folgt, ethische und sozial-ökologische Kriterien in die Anlageentscheidungen mit einbeziehen. Auch für einen deutschen Vermögensbildungsfonds wären ethische Richtlinien denkbar. Die Beteiligung an diesem Fonds sollte in gleicher Höhe gefördert werden, wie die Kapitalbeteiligung an Einzelbetrieben.

3. Unternehmen ab einer bestimmten Größe sollten ähnlich wie in Frankreich gesetzlich verpflichtet werden, ihren Mitarbeitern entweder eine Kapitalbeteiligung am eigenen Unternehmen oder Anteile am Vermögensbildungsfonds zusätzlich zum regulären Lohn anzubieten. Es ist nicht einzusehen, dass Verpflichtungen nur im Bereich der immateriellen Beteiligung gesetzlich verankert sind, die materielle Beteiligung dagegen rein auf Freiwilligkeit beruhen soll. Der Betriebsrat ist in die Entscheidungsfindung über das gewählte Beteiligungsmodell mit einzubeziehen.

Der von mir vorgeschlagene staatliche Vermögensbildungsfonds vermeidet die Überfrachtung mit sich widersprechenden Zielen, wie es noch beim Mitarbeiterkapitalbeteiligungssondervermögen charakteristisch war. Er orientiert sich in der Anlagepolitik mehr an traditionellen Publikumsfonds und ist v. a. an der Ertragsmaximierung für die Anleger interessiert. Der entscheidende Unterschied zu herkömmlichen Fonds ist jedoch die staatliche Trägerschaft, die es dem Fonds im Gegensatz zu privaten Angeboten ermöglicht, ohne eigene Gewinninteressen zu agieren und tatsächlich bedarfsgerechte Investitionen zu tätigen. Für die Anleger würde sich das auszahlen, weil Vertriebs- und Verwaltungskosten minimiert und durch Fehlberatung der Finanzindustrie verursachte Fehlinvestitionen vermieden wären. Dass Fonds in staatlicher Trägerschaft sehr effizient und renditeträchtig wirtschaften können, zeigen Vorbilder wie der norwegische Staatsfonds oder der staatliche schwedische Pensionsfonds.

Der Erwerb von Anteilen am Vermögensbildungsfonds stünde allen Bürgern, unabhängig von ihrem beruflichen Status, offen und würde staatlich gefördert. Gleichwohl ist klar, dass ein solcher Fonds zunächst v. a. für Arbeitnehmer mit einem Einkommen, das Sparen ermöglicht, eine Unterstützung beim Vermögensaufbau bieten kann. Um auch die Schwächsten der Gesellschaft ohne eigene Sparmöglichkeit miteinzubeziehen, wäre es denkbar, dass auch der Staat selbst mittel- bis langfristig als Investor in den Fonds einsteigt. Damit wäre er Anteilseigner und könnte, wie vom kürzlich verstorbenen britischen Ökonom Sir Anthony Atkinson vorgeschlagen, mit den erwirtschafteten Erträgen Ungleichheit direkt reduzieren oder andere gesellschaftspolitisch gewünschte Aufgaben finanzieren (Atkinson 2016). Denkbar wäre auch, dass der Staat bestimmten Personengruppen Anteile kostenlos überlässt, um Ungleichheit zu reduzieren. Insgesamt bieten sich verschiedene Möglichkeiten, durch einen staatlichen Beteiligungsfonds Vermögensbildung für breite gesellschaftliche Gruppen zu fördern und die Ungleichheit zu reduzieren.

4 Fazit

Seit den 1980er-Jahren steigen die Kapitalrenditen weltweit schneller an, als das Lohnwachstum. Einkommen und Vermögen sind immer ungleicher verteilt. Zudem wird befürchtet, dass die Digitalisierung die Spaltung des Arbeitsmarkts verschärft, was den Trend zur Ungleichheit noch einmal befördert. Um den gesellschaftlichen Zusammenhalt zu bewahren, muss die Politik gegensteuern.

Dafür gibt es keinen alleinigen Königsweg. Die Förderung der Teilhabe am Produktivkapital, die Stärkung der Tarifbindung und die staatliche Umverteilung des Erwirtschafteten können sich ergänzende Instrumente sein, um das Auseinanderdriften der Gesellschaft aufzuhalten.

Die Sozialdemokratie steht historisch und politisch in der Tradition des Aufhebens des Gegensatzes von Kapital und Arbeit, indem die Arbeitnehmer selbst die Eigentümer der Produktionsmittel werden. Heute könnte die SPD an diese Tradition neu anknüpfen. Alle Bürger sollten an den steigenden Erträgen des Produktivkapitals beteiligt werden, indem sie privat und kollektiv über den Staat verstärkt zu Kapitaleigentümern werden. Neben einer besseren Förderung der Arbeitnehmerbeteiligung am Arbeit gebenden Unternehmen könnte die Schaffung eines staatlichen Vermögensbildungsfonds dazu beitragen, dieses Ziel zu erreichen.

Literatur

Albig H et al (2016) Zunehmende Ungleichheit verringert langfristig Wachstum – Analyse für Deutschland im Rahmen eines makroökonomischen Strukturmodells. Teil von gute Gesellschaft – soziale Demokratie 2017plus. Friedrich-Ebert-Stiftung, Berlin (library.fes.de/pdf-files/wiso/12953.pdf. Zugegriffen: 18. Mai 2018)

Arbeitsgruppe Mitarbeiterbeteiligung von SPD-Parteivorstand und SPD-Bundestagsfraktion (2007) Deutschlandfonds für Arbeitnehmerinnen und Arbeitnehmer. Eckpunkte für mehr Mitarbeiterkapitalbeteiligung. http://www.flegel-g.de/SPD_eckpunkte_mitarbeiterbeteiligung.pdf. Zugegriffen: 18. Mai 2018

Atkinson A (2016) Ungleichheit – Was wir dagegen tun können. Klett-Cotta, Stuttgart

Bormann R et al (2017) Bekämpfung der Ungleichheit. Rückbesinnung auf den Kern sozialdemokratischer Wirtschaftspolitik. WISO-direkt 16/2017. http://library.fes.de/pdf-files/wiso/13476.pdf. Zugegriffen: 18. Mai 2018

Deutsche Bundesbank (2016) Vermögen und Finanzen privater Haushalte in Deutschland: Ergebnisse der Vermögensbefragung 2014. In: Monatsbericht März 2016:61. https://www.bundesbank.de/Redaktion/DE/Downloads/Veroeffentlichungen/Monatsberichtsaufsaetze/2016/2016_03_vermoegen_finanzen_private_haushalte.pdf?__blob=publicationFile. Zugegriffen: 18. Mai 2018

Godesberger Programm (1959) Grundsatzprogramm der Sozialdemokratischen Partei Deutschlands, beschlossen vom Außerordentlichen Parteitag der Sozialdemokratischen Partei Deutschlands 13. bis 15. November, Bad Godesberg. https://www.spd.de/fileadmin/Dokumente/Beschluesse/Grundsatzprogramme/godesberger_programm.pdf. Zugegriffen: 18. Mai 2018

Grabka M, Goebel J (2017) Realeinkommen sind von 1991 bis 2014 im Durchschnitt gestiegen – erste Anzeichen für wieder zunehmende Einkommensungleichheit. In: DIW Wochenbericht Einkommensverteilung und Armutsrisiko 4/2017, S 71–82

Hans-Böckler-Stiftung (2014) Reallöhne: Nur Tarifbeschäftigte im Plus. In: Böckler Impuls 04/2014:5. https://www.boeckler.de/46062_46076.htm. Zugegriffen: 18. Mai 2018

IMF – International Monetary Fund (2017) Gaining momentum? World economic outlook, chapter 3. http://www.imf.org/en/Publications/WEO/Issues/2017/04/04/world-economic-outlook-april-2017. Zugegriffen: 18. Mai 2018

Mooney A (2016) Sovereign wealth funds pile into property. In: Financial Times am 12. Juni 2016

Piketty T (2014) Capital in the twenty-first century. Harvard University Press, Cambridge, London

Ministerpräsident a.D Kurt Beck geboren am 5. Februar 1949 in Bad Bergzabern verheiratet, ein Sohn
1955–1963 Volksschule
1963–1968 Ausbildung zum Elektromechaniker
1968–1969 Grundwehrdienst
1972–1985 Vorsitz des Personal- und Bezirkspersonalrats
seit 1972 Mitglied der SPD
seit 1979 Mitglied des rheinland-pfälzischen Landtags
1985–1991 Parlamentarischer Geschäftsführer der SPD-Landtagsfraktion Rheinland-Pfalz
1989–1994 Ortsbürgermeister der Ortsgemeinde Steinfeld
1993–2012 Wahl zum Landesvorsitzenden der SPD Rheinland-Pfalz
1994–2013 Ministerpräsident des Landes Rheinland-Pfalz
2003–2006 Stellvertretender Parteivorsitzender der SPD
2006–2009 Parteivorsitzender der SPD
2010 Stellvertretender Vorsitzender der Friedrich-Ebert-Stiftung
seit Dez. 2012 Kommissarischer Vorsitzender der Friedrich-Ebert-Stiftung
seit Dez. 2013 Vorsitzender der Friedrich-Ebert-Stiftung
März 2017–März 2018 Beauftragter der Bundesregierung für die Opfer und Hinterbliebenen des Terroranschlags auf dem Breitscheidplatz

Teilhaberfonds: Wohlstand für alle ermöglichen

Tobias Pross

1 Die Brücke zwischen Kapital und Arbeit

Die Chancen der Mitarbeiterkapitalbeteiligung sind vielfältig und wurden sehr treffend vom Bundesministerium für Arbeit und Soziales unter seinem damaligen Bundesminister, Olaf Scholz, zusammengefasst (Bundesministerium für Arbeit und Soziales 2009): „Mitarbeiterinnen und Mitarbeiter können sich besser mit ‚ihrem' Unternehmen identifizieren, Solidarität und Transparenz steigen, die Motivation ebenfalls, die finanzielle Basis der Unternehmen wird gestärkt."

Zu den Vorteilen für die Governance, die Unternehmensführung, treten die Vorteile für die Gesellschaft: Die Trennlinie zwischen Kapital und Arbeit wird aufgehoben. Arbeitnehmer werden zu Eignern, die nicht nur über den Lohn Anteil am Erfolg des Unternehmens haben, sondern unmittelbar auch durch das Kapital. Sie werden zu Teilhabern am unternehmerischen Erfolg, in der Erwartung auch von der Risikoprämie für den Kapitaleinsatz zu partizipieren. Gerade in einer Zeit, in der der Lohnanteil am gesamtwirtschaftlichen Volkseinkommen zugunsten des Kapitaleinkommens sinkt – ein Trend, der für die Industriestaaten insgesamt feststellbar ist (OECD und ILO 2015) – sollte die Beteiligung am Kapitaleinkommen über die Kapitalbeteiligung gefördert werden. Letztlich ist dies auch eine Maßnahme gegen die viel debattierte Ungleichheit – sowohl aufseiten des Vermögens als auch aufseiten des Einkommens (vgl. dazu den Beitrag „Zwischen Arm und Reich – die Risikoprämie als vergessene Größe in der Verteilungsdebatte" in diesem Band). Auch angesichts der seit 2017 intensiv geführten Debatte, ob Digitalisierung und künstliche Intelligenz in großem Umfang Arbeitskraft ersetzen, sollte die Gesellschaft Ansätze diskutieren, breite Schichten stärker an den Erträgen des Kapitals zu beteiligen.

T. Pross (✉)
Allianz Global Investors
Frankfurt, Deutschland
E-Mail: tobias.pross@allianzgi.com

© Springer-Verlag GmbH Deutschland, ein Teil von Springer Nature 2018
H. Beyer und H.-J. Naumer (Hrsg.), *CSR und Mitarbeiterbeteiligung*,
Management-Reihe Corporate Social Responsibility,
https://doi.org/10.1007/978-3-662-57600-7_15

Das Thema der Teilhabe bewegt auch die beiden großen Kirchen in Deutschland. In der Sozialinitiative von 2014 haben sie nicht umsonst die Bedeutung von gerechter Teilhabe hervorgehoben (EKD 2014). Bereits 2006 hat die EKD „die unverlierbare Würde des Menschen" in den Kontext der Teilhabe gestellt und sieht sie auch im Kontext einer aktiven Teilhabe an den gesellschaftlichen Aufgaben. In einer gerechten Gesellschaft gehe es darum, „dass möglichst viele Menschen tatsächlich in der Lage sind, ihre jeweiligen Begabungen sowohl zu erkennen, als auch sie auszubilden und schließlich produktiv für sich selbst und andere einsetzen zu können" (Rat der EKD 2006).

Bedingt diese große Vision der Teilhabe nicht auch Teilhabe an der wirtschaftlichen Wertschöpfung und zwar über den Lohn hinaus, also den Brückenbau zwischen Kapital und Arbeit als den beiden Produktionsfaktoren?

Doch wenn Teilhabe Beteiligung an den Früchten der unternehmerischen Tätigkeit bedeutet (und damit an der unternehmerischen Risikoprämie), dann muss es folgerichtig auch Teilhabe an den Risiken inkludieren. Das ist nur fair, denn Teilhabe an der Risikoprämie ohne Teilhabe am Risiko kann es nicht geben.

Die Finanzbranche im Allgemeinen, wie die Fondsbranche im Besonderen tut gut daran, die Mitarbeiterkapitalbeteiligung als Chance für Governance und Gesellschaft zu sehen. Lobenswerte Ansätze dazu gab es schon einige, die aber bisher noch nicht den Durchbruch brachten. Deshalb beziehen sich die folgenden Abschnitte auf zwei Instrumente, die die bisherigen Kapitalbeteiligungsformen weiterdenken: durch die Integration in das Environmental-Social-Governance(ESG)-Screening und durch die Förderung von Teilhaberfonds.

2   Kapitalbeteiligung und ESG

Das Akronym ESG steht für Environmental (Umwelt), Social (Gesellschaft), Governance (Unternehmensführung). Es kann dabei als Bindeglied zwischen den auf Nachhaltigkeit bezogenen Unternehmenskriterien und der Anlageentscheidung verstanden werden. Die jüngeren Entwicklungen zeigen, dass Nachhaltigkeit zunehmend als Beurteilungskriterium zur Minimierung von Investitionsrisiken und zur Verbesserung der Gesamtperformance gesehen wird. Sie ist heute nicht mehr ein der Renditeerzielung entgegenstehender Investmentansatz. Im Gegenteil, es ist bereits von einem ESG-Mainstreaming die Rede, was bedeutet: ESG wird zunehmend integraler Bestandteil der Unternehmenswerteanalyse zur Reduzierung von Investmentrisiken. Entsprechend dynamisch haben sich auch die Assets entwickelt, denen ESG-Kriterien unterliegen. Immerhin wird die Hälfte der global verwalteten Gelder institutioneller Anleger nach den Prinzipien verantwortungsvollen Investierens („Principles for Responsible Investment", PRI) der Vereinten Nationen verwaltet. Das sind etwa 60 Bio. US-Dollar.

Eine umfassende und abschließende Übersicht oder Definition der ESG-Kriterien gibt es nicht. Das Sustainability Accounting Standards Board (SASB), eine unabhängige Non-Profit-Organisation, hat es sich jedoch zur Aufgabe gemacht, Bilanzierungsstandards für

Umwelt	Soziales	Unternehmensführung
Treibhausgas	Menschenrechte	Systematisches Risikomanagement
Luftqualität	Beziehung zum Gemeinwesen	Unfall- und Sicherheitsmanagement
Energiemanagement	Verbraucherschutz	Unternehmensethik
Brennstoffmanagement	Datensicherheit & Privatsphäre	Anreizstruktur
Trinkwasser- und Abwassermanagement	Faire Offenlegung & Kennzeichnung	Berichte & Revision
Biodiversität	Arbeitsbeziehungen	Wettbewerbsverhalten
Lebenszyklus und Wirkung	Faire Arbeitsbedingungen	Korruption
Auswirkungen von Produktverpackungen auf die Umwelt	Arbeitsstandards entlang der Lieferkette	Nachhaltige Rohstoffbeschaffung
	Gesundheit & Sicherheit der Mitarbeiter	Lieferkettenmanagement
	Vielfalt & Integration	
	Entgelt & Leistungen	
	Entwicklung & Mitarbeiterbindung	

Abb. 1 Environmental-Social-Governance(ESG)-Kriterien, Einteilung gemäß Sustainability Standards Accounting Board. (www.sasb.org; Darstellung: Global Capital Markets & Thematic Research AllianzGI)

eine einheitliche Bewertung entlang der ESG-Kriterien zu entwickeln. Aus diesen Standards wurde auch die folgende Übersicht für ESG-Kriterien übernommen (Abb. 1). Diese wurde auf die drei Hauptkriterien ESG zurückgeführt und um einige Punkte der Principles for Responsible Investment erweitert.

Die Vorteile der Mitarbeiterkapitalbeteiligung sollten in die Unternehmenswerteanalyse als Standard über die ESG-Kriterien integriert werden. Sie würden nicht nur die Governance (Anreizstruktur), sondern v. a. auch das Kriterium Soziales mit seinen Unterkategorien Beziehung zum Gemeinwesen, faire Arbeitsbedingungen, Entgelt und Leistungen umfassen. Folgerichtig wären Unternehmen, die intensiv die Beteiligung ihrer Mitarbeiter am Unternehmen fördern, im Vorteil beim Wettkampf um Kapital.

Allerdings: Die Mitarbeiterkapitalbeteiligung als Teil guter Corporate Governance, muss kritisch im Kontext des Klumpenrisikos des Kapitaleignerangestellten gesehen werden. Wer sich an der Firma, für die er arbeitet beteiligt, kann im schlechtesten Fall, z. B. eines Firmenbankrotts, sowohl seine Arbeit als auch sein aufgebautes Vermögen verlieren und damit vermutlich auch einen Teil seiner Altersvorsorge.

Auf die Förderung von Mitarbeiterkapitalbeteiligung zu drängen ist das eine, adäquate Instrumente zur Verfügung zu stellen, damit Risiko und Ertrag ausbalanciert werden können, ist das andere, was die Fondsbranche zu dieser gesellschaftspolitisch höchst relevanten Aufgabe beitragen kann.

Die Lösung liegt meines Erachtens in Teilhaberfonds.

3   Teilhaberfonds

3.1   Vom Mitarbeiterbeteiligungsfonds zum Teilhaberfonds

Teilhaberfonds sind vom Grundprinzip her keine ganz neue Idee. Im Jahr 2009 wurde das Mitarbeiterbeteiligungssondervermögen (Mitarbeiterbeteiligungsfonds) in das Investmentgesetz aufgenommen, womit der Gesetzgeber eine neue Fondskategorie geschaffen hat.

In Fonds dieser Ausgestaltung können fungible wie nicht fungible Kapitalbeteiligungen von Mitarbeitern unterschiedlicher Unternehmen eingebracht werden, um das Risiko zu streuen. Über den Fonds als Vehikel erfolgt eine mittelbare Unternehmensbeteiligung. Der Fonds ist klassischerweise Sondervermögen, d. h. er wird von einer Fondsgesellschaft verwaltet, die im Fonds enthaltenen Anteile bleiben jedoch im Eigentum der Anteilsinhaber.

Leider sind die Mitarbeiterbeteiligungsfonds in den Kinderschuhen stecken geblieben. Sie beantworten zwar den Gedanken der Risikodiversifikation, werden aber möglicherweise als zu unflexibel angesehen, da das Anlageuniversum nur auf die teilnehmenden Firmen beschränkt bleibt, das Risiko-Ertrags-Profil an den unternehmerischen Risiken hängt und nicht z. B. durch Beimischung von Staatsanleihen und anderen Anlagemöglichkeiten modifiziert werden kann. Auch ist fraglich, wie die Mitarbeiter die Eigentumsrechte bei der Einbringung von Eigenkapital wahrnehmen und damit in Entscheidungen der Firmen eingreifen können. Zu echter Teilhabe gehört eben auch die Möglichkeit, seine Eigentumsrechte am Kapital ausüben zu können.

Teilhaberfonds setzen genau an diesen Punkten an und gehen deshalb über Mitarbeiterbeteiligungsfonds hinaus.

Was sollten die Kennzeichen von Teilhaberfonds sein?

Sie ermöglichen

1. die Ausübung von Eigentumsrechten, wo dies von den Anlegern gewünscht ist;
2. eine breitere Streuung der Einzeltitel und sind nicht an eingebrachte Mitarbeiterkapitalbeteiligungen gebunden;
3. die Verknüpfung mehrerer Vermögensklassen in einer Multi-Asset-Lösung, um das Risiko-Ertrag-Profil nach den Anlegerbedürfnissen zu steuern.

3.2   Teilhaber-Voting statt Proxy-Voting

Bei aktiv gemanagten Fonds werden die Eigentumsrechte durch die Fondsgesellschaft mithilfe der sog. Proxy-Votings vorgenommen, d. h. die Gesellschaft analysiert die Firmen, von denen sie Aktien hält, nicht nur fortwährend, sondern vertritt die Anteilseigner an den Fonds auch auf den Hauptversammlungen und nimmt die Stimmrechte auf Grundlage der Analyseergebnisse wahr. Das ist sicher ein probater, wissensbasierter Prozess, bei dem die einzelnen Gesellschaften im Wettbewerb um Kundengelder und damit um die beste Analyse stehen, aber das sog. Principal-Agent-Problem kann nicht aufgehoben werden: Der Agent, also die für den Kapitaleigner handelnde Fondsmanagementgesellschaft, nimmt die Interessen des Prinzipals, also des Eigners, wahr, kann aber dessen Interessen nicht kennen, geschweige denn, dass eine Aggregation unterschiedlicher Einzelinteressen auf ein Gesamtinteresse möglich wäre. Es würde zu kurz greifen, sich hier nur auf Zielgrößen wie eine möglichst hohe Rendite zu konzentrieren. Was verstehen die Anleger darunter? Welche Risiken sind sie bereit dafür in Kauf zu nehmen? Wollen sie dafür auf Dividendenausschüttungen verzichten? Wie soll sich die Gesellschaft verhalten, wenn es zu Zielkonflikten – z. B. Steigerung des Unternehmensgewinns und der Dividendenausschüttung vs. Reduzierung der Mitarbeiterzahlen – kommt?

Die informations- wie anreizeffizienteste Lösung ist es, die Präferenzoffenbarung der Eigner zu fördern, denn, um mit Hayek (1945) zu sprechen: Das Wissen ist auf die Köpfe der Menschen verteilt.

Warum also nicht in einem nächsten Schritt nach dem Poolen der Kapitalanteile die Eigentumsrechte auf die Anteilseigner zurückübertragen? Teilhaber-Voting statt Proxy-Voting heißt die Lösung. Die Fondsanteilseigner erhielten dann entsprechend der von ihnen gehaltenen Anteile Stimmrechte für die Hauptversammlungen der Firmen. Diese könnten sie untereinander austauschen, um möglichst die Stimmrechte an der Firma wahrnehmen zu können, für die sie arbeiten und deren Aktien sie eingebracht haben.

Beispiel: In einem Teilhaberfonds sind (aus Vereinfachungsgründen) Aktien von 30 Firmen enthalten. Ein Anteilseigener, der 1 % hält, bekommt 1 % aller Stimmrechte dieser Firmen. Er behält die Stimmrechte für seinen Arbeitgeber und tauscht die anderer Firmen gegen anteilig weitere Stimmrechte an seiner Firma ein.

Klingt kompliziert und nach viel Verwaltung. Warum sollte es aber im App-Zeitalter nicht möglich sein, dafür eine entsprechende App zu kreieren? Der Zugang erfolgt per Legitimation über einen Social-Media-Account.

Als Vision für eine nicht allzu ferne Zukunft ließe sich sogar vorstellen, dass die Teilnahme an der Hauptversammlung per App aus der Ferne erfolgt, Fragen und Anträge per Blog-Wall vor Ort eingebracht werden können und die Abstimmung dann am Ende der Debatten direkt erfolgen kann.

Wichtig ist, dass die persönlichen Kosten für die Beteiligung möglichst gering sind. Die persönlichen Kosten der Beteiligung bzw. Ausübung der Stimmrechte, die den Nutzen aller steigern, dürfen nicht – zumindest nicht deutlich – über dem eigenen Nutzen liegen.

Warum aber nicht die Kosten der Stimmrechtsausübung weiter senken, in dem auch die Stimmrechte selbst fungibel gemacht werden?

Sie könnten z. B. auf Interessengruppen übertragen werden, die die Interessen der Mitarbeiter eines Unternehmens wahrnehmen, ähnlich wie es heute schon Interessengemeinschaften von Anlegern gibt, die ihre Stimmrechte zusammenlegen und sich vertreten lassen. Gleichermaßen könnten die Anteilseigner natürlich auch die Fondsgesellschaften beauftragen, die Stimmrechte auszuüben, ein „proxy voting on demand" gewissermaßen.

Aufbauend auf ihren Kernkompetenzen (Analyse, Titelselektion, Portfoliokonstruktion, Risiko- und Performancekontrolle, Wertpapierverwaltung) könnten die Fondsgesellschaften mit ihren Analyseleistungen sogar noch die Anteilseigner beraten, um diesen bei der Entscheidung zu helfen, ohne dass die Gesellschaft die Eigentumsrechte per Proxy-Voting selbst ausüben würde.

Eine solche Wahrung der ursprünglichen Eigentumsrechte würde zudem dem Vorwurf vorbeugen, dass gerade die großen Gesellschaften qua Stimmrechten auf den Hauptversammlungen zu viel Macht auf sich konzentrieren würden (vgl. dazu u. a. Monopolkommission 2016, S. 222 ff.).

3.3   Steuerung von Risiko und Ertrag

Ein Teilhaberfonds ließe über die Diversifikation der Einzeltitel hinaus noch weitere Elemente der Risikosteuerung zu, und dies passgenau auf die Bedürfnisse der Teilhaber. Mehrere Ausbaustufen sind hier im Interesse der Anleger vorstellbar:

Ausbaustufe 1a   Den Anlegern wird nicht nur ermöglicht die staatlich wie unternehmensseitig geförderten Mitarbeiterbeteiligungen einzubringen, sondern darüber hinaus noch weiteres Kapital anzusparen, dass in den Teilhaberfonds fließt, was insgesamt auch die Zahl der Stimmrechte, die reallokiert werden könnten, erhöhen würde. Dabei ist sicher wünschenswert, dass die Mitarbeiterkapitalbeteiligung über das bisherige Maß hinaus steuerlich gefördert wird. Der von einem breiten Unterstützerkreis aus der Wirtschaft unterstützte Berliner Appell (2017) fordert z. B., dass der jährliche Steuerfreibetrag für Mitarbeiterkapitalbeteiligung von derzeit 360 € auf ein international übliches Niveau von mindestens 3000 € angehoben und Dividenden und Zinserträge nicht besteuert werden, wenn sie zum langfristigen Vermögensaufbau reinvestiert werden. Dem ist nur zuzustimmen. Langfristige Anleger müssen anders besteuert werden als kurzfristig denkende und handelnde Investoren, beispielsweise durch die Steuerfreiheit für Veräußerungsgewinne bei einer Haltefrist von mindestens zehn Jahren. Es versteht sich, dass die in der Diskussion befindliche Finanztransaktionssteuer, die eine Mehrwertsteuer auf den Vermögensaufbau ist, am besten nie realisiert wird.

Ausbaustufe 1b   Das Anlageuniversum wird erweitert und kann über durch Mitarbeiteraktien eingebrachten Firmen hinausgehen, was die Diversifikationsmöglichkeit erhöht und gegebenenfalls eine zufällige Übergewichtung von Branchen oder Investmentstilen (Small-, Mid- oder Large-Caps) ebenso verhindern würde, wie die Konzentration auf wenige oder sogar nur ein Land (aller Voraussicht nach Deutschland). Kennzeichen bliebe, dass die Fondsanteilseigner ihre Stimmrechte untereinander tauschen könnten, um ihre Interessen besser wahrzunehmen.

Ausbaustufe 2 Zur Verringerung der Volatilität wird das Risiko-Ertrags-Profil durch die Hinzunahme weiterer Assetklassen erweitert und zu einem Multi-Asset-Portfolio ausgebaut, das taktisch auch eine dynamische Allokation je nach Marktphase vornehmen kann, um die Risiken weiter zu reduzieren.

Ausbaustufe 3 Die strategische Aufteilung der Assetklassen wird entlang eines Lebenszyklusmodells gesteuert, d. h. der Anteil renditeträchtiger aber schwankungsanfälliger Vermögensklassen wird mit zunehmendem Lebensalter reduziert, bis es dann in der Rentenzeit konsumiert werden kann.

Wichtig bei den unterschiedlichen Ausgestaltungen ist dabei nur, dass die Risikokomponente nicht wegreguliert wird. Eine Garantie, z. B. für die eingezahlten Beiträge, wie sie etwa die Riester-Rente vorsieht, hätte gerade im Niedrig- bzw. Negativzinsumfeld den großen Nachteil, dass schon zu Beginn zu viel Kapital am Geld- und Anleihenmarkt geparkt werden muss und der so wichtige Zinseszinseffekt nur eingeschränkt zur Entfaltung kommt.

4 Die Vision: Wohlstand für alle

Die Vision Wohlstand für alle muss keine Vision bleiben. Sie ist mithilfe von Teilhaberfonds realisierbar, was nicht nur für die Unternehmen und Mitarbeiter, sondern auch für die Gesellschaft große Vorteile mit sich brächte. Der Wettbewerb der Anbieter würde dabei nicht nur ein kosteneffizientes Pricing für die Verwaltung garantieren, sondern auch eine optimale Nutzung von Informationen und Analyse beim gleichzeitigen Einsatz moderner Portfoliokonstruktion mit stabilen Investmentprozessen, die Klumpenrisiken bei den Anlegern vermeiden. Die Einbringung nicht fungibler Beteiligungsformen wäre zu prüfen, wobei auch hier die Analyse- und Bewertungstools der Fondsmanager zum Einsatz kommen könnten. Vorstellbar ist auch, dass Teilhaberfonds in bestehende Durchführungswege der Altersvorsorge eingebaut werden könnten. An die Einbringung der Förderung vermögenswirksamer Leistungen ist dabei ebenso zu denken wie an einen fondsbasierten Durchführungsweg der betrieblichen Altersversorgung oder die Integration in die Riester-Vorsorge.

Wo der gesellschaftspolitische Wille ist, sind viele Wege, Teilhabe durch Teilhaberfonds zu fördern.

Literatur

Berliner Appell (2017) Berliner Appell zu mehr Vermögensbildung in Mitarbeiterhand. http://
    mitarbeiterbeteiligung.de. Zugegriffen: 18. Mai 2018
Bundesministerium für Arbeit und Soziales (2009) Mitarbeiterkapitalbeteiligung – Modelle und
    Förderwege
EKD – Evangelische Kirche in Deutschland (2014) Gemeinsame Verantwortung für eine gerechte
    Gesellschaft. Initiative des Rates der Evangelischen Kirchen in Deutschland und der Deut-
    schen Bischofskonferenz. https://www.ekd.de/ekd_de/ds_doc/gemeinsame_verantwortung_gt_
    22.pdf. Zugegriffen: 18. Mai 2018
Hayek FA (1945) The use of knowledge in society. Am Econ Rev 35(4):519–530
Monopolkommission (2016) Wettbewerb. Einundzwanzigstes Hauptgutachten der Monopolkom-
    mission gemäß § 44 Abs. 1 Satz 1 GWB. http://www.monopolkommission.de/images/HG21/
    HGXXI_Gesamt.pdf. Zugegriffen: 18. Mai 2018
OECD, ILO (2015) The labour share in G20 economies. Report prepared for the G20 em-
    ployment working group Antalya, Turkey; 26–27 February 2015. https://www.oecd.org/g20/
    topics/employment-and-social-policy/The-Labour-Share-in-G20-Economies.pdf. Zugegriffen:
    18. Mai 2018
der Rat EKD (2006) Gerechte Teilhabe – Befähigung zu Eigenverantwortung und Solidarität. Gü-
    tersloher Verlagshaus, Gütersloh

Tobias Pross Seit 1999 ist Tobias C. Pross für die Allianz Gruppe tätig und ebenso lange ist sein Berufsweg mit der Anlage in
Wertpapieren und Investmentfonds für eine sinnvolle Altersvorsorge verbunden. Dabei betont er immer die Bedeutung der Aktie,
denn nur mit einem ausreichenden Aktienanteil ist ein langfristiger Vermögensaufbau erfolgversprechend. Die Mitarbeiteraktie ist
für ihn ein wichtiges Instrument, um den eher aktienscheuen Deutschen einen Zugang zu dieser Anlageklasse zu erschließen. Pross
ist heute Global Head of Distribution von Allianz Global Investors
und seit 2016 Präsident des BVI Bundesverband Investmentfonds
und Asset Management.

Integration der Kapitalbeteiligung in bestehende Durchführungswege der Altersversorgung

Rolf Leuner

1 Zielsetzung einer Kapitalbeteiligung

Im Gegensatz zur betrieblichen Altersversorgung will die Kapitalbeteiligung als stärkste Form der Mitarbeiterbeteiligung die Beteiligten intensiv zur Leistung anspornen, insbesondere Führungskräfte und Schlüsselmitarbeiter, oftmals aber auch die gesamte Belegschaft. All diese sollen sich unternehmerisch im Arbeitgeberbetrieb betätigen und im Gegenzug am künftigen Erfolg ihres Arbeitgeberbetriebs teilhaben. Letztgenannter kann sich sowohl auf den laufenden Erfolg als auch auf die Wertsteigerung beziehen.

Die Einlage in die Kapitalbeteiligung als Einsatz neben der Arbeitskraft unterscheidet die Kapitalbeteiligung von allen anderen Mitarbeiterbeteiligungen, insbesondere den virtuellen Modellen (wie Phantom Stocks oder Stock Appreciation Rights). Einlegender ist entweder der lohnsteuerliche Arbeitnehmer selbst (meist bei den Führungskräften der Fall, um einen Eigenbeitrag zu dokumentieren) oder der Arbeitgeber, der dann die eingezahlte Kapitalbeteiligung seinem Mitarbeiter im besten Fall entgeltlos gewährt, ohne von diesem einen eigenen Einsatz zu fordern.

Die hingegebene Einlage impliziert in letzter Konsequenz: Wer seinem Arbeitgeberunternehmen Kapital gibt, verliert, im Gegensatz zur regelmäßig leistungsunabhängigen betrieblichen Altersversorgung, im Verlustfall sowohl die laufende Erfolgsvergütung aus der Mitarbeiterbeteiligung (MAB) als auch die geleistete Einlage, sollte das Unternehmen insolvent gehen. Umgekehrt steckt in einer Wertsteigerungsbeteiligung im Gegensatz zur betrieblichen Altersversorgung enormes Partizipationspotenzial, sollte das Arbeitgeberunternehmen sich vortrefflich entwickeln.

R. Leuner (✉)
Partner, Rödl & Partner
Nürnberg, Deutschland

© Springer-Verlag GmbH Deutschland, ein Teil von Springer Nature 2018
H. Beyer und H.-J. Naumer (Hrsg.), *CSR und Mitarbeiterbeteiligung*,
Management-Reihe Corporate Social Responsibility,
https://doi.org/10.1007/978-3-662-57600-7_16

Daneben verfolgt die Kapitalbeteiligung – wie jede andere Mitarbeiterbeteiligung auch – noch folgende Zielsetzungen, die in Haupt- und Nebenziele untergliedert werden (Abb. 1).

Neben der oben bereits erwähnten Leistungsmotivation will der Arbeitgeber mit der Kapitalbeteiligung immer als weitere Hauptzielsetzung die Berechtigten massiv an sich binden. Gebunden werden die Beteiligten in der Praxis v. a. und regelmäßig dadurch, dass eine Unverfallbarkeitsfrist (sog. Vesting) vereinbart wird. So entsteht für einen Arbeitnehmer der Anspruch aus seinem Mitarbeiterbeteiligungsmodell erst nach einer bestimmten Verweildauer im Unternehmen, im Gegensatz zur sog. Wartefrist, die nur ein Zuwarten impliziert, unabhängig davon, ob der Berechtigte noch im Unternehmen aktiv ist oder nicht. Durch eine Kapitalbeteiligung wird der Anreiz im Unternehmen zu verbleiben gerade dadurch verstärkt, dass der Beteiligte im Fall seines vorzeitigen Ausscheidens aus dem Arbeitsverhältnis bei entsprechender klarer, schriftlicher vertraglicher Regelung nicht an der Wertsteigerung seines Arbeitgebers partizipiert, sondern lediglich seinen Kapitaleinsatz zurück erhält.

Eine Mitarbeiterbeteiligung kann zudem auch ein wirksames Instrument zur Mitarbeitergewinnung sein, d. h. ein Unternehmen wird als potenzieller Arbeitgeber durch sie attraktiver. Ein Mitarbeiterbeteiligungsmodell steigert zudem das Image eines Unternehmens in der Öffentlichkeit, weil im Erfolgsfall nicht nur die Eigner, sondern auch die Belegschaft am Unternehmenswertzuwachs bzw. Ergebniszuwachs partizipiert.

Weitere Zielsetzung ist zuweilen im Hinblick auf das jeweils gewünschte positive Unternehmensrating oder etwaige einzuhaltende Kredit-Covenants, sich mit der Kapitalbeteiligung neue Unternehmensfinanzierungsquellen zu erschließen. Schließlich fließt durch eine Kapitalbeteiligung der Mitarbeiter im Gegensatz zu virtuellen Beteiligungen Liquidität dem Unternehmen zu, weil die Beteiligung eben gerade nicht unentgeltlich einge-

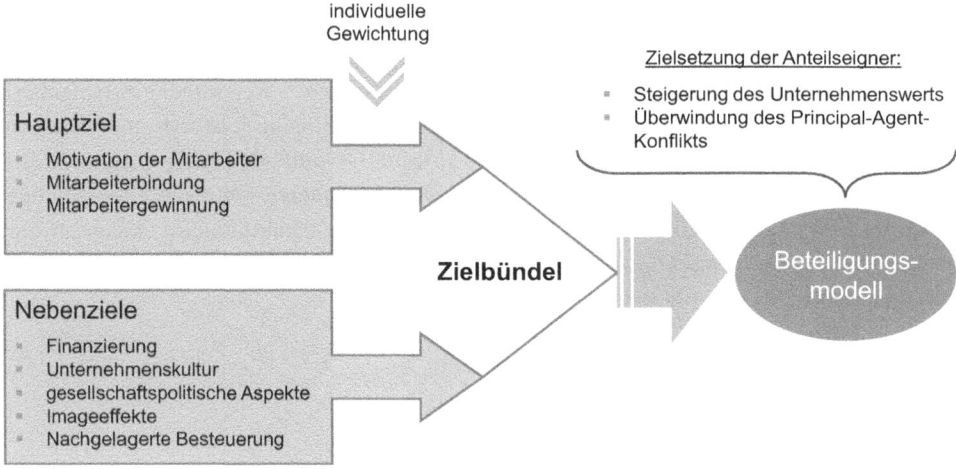

Abb. 1 Ziele einer Mitarbeiterbeteiligung

räumt wird. Letzteres kann auch durch eine Umwandlung von Vergütungsbestandteilen der Arbeitnehmer in langfristig gebundenes Kapital erreicht werden, wodurch zwar kein Liquiditätszufluss erreicht, jedoch ein Liquiditätsabfluss vermieden wird. Zudem kann bei börsennotierten Unternehmen mit beachtlicher Mitarbeiterbeteiligung ein „squeeze out" oder gar eine feindliche Übernahme verhindert werden, wenn die Kapitalbeteiligten die entsprechenden Sperrminoritäten erreichen.

Systematisch betrachtet ist eine Mitarbeiterbeteiligung betriebswirtschaftlich den variablen Vergütungsinstrumenten zuzuordnen, wie die Abb. 2 illustriert.

Generell kann sich die Beteiligung entsprechend Abb. 3 auf verschiedene Partizipationsbasen wie Cash-Flow, Free Cash-Flow, Deckungsbeitrag, Jahresüberschuss etc. und Bezugsgrößen wie Umsatzrendite beziehen. Kapitalbeteiligungen sollten zudem immer die Mitarbeiter kumulativ am Erfolg, dem Kapital sowie immateriell beteiligen. Gerade die Informationsteilhabe oder gar Mitentscheidungsrechte sollten in der heutigen Informationsgesellschaft und bei steigendem Ausbildungslevel der Beteiligten nicht unterschätzt werden, da sie neben der materiellen Partizipation auf andere Weise parallel Bindung zum Unternehmen schaffen.

Eine Kapitalbeteiligung kann sich dabei sowohl auf das Eigenkapital als auch das Fremdkapital beziehen. Auch Mischformen, wie stille Beteiligungen oder Genussrechte, sind sehr beliebt, auch wenn sie durch die Regelungen der Bundesanstalt für Finanzdienstleistungsaufsicht (BaFin) zum Einlagengeschäft und wegen der neuesten Tendenzen zum steuerlichen Eigenkapitalbegriff in der letzten Zeit schwieriger zu handhaben sind (s. beispielhaft OFD NRW 12.05.2016, S. 2742-2016/0009-St 131 sowie OFD Rheinland-Pfalz vom 14.12.2011, Kurzinfo KSt 56/2011 sowie die aktuellen Aktivitäten auf Bundesebene).

Wichtig zu wissen ist, dass bei der Eigenkapitalbeteiligung die Mitarbeiter grundsätzlich zu gleichberechtigten Gesellschaftern gemacht werden, mit allen Vor- und Nachteilen (höhere Bindung vs. grundsätzlich nicht eingrenzbare Einsichtnahmerechte z. B. bei der GmbH). So erhalten die Berechtigten bei der Equity-Partizipation entsprechende

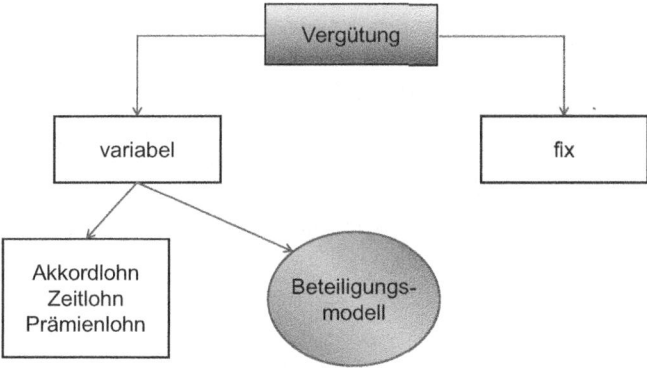

Abb. 2 Vergütungsbestandteile und deren Einordnung

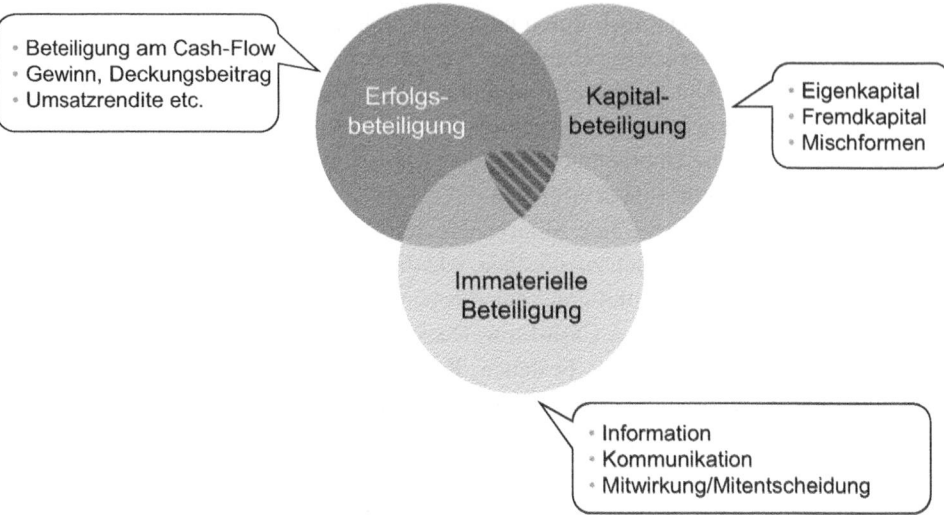

Abb. 3 Ausprägung der Mitarbeiterbeteiligung

Stimm- und Kontrollrechte und haben sowohl Wertsteigerungschancen als auch Wertver-
lustrisiken in Hinblick auf ihre Einlage.

Im Fremdkapitalbeteiligungsfall erwirbt der Mitarbeiter dagegen keine Gesellschafter-
rechte, sondern nur Gläubigerrechte. Mischformen verbinden insbesondere Vermögens-
und Informationsrechte mit Gläubigerrechten und ermöglichen handelsrechtlich unter
Einhaltung bestimmter Bedingungen sogar den Eigenkapitalausweis. Selbstredend ist
eine Mitarbeiterbeteiligung sowohl an Kapitalgesellschaften als auch an Personengesellschaften grundsätzlich denkbar, jedoch variieren in Abhängigkeit von der Rechtsform
regelmäßig die Beteiligungsformen in ihrer spezifischen Ausgestaltung.

Steuerlich strebt das Arbeitgeberunternehmen in den Nichteigenkapitalbeteiligungen
zumeist an, sofortige Betriebsausgaben abziehen zu können, insbesondere für die Auszahlung etwaiger Vergütungen, aber auch für die Gratishingabe der Beteiligung selbst. Bei
den Mitarbeitern selbst soll idealerweise der steuerliche Zufluss und damit die Lohnsteu-
erzahllast sowie oftmals noch die Sozialversicherungsverbeitragung erst bei Auszahlung
eintreten. Dies zu realisieren ist je nach Konzeption der Mitarbeiterbeteiligung durchaus
möglich (vgl. z. B. das sog. Mitarbeiterguthaben gemäß BFH-Urteil vom 14.05.1982, BSt-
Bl. II 1982, S. 469); konterkarierend wirkt hier, wenn auch handelsrechtlich Eigenkapital
ausgewiesen werden soll, jedenfalls bei Genussrechten derzeit noch die OFD-Verfügung
vom 12.05.2016, S. 2742-2016/0009-St 131 sowie OFD Rheinland-Pfalz vom 14.12.2011,
Kurzinfo KSt 56/2011.

2   Zielsetzung einer betrieblichen Altersversorgung und deren Durchführungswege nach neuem Recht

Deutlich fokussierter als die Mitarbeiterbeteiligung ist hingegen die betriebliche Altersversorgung. Sie ist ausschließlich darauf ausgerichtet, einen Beitrag zur Sicherung des Lebensstandards eines Arbeitnehmers zumeist nach Beendigung der aktiven Erwerbstätigkeit oder bei Eintritt eines anderen biologischen Ereignisses zu leisten und dabei wenigstens ein biometrisches Risiko abzusichern, z. B. Invalidität, Tod etc. Damit bildet die betriebliche Altersversorgung neben der gesetzlichen Rente und der privaten Vorsorge eine dritte Säule im System der Altersvorsorge. Diese Sichtweise hat sich auch nach der Neufassung des Betriebsrentenstärkungsgesetzes vom 17.08.2017, BGBl. I 2017, S. 3214, BStBl. I, S. 1278 nicht verändert; lediglich mit dem Sozialpartnermodell wurde eine Parallelwelt zur bisherigen betrieblichen Altersversorgung geschaffen, oftmals benannt baV II und baV I; vgl. z. B. Dommermuth und Schiller 2017, S 2738–2750. Als Sozialpartnermodell wird hier das subsidiärhaftungsfreie, aber auch garantielose Modell der reinen Beitragszusage ohne Mindestleistung verstanden, die entweder tarifvertraglich oder durch Betriebs- oder Dienstvereinbarung geregelt wird.

Auch hier sind die Arbeitgeberbeiträge zur betrieblichen Altersversorgung des Arbeitnehmers regelmäßig steuerlich und sozialversicherungsrechtlich im Prinzip als Vergütungsbestandteil des Arbeitnehmers zu sehen, da hierdurch Ansprüche gegenüber dem Arbeitgeber oder einer dritten Versorgungseinrichtung entstehen, allein der Zeitpunkt der Besteuerung und die Einkunftsart kann fraglich sein. Daher ist häufige Nebenzielsetzung der betrieblichen Altersversorgung durchaus die Steuerstundung für die Belegschaft. Diese tritt dann ein, wenn Beiträge zum Aufbau einer betrieblichen Altersversorgung im Erdienungszeitraum beim Arbeitgeber zwar steuerlich sofort abziehbar sind, beim Arbeitnehmer aber erst in der Leistungsphase besteuert werden.

Gerade in Zeiten geringer Arbeitslosigkeit und Personalknappheit sind wichtige Nebenzielsetzungen der betrieblichen Altersversorgung zudem die Bindung der bestehenden Belegschaft und die Gewinnung immer mehr neuer Mitarbeiter. Durch ein sinnvolles betriebliches Altersversorgungssystem kann sich ein Arbeitgeber für qualifizierte Mitarbeiter durchaus attraktiv machen und so Schlüsselmitarbeiter für sich gewinnen.

Konzeptionelle Unterschiede zwischen einer Mitarbeiterbeteiligung und einer betrieblichen Altersversorgung bestehen folglich insbesondere darin, dass letztere den Mitarbeitern meist erfolgsunabhängig und erst nach Beendigung der aktiven Erwerbstätigkeit Leistungen gewährt. Die Mitarbeiterbeteiligung bietet dagegen regelmäßig schon während der aktiven Erwerbstätigkeit Auszahlungen bzw. Leistungen an, allerdings erfolgsabhängig und zur Förderung des unternehmerischen Agierens aller.

3 Möglichkeit eines Konkurrenzverhältnisses zwischen Mitarbeiterbeteiligung und betrieblicher Altersversorgung

Oftmals wird argumentiert, dass sich Mitarbeiterbeteiligung und betriebliche Altersversorgung finanziell betrachtet kannibalisieren und zueinander in Konkurrenz treten. Dem kann so aber nicht gefolgt werden, zu unterschiedlich sind die damit verbundenen Zielsetzungen und die Wirkzeitpunkte beider Modelle.

Lediglich wenn rein finanziell betrachtet würde und damit alle sonstigen Nutzen und Lasten außen vor blieben und wenn beide Modelle zur selben Zeit angespart würden, vom selben Finanzier und Geld als knappes Gut nicht ausreichte, beide Formen, Mitarbeiterbeteiligung und betriebliche Altersversorgung, zeitgleich zu finanzieren, wäre allenfalls ein Konkurrenzverhältnis denkbar.

Alle drei Annahmen müssten zudem kumulativ erfüllt sein, um zum Konkurrenzverhältnis realiter zu gelangen. Sprich, ein solches Konkurrenzverhältnis als immer gegeben zu unterstellen, allein mit dem Verweis auf die Knappheit des Geldes, das nur zur Finanzierung eines Wegs vorläge[1], vereinfacht zu sehr und widerlegt sich somit selbst.

Zu Recht lehnte somit die Bundesregierung in der Begründung zum Mitarbeiterkapitalbeteiligungsgesetz im Jahr 2008 diese Ansicht mit Hinweis auf die Freiwilligkeit ab. Denn Arbeitgeber sind in der heutigen Zeit regelmäßig nur bereit, Mitarbeiterbeteiligungen freiwillig „on top" zu finanzieren, weil bei diesen – im Gegensatz zur ausgelagerten betrieblichen Altersversorgung – die Liquidität und Finanzierungssicherheit der für die Mitarbeiter angelegten Mittel im Unternehmen bleibt und die Mitarbeiter dabei bindet und motiviert.[2]

Umgekehrt ist regelmäßig der Arbeitgeber nicht bereit, seinen Arbeitnehmern rein arbeitgeberfinanziert eine Altersversorgung gratis und zusätzlich aufzubauen, erst recht nicht soweit es die biometrischen Risiken betrifft. Allenfalls ein Zuschuss des Arbeitgebers zur betrieblichen Altersversorgung des Arbeitnehmers ist praxisüblich.

Sprich, in der Praxis ist der Finanzier der betrieblichen Altersversorgung regelmäßig der Arbeitnehmer selbst und zwar durch Entgeltumwandlung. Geschieht dies jedoch, so werden beide Wege von unterschiedlichen Personen finanziert, die jeweils ihre eigenen Finanzmittel investieren; damit konkurrieren, selbst bei Knappheit des Guts Geld, Mitarbeiterbeteiligung und betrieblicher Altersversorgung nicht mehr miteinander.

Abgesehen davon ist festzuhalten, dass ein rationaler Investor zudem niemals all seine Finanzmittel in eine einzige Anlageform investiert (s. Portfoliotheorie, Markowitz 2007).

Zudem wäre, selbst wenn Mitarbeiterbeteiligung z. T. betriebliche Altersversorgung verdrängen würde, kein Konkurrenzverhältnis gegeben, weil Mitarbeiterbeteiligung der

---

[1] Vgl. Stellungnahme der großen acht Verbände vom 29.10.2008 zu dem Gesetzentwurf der Bundesregierung für ein Gesetz zur steuerlichen Förderung der Mitarbeiterkapitalbeteiligung (Mitarbeiterkapitalbeteiligungsgesetz) von DIHK BDI ZH BDA BdB GDV HDE BGA, BGBl. I 2009, S. 451 sowie Hessling 2008, S. 338 ff.
[2] Vgl. Referentenentwurf für ein Gesetz zur steuerlichen Förderung der Mitarbeiterkapitalbeteiligung (Mitarbeiterkapitalbeteiligungsgesetz) o.J., S. 12 oben.

betrieblichen Altersversorgung zeitlich vorgelagert ist, sowohl von der Einzahlung wie von der Wirkung her. Das gilt spätestens, wenn bei Eintritt in das Rentenalter Mitarbeiterbeteiligung in betriebliche Altersversorgung gewandelt und damit eingezahlt würde.

Natürlich ginge für die Versicherungswirtschaft zumindest temporär ein Anlagebetrag verloren, wenn dieser zuerst in Mitarbeiterbeteiligung investiert würde. Schließlich würde er, statt beim Versicherer zuzufließen, im Arbeitgeberunternehmen verbleiben. Darüber hinaus ist es angesichts der derzeitigen Niedrigzinsphase fraglich, ob Versicherungsunternehmen zukünftig überhaupt noch, jedenfalls garantieverzinste, Lebensversicherungen begeben wollen, da es für sie schwerer und schwerer wird, diese Garantiezinsen zu erwirtschaften.

Garantiezinslose Altersversorgung ist jedenfalls aus Sicht des Anlegers, sprich des Mitarbeiters, gerade nicht gewollt, insofern fragt sich auch, ob das neue Sozialpartnermodell nach Betriebsrentenstärkungsgesetz (s. § 244b Abs. 1 Nr. 1 VAG n. F.) überhaupt weite Verbreitung finden wird.

Am Ende wird sich je nach Arbeitgeberunternehmen und dessen wirtschaftlicher Potenz und der Attraktivität des jeweiligen Wegs das Thema Mitarbeiterbeteiligung vs. (betriebliche) Altersversorgung einzelfallbezogen ergeben und ebenso entscheiden wie die Fragen, wohin das Anlagegeld fließen wird und wann gerade in Bezug auf die Lebensphase, in der sich der Mitarbeiter befindet, die in Mitarbeiterbeteiligung angelegten Mittel in betriebliche Altersversorgung umgeschichtet werden.

Daher wird im Folgenden dargestellt, welche Ansätze zur Verknüpfung einer betrieblichen Altersversorgung mit Mitarbeiterbeteiligung denkbar sind.

4 Ansätze zur Verknüpfung betrieblicher Altersversorgung und Mitarbeiterbeteiligung

Gerade durch die aktuell herrschende Niedrigzinsphase, die damit einhergegangene Absenkung oder gar Streichung von Garantiezusagen bei jeglicher Form der Altersversorgung und durch die dadurch umgekehrt zunehmende Bedeutung der Mitarbeiterbeteiligung als Instrument zur Gewinnung und Bindung von Mitarbeitern gewinnt die Frage, wie sich betriebliche Altersversorgung und Mitarbeiterbeteiligung durch geeignete Modelle miteinander verknüpfen lassen, mehr und mehr an Aktualität.

Zweck der Kombination von betrieblicher Altersversorgung und Mitarbeiterbeteiligung ist dabei zumeist, die vorgenannten typischen Zielsetzungen und Vorteile beider Modelle zu nutzen, insbesondere dadurch, dass sie miteinander optimal verknüpft und z. B. sequenziell nacheinander geschaltet werden. Dabei sollten v. a. die je nach Arbeitslebenszyklusphase durchaus unterschiedlichen Ziele der Arbeitnehmer einbezogen werden.

Umgesetzt werden kann dies auf verschiedenste Weise: So wäre z. B. daran zu denken, eine erfolgsabhängige betriebliche Altersversorgung aufzubauen. Dabei würde die Höhe der Ansprüche eines Arbeitnehmers auf spätere Versorgungsleistungen in Abhängigkeit von der Ertragsentwicklung des Unternehmens ab Zusage der betrieblichen Altersversorgung bemessen, sie würde somit nicht unerheblich dazu motivieren, sich für den Unternehmenserfolg unternehmerisch einzusetzen, um gleichzeitig die eigene externe betriebliche Altersversorgung zu maximieren. Praktisch umsetzen ließe sich dies z. B. über eine Direktversicherung, indem die Beitragshöhe in Abhängigkeit von der Ertragssituation der Gesellschaft festgelegt wird mit der Konsequenz, dass die Leistungsansprüche gegenüber der Direktversicherung jährlich neu festgelegt werden.

Aus Sicht des Arbeitgebers ist der Vorteil dieser Gestaltung darin zu sehen, dass in Verlustphasen eine Liquiditätsbelastung durch Beitragzahlungen verhindert wird. Die Besteuerung erfolgt wie bei einer Direktversicherung ohne ergebnisabhängige Beiträge, d. h. eine nachgelagerte Besteuerung lässt sich bei korrekter Gestaltung durchaus erreichen. Dagegen sind bei einer Unterstützungskasse, anders als bei Pensionsfonds und Pensionskassen erfolgsabhängig schwankende Prämien steuerlich nicht begünstigt (R 4d Abs. 9 S. 1 Einkommenssteuerrichtlinie [EStR]). Deshalb werden sich in der Praxis kaum erfolgsabhängig dotierte Unterstützungskassen finden.

Ein alternativer Ansatz bestünde darin, bereits erdiente, aber noch nicht fällige Mitarbeiterbeteiligungen – z. B. aus Mitarbeiterguthaben oder aus virtueller Aktienoption, Phantom Stock etc. – in eine betriebliche Altersversorgung umzuwandeln. Dies lässt das Schreiben des Bundesministeriums für Finanzen (BMF) vom 06.12.2017, IV C 5 – S 2333/17/10002 Teilziffer 9 ff. explizit ohne sofortige Zuflussbesteuerung jedenfalls bei Umwandlung in eine Direktzusage oder Unterstützungskasse ausdrücklich zu (zur Abgrenzung s. Teilziffer 8 des BMF-Schreibens, das bei Speisung von Direktversicherung, Pensionskasse und Pensionsfonds sofortigen Zufluss bei Beitragzahlung annimmt, so auch der Bundesfinanzhof (BFH) mit Urteil vom 24.08.2017, VI R 58/15). Attraktiv ist dieses Modell wirtschaftlich dann, wenn die Vergütung aus einer Mitarbeiterbeteiligung nicht sofort benötigt wird, ein Interesse am Aufbau einer betrieblichen Altersversorgung besteht und wenn hierdurch die Steuerstundung durch Brutto-für-Netto-Umwandlung der noch nicht versteuerten künftig fälligen Arbeitslohnbestandteile aus virtueller Mitarbeiterbeteiligung oder Mitarbeiterguthaben gelingt.

Auch bei der Kapitalbeteiligung wird diese Brutto-für-Netto-Umwandlung immer dann benötigt, wenn sie z. B., wie beim Fonds Commun de Placement d'Enterprise (FCPE) der Fall (BMF-Schreiben vom 08.12.2009, IV C 5 – S 2347/09/10002, Nr. 4, BStBl. I, S. 1513), eben nicht aus bereits versteuertem Geld finanziert wurde, sondern durch steuerneutrale Gehaltsumwandlung entstanden ist. Gleiches gilt, wenn eine Gewinnrealisierung kurz bevorsteht und damit eine Besteuerung im Rahmen von Kapitaleinkünften droht, z. B. bei Realisierung von Wertsteigerungsgewinnen, die dann mit Abgeltungssteuer belegt würden, auch hier würde eine zuvor erfolgende Brutto-für-Netto-Umwandlung sehr hilfreich sein, um die betriebliche Altersversorgung zu beleben.

Umgekehrt ist bei bereits versteuerter Kapitalbeteiligung, die z. B. deswegen entstanden ist, weil Genussrechte mit bereits versteuertem Gehalt oder anderen Eigenleistungen der Mitarbeiter gezeichnet wurden, darauf zu achten, dass derartige Beträge nicht erneut bei Rentenauszahlung nochmals nach § 22 oder § 19 Einkommensteuergesetz (EstG) besteuert werden, nur weil es sich formal um betriebliche Altersversorgung handelt und bei Umwandlung oder Steuerdeklaration „vergessen" wurde, korrekt und dem Finanzamt nachweisbar die Dotierung der betrieblichen Altersversorgung zu dokumentieren.

Diese beiden letztgenannten Integrationsprobleme werden im Folgenden im Fokus stehen. Dagegen wird der theoretisch denkbare, umgekehrte Weg, betriebliche Altersversorgung in eine Mitarbeiterbeteiligung umzuwandeln, hier nicht weiterverfolgt. Schließlich widerspricht das gänzlich dem Arbeitslebenszyklus eines Mitarbeiters. Diese inverse Umwandlung kommt daher in der Praxis nicht vor und wird folglich nachfolgend auch nicht weiter thematisiert.

4.1 Integration einer bereits voll versteuerten Kapitalbeteiligung in eine betriebliche Altersversorgung

Wurde eine Mitarbeiterkapitalbeteiligung mit bereits versteuertem Geld dotiert, so ist vor Umwandlung in die betriebliche Altersversorgung zuerst zu fragen, ob sich die Umwandlung wirtschaftlich rentiert. Dies lässt sich immer nur im Einzelfall je nach angebotenem Produkt und je nach den Umständen des einzelnen Berechtigten entscheiden.

Macht die Wandlung wirtschaftlich Sinn, so ist im zweiten Schritt das Augenmerk unbedingt darauf zu lenken, dass durch die Wandlung nicht bereits schon versteuerte Beiträge nochmals der Versteuerung in der Zukunft ausgesetzt werden. Betriebliche Altersversorgung mit Rentenauszahlung am Ende bedeutet prinzipiell, Einkünfte zu erzielen, die nach § 22 oder gar § 19 i. V. m. § 24 EStG besteuert werden können. Es wäre daher fatal, bereits komplett versteuerte Beträge nochmals in der Zukunft der erneuten Besteuerung preiszugeben, nur weil ungeschickt gehandelt, z. B. mangelhaft dokumentiert wurde, dass die zur Mitarbeiterbeteiligung hingegebenen und in betriebliche Altersversorgung gewandelten Beträge aus bereits versteuertem Einkommen stammen. Auch die Finanzverwaltung sieht dieses Thema durchaus als Problem an und behandelt es sowohl im BMF-Schreiben vom 06.12.2017, IV C 5 – S 2333/17/10002 Teilziffer 10 und 26 als auch im BMF-Schreiben vom 24.07.2013, IV C 3 – S 2015/11/10002 Teilziffer 372 ff. und Teilziffer 121 für die Direktversicherung, die Pensionskasse und den Pensionsfonds; dort greift i. d. R. § 22 Nr. 5 EStG.

Je nach Einzelfall und Durchführungsweg ist den Berechtigten anzuraten, sich mit seinem Steuerberater, dem Arbeitgeber und der versichernden Institution zusammenzuschließen und ganz konkret anhand von Satzung oder Versicherungsbedingungen auszuloten, ob und v. a. wie einmal versteuerte Mitarbeiterbeteiligungseinlagen sicher in betriebliche Altersversorgung gewandelt werden können und eben nicht bei Rentenauszahlung nochmals besteuert werden. Ist der individuelle Weg gefunden, dann wäre im Folgeschritt die Dokumentation dazu gemeinsam aufzustellen. Dies kann je nach Durchführungsweg durchaus komplex werden und sprengt den Rahmen dieser Abhandlung, weshalb hier nur sensibilisiert werden kann, das Problem rechtzeitig zu erkennen und abzustellen, wenn dieser Weg beschritten werden soll.

4.2 Integration einer nicht bereits voll versteuerten Kapitalbeteiligung in eine betriebliche Altersversorgung

Der Reiz einer sequenziellen Verknüpfung von Mitarbeiterkapitalbeteiligung und betrieblicher Altersversorgung liegt insbesondere darin, dass bei bestimmten Mitarbeiterbeteiligungsformen (z. B. bei dem Mitarbeiterguthaben) eine steuerneutrale Lohnumwandlung möglich ist, sodass diese Beiträge wiederum brutto für netto in betriebliche Altersversorgung umgewandelt werden können. Im besten Fall versteuert der Arbeitnehmer Lohnverzichte, die er steuerneutral in Mitarbeiterbeteiligung und von dort steuerneutral in betriebliche Altersversorgung wandelte, zeitlich maximal nachgelagert, idealerweise erst im Zeitpunkt des Versorgungsfalls, sprich bei monatlicher Rentenzahlung aus der betrieblichen Altersversorgung.

Dazu muss jedoch der Arbeitnehmer steuerlich betrachtet immer auf Gehaltsauszahlung vor deren Fälligkeit zugunsten einer nicht den Zufluss auslösenden Mitarbeiterkapitalbeteiligung, z. B. FCPE oder Mitarbeiterguthaben oder bestimmte Treuhandmodelle, verzichtet haben und jene wiederum vor Fälligkeit der Mitarbeiterbeteiligungsrückzahlung zugunsten betrieblicher Altersversorgung gewandelt haben. Zudem ist sowohl die Gehaltsumwandlung als auch die Anlageform der betrieblichen Altersversorgung genauestens zu analysieren, da hierfür gesonderte steuerliche Regelungen bestehen.

Steuerlicher und zumeist auch sozialversicherungsrechtlicher Schlüsselbegriff (jedenfalls bei sozialversicherungsrechtlichen Einmalzahlungen) in diesem Zusammenhang ist dabei immer das sog. Zuflussprinzip des § 11 EStG und dort die fehlende wirtschaftliche Verfügungsmacht. Nur wenn anstelle des Berechtigten – ohne dass er wirtschaftlich verfügungsmächtig ist – z. B. durch seinen Arbeitgeber gewandelt wird, kann die Brutto-für-Netto-Umwandlung sicher gelingen. Einfacher wird dies in aller Regel bei solchen Durchführungswegen sein, bei denen quasi nur ein Lohnanspruch gegen den Arbeitgeber (Barlohn bzw. Tantieme) in einen Anspruch anderer Qualität (Mitarbeiterkapitalbeteiligung und dann betriebliche Altersversorgung) getauscht wird, also bei Durchführungswegen wie z. B. der Direktzusage nach § 6a EStG oder der Unterstützungskasse, bei der der Arbeitnehmer auch künftig nur einen Anspruch gegen seinen Arbeitgeber selbst hat und nicht gegen einen Dritten.

Wird hingegen ein Anspruch gegen einen anderen Dritten gewährt, so wird das Wandeln insofern komplexer, weil trotz entstandenem Anspruch beim Berechtigten gegen einen Dritten und Wegfall des Anspruchs gegen seinen Arbeitgeber ein Zufluss steuerlich verhindert werden muss, um nicht sofort besteuern zu müssen. Das wird in aller Regel nur gelingen, wenn weder eine Novation noch eine wirtschaftliche Verfügungsberechtigung bei Wandlung vorliegt, beispielsweise dann, wenn der Arbeitnehmer vor wie nachher weder Einfluss auf die Anlageentscheidung noch auf den Auszahlungszeitpunkt hat und diesen auch nicht eigenmächtig steuern kann. Denn ein steuerlicher Zufluss erfolgt nach ständiger Rechtsprechung des Bundesfinanzhofs zwar grundsätzlich erst mit Übergang der wirtschaftlichen Verfügungsmacht von Geld- oder Sachleistungen auf einen Arbeitnehmer (vgl. BFH-Urteil vom 24.03.1993, BStBl. II 1993, S. 499). Das kann aber auch schon früher erfolgen und zwar ohne Auszahlung an den Arbeitnehmer, wenn bei einer Umwandlung in eine betriebliche Altersversorgung die Auszahlung jederzeit seitens des Arbeitnehmers verlangt und seitens des Arbeitgebers auch erfüllt werden kann (vgl. immer noch wegweisend BFH-Urteil vom 14.02.1984, BStBl. II 1984, S. 480). Weiterhin wird ein Zufluss angenommen, wenn der Gehaltsverzicht im Interesse des Mitarbeiters liegt (BFH-Urteil vom 14.02.1984, BStBl II 1984, S. 480). Ein Zufluss ist bei einem Verzicht auf Teile eines Gehalts dagegen nicht anzunehmen, sofern seitens des Arbeitnehmers keine Bedingungen hinsichtlich der Verwendung an das Unternehmen gestellt werden (BFH-Urteil vom 30.07.1993, BStBl II 1993, S. 884; Urteil vom 02.09.1994, BFH/NV 1995, S. 208).

Neben diesen allgemeinen Zuflussgrundsätzen, die immer beachtlich sind, hat das BMF zur Thematik der Umwandlung von Gehaltsbestandteilen in betriebliche Altersversorgung im Schreiben vom 06.12.2017, IV C 5 – S 2333/17/10002 Teilziffer 8 festgestellt, dass sich der Zeitpunkt des Zuflusses von Arbeitslohn bei der arbeitgeberfinanzierten und steuerlich anzuerkennenden, durch Entgeltumwandlung finanzierten betrieblichen Altersversorgung stets nach dem Durchführungsweg der betrieblichen Altersversorgung richtet und grundsätzlich immer Zufluss vorliegt bei Arbeitgeberbeitragszahlung in Direktversicherung, Pensionskasse und Pensionsfonds.

Nach diesem BMF-Schreiben (06.12.2017, IV C 5 – S 2333/17/10002 Teilziffer 12 f.) können folglich im Umkehrschluss bei Dotierung von Direktzusagen (§ 6a EStG) und Unterstützungskassen sowohl laufende Arbeitslöhne als auch Einmal- und Sonderzahlungen umgewandelt werden. Diese Verwaltungsquelle offeriert letztendlich auch die Basis für die steuerneutrale Umwandlung von Mitarbeiterkapitalbeteiligung in betriebliche Altersversorgung. Schließlich wird die Entgeltumwandlung von der Verwaltung steuerlich auch dann noch anerkannt, „wenn die Gehaltsänderungsvereinbarung bereits erdiente, aber noch nicht fällig gewordene Anteile umfasst. Dies gilt auch dann, wenn eine Einmal- oder Sonderzahlung einen Zeitraum von mehr als einem Jahr betrifft".

Sozialversicherungsrechtlich ist eine solche Umwandlung von Mitarbeiterbeteiligung in betriebliche Altersversorgung dagegen nur dann sicher unproblematisch, wenn der Mitarbeiter mit seinem Gehalt samt Mitarbeiterbeteiligungsvergütung über der Beitragsbemessungsgrenze liegt. In allen anderen Fällen sollte immer eine Sozialversicherungsanrufungsauskunft vom Arbeitgeber beantragt werden, denn auch hier wäre er immer der erste Haftende für ausstehende Beiträge.

Wird beispielsweise ein durch Gehaltsverzicht gespeistes und durch Unternehmenserfolge ausgebautes Mitarbeiterguthaben vereinbarungsgemäß erst nach Feststellung des Jahresabschlusses am 01.07.20XX fällig, kann demnach eine Gehaltsumwandlung lohnsteuerlich bis zu diesem Zeitpunkt vereinbart werden. Eine Gehaltsumwandlung nach Fälligkeit führt in diesem Fall dagegen zwingend zu einem lohnsteuerlichen Zufluss.

4.3 Anforderungen an die Ausgestaltung einer lohnsteuerfreien Umwandlung

Aus diesen Grundsätzen lassen sich verschiedene Anforderungen an die Ausgestaltung einer lohnsteuerfreien Umwandlung der Mitarbeiter[kapital]beteiligung in eine betriebliche Altersversorgung formulieren.

Erfolgt die Gehaltsumwandlung im eigenbetrieblichen Interesse des Arbeitgebers, d. h. besteht für den Arbeitnehmer ein faktischer Zwang zur Umwandlung, dann ist lohnsteuerfreie Umwandlung am einfachsten zu gestalten. Der faktische Zwang kann darin gesehen werden, dass eine Teilhabe an einer betrieblichen Altersversorgung nur bei Umwandlung von nicht ausbezahlten Gehaltsbestandteilen möglich ist. Außerdem darf die Umwandlung an keine Bedingungen hinsichtlich der Verwendung der Mittel durch das Unternehmen geknüpft sein. Dies gilt jedenfalls dann, wenn die umzuwandelnden Mitarbeiterbeteiligungsvergütungen für eine betriebliche Altersversorgung im Arbeitgeberunternehmen verwandt werden. Ganz generell stehen als Anlageformen einer betrieblichen Altersversorgung wiederum die vorgestellten Modelle Direktversicherung, Direktzusage, Pensionsfonds, Pensionskasse und Unterstützungskasse zur Verfügung. Da das Sozialpartnermodell die Verbeitragung an Pensionsfonds, Pensionskasse oder Direktversicherung nach § 1 Abs. 2 Nr. 2a, 1. HS Gesetz zur Verbesserung der betrieblichen Altersversorgung (BetrAVG) vorschreibt, ändert sich durch das Betriebsrentenstärkungsgesetz hieran auch künftig nichts.

Weil immer das Gesamtbild der Verhältnisse einzelfallbezogen entscheidet, wird der Arbeitgeber in aller Regel die nachgelagerte Besteuerung in Abhängigkeit vom Durchführungsmodell für seine Arbeitnehmer durch sog. Lohnsteueranrufungsauskünfte und Sozialversicherungsanrufungsauskünfte nach ausführlicher Beratung sicherstellen, schon um sich selbst abzusichern, weil er in aller Regel der Lohnsteuerhaftende sein wird. In diesem Zusammenhang ist darauf hinzuweisen, dass der steuerliche Zufluss – mit Ausnahme des § 11 EStG – allein durch Richterrecht und Verwaltungsanweisungen geregelt ist. Daher wird der Arbeitgeber in all diesen Fällen auf versierte Berater zurückgreifen müssen, die ihn bei der Antragstellung beim Betriebsstättenfinanzamt oder beim Sozialversicherungsträger unterstützen.

Für sich selbst wird er zudem den sofortigen Betriebsausgabenabzug sicherstellen wollen. Das kann er nur durch parallel gestellte gebührenpflichtige, verbindliche Auskünfte beim Finanzamt abfragen und regeln.

Durch kluge Kombinationsmodelle wird also einerseits die Zielsetzung einer Mitarbeiterbeteiligung erfüllt. Andererseits finanziert die Umwandlung der erdienten, aber noch nicht fälligen Vergütungen aus der Mitarbeiterbeteiligung die betriebliche Altersversorgung des berechtigten Arbeitnehmers brutto für netto. Im Idealfall steht dem Arbeitgeberunternehmen das Kapital aus der ehemaligen Lohnumwandlung, z. B. von Tantieme in Mitarbeiterkapitalbeteiligung und von dort – zwar erdient, aber noch nicht fällig – in betriebliche Altersversorgung (z. B. Wandlung in eine Direktzusage nach § 6a EStG) bis zur Auszahlung im Versorgungsfall als Liquidität unvermindert zur Verfügung.

Nur wenn dies gelingt und tatsächlich lohnsteuerfrei die betriebliche Altersversorgung durch Mitarbeiterkapitalbeteiligung gespeist worden ist, kann die gewünschte Steuerstundung erzielt werden, um als zusätzliche und gewollte Finanzierungsquelle optimal zu dienen. Besteuert wird jedoch zwingend und spätestens nach Eintritt des Versorgungsfalls. Nachfolgend ist die Tauglichkeit der einzelnen Modelle der betrieblichen Altersversorgung in diesem Kontext zu hinterfragen.

4.4 Einzelfälle der Integration einer nicht bereits voll versteuerten Kapitalbeteiligung in eine betriebliche Altersversorgung

4.4.1 Direktversicherung

Im Rahmen einer betrieblichen Altersversorgung über eine Direktversicherung zahlt der Arbeitgeber Beiträge zugunsten des Arbeitnehmers an einen Dritten. Dadurch erhält der Arbeitnehmer einen direkten Rechtsanspruch gegenüber diesem Dritten. Das führt aus steuerlicher Sicht zum Zufluss von Sachlohn und dieser ist damit grundsätzlich lohnsteuerpflichtig (vgl. BFH-Urteil vom 27.05.1993, BStBl. II 1994, S. 246 und so auch BMF-Schreiben vom 06.12.2017, IV C 5 – S 2333/17/10002 Teilziffer 8), sofern der Gesetzgeber nicht eine bewusste Steuerbefreiung in begrenzter Höhe, z. B. gemäß § 3 Nr. 63 EStG, vorsieht. Prinzipiell kann daher ein lohnsteuerlicher Zufluss zum Zeitpunkt – jedenfalls ab einer bestimmten Umwandlungshöhe – der Umwandlung der Mitarbeiterbeteiligung in eine Direktversicherung nicht verhindert werden.

Durch eine Modifikation wie folgt kann jedoch die sofortige Besteuerung einer Lebensversicherung vermieden werden: Ein Arbeitgeber schließt eine Direktversicherung ab, bei der dem versicherten Arbeitnehmer zwar Leistungen zustehen, eine Ausübung dieser Rechte gegenüber der Versicherung aber nur durch den Arbeitgeber möglich ist. Nach dem Bundesfinanzhof (BFH-Urteil vom 16.04.1999, BStBl. II 2000, S. 406) ist dann eine steuerfreie Lohnumwandlung möglich, weil der Arbeitnehmer bei dieser Konstruktion keine Möglichkeit hat, die Rechte gegenüber der Versicherung von sich aus geltend zu machen. Wandelt also ein Mitarbeiter beispielhaft seinen Anspruch aus FCPE oder Mitarbeiterguthaben in eine Schlüsselkraft-Direktversicherung mit gewinnabhängigen Beitrag um, so geht dies grundsätzlich lohnsteuerfrei, wenn das oben Gesagte beachtet wird und weder eine Überversorgung vorliegt noch die Altersgrenzen der Lohnsteuerrichtlinien missachtet werden. Zur steuerlichen Absicherung dieser Gestaltung ist zu empfehlen, vorab einen Antrag auf verbindliche Auskunft beim zuständigen Finanzamt zu stellen.

Auch für den Arbeitgeber ist eine solche Umwandlung reizvoll: Eine Direktversicherung wird nach R 4b Abs. 3 EStR auch dann steuerlich als Betriebsausgabe anerkannt, wenn eine Einmalprämie geleistet wird. Folglich kann die Auszahlung einer Mitarbeiterbeteiligung als Einmalzahlung in eine Direktversicherung verwendet werden.

4.4.2 Pensionsrückstellungen und Unterstützungskassen

Als weiterer Weg einer Umwandlung von Mitarbeiterbeteiligung in betriebliche Altersversorgung käme die Bildung von Pensionsrückstellungen bzw. die Einstellung von Mit-
arbeiterbeteiligungszuflüssen, beispielsweise aus Mitarbeiterguthaben, in Unterstützungskassen in Betracht. Beide Varianten ermöglichen die nachgelagerte Besteuerung der Versorgungsleistungen, weil bei der Pensionsrückstellung wie der Unterstützungskasse nur
ein Rechtsanspruch gegenüber dem Arbeitgeber besteht (sog. interner Durchführungsweg
der betrieblichen Altersversorgung). Damit ist ein Zufluss beim Arbeitnehmer während
der Ansparphase steuerlich ausgeschlossen, von Ausnahmefällen (Verzicht eines Gesell-
schafter-Geschäftsführers z. B.) abgesehen.

Für den Arbeitgeber dagegen ist grundsätzlich der sofortige Betriebsausgabenabzug in
beiden Fällen in den Grenzen des § 4d bzw. § 6a EStG eröffnet. Allerdings begrenzt § 6a
Abs. 4 S. 3 sowie eventuell § 4 f. oder § 5 Abs. 7 EStG die maximale Zuführung auf den
Teilwert der Pensionsverpflichtung am Schluss des Wirtschaftsjahres der Lohnumwandlung. Auch § 4d Abs. 1 Nr. 1a–d EStG sieht Begrenzungen vor, sodass auch diese Form
der betrieblichen Altersversorgung nicht unbegrenzt geeignet für die Lohnumwandlung
von Mitarbeiterkapitalbeteiligung in betriebliche Altersversorgung ist.

Bilanztechnisch betrachtet muss der Arbeitgeber die Pensionsleistungen der Unterstützungskasse – jedenfalls solange keine Deckungslücke besteht – nicht bei sich abbilden.

Bei einer Pensionszusage nach § 6a EStG muss der Arbeitgeber dagegen grundsätzlich
eine Pensionsrückstellung bilden. Vermeiden lässt sich das nur, wenn die Pensionszusage
analog zur Bildung einer Rückdeckungsversicherung durch ein Planvermögen, z. B. einen
Trust, abgesichert wird und dieser den Arbeitgeber intern und zivilrechtlich wirksam von
der Schuld (Pensionszusage) befreit. Es ist hierbei ausdrücklich darauf zu achten, dass der
Arbeitnehmer keinen Rechtsanspruch gegenüber dem Trust erhält.

Unter Beachtung dieser Voraussetzungen ist es folglich möglich, Auszahlungen aus
Mitarbeiterkapitalbeteiligungen an Arbeitnehmer in Pensionsrückstellungen bzw. Un-
terstützungskassenversorgungen steuerneutral zu wandeln; das BMF-Schreiben vom
06.12.2017, IV C 5 – S 2333/17/10002 Teilziffern 9–13 legt hierzu die Rechtsbasis.

4.4.3 Pensionskasse und Pensionsfonds

Bei den Durchführungswegen Direktversicherung, Pensionskasse, Pensionsfonds ist das
hingegen nur in den Grenzen des § 3 EStG möglich, ansonsten wäre steuerlicher Zufluss
gemäß BMF-Schreiben vom 06.12.2017, IV C 5 – S 2333/17/10002 Teilziffer 8 gegeben
und zwar bereits bei Beitragszahlung.

Wer also erdiente, aber noch nicht fällige Vergütungen aus Mitarbeiterbeteiligungen,
z. B. von FCPE, Mitarbeiterguthaben etc., in eine Pensionskasse bzw. einen Pensionsfonds
in einem Betrag wandeln will, löst stets Zufluss und damit Besteuerung aus, weil dem
Arbeitnehmer damit ein direkter Rechtsanspruch gegenüber einem Dritten zusteht. Zwar
sieht § 3 Nr. 63 EStG bei Zahlungen an eine Pensionskasse bzw. einen Pensionsfonds
grundsätzlich bis zu einer Grenze von 8 % (vormals 4 %) der Beitragsbemessungsgrenze
zur Rentenversicherung keinen Zufluss vor. Durch diese Beschränkung ist diese Variante

aus steuerlicher Sicht jedoch für größere Beträge aus einer Mitarbeiterkapitalbeteiligung uninteressant, es sei denn, es findet sich analog zur Direktversicherung ein Pensionsfonds oder eine Pensionskasse, die dem Arbeitnehmer nur einen mittelbaren oder unmittelbaren, aber entziehbaren Anspruch gegenüber dem Fonds oder der Kasse gewährt (BFH-Urteil vom 16.04.1999, BStBl. II 2000, S. 406 sowie BFH-Urteil vom 14.04.2011, VI R 24/10 und BFH-Urteil vom 07.05.2009, VI R 8/07, BStBl. II 2010, S. 194).

Eine sinnvolle Umwandlung von Mitarbeiterbeteiligungsvergütungen in betriebliche Altersvorsorge ist ferner theoretisch denkbar, wenn Mitarbeiterbeteiligungsvergütungen zunächst in eine Pensionszusage oder Unterstützungskassenzusage umgewandelt werden und diese dann wiederum von einem Pensionsfonds abgelöst werden. Das ist möglich, weil nach § 3 Nr. 66 EStG Leistungen eines Arbeitgebers oder einer Unterstützungskasse an einen Pensionsfonds zur Übernahme bestehender Versorgungsaufwendungen oder Versorgungsanwartschaften durch den Pensionsfonds steuerfrei bleiben, soweit dies beantragt wird. Der BFH bestätigte dies mit Urteil vom 18.08.2016, VI R 18/13, für den Fall, dass der Arbeitnehmer kein Wahlrecht hat, den Ablösungsbetrag alternativ an sich auszahlen zu lassen.

Auch für den Arbeitgeber wäre diese Gestaltung grundsätzlich sinnstiftend: Bei einer Pensionskasse können nach R 4c Abs. 2 EStR sowohl laufende als auch einmalige Zuwendungen geleistet werden. Gleiches lässt sich für den Pensionsfonds aus § 4e Abs. 3 EStG ableiten.

5   Fazit

Betriebliche Altersversorgung und Mitarbeiterbeteiligung weisen z. T. ähnliche Zielsetzungen auf. Hierzu zählt insbesondere eine verstärkte Bindung der Mitarbeiter an das Unternehmen. Sie unterscheiden sich hingegen diametral in Bezug auf die Erfolgsabhängigkeit der Auszahlung, deren Zeitpunkt und zumeist auch bei wem das Geld zwischenzeitlich deponiert ist. Wer also Mitarbeiterkapitalbeteiligung in betriebliche Altersversorgung überführt bzw. beide Formen miteinander kombiniert, kann die unterschiedlichen Zielsetzungen beider Instrumente sehr sinnvoll miteinander verknüpfen und der Niedrigzinsfalle so entgehen. Aus steuerlicher Sicht ist dies besonders deshalb attraktiv, weil eine solche Aneinanderreihung bzw. Kombination von Mitarbeiterbeteiligung und betrieblicher Altersvorsorge unter bestimmten Voraussetzungen zum Aufschub der Besteuerung bis in die Rentenauszahlungsphase führt. Bei geschickter Gestaltung lassen sich damit Steuerstundungseffekte erzielen, die zu erheblichen Finanzierungseffekten bei den Beteiligten beitragen können.

Literatur

Dommermuth, Schiller (2017) Kritische Analyse des Betriebsrentenstärkungsgesetzes Auswirkungen der Reform auf die betriebliche Altersversorgung. NWB 36:2738–2750

Hessling M (2008) Wie können Mitarbeiterbeteiligung und betriebliche Altersversorgung in Einklang gebracht werden? Betriebliche Altersversorgung 4:338–341

Markowitz HM (2007) Portfolio Selection – Die Grundlagen der optimalen Portfolio-Auswahl. FinanzBuch, München

Referentenentwurf für ein Gesetz zur steuerlichen Förderung der Mitarbeiterkapitalbeteiligung (Mitarbeiterkapitalbeteiligungsgesetz)

Dr. Rolf Leuner ist Wirtschaftsprüfer, Steuerberater und Partner von Rödl & Partner. Er ist verantwortlich für den Bereich innovative Vergütung, betreut Kapitalgesellschaften wie Personenunternehmen bei der steueroptimalen Einrichtung von Mitarbeiterbeteiligungssystemen und berät produkt- wie anbieterunabhängig und neutral zu allen Themen der betrieblichen Altersversorgung. Er ist Autor zahlreicher Veröffentlichungen zu diesen Themen. Dr. Leuner engagiert sich seit Jahren im Bundesverband Mitarbeiterbeteiligung – AGP und war einer der maßgeblichen Berichterstatter im Finanzausschuss des Deutschen Bundestages bei der Novellierung des Mitarbeiterkapitalbeteiligungsgesetzes (MKBG) 2009.

Teilhabe und Betriebsrente – ein einfaches und attraktives System

Joachim Bangert und Marc Eller

1 Abgrenzung Mitarbeiterbeteiligung und betriebliche Altersversorgung

Eine Mitarbeiterbeteiligung im originären Sinn ist regelmäßig als Vermögensbildung anzusehen. Eine betriebliche Altersversorgung unterliegt demgegenüber anderen rechtlichen Rahmenbedingungen, die sich v. a. unter dem Gesichtspunkt der Teilhabe als vorteilhaft erweisen. Neben dem grundsätzlichen Ausschluss eines Verlustrisikos für den Mitarbeiter bestehen einfache und günstige Alternativen bei Administration und Absicherung.

2 Die betriebliche Altersversorgung als Möglichkeit der Beteiligung der Mitarbeiter

2.1 Vorbemerkung zur betrieblichen Altersversorgung

Die betriebliche Altersversorgung ist in Deutschland neben der gesetzlichen Rentenversicherung und der privaten Altersvorsorge eine der drei Säulen für eine Absicherung im Ruhestand. Um dieser Aufgabe tatsächlich gerecht werden und zum Erhalt des Lebensstandards beitragen zu können, muss es sich zunächst um eine Vorsorgemöglichkeit handeln, die eine Rentabilität in notwendigem Umfang gewährleistet. Betrachtet man den

J. Bangert (✉)
Vorstandsmitglied, auxilion AG
Heppenheim, Deutschland
E-Mail: joachim.bangert@auxilion.de

M. Eller
Bereichsleitung Recht, auxilion AG
Heppenheim, Deutschland
E-Mail: marc.eller@auxilion.de

© Springer-Verlag GmbH Deutschland, ein Teil von Springer Nature 2018
H. Beyer und H.-J. Naumer (Hrsg.), *CSR und Mitarbeiterbeteiligung*,
Management-Reihe Corporate Social Responsibility,
https://doi.org/10.1007/978-3-662-57600-7_17

aktuellen Höchstrechnungszins für Lebensversicherungen in Höhe von 0,9 % (vgl. Deck-RV 2016, § 2) und stellt diesem die angestrebte Zielgröße vieler Zentralbanken für eine Preissteigerung nahe 2 % (z. B. Europäische Zentralbank 2011, S. 7) gegenüber, wird die Problematik deutlich.

Genau genommen erhält der Mitarbeiter bei solchen Versicherungslösungen indes noch weniger als die 0,9 %. Diese beziehen sich nämlich nur auf den Betrag, der nach Abzug von Kosten und Provisionen in der gewählten Vorsorgeform tatsächlich ankommt. In einem solchen Zinsumfeld sollte der Mitarbeiter darauf achten, mit der zu wählenden Vorsorgeform letztlich nicht weniger zu erhalten als eingebracht wird. Zwar erreichten Lebensversicherungen in der Vergangenheit regelmäßig noch Überschussbeteiligungen, ob dies jedoch auch für die Zukunft gilt und welche Höhe diese dann gegebenenfalls erreichen, ist fraglich. Eine individuelle Planung für den Ruhestand ist so gerade nicht möglich. Dies gilt umso mehr für einen aktuell zu beobachtenden Trend, nach dem immer mehr Versicherungsgesellschaften Verträge ganz ohne Garantieverzinsung anbieten.

Neben den versicherungsförmigen Durchführungswegen Direktversicherung, Pensionskasse und Pensionsfonds kennt die betriebliche Altersversorgung zwei weitere: die Direktzusage und die Unterstützungskassenversorgung. Sie gehören zu den ältesten Durchführungswegen und insbesondere die Direktzusage ist der mit Abstand bedeutendste (Abb. 1).

Vor allem wenn es um den Aspekt einer gerechten Teilhabe geht, bieten sich die Direktzusage und die Unterstützungskassenzusage an. Bei beiden findet kein zwingender Kapitalabfluss an einen Dritten, z. B. eine Versicherungsgesellschaft, statt. Die Wertschöpfung erfolgt beim zusagenden Arbeitgeber selbst. Zwar ist die Entwicklung des Unternehmens auch nicht gänzlich unabhängig von den Verhältnissen im Marktumfeld, das bedeutet jedoch nicht, dass eine den Mitarbeitern zugesagte Verzinsung ihrer betrieblichen Versorgungszusagen eins zu eins hierauf zu übertragen wäre. Einer Vielzahl von steuerlichen und sozialversicherungsrechtlichen Einflüssen sowie der Entwicklung seines Geschäftsmodells kommt hier ein größerer Einfluss zu.

Abb. 1 Prozentuale Aufteilung der Deckungsmittel in der betrieblichen Altersversorgung im Jahr 2015 nach Durchführungswegen. (aba 2017, Stand Juni 2017)

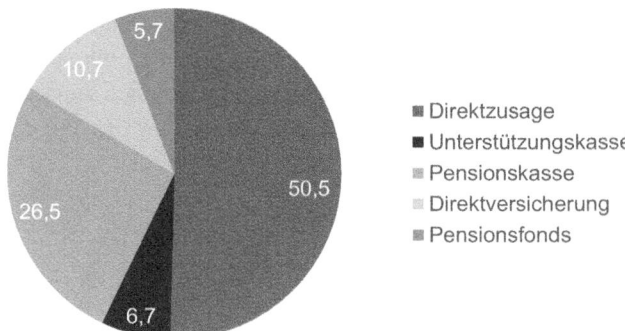

2.2   Parameter des Systems

Das System basiert auf einer Entgeltumwandlung. Der Mitarbeiter wandelt freiwillig Entgeltbestandteile in eine Versorgungszusage um. Zugesagt wird eine im Marktvergleich attraktive Verzinsung mit einem Jahreszinssatz zwischen 4 und 5 %. Die Auszahlung im Ruhestand erfolgt i. d. R. als einmalige Kapitalleistung. Anfallende Kosten trägt der Arbeitgeber, sie schmälern nicht die Vorsorge des Mitarbeiters.

Durch den weitgehenden Ausschluss biometrischer Risiken, z. B. Lebenserwartung, und den Verzicht auf die Umlage von Kosten, z. B. Zillmerung, entsteht eine einheitliche Vorsorgemöglichkeit, die sich an jeden Mitarbeiter richtet, unabhängig von Alter und Geschlecht. Die Berechnung der zu erwartenden Versorgungsleistung erfolgt damit ähnlich wie bei einem Sparbuch: Entscheidend sind Betrag, Laufzeit und Zinsen. Hinzu kommen zusätzliche Förderungen in steuer- und sozialversicherungsrechtlicher Hinsicht, sowohl in der Anwartschafts- als auch in der Leistungsphase. Die Absicherung erfolgt über die gesetzlich normierte Insolvenzsicherung durch den Pensions-Sicherungs-Verein (PSVaG).

Bezeichnend für das System ist seine Transparenz und leichte Verständlichkeit – Eigenschaften, die Angeboten der betrieblichen Altersversorgung nicht unbedingt immanent sein müssen.

Beteiligt sich der Arbeitgeber mit weiteren Beträgen, lässt sich die Attraktivität noch zusätzlich steigern.

3   Sicht des Mitarbeiters

3.1   Verzinsung

Eine unternehmenseigene Altersvorsorge, die ohne Banken und Versicherungen auskommt, kann dem Mitarbeiter immer noch eine attraktive Garantieverzinsung seiner Umwandlungsbeträge bieten – im Vergleich zu den aktuellen Angeboten der Versicherungswirtschaft. In der Praxis beträgt der von der weit überwiegenden Anzahl der Arbeitgeber offerierte Jahreszinssatz zwischen 4 und 5 %. So wird auch mit den heutigen veränderten Verhältnissen am Kapitalmarkt immer noch ein Niveau gewährleistet oder sogar übertroffen, wie es bei der Lebensversicherung nur in der wenige Jahre dauernden Hochphase des Höchstrechnungszinses von der Mitte bis zum Ende der 1990er-Jahre bestand (DeckRV 1996, § 2).

3.2   Keine Kosten

Ein weiterer Aspekt, der zugunsten des Mitarbeiters wirkt, ist der Verzicht auf die Umlage von Administrations- und Abschlusskosten, wie sie üblicherweise bei versicherungsförmiger Durchführung vorgenommen wird. Dieses Element hat eine enorme Auswirkung auf die Höhe der zu erreichenden Versorgungsleistung. So zeigten Untersuchungen in der Vergangenheit beachtliche Kostenquoten in Höhe von durchschnittlich 20 % auf, die in der Spitze auf bis zu 46 % (Handelsblatt 2013) oder sogar noch darüber hinaus (ASSEKURA-TA 2015, S. 19) anstiegen. Ohne Beteiligung an den Kosten wird hingegen erreicht, dass jeder Umwandlungsbetrag vollständig für die sich verzinsende Altersvorsorge zur Verfügung steht und diese unmittelbar erhöht.

3.3 Staatliche Förderung

Zu den Vorteilen für den Mitarbeiter zählen auch die Vergünstigungen in der steuerlichen und sozialversicherungsrechtlichen Behandlung. Dies betrifft sowohl die Anwartschafts- als auch die Leistungsphase.

In der Anwartschaftsphase, also während des Erwerbslebens, sind die Umwandlungsbeträge in den Durchführungswegen Direktzusage und Unterstützungskasse in der Höhe unbegrenzt lohnsteuerfrei[1]. Diese Konstruktion unterscheidet sich stark von einer Entgeltumwandlung in den versicherungsförmigen Durchführungswegen. Dort ist im Umwandlungszeitpunkt grundsätzlich ein Zufluss von Arbeitslohn an den Mitarbeiter gegeben. Mit dem § 3 Nr. 63 Einkommensteuergesetz existiert jedoch ein in der Höhe begrenzter Befreiungstatbestand[2]. Direktzusage und Unterstützungskassenversorgung ermöglichen damit eine auf individuelle Bedürfnisse ausgerichtete Altersvorsorge für alle Einkommensgrößen. In der Sozialversicherung werden in allen Durchführungswegen gleichermaßen keine Beiträge für Umwandlungsbeträge bis zu einer Höhe von 4 % der Beitragsbemessungsgrenze in der allgemeinen Rentenversicherung erhoben (abhängig von der Einkommenshöhe und den jeweiligen Beitragsbemessungsgrenzen).

In der Leistungsphase erfolgt die nachgelagerte Besteuerung und Verbeitragung. Durch die Verlagerung der Besteuerung ins Rentenalter, demnach in Zeiten eines regelmäßig geringeren Einkommens, und unter Berücksichtigung von Freibeträgen bzw. Freigrenzen kann sich die Steuerlast mindern. Des Weiteren ergibt sich durch die Auszahlung als einmalige Kapitalleistung in den Durchführungswegen Direktzusage und Unterstützungskasse bei Vorliegen der Voraussetzungen des § 34 Einkommensteuergesetz (sog. Fünftelungsregelung) eine weitere Reduzierung der Steuerlast. In der Sozialversicherung führt die Auszahlung als einmalige Kapitalleistung zu einer zeitlichen Begrenzung der Verbeitragung auf maximal zehn Jahre, was zusätzliche Vorteile im Vergleich zu einer lebenslangen Rentenleistung erbringen kann.

Diese Vorteile einer einheitlichen und in Zeiten geringeren Einkommens verlagerten Besteuerung und Verbeitragung der Versorgungsleistung bestehen auch im Vergleich mit

---

[1] Im Umwandlungszeitpunkt liegt kein Zufluss von Arbeitslohn vor, vgl. z. B. auch Bundesfinanzhof (BFH) vom 27.05.1993, VI R 19/92.
[2] Seit dem Jahr 2018 Deckelung auf nunmehr 8 % der Beitragsbemessungsgrenze in der allgemeinen Rentenversicherung (im Jahr 2018 6240 € pro Jahr).

einer klassischen Mitarbeiterbeteiligung (vgl. dazu Punkt 1). So stellt sich die Problematik eines möglichen Zuflusses im Erwerbsleben ebenso wenig wie beispielsweise Fragen nach unterschiedlicher steuerlicher und beitragsrechtlicher Behandlung von Beteiligungskapital und Zinsen.

3.4 Beteiligte

Es handelt sich um eine Vereinbarung zwischen Mitarbeiter und Arbeitgeber (Abb. 2). Die Praxiserfahrungen der Autoren zeigen, dass der Verzicht auf die Beteiligung von Banken und Versicherungen zu einem Vertrauensgewinn auf beiden Seiten führt, zumal das System auch den Namen des Arbeitgebers trägt. Der Arbeitgeber sendet damit ein weiteres Signal aus, mit seinem Namen dafür einstehen zu wollen.

3.5 Flexibilität und Planbarkeit

Der Mitarbeiter bleibt frei in der Planung seiner Altersvorsorge. Innerhalb der Monatsfrist kann er die Vereinbarung über den Umwandlungsbetrag erhöhen, reduzieren, unterbrechen oder beenden. Er kann somit sehr flexibel auf Veränderungen in seiner Lebensplanung reagieren. Abgesehen von einer geringeren Versorgungsleistung erfolgt eine Reduzierung, Unterbrechung oder Beendigung nicht zu seinem Nachteil, da Kosten nicht auf ihn umgelegt werden.

Die Auswirkung der vorgenommenen Veränderung auf die garantierte Versorgungsleistung wird sogleich anhand angepasster Unterlagen ersichtlich, sodass dem Mitarbeiter jederzeit eine tatsächliche Ruhestandsplanung möglich ist. Er ist nicht angewiesen auf unverbindliche und aus Marketinggründen häufig unrealistisch hoch dargestellte Über-

Abb. 2 Die Beteiligten im Überblick. *AG* Arbeitgeber, *AN* Arbeitnehmer, *PSV* Pensions-Sicherungs-Verein

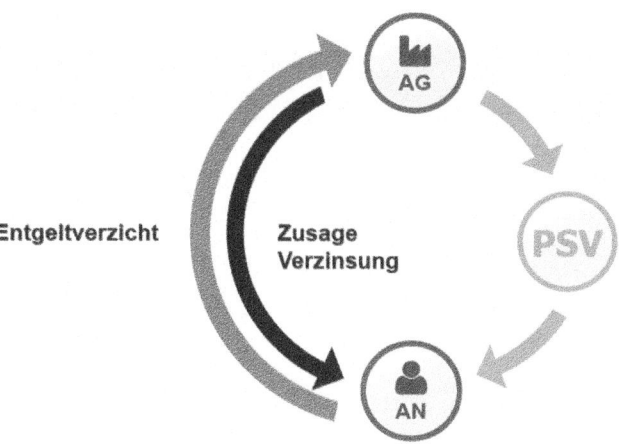

schussbeteiligungen oder für die künftige Entwicklung wenig aussagekräftigen Betrachtungen der Rendite aus der Vergangenheit.

3.6 Absicherung

Für den Fall der Insolvenz des Arbeitgebers erfolgt die Absicherung umfassend über den Pensions-Sicherungs-Verein. Geschützt werden nicht nur die umgewandelten Beträge, sondern auch deren Verzinsung. Die Kosten der Insolvenzsicherung trägt der Arbeitgeber.

Bei einer Mitarbeiterbeteiligung trägt der Mitarbeiter – je nach gewählter Art – ein Verlustrisiko. Bei der hier vorgestellten betrieblichen Altersversorgung ist eine Haftung des Mitarbeiters hingegen ausgeschlossen. Durch die Befreiung von Kosten wird der gesamte Umwandlungsbetrag für die Altersvorsorge berücksichtigt und die Verzinsung garantiert.

3.7 Mögliche Nachteile

Führt eine Entgeltumwandlung dazu, dass für den Mitarbeiter weniger Sozialversicherungsbeiträge abzuführen sind, so resultiert daraus auch ein entsprechend geringerer Anspruch des Mitarbeiters auf Leistungen in einzelnen Zweigen der Sozialversicherung. Betroffen sind die gesetzliche Renten- und Arbeitslosenversicherung, auch eventuelles Kranken- und Elterngeld fällt möglicherweise geringer aus.

Ein Weniger an gesetzlicher Altersrente wird durch die Vorteile der unternehmenseigenen Altersvorsorge regelmäßig deutlich aufgewogen werden. Bei der Arbeitslosenversicherung handelt es sich ebenso um eine temporäre Leistung wie bei Kranken- und Elterngeld. Ansonsten werden Leistungen der gesetzlichen Kranken-, Pflege- und Unfallversicherung durch eine Entgeltumwandlung in betriebliche Altersversorgung nicht beeinflusst.

Vorteile	Nachteile
keine Kosten für den Mitarbeiter	geringere Leistungen in Teilen der Sozialversicherung
fest zugesagte Verzinsung	Einschränkungen bei der Portabilität
unbegrenzte Lohnsteuerfreiheit bei der Einzahlung	
Steuerbegünstigung bei der Auszahlung	
volle Flexibilität bei der Einzahlung	
maximale Sicherheit	

Zusammenfassung der Vor- und Nachteile

Darüber hinaus bestehen für eine Direktzusage und eine Unterstützungskassenzusage Einschränkungen bei der Portabilität. Da es sich um eine unternehmenseigene Altersvorsorge handelt, besteht für den Mitarbeiter bei Wechsel des Arbeitgebers grundsätzlich kein Rechtsanspruch gegen den alten bzw. neuen Arbeitgeber auf Übertragung bzw. Fortführung.

4 Sicht des Arbeitgebers

4.1 Zinssatz und wirtschaftliche Wirkweise

Ausgangspunkt bei der Konzeptionierung des Systems ist eine betriebswirtschaftliche Analyse anhand tatsächlicher Faktoren im Unternehmen des Arbeitgebers, z. B. Größe, Alters- und Entgeltstruktur der Belegschaft. Unter Berücksichtigung aller Kosten- und Nutzenaspekte werden dabei unterschiedliche Szenarien simuliert. Einerseits wird der „normal case" betrachtet, der auf tatsächlichen Erfahrungswerten bei Nutzung des Systems beruht. Die beste Risikobewertung ermöglicht andererseits eine Untersuchung des „worst case", der für den Arbeitgeber den ungünstigsten Rückzahlungsverlauf darstellt. Hier wird angenommen, dass die sich beteiligenden Mitarbeiter die bestehenden Entgeltumwandlungen noch bis zum Erreichen der jeweiligen Altersgrenze fortführen; weiterhin wird unterstellt, dass sich nach dem ersten Jahr der Umsetzung keine weiteren Mitarbeiter mehr beteiligen und in den Ruhestand tretende Mitarbeiter nicht durch neue Mitarbeiter ersetzt werden. Dieses Szenario endet mit der Auszahlung des letzten Mitarbeiters.

Auf diese Weise wird der finanzielle Aufwand für den Arbeitgeber ermittelt. Erfahrungswerte zeigen, dass dieser fast ausnahmslos unter den durch das System erzielten Einsparungen und Vorteilen liegt und sich das System von selbst trägt. Dadurch ergibt sich i. d. R. selbst im Worst-case-Szenario ein deutlich geringerer Opportunitätszins als der nominell zugesagte Garantiezins. Verschiedene Faktoren wirken sich aus, wie insbesondere ein geringerer Arbeitgeberanteil an den Sozialabgaben, der aus dem geringeren, an den Mitarbeiter auszuzahlenden Entgelt resultiert. Erleichterungen bei der Steuerlast ergeben sich je nach gewähltem Durchführungsweg; bei der Direktzusage über Pensionsrückstellungen, bei der Unterstützungskassenversorgung durch die freie Entscheidungsmöglichkeit, der Kasse finanzielle Mittel für die Erbringung der Versorgungsleistungen zuzuwenden.

Mit der Unterstützungskassenversorgung erhält der Arbeitgeber dadurch eine gewisse Steuerbarkeit seines Ergebnisses: In wirtschaftlich erfolgreichen Zeiträumen kann die Steuerlast durch Dotierungen der Unterstützungskasse (Betriebsausgaben) reduziert werden, in wirtschaftlich weniger erfolgreichen Jahren entlastet die Nichtvornahme von Zuwendungen an die Unterstützungskasse das Ergebnis. Schließlich können der Unterstützungskasse zugewandte finanzielle Mittel als Darlehen wieder an den Arbeitgeber zurückfließen (R 5.4 Abs. 2 Körperschaftsteuer-Richtlinien [KStR] 2015) und so weitere Betriebsausgaben generiert werden. Handelsbilanziell besteht ein Passivierungswahlrecht

(Art. 28 Einführungsgesetz zum Handelsgesetzbuch [EGHGB]), das in der Steuerbilanz ein Passivierungsverbot nach sich zieht. Hier erfolgt eine Angabe im Anhang.

4.2 Liquiditätserhöhung

Sowohl bei der Direktzusage als auch der Unterstützungskassenzusage verbleibt das im Umwandlungszeitpunkt weniger an den Mitarbeiter auszuzahlende Entgelt beim Arbeitgeber, wirkt dort als Erhöhung der Liquidität und ermöglicht somit eine größere Unabhängigkeit durch Schaffung einer alternativen Finanzierungsquelle (Abb. 3). Die Mitarbeiter „investieren" auf diese Weise nicht nur in ihre Altersvorsorge, sondern auch in ihren Arbeitgeber, und tragen somit zu dessen wirtschaftlichem Erfolg als Grundlage ihrer eigenen Arbeitsplätze bei – ganz ohne Beteiligung am Eigenkapital und Gewährung gesellschaftsrechtlicher Mitgliedschaftsrechte.

4.3 Kalkulier- und Planbarkeit

Wie oben erwähnt, berechnet sich die zugesagte Altersleistung ähnlich eines Sparbuchs. Maßgebend sind Betrag, Laufzeit und Zins. Die Ausrichtung erfolgt dabei auf die individuelle Altersgrenze für Regelaltersrente in der gesetzlichen Rentenversicherung. Dies gewährleistet in der langfristigen Finanzplanung des Arbeitgebers eine jederzeitige Kalkulier- und Planbarkeit, da nicht nur die erforderlichen Auszahlungsbeträge, sondern auch die Auszahlungszeitpunkte genau bestimmbar sind. Durch die gemischte Altersstruktur einer Belegschaft erfolgt eine längerfristige Verteilung der Rückzahlungen. Ein

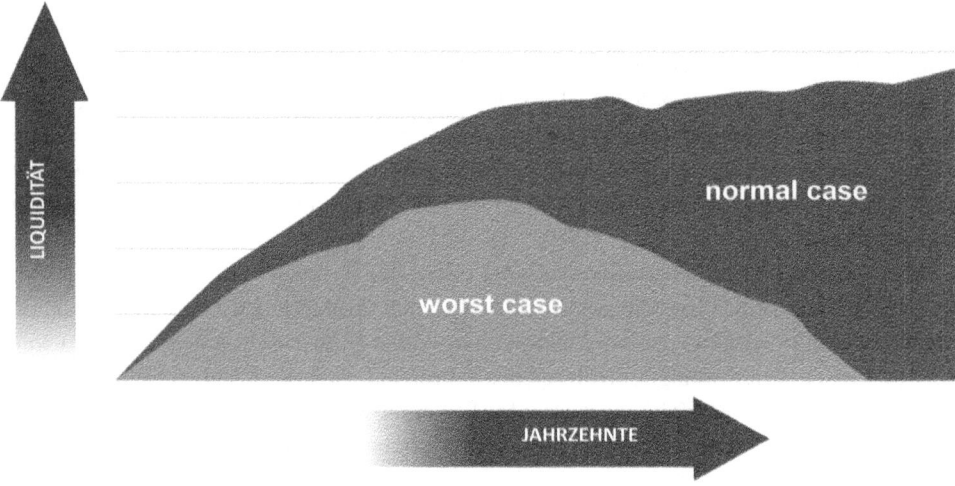

Abb. 3 Liquiditätsvolumen bzw. kumulierte jährliche Liquidität

enger Zeitkorridor für die Rückzahlung, wie er beispielsweise bei Arbeitnehmerdarlehen entstehen kann, die alle auf dieselbe begrenzte Zeit abgeschlossen werden, wird dadurch vermieden. Selbst bei üblicherweise vorhandenen Jahrgangsclustern überschreitet das jährliche Auszahlungsvolumen erfahrungsgemäß nicht eine Größenordnung von 1 bis 2 % der heutigen Summe an Personalkosten.

4.4 Aufwand und (Haftungs-)Risiko

Einen weiteren Vorteil der Teilhabe über eine betriebliche Altersversorgung stellt die einheitliche Rechtsbeziehung zwischen Arbeitgeber und Mitarbeiter dar. Es gilt das Betriebsrentenrecht als Teil des Arbeitsrechts. Hingegen können sich verschiedene Rechtsbeziehungen zum Mitarbeiter je nach Ausgestaltung der Mitarbeiterbeteiligung ergeben, z. B. Gesellschafts-, Schuld-, Arbeitsrecht, und dadurch erhöhte Aufklärungs- und Schutzpflichten auslösen. Dies beeinflusst den Implementierungs- und Verwaltungsaufwand und in der Folge auch das Haftungsrisiko des Arbeitgebers.

4.5 Insolvenzsicherung

Die Insolvenzsicherung über den Pensions-Sicherungs-Verein ist durch das Betriebsrentengesetz vorgegeben. Sie hat sich über 40 Jahre bewährt und gewährleistet nicht nur einen hohen Schutz, sondern stellt sich zugleich hinsichtlich Einrichtung und laufendem Verwaltungsaufwand sowie den Kosten als vergleichsweise günstig dar. Auf diese Weise ist die Gestaltung einer eigenen, aufwendigen, teure(re)n und dennoch haftungsträchtigen Regelung durch den Arbeitgeber nicht erforderlich.

4.6 Stärkung der Arbeitgebermarke

Mit einer unternehmenseigenen Altersvorsorge verfügt der Arbeitgeber über ein Alleinstellungsmerkmal in Hinblick auf die Bindung der vorhandenen Belegschaft, aber auch im Wettbewerb um neue Kräfte. Die betriebliche Altersversorgung wird immer häufiger von den Mitarbeitern als wichtiger Teil der Gesamtvergütung wahrgenommen und kann in der vorgestellten Form zur Attraktivität des Arbeitgebers beitragen.

Ein weiterer Vorteil ist, dass für alle Mitarbeiter gleiche Regeln gelten. Der Arbeitgeber kann ein und dasselbe Angebot an niedrige bis höchste Hierarchie- bzw. Einkommensebenen unterbreiten. Er verfügt über eine Vorsorgeform für unterschiedliche Vorsorgebedürfnisse. Darüber hinaus ermöglicht der weitgehende Verzicht auf biometrische Abhängigkeiten auch eine Gleichbehandlung von Altersgruppen und Geschlechtern. Mitarbeiter, die schon 60 Jahre und älter sind und aus diesem Grund bei Versicherungen regelmäßig keine Versorgung mehr erhalten, können ebenfalls teilhaben. Gerade diese Personengruppe kann häufig in besonderem Maß von den Vorteilen bei Steuer und Sozialversicherung profitieren.

Beteiligt sich der Arbeitgeber mit weiteren Beträgen an der Entgeltumwandlung, lässt sich die Attraktivität noch zusätzlich steigern. In der Praxis werden dazu oftmals Leistungen zur Vermögensbildung umgewidmet und künftig für die betriebliche Altersversorgung verwendet. Ferner ist auch eine Ausweitung um rein arbeitgeberfinanzierte Versorgungszusagen denkbar, mit denen beispielsweise eine Honorierung der zurückgelegten und künftigen Betriebstreue oder eine Beteiligung am Gewinn des Unternehmens an die Mitarbeiter weitergegeben wird. Durch die gesetzlich normierten Vorschriften zur Unverfallbarkeit lässt sich damit ein zusätzliches Bindungsinstrument und damit eine Stärkung des Arbeitgebers installieren.

5 Änderungen durch das Betriebsrentenstärkungsgesetz

Zum 01.01.2018 trat das Betriebsrentenstärkungsgesetz in Kraft. Mit ihm wird der Arbeitgeber u. a. bei der Nutzung versicherungsförmiger Durchführungswege verpflichtet, ab dem Jahr 2019 bei neu vereinbarten Entgeltumwandlungen 15 % des umgewandelten Entgelts zusätzlich als Arbeitgeberzuschuss an die Versorgungseinrichtung weiterzuleiten, soweit er durch die Entgeltumwandlung Sozialversicherungsbeiträge einspart (geregelt in § 1a Abs. 1a Betriebsrentengesetz [BetrAVG] in der Fassung ab dem 01.01.2019). Ab dem Jahr 2022 wird diese Regelung auch auf Bestandsverträge ausgeweitet (geregelt in § 26a BetrAVG in der Fassung ab dem 01.01.2019). Direktzusage und Unterstützungskassenversorgung sind von diesem verpflichtenden Zuschuss indes nicht betroffen. In dem Angebot einer vergleichsweise hohen Garantieverzinsung und der Freistellung von Kosten ist die Teilhabe der Mitarbeiter an der Sozialabgabenersparnis des Arbeitgebers – wie gezeigt – bereits berücksichtigt.

Eine weitere Neuerung durch das Betriebsrentenstärkungsgesetz betrifft die Einführung der reinen Beitragszusage, eine neue Form der Versorgungszusage, die nur in den versicherungsförmigen Durchführungswegen und im Rahmen des sog. Sozialpartnermodells möglich sein wird. Sie beseitigt einerseits die bisher grundsätzliche Einstandsverpflichtung des Arbeitgebers. Dem Arbeitgeber obliegt bei dieser Form der Versorgungszusage künftig ausschließlich noch die Weiterleitung der Umwandlungsbeträge des Mitarbeiters an den versicherungsförmigen Versorgungsträger. Andererseits ist dem Versorgungsträger eine Garantie bei der Versorgungsleistung untersagt. Diese Reaktion auf das anhaltende Niedrigzinsumfeld verlagert folglich Chancen und Risiken im Hinblick auf die Ablaufleistung auf den umwandelnden Mitarbeiter. Vor dem Hintergrund der oben betrachteten Vorteile einer unternehmenseigenen Altersvorsorge stellt sich die Frage, ob diese neue Möglichkeit der betrieblichen Altersversorgung interessant genug für Mitarbeiter und Arbeitgeber ist. Teilhabeaspekten begegnet sie jedenfalls kaum.

6   Fazit

Zusammenfassend wird deutlich, dass das Angebot einer solchen unternehmenseigenen Altersversorgung die wesentlichen Merkmale einer gerechten Teilhabe beinhaltet. Mit der Bereitschaft des Arbeitgebers, keine Vorsorge von der Stange anzubieten, sondern eine, die eine hohe Verzinsung ohne Kostenbelastung mit umfassender Absicherung und staatlicher Förderung vereint, bringt er auch seine Wertschätzung gegenüber den Mitarbeitern zum Ausdruck. Häufig mündet dies in einer Steigerung der Motivation der Belegschaft und engerer Mitarbeiterbindung. Diese Vorteile ergeben sich für den Arbeitgeber, ohne dass er sich selbst wirtschaftlich überfordert. Die Kalkulier- und Planbarkeit sorgen für eine jederzeitige Beherrschbarkeit. Beide Seiten profitieren.

Literatur

aba – Arbeitsgemeinschaft für betriebliche Altersversorgung e. V. (2017) Prozentuale Aufteilung der Deckungsmittel in der betrieblichen Altersversorgung im Jahr 2015 – nach Durchführungswegen. https://www.aba-online.de/news/28/a-prozentuale-aufteilung-der-deckungsmittel-in-der.html. Zugegriffen: 11. Apr. 2018

Assekurata (2015) Studie zur Überschussbeteiligung 2015: Deklaration 1.25 – Drahtseilakt zwischen LVRG und Solvency II, Kurzpräsentation. http://www.assekurata.de/publikationen/studien/detail/ueberschussstudie-2015-deklaration-125-drahtseilakt-zwischen-lvrg-und-solvency-ii/?no_cache=1&cHash=c19e515de3886010e199d6fa6689e63a. Zugegriffen: 11. Apr. 2018

DeckRV (1996) Deckungsrückstellungsverordnung vom 06.05.1996, BGBl. I Nr. 25, S. 670 f.

DeckRV (2016) Deckungsrückstellungsverordnung vom 18.04.2016, BGBl. I, S. 767 in der Fassung vom 18.05.2016, BGBl. I, S. 1231.

Europäische Zentralbank (2011) Die Geldpolitik der EZB. https://www.ecb.europa.eu/pub/pdf/other/monetarypolicy2011de.pdf?0651d17c4b69dd55f5d21d93aa600694. Zugegriffen: 11. Apr. 2018

Handelsblatt (2013) Lebensversicherungen – „Als Altersvorsorge nicht geeignet". http://www.handelsblatt.com/finanzen/vorsorge/versicherung/lebensversicherungen-kostenquote-von-46-prozent/8708190-2.html. Zugegriffen: 11. Apr. 2018

Joachim Bangert ist Gründer und Vorstandsmitglied von auxilion.

auxilion ist ein eigentümergeführtes Beratungshaus, das sich auf die Konzeptionierung, Einrichtung und Betreuung einer banken- und versicherungsunabhängigen betrieblichen Altersversorgung für mittelständische Familienunternehmen und deren Mitarbeiter spezialisiert hat.

Marc Eller ist Rechtsassessor und verantwortet den Bereich Recht bei auxilion.

auxilion ist ein eigentümergeführtes Beratungshaus, das sich auf die Konzeptionierung, Einrichtung und Betreuung einer banken- und versicherungsunabhängigen betrieblichen Altersversorgung für mittelständische Familienunternehmen und deren Mitarbeiter spezialisiert hat.

Mitbestimmung und Mitarbeiterbeteiligung – Perspektiven für die Aussöhnung von kontaktarmen Stiefschwestern

Norbert Kluge

1 Arbeitnehmer als Wirtschaftsbürger – Einleitung

Im Zeitalter von Digitalisierung und Globalisierung stehen wir erneut – nicht nur in Deutschland – vor richtungsweisenden gesellschaftlichen Reformen für Arbeiten und Wirtschaften. Gefragt ist die Architektur für eine Arbeitswelt der Zukunft, in der effizientes Wirtschaften und hohe Arbeitsproduktivität mit hohem Wohlfahrtsniveau, mit Chancengerechtigkeit, sozialer Verantwortung, Mitbestimmung und – vielleicht stärker als je zuvor – individueller Beteiligung eine Verbindung eingehen. Der Arbeitnehmer als Wirtschaftsbürger (den die SPD bereits in ihrem Godesberger Programm von 1958 als Zielgröße ihrer Politik beschrieben hatte), der Mitbestimmung als Beteiligung am Sagen mit Beteiligung am Haben verbindet, bekommt heute neue Popularität. Diese Formel wurde bereits in den 1960er-Jahren von sozialdemokratisch gesinnten Unternehmern wie Philipp Rosenthal oder Fritz Hahne geprägt und in ihren Unternehmen gelebt. Diese Tradition der sozialdemokratischen Arbeiterbewegung bildet auch eine der Wurzeln der Arbeitsgemeinschaft zur Förderung der Partnerschaft in der Wirtschaft (AGP), dem heutigen Bundesverband Mitarbeiterbeteiligung.

2 Mitbestimmung und Mitarbeiterbeteiligung

Partnerschaft in der Wirtschaft, gebaut auf Mitarbeitererfolgs- und -kapitalbeteiligung, wird jedoch auch in der digitalen und globalen Arbeitswelt der Zukunft die Mitbestimmung als Grundlage brauchen. Ohne die institutionellen und gesetzlichen Grundlagen der Mitbestimmung bleibt sie pure Ideologie. Wie die Definition von geschäftlichen Ver-

N. Kluge (✉)
Direktor, Hans-Böckler-Stiftung
Düsseldorf, Deutschland
E-Mail: norbert-kluge@boeckler.de

© Springer-Verlag GmbH Deutschland, ein Teil von Springer Nature 2018
H. Beyer und H.-J. Naumer (Hrsg.), *CSR und Mitarbeiterbeteiligung*,
Management-Reihe Corporate Social Responsibility,
https://doi.org/10.1007/978-3-662-57600-7_18

tragspartnern im Bürgerlichen Gesetzbuch, so definieren die Mitbestimmungsgesetze auf betrieblicher und auf Unternehmensebene die Arbeitnehmerseite als Verhandlungspartner auf gleicher Augenhöhe mit dem Management bzw. den Eignern eines Unternehmens. Jeder weiß, dass ein Betriebsrat oder ein Arbeitnehmervertreter im Aufsichtsrat im Zweifelsfall – im Zusammenspiel mit der gewerkschaftlichen Interessenvertretung – von seinen harten Mitbestimmungsrechten Gebrauch machen und die gerichtliche Klärung über Streitigkeiten herbeiführen kann. Deshalb wird er sein Verhalten darauf einstellen. Manchmal drängt sich in der Öffentlichkeit der Eindruck auf, diese Form der Auseinandersetzung in den Wirtschaftsbeziehungen stelle eine Störung bei der Ausübung von Eigentümerrechten dar, statt sie als Selbstverständlichkeit in einer bürgerlichen Demokratie zu begreifen.

Mitbestimmung ist aber das weitgehend unbestrittene demokratische Gestaltungsprinzip der Sozialen Marktwirtschaft. Sie ist ein Vorteil für Demokratie, Sozialstaat und wirtschaftliche Wettbewerbsfähigkeit. Sie ist Ausdruck einer kulturell tief verankerten und bis heute tragenden (Konflikt-)Partnerschaft zwischen Arbeit und Kapital. Sie verwischt nicht die prinzipiellen Unterschiede und sorgt für Rollenklarheit in Verhandlungen.

Die Wirtschaft in der Wissensgesellschaft wird mehr denn je auf die Leistungsbereitschaft und das Können des Einzelnen angewiesen sein. Es ist nicht ausgeschlossen, dass Beteiligung des Einzelnen keiner besonderen Organisierung mehr bedarf. Denn sich verbindlich und wirksam einbringen zu können, das ist Grundlage des neuen Arbeitens. Eine solche individuelle, auf die unmittelbare Arbeitsaufgabe gerichtete Beteiligung stellt einen qualitativen Sprung nach vorn in der Arbeitsgesellschaft dar. Damit hat sich aber Mitbestimmung als das organisierte Recht zur Beteiligung nicht erledigt. Auch Beteiligung in der Welt der digitalen Arbeit benötigt einen institutionellen Rahmen, insbesondere an der Unternehmensspitze, im Aufsichts- oder Verwaltungsrat. Er könnte nur anders aussehen als heute. Darin besteht die Herausforderung an die Mitbestimmung der Zukunft.

Neue Aktualität hat in diesem Kontext auch das Thema der materiellen Beteiligung gewonnen: Wie kann aus Mitbesitz, z. B. über Belegschaftsaktien, im Zusammenwirken mit Mitbestimmung und gewerkschaftlicher Interessenvertretung stärkere strategische Macht zur Mitgestaltung von Unternehmen werden?

Zwischenfazit: Wenn die beiden Stiefschwestern Mitbestimmung und Mitbesitz wüssten, was sie gemeinsam können, würden die Anhänger des liberalen Shareholder Values nervös. Es ist Zeit, aus dieser Chance eine Stärke machen. Deshalb steht das Thema Mitarbeiterbeteiligung auch immer wieder auf der gewerkschaftlichen und mitbestimmungspolitischen Agenda.

3 Mitarbeiterbeteiligung und Gewerkschaften

Kapitalbeteiligung macht aus Arbeitnehmern Miteigentümer: Welche Chancen und welche Risiken ergeben sich daraus für Arbeitnehmer? Für Gewerkschaften ist klar: Teilen am Haben und am Sagen geht über Tarifvertrag und Mitbestimmung. Es kann gestern wie heute nicht um Lohnflexibilisierung oder -kompensation durch materielle Erfolgsbeteilung gehen. Aber was spricht dagegen, darüber hinaus den gemeinsam erarbeiteten Gewinn fair miteinander zu teilen? Der Deutsche Gewerkschaftsbund (DGB) hat immer wieder seinen politischen Willen bekräftigt, Arbeitnehmer stärker am Produktivkapital zu beteiligen (und damit die steuerlichen Möglichkeiten zu verbessern).[1]

Aber das klassische doppelte Risiko muss auch weiterhin beachtet werden. Wenn ein Unternehmen scheitert, verlieren die Arbeitnehmer nicht nur ihre Arbeitsplätze, sondern auch ihre Kapitalanlage. Deshalb ist die Sicherung der Einlagen ins eigene Unternehmen ein wichtiges Thema geblieben. Die Möglichkeit zur finanziellen Beteiligung muss zudem grundsätzlich allen Arbeitnehmern eines Unternehmens offenstehen. Diese Möglichkeit nur auf die besondere Gruppe der Führungskräfte zu beschränken, ist nicht zielführend, wenn Mitarbeiterkapitalbeteiligung als flächendeckendes Prinzip stärker verankert werden soll.

Wenn solche Bedingungen beachtet werden, dann bedeutet Mitarbeiterbeteiligung eine zusätzliche und attraktive Einkommensquelle und stärkere Partizipation an Erfolg und Wachstum eines Unternehmens. Die Arbeitszufriedenheit kann erhöht werden. Arbeitnehmer können zudem mitreden, wenn es z. B. um die Nachfolgeplanung in ihrem Unternehmen geht.

Die Beteiligung am Kapitalvermögen etwa über Belegschaftsaktien und die entsprechenden Renditen schließt Arbeitnehmer auch an Renditemöglichkeiten der heute zunehmend kapitalmarktgetriebenen Unternehmensfinanzierung an. Ist eine kritische Masse gegeben, könnten Anteile etwa in einem eigenen Fond gebündelt und zur zusätzlichen Einflussnahme auf die Unternehmenspolitik genutzt werden. Kapitalbesitz in Arbeitnehmerhand könnte auch als zusätzliche Barriere aufgebaut werden, um der Kurzfristorientierung und den überzogenen Renditeinteressen aktivistischer Investoren entgegenzuwirken. Das Motiv: Arbeitnehmer sind an langfristiger Unternehmensperspektive interessiert. Wenn sie nennenswerte Aktienanteile halten, dann könnten sie sich zusammentun und gemeinsam mit ihrer Mitbestimmung im Aufsichtsrat stärkeren Einfluss auf Unternehmensentscheidungen nehmen. Ein zusätzlicher Charme dieser Idee liegt darin: In immer globaler organisierten Unternehmen könnten sie ihre Kollegen im Ausland einbeziehen. Denn Mitbestimmung endet bekanntlich an der nationalen Grenze.

Auch auf europäischer Ebene hat die Arbeitnehmerseite einer stärkeren Förderung von Konzepten der finanziellen Mitarbeiterbeteiligung in Europa zugestimmt. So sah der Europäische Wirtschafts- und Sozialausschuss (EWSA 2003) in seiner Initiativstellungnahme in der finanziellen Mitarbeiterbeteiligung eine Möglichkeit, Unternehmen und Belegschaften, aber auch die Gesellschaft insgesamt besser und zusätzlich am Erfolg zuneh-

---

[1] In seiner Stellungnahme zum Mitarbeiterkapitalbeteiligungsgesetz wurden vom DGB u. a. diese Forderungen aufgelistet (DGB 2008): Kapitalbeteiligung nur zusätzlich zum geschuldeten Arbeitslohn (on top zum Tariflohn), keine Lohnflexibilisierung; finanzielle Beteiligung muss allen Beschäftigten eines Unternehmens offen stehen; Minimierung des doppelten Risikos u. a. durch eine Mindestverzinsung und eine Sicherung der Einlagen; Kontrolle und Überwachung des Fondsmanagements insbesondere durch die Arbeitnehmer der beteiligten Unternehmen sowie ihrer Gewerkschaften; keine Verknüpfung mit der betrieblichen Altersvorsorge.

mender Europäisierung wirtschaftlicher Tätigkeiten teilhaben zu lassen. Zudem wird in einer Mitarbeiterbeteiligung ein Instrument zur Verbesserung der Wettbewerbsfähigkeit von kleinen und mittleren Unternehmen gesehen. Vor diesem Hintergrund wird gefordert, auf europäischer Ebene ein Rahmenkonzept zu erarbeiten, das die Anwendung von Beteiligungsmodellen erleichtert. Aus Sicht des EWSA sollten v. a. steuerliche Hindernisse für grenzübergreifende Beteiligungsmodelle internationaler Unternehmen genauer analysiert und mögliche Lösungen erarbeitet werden.

Der Blick über die Grenzen nach Österreich zeigt, wie die positiven Effekte von Mitarbeiterkapitalbeteiligung politisch unterstützt und die Bindungswirkung und Langfristigkeit von Mitarbeiterkapital tatsächlich gestärkt werden kann. Dort verfügen einige große österreichische Kapitalgesellschaften über Belegschaftsstiftungen, wie z. B. Voestalpine, Flughafen Wien, Salinen oder AMAG (Schumich 2016). Seit 01.01.2018 gibt es in Österreich nun ein gesetzlich geregeltes Modell der Mitarbeiterbeteiligungsstiftung (Schumich 2017). Die Aktien von Mitarbeitenden werden dort treuhänderisch verwaltet. Wenn sich Arbeitnehmer für dieses Modell entscheiden, werden sie überdies steuerlich stärker begünstigt (bis zu 4000 € steuerfrei statt lediglich 3000 € Freibetrag). Die Mitarbeiterkapitalstiftung des Stahlherstellers voestalpine wird im Übrigen durch ein aus deutscher Sicht sehr weitgehendes Modell von Mitbestimmung verwaltet: Vorstand und Beirat sind paritätisch durch Vertreter des Konzernbetriebsrats und Unternehmensvorstands zusammengesetzt (voestalpine Mitarbeiterbeteiligung Privatstiftung 2010, S. 94).

4   Mitbestimmung und Mitbesitz durch Belegschaftsaktien – Elemente guter Führung für das nachhaltige Unternehmen

Aus Arbeitnehmersicht lässt sich der Anspruch an die Führung von Unternehmen klar beschreiben. Sie muss nachhaltig sein, mit Perspektiven für Beschäftigung und Einkommen und zukunftssicheren Standorten im Einklang mit der Umwelt und ökonomischen Erfolg. Wenn Unternehmen immer mehr zur Handelsware renditesuchender Anleger werden und Top-Manager ihr Führungsverhalten, nicht zuletzt im eigenen Interesse an eigenen Spitzenvergütungen, deren Interessen unterordnen, dann muss neu buchstabiert werden, wer gesellschaftliche Verantwortung von Unternehmen durchsetzt und wie dies geschehen kann. Wir brauchen einen neuen Wertekonsens über die Rolle von Unternehmen in der Gesellschaft und über die entsprechenden Regeln für gute nachhaltige Unternehmensführung. Dazu gehört für Arbeitnehmer elementar auch der Gedanke der mitbestimmten Unternehmensführung.

Die Vorzeichen für heutige Formen internationaler Unternehmens- und Führungsorganisation sowie der Unternehmensfinanzierung verlangen nach neuen Antworten, Unternehmen wieder stärker an ihren Existenzauftrag zu binden, einen Leistungsbeitrag für die Gesellschaft zu erbringen – und nicht nur die eine Gruppe ihrer Investoren zu bedienen. Es gilt, einer Entwicklung entgegenzuwirken, bei der Company Engineering lediglich zur Optimierung von Kosten, Steuern und Abgaben zulasten der Allgemeinheit und zugunsten von Kapitalbesitzern betrieben wird. Immer häufiger sehen wir auch bei erfolgreichen Traditionsunternehmen eine neue Führungsorganisation über internationale Finanz-Holdings, mit Potenzial, diese Unternehmen von der Realwirtschaft abzukoppeln.

Was kann und muss getan werden, damit Demokratie, Realwirtschaft und Zukunftsperspektiven für Arbeitsplätze und Standorte in dieser Kapitalmarktdynamik nicht vollends unter die Räder geraten? Welche Rolle kann und muss die Mitbestimmung in der Neubestimmung von Handlungsmöglichkeiten spielen? Inwieweit können Beteiligungsmöglichkeiten auf der Kapitalmarktstrecke die Wirkungsmacht von Mitbestimmung bei wirtschaftlichen Entscheidungen auch über die nationalen Grenzen hinweg ergänzen und bestenfalls verstärken? Inwieweit können Vereine der Arbeitnehmeraktionäre großer deutscher Unternehmen dabei eine Rolle spielen?

Diese Fragen wurden aus mitbestimmungspolitischer Perspektive von der Hans-Böckler-Stiftung gestellt. Die beiden Wissenschaftler Thomas Steger und Rainer Sieg haben sie am Beispiel von Belegschaftsaktionärsvereinen analysiert (Steger et al. 2017). Die Studie hat diese Frage des Wirkungszusammenhangs zwischen Mitbestimmung und Aktienbesitz in Mitarbeiterhand zwar nicht untersucht, ihre Aufgabe war es, zunächst die informativen Grundlagen zu schaffen über die Existenz und das Wirken von Arbeitnehmeraktionärsvereinen in Deutschland. Die Ergebnisse sind zwiespältig und uneinheitlich ausgefallen: Aktien in Arbeitnehmerhand sind weit verbreitet. In 70 % der untersuchten 160 Großunternehmen existiert irgendeine Form von Belegschaftsaktien. Aber die Organisation der Aktien für eine konzertierte „workers voice" stecken noch immer in den Kinderschuhen. Vereine der Belegschaftsaktionäre haben in einigen deutschen Großunternehmen eine lange Tradition. In der Fläche sind sie jedoch eher die Ausnahme geblieben. Das dürfte an der Verschiedenartigkeit der Formen und Programme für Belegschaftsaktien liegen, aber auch an der Bündelung vieler, teils widersprüchlicher Ziele, die mit diesem Instrument allgemein verbunden werden: Verbesserung der Identifikation und Bindung ans Unternehmen, Verbesserung der praktisch gelebten Sozialpartnerschaft im Unternehmen, sozialpolitische Vorstellungen zusätzlicher Altersversorgung oder die Vorstellung, mit diesem besonderen materiellen Belohnungssystem die Leistungsbereitschaft des Einzelnen zu steigern.

Aus der Studie lassen sich folgende Ergebnisse für die weitere Diskussion festhalten:

- Belegschaftsaktien sind zwar in großen Unternehmen in Deutschland verbreitet. Aber sie haben nur in wenigen Fällen zu einer Organisationsform wie z. B. einem Belegschaftsaktionärsverein geführt.
- Belegschaftsaktien werden nicht nach einem Standardmodell praktiziert. Es existieren viele unterschiedliche Formen. Sie sind häufig nur für Führungskräfte gedacht.
- Wenn Belegschaftsaktien für alle Arbeitnehmer vom Unternehmen ausgegeben werden, dann findet das i. d. R. die Unterstützung der Mitbestimmungsseite bzw. des Betriebsrats. Es findet Anklang, wenn der Unternehmenserfolg auf diese Weise mit den Aktionären ansatzweise geteilt werden soll.

- Gewerkschaften stellen sich diesem Gedanken nicht in den Weg, soweit nicht tarifvertragliche Gehaltsbestandteile durch materielle Beteiligung kompensiert werden sollen und Vorkehrungen gegen das doppelte Risiko für Arbeitnehmer (s. oben) getroffen werden können. Einer Ausweitung des steuerlichen Förderrahmens für Belegschaftsaktien stehen Gewerkschaften vielleicht aus diesem Vorbehalt vergleichsweise skeptisch gegenüber.

Unter dem Strich: Es ist nicht zu erkennen, dass Mitbestimmungsakteure den strategischen Wirkungszusammenhang zwischen Stärkung der Mitbestimmung durch Mitbesitz der Arbeitnehmer am eigenen Unternehmen thematisieren. Aktien am eigenen Unternehmen zu haben, gehört in mitbestimmten Unternehmen mit Belegschaftsaktien eher zum Erleben alltäglicher und geübter beteiligungsorientierter Unternehmenskultur. Das strahlt aber nicht auf andere Unternehmen bzw. Arbeitnehmervertretungen aus.

5   Arbeit der Zukunft: Gestaltungsressource Mitarbeiterkapitalbeteiligung

Die Digitalisierung der Arbeit wird als eine der größten gesellschaftlichen Herausforderungen beschrieben. Es ist davon auszugehen, dass auch in Zukunft Arbeit als Quelle für Erwerb und Einkommen fungieren wird (Schildmann 2017). Niemand weiß heute, wie diese Arbeit im Einzelnen aussehen wird. Der Wandel kündigt sich aber im betrieblichen Alltag immer vehementer und radikaler an. Er muss gestaltet werden. Denn nicht nur der und die Einzelne will wissen, wo er bleibt und sich beteiligen kann. Auch hängen Sozialstaat und Demokratie am System der verfassten Arbeit. Es geht also nicht nur darum, die Digitalisierung unter dem Aspekt wirtschaftlicher Profitabilitätssprünge zu sehen.

Wir werden erst dann davon sprechen können, dass die Chancen der Digitalisierung genutzt wurden, wenn möglichst alle etwas davon haben. Wie wollen wir also die Rendite der Digitalisierung am Arbeitsplatz, in den Betrieben und in der Gesellschaft teilen? Kann eine Seite, die Wirtschaft, wirklich wissen und entscheiden, was für die andere Seite, die Arbeitnehmer, gut ist?

Genau diese Frage nach den Möglichkeiten von Beteiligung durch Mitbestimmung und Mitarbeiterkapitalbeteiligung war in der Expertenkommission der Hans-Böckler-Stiftung zur Arbeit der Zukunft Gegenstand der kritischen Debatte. Unter der Überschrift „Arbeit aufwerten, Auskommen garantieren, Leistung honorieren" stellt die Kapitalbeteiligung ein gutes Instrumentarium dar, um Arbeitnehmern auf diese Weise einen breiten Zugang zu den Renditen des Fortschritts zu eröffnen (Jürgens et al. 2017, S. 74 f.).

Befürworter sahen gerade angesichts des rasanten technologischen Wandels große Chancen darin, Arbeitnehmer am Wachstum des Faktors Kapital zu beteiligen. Sie erhoffen sich positive Auswirkungen auf die gesamtgesellschaftliche Verteilungsgerechtigkeit. Auch sei eine Kapitalbeteiligung im Fall von Sanierungs- und Krisenfällen höchst sinnvoll, wenn sie durch die Tarifvertragsparteien begleitet wird. Aussicht auf Weiterführung des Unternehmens und auf Rettung der Arbeitsplätze erscheint in solchen Fällen nur dann möglich, wenn Arbeitnehmer sich mit eigenem Geld engagieren. Diese Perspektive rechtfertige den partiellen und vorübergehenden Verlust an Einkommen und Kaufkraft. Genau hier zeigt sich sehr handfest, was das doppelte Risiko bedeuten kann: Betrieb pleite, Geld weg, Arbeitsplatz verloren. Freilich, gegen den Verlust des Arbeitsplatzes durch Konkurs des Unternehmens schützen auch keine Mitbestimmung und kein Tarifvertrag.

Allerdings eröffnen sich dadurch bessere Verhandlungspositionen für eine Zukunft von Arbeitsplätzen auch nachdem ein Unternehmen verloschen ist. In dieser Hinsicht könnten sich Mitbestimmung und Kapitalbesitz gegenseitig verstärken.

6 Schlussbemerkungen

„Der letzte Endzweck dieses Werkes ist es", so schrieb Karl Marx über *Das Kapital*, „das ökonomische Bewegungsgesetz der modernen Gesellschaft zu enthüllen." Nichts hat sich seit der Analyse zu Zeiten von Marx daran geändert, dass es die menschliche Arbeit ist, die Werte schafft, auch wenn Kapitalisten heutiger Tage anscheinend mit ihrer computergesteuerten und weltumspannenden Aktienschieberei das Gegenteil zu beweisen scheinen. Mit der Mitbestimmung haben wir aber in Deutschland ein praxisbewährtes Prinzip auch zur sozialen Selbstorganisation einer Gesellschaft ersonnen.

Ordnungspolitisch gesprochen entlastet die Mitbestimmung den Staat von Steuerungsaufgaben durch angemesseneres dezentrales Handeln. Der deutsche Entwicklungspfad der sozialen Marktwirtschaft setzt darauf, langfristige und nachhaltige Perspektiven für Arbeitende und Unternehmen zu schaffen, und damit etwas für Gesellschaft, Wirtschaft, Demokratie und Sozialstaat gleichermaßen zu leisten. Mitbestimmung (im Zusammenspiel mit Tarifverträgen und autonomen Sozialpartnern) sorgt dafür, dass Fachkräfte durch eine solide Berufsausbildung langfristig ans Unternehmen gebunden werden. Wenn die Kapitalbeteiligung der Arbeitenden diesen Effekt im Zeitalter von digitaler Arbeit und volatiler Unternehmensfinanzierung stabilisieren und verstärken soll, müsste sie ähnlich auf langfristige Bindung des Kapitals in der Hand der Arbeitenden an das Unternehmen konstruiert sein.

Nicht zuletzt deshalb gehört die Weiterentwicklung des gesamten Mitbestimmungssystems unter Berücksichtigung von Mitarbeiterkapitalbeteiligung zu den Aufgaben verantwortungsvoll denkender und handelnder Politiker. Wir haben auch für die zukünftige Arbeitsgesellschaft nicht die Option auf ein prinzipiell besseres Modell. Die Erfolgsstory unserer beteiligungsorientierten sozialen Marktwirtschaft muss unter den neuen Vorzeichen der Wissensgesellschaft fortgesetzt werden.

Literatur

DGB (2008) Stellungnahme des DGB zum Regierungsentwurf eines Gesetzes zur steuerlichen Förderung der Mitarbeiterkapitalbeteiligung. 03.11.2008. http://www.dgb.de/themen/++co++article-mediapool-0f74b8072f3e5102a989add78ce14bf3. Zugegriffen: 18. Mai 2018

EWSA (2003) Stellungnahmen: Finanzielle Beteiligung der Arbeitnehmer. Brüssel: SOC/115-EESC-2003-284

Jürgens K, Hoffmann R, Schildmann C (2017) Arbeit transformieren! Denkanstöße der Kommission „Arbeit der Zukunft". Reihe Forschung aus der Hans-Böckler-Stiftung, Bd. 189. transcript, Bielefeld

Schildmann C (2017) Mitarbeiterkapitalbeteiligung in Gestaltungsmacht ummünzen. Magazin Mitbestimmung 12. Hans-Böckler-Stiftung, Düsseldorf

Schumich S (2016) Beschäftigte als EigentümerInnen: Mitarbeiterkapitalbeteiligung als Instrument der Mitbestimmung. A&W blog der AK Wien. https://www.awblog.at/mitarbeiterkapitalbeteiligung/. Zugegriffen: 18. Mai 2018

Schumich S (2017) Mitarbeiterbeteiligungsstiftung: Neue gesetzliche Änderungen ab 1. Jänner 2018. Ak Ifam Info 4/2017:3–4

Steger T, Sieg R, Kluge N (2017) Belegschaftsaktionäre in deutschen Großunternehmen. Mitbestimmungsreport Nr. 38. Hans-Böckler Stiftung, Düsseldorf

voestalpine Mitarbeiterbeteiligung Privatstiftung (2010) Wir sind daran nicht ganz unbeteiligt. Die voestalpine-Mitarbeiterbeteiligung 2000–2010. https://www.voestalpine.com/group/static/sites/group/.downloads/de/aktie/adhoc/gj-2010-11/2011-01-21-10-jahre-mitarbeiterbeteiligung.pdf. Zugegriffen: 18. Mai 2018

Dr. Norbert Kluge geboren 1955 in Kassel, Studium der Sozialwissenschaften an der Universität Göttingen (1973–1979) und Promotion zum Dr. rer. pol. an der Universität Kassel (1994).

Nach dem Studium Tätigkeiten und berufliche Erfahrungen

– als wissenschaftlicher Mitarbeiter an der Universität Kassel, Wissenschaftliches Zentrum für Berufs- und Hochschulforschung (1979–1988);

– als Referatsleiter in der Abteilung Forschungsförderung der Hans-Böckler Stiftung mit dem Schwerpunkt Mitbestimmungsforschung (1988–1996);

– als Leiter des wissenschaftlichen Sekretariats der Kommission Mitbestimmung (Leitung Prof. Streeck) am Max-Planck-Institut für Gesellschaftsforschung Köln (1996–1998);

– als Leiter des Forums Mitbestimmung und Unternehmen, einem gemeinsamen Projekt von Bertelsmann Stiftung und Hans-Böckler-Stiftung (1999–2002);

– als Forschungsleiter am Europäischen Gewerkschaftsinstitut (ETUI), Brüssel (2002–2010) und als Koordinator des Europäischen Kompetenzzentrum Mitbestimmung im ETUI (2009/2010)

– als Koordinator und Referent des Europäischen Betriebsrats der ThyssenKrupp AG (10/2010–12/2012) und als Koordinator der Betriebsrätearbeitsgemeinschaft der Outokumpu Deutschland (bis 09/2013)

– als Mitglied der Arbeitnehmergruppe im Europäischen Wirtschafts- und Sozialausschuss (EWSA, seit 06/2016).

Mitarbeiterkapitalbeteiligung – Befunde, Vergleiche und beste Praxis

Mitarbeiterloyalität als Asset

Astrid Szebel-Habig

1 Einleitung

Eine Human-Resources(HR)-Studie der Personalberatung Rochus Mummert aus dem Jahr 2015 offenbart, dass eine Unternehmenskultur höhere Renditen hervorbringt, wenn sie ihren Mitarbeitenden eine Heimat in Form einer Wertegemeinschaft mit Perspektiven bietet. Unternehmen, die Werte wie Vertrauen, Integrität und Loyalität tatsächlich leben und auf eine hohe Qualität der Zusammenarbeit achten, sind im Markt nachweislich erfolgreicher (Schlipat und Martin 2015, S. 21).

Mitarbeiterkapitalbeteiligungen, z. B. in Form von Belegschaftsaktien, GmbH-Anteilen, Stock Options und Genussrechten, sind ein Baustein dafür, dass die Arbeitnehmer sich mit ihrem Arbeitgeber mehr verbunden fühlen als in Unternehmen, wo es kein solches Angebot gibt. Diese Beteiligungen der Mitarbeitenden am Vermögenswachstum und Ertrag des Unternehmens können dazu beitragen, dass aus der Wertegemeinschaft eine Wertschöpfungsgemeinschaft wird, in der sich alle Beteiligten für den Erfolg des Unternehmens mit verantwortlich fühlen.

Im Vergleich zu anderen europäischen Staaten wie England, Frankreich und Österreich sind die Mitarbeiteraktien in Deutschland wenig verbreitet. Das Deutsche Aktieninstitut zählt für 2016 deutschlandweit 1,1 Mio. Belegschaftsaktionäre, in Frankreich hingegen sind es 3,3 Mio. Gründe hierfür sind zum einen die fehlende politische Unterstützung durch einen seit 2010 geltenden vergleichsweise niedrigen Freibetrag von 360 €, der in anderen Ländern, wie z. B. Österreich, 3000 € und mehr beträgt. Zum anderen sparen die Deutschen ungern in Aktien: Trotz steigender Kurse registrierte das Deutsche Aktieninstitut für das Jahr 2016 eine gleichbleibende Anzahl von 9 Mio. Aktienbesitzern wie im Jahr

A. Szebel-Habig (✉)
Institut für Management und Leadership, Hochschule Aschaffenburg
Aschaffenburg, Deutschland
E-Mail: astrid.szebel-habig@h-ab.de

© Springer-Verlag GmbH Deutschland, ein Teil von Springer Nature 2018
H. Beyer und H.-J. Naumer (Hrsg.), *CSR und Mitarbeiterbeteiligung*,
Management-Reihe Corporate Social Responsibility,
https://doi.org/10.1007/978-3-662-57600-7_19

zuvor. Das sind 14 % der deutschen Bevölkerung ab 14 Jahren (Deutsches Aktieninstitut 2017).

2   Was ist Mitarbeiterloyalität?

Loyalität von Mitarbeitenden zeigt sich durch ihre Bereitschaft, sich mit den Werten, Normen und Denkvorstellungen des Unternehmens zu identifizieren. Die Mitarbeiterloyalität zeigt sich in einem höheren Commitment gegenüber den Unternehmenszielen und einem überdurchschnittlich hohen Bindungsverhalten (Szebel-Habig 2004, S. 50).

Jedes Jahr veröffentlicht das Potsdamer Marktforschungsinstitut Gallup den Engagement Index. Für das Jahr 2016 wurde für ein durchschnittliches Unternehmen festgestellt, dass von 100 Beschäftigten 15 % eine hohe emotionale Bindung gegenüber ihrem Arbeitgeber haben, 70 % eine geringe und 15 % gar keine emotionale Bindung aufweisen. Die jeweilige Einstellung des Mitarbeiters beeinflusst massiv den Unternehmenserfolg: Mitarbeitende mit einer hohen emotionalen Bindung weisen deutlich niedrigere Fehlzeiten, eine höhere Betriebstreue und eine größere Bereitschaft zur Weiterempfehlung des Unternehmens als Arbeitgeber und seiner Produkte auf (Gallup Pressemitteilung 2017).

Loyalität beweist sich v. a. in wirtschaftlich schlechten Zeiten des Unternehmens: So halten die Beschäftigten auch in Krisenzeiten zu ihrem Arbeitgeber, wenn die schlechte Auftragslage Kurzarbeit oder ein Einfrieren der Gehälter nach sich zieht. Ein Beispiel für das Zusammenwachsen in der Finanzkrise 2008/2009 liefert die Firma Phoenix Contact GmbH & Co. KG.: Durch eine starke gegenseitige Loyalität zwischen dem Top-Management und den Mitarbeitenden konnte der gewaltige Umsatzeinbruch durch enorme Einsparungen und Innovationen aufgefangen werden, sodass die Firma ab 2010 im Markt besser dastand als je zuvor, mit einem Umsatzplus von 40 % (Purps-Pardigol 2015, S. 49).

Illoyalität bewirkt opportunistisches und eigennütziges Handeln. Nicht das Interesse der Gemeinschaft, sondern das eigene Interesse steht im Vordergrund. Hier tummeln sich die Spekulanten auf der Suche nach dem schnellen Geld als auch Arbeitnehmer, die durch einen permanenten Jobwechsel die Karriereleiter schneller als andere nach oben klettern wollen.

3   Instrumente zur Förderung der Mitarbeiterloyalität

Angesichts des durch den demografischen Wandel und die derzeitige Hochkonjunktur ausgelösten Fach- und Führungskräftemangels sind Arbeitgeber gut beraten, durch immaterielle als auch materielle Bindungsinstrumente die Loyalität ihrer Mitarbeitenden und damit ihre Bindung an das Unternehmen zu stärken.

Immaterielle Bindungsinstrumente sind beispielsweise (vgl. Szebel-Habig 2004, S. 89):

- Führungsqualität bzw. Leadership und der damit verbundenen Wertschätzung und respektvollen Behandlung der zu Führenden;
- ein sehr gutes Betriebsklima;
- interessante und herausfordernde Aufgabeninhalte;
- Entwicklungsmöglichkeiten und Karrierechancen im Betrieb;
- Identifikation mit dem Unternehmen über eine sinngebende Vision und gemeinsame Werte;
- Zugehörigkeit zu einem attraktiven Arbeitgeber mit herausragendem Image;
- Autonomie bei der Arbeitsgestaltung;
- Work-Life-Balance-Angebote.

Weltweite Studien von Leigh Branham, Saratoga Institut, deckten auf, dass es v. a. die Führungsqualität ist, die Arbeitnehmer an ein Unternehmen binden. So gilt der Satz: Mitarbeitende verlassen nicht Unternehmen, sondern sie verlassen ihre Vorgesetzte oder ihren Vorgesetzten (Branham 2005, S. 3).

Die HR-Studie 2012/2013 mit Schwerpunkt Mitarbeiterbindung des Instituts für Beschäftigung und Employability (IBE) und der Unternehmungsberatung Hays AG zeigt für deutsche Betriebe auf, dass ein gutes Betriebsklima das beste Instrument eines Retention-Managements ist, gefolgt von einer marktgerechten Entlohnung (Hays Group 2013, S. 21). Materielle Anreize sind also auch ein wichtiger Bindungsfaktor. Hierunter fallen beispielsweise (vgl. Szebel-Habig 2004, S. 109):

- Leistungsgerechte Vergütung über Leistungszulagen wie Boni, Prämien etc.;
- Sozialleistungen wie die betriebliche Altersvorsorge, Werkswohnungen etc.;
- sonstige monetäre Zusatzleistungen wie Firmenwagen, vergünstigter Fabrikeinkauf etc.;
- Erfolgs- und Kapitalbeteiligungen wie Gewinnbeteiligung, Genussrechte, Belegschaftsaktien und Stock Options.

Eine finanzielle Mitarbeiterbeteiligung kann die Loyalität der Mitarbeiter aus zwei Quellen speisen: affektiv und rational (vgl. Felfe 2008, S. 41).

Affektiv drückt sich Loyalität durch Stolz auf den Arbeitgeber und die Bereitschaft aus, ihn als auch seine Produkte und Dienstleistungen im Freundes- und Familienkreis weiterzuempfehlen. Da Stellen nach wie vor am häufigsten über persönliche Kontakte besetzt werden (Brenzel et al. 2016), liegt hier eine enorme Kosteneinsparung vor, wenn eigene Mitarbeitende zukünftige Mitarbeitende anwerben.

Rational drückt sich die Loyalität in einer kognitiven Abwägung von Nutzen- und Kostenaspekten aus. Wenn bei einem Verbleib im Unternehmen die materiellen Vorteile die möglichen Nachteile eines Weggangs übertreffen, werden die Mitarbeitenden ihrem Arbeitgeber aller Voraussicht nach aus Vernunftgründen treu bleiben. Diese Betriebstreue wird v. a. dann zum Tragen kommen, wenn das Unternehmen erfolgreich im Markt agiert.

Finanzielle Mitarbeiterbeteiligungen, z. B. in Form von Belegschaftsaktien, lassen dann die Arbeitnehmer von Jahr zu Jahr reicher werden und erschweren damit eine Kündigung.

Gerade bei Start-up-Unternehmen, wo in der Gründerphase keine üppigen Gehälter ausgezahlt werden können, können durch virtuelle Aktienoptionen Motivation und Bindung gestärkt werden. Durch eine mögliche Wertsteigerung des Unternehmens kann nach wenigen Jahren ein erfolgreicher Firmenverkauf seine Mitarbeitenden auf einen Schlag wohlhabend machen (Schiemzik und Jaening 2012).

Die Kapitalbeteiligung von Mitarbeitenden nimmt sowohl in der Forschung als auch in der Praxis eine eher stiefmütterliche Stellung in Deutschland ein: Der letzte Kurzbericht des Instituts für Arbeitsmarkt- und Berufsforschung zum Thema Mitarbeiterbeteiligung stammt aus dem Jahr 2011 (Bellmann und Möller 2011). Er notiert für das Jahr 2009 im Vergleich zum Jahr 2001 sogar einen Rückgang der Kapitalbeteiligungen von 3 auf 1 % der Betriebe. Die Gewinnbeteiligung wurde 2001 als auch 2009 von 9 % der Unternehmen durchgeführt. Dabei ist die Beteiligung der Arbeitnehmer am Unternehmenserfolg ein geeignetes Werkzeug, um v. a. Leistungsträger langfristig an das Unternehmen zu binden. Durch die Teilhabe am Unternehmensvermögen, z. B. durch Belegschaftsaktien, kann zudem unternehmerisches Mitdenken und Kostenbewusstsein gefördert werden.

4   Mitarbeiterloyalität als Asset

Durch die Verbindung von Leistungsanreizen mit den Unternehmenszielen soll das unternehmerische Denken der Mitarbeitenden gefördert werden. Über die Ausgabe von z. B. vergünstigten Mitarbeiteraktien soll ein Wir-Gefühl entstehen, das die Beschäftigten motiviert, als Miteigentümer mehr Leistung zu bringen und sich länger an das Unternehmen zu binden.

Eine repräsentative Studie in Deutschland, die sich mit der Nutzung und Verbreitung finanzieller Mitarbeiterbeteiligungen aus Sicht von Betriebsleitungen und Betriebsräten im Jahr 2012 auseinandersetzt, bestätigt diese Annahme. Als Gründe für die Einführung von Mitarbeiterbeteiligungen wurde sowohl von den Unternehmens- als auch von den Arbeitnehmervertretungen eine mögliche Motivationssteigerung der Beschäftigten, damit verbunden eine Leistungsverbesserung, ein Verhalten als Mitunternehmer und eine erhöhte Mitarbeiterbindung, genannt (Fietze et al. 2012, S. 34–41).

Die Abb. 1 zeigt mögliche Effekte einer Mitarbeiterbeteiligung, die sich durch eine erhöhte Motivation und größere Betriebstreue ergeben können.

4.1   Höhere betriebliche Stabilität

Auch wenn der ursächliche Zusammenhang nicht immer eindeutig ist, geht eine Untersuchung des Instituts zur Zukunft der Arbeit (IZA) davon aus, dass Mitarbeiterbeteiligungen nicht nur die Einkommensverhältnisse der Beschäftigten verbessern, sondern auch Un-

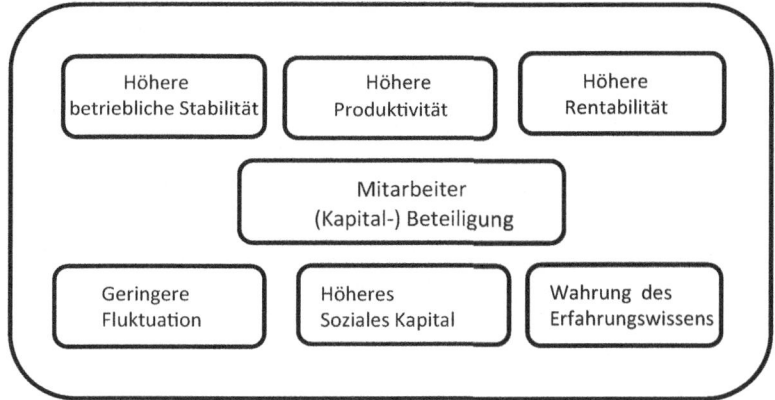

Abb. 1 Effekte der Mitarbeiterbeteiligung

ternehmen überlebensfähiger machen. Eine Analyse der Daten des US General Social Survey aus den Jahren 2002–2014 offenbart, dass Unternehmen mit kapitalbeteiligten Beschäftigten deutlich weniger Mitarbeiter entlassen haben als vergleichbare Betriebe ohne Mitarbeiterkapitalbeteiligungen. Der Verfasser Douglas Kruse kommt zu dem Ergebnis, dass Firmen mit Mitarbeiterbeteiligung eine höhere betriebliche Stabilität aufweisen und in Krisenzeiten weniger Personal freisetzen. Zudem führten Belegschaftsaktien dazu, dass sie das Einkommen der Arbeitnehmer erhöhten und durch eine breitere Verteilung ökonomischer Gewinne zu einer Verringerung von Einkommensungleichheiten beitragen (Kruse 2016, S. 311).

4.2 Höhere Produktivität

Im IAB Kurzbericht Nr. 9 aus dem Jahr 2001 wird der überzeugende Nachweis geliefert, dass Betriebe in Ost- und Westdeutschland mit Mitarbeiterbeteiligung eine höhere Produktivität besitzen. So liegt im IAB Betriebspanel 1998 die Wertschöpfung in Betrieben mit Mitarbeiterbeteiligung pro Beschäftigten im Westen Deutschlands um etwa 60 % höher als in Betrieben ohne Mitarbeiterbeteiligung (Möller 2001). Die Autorin Iris Möller führt dieses Phänomen auf die direkt auf die Entlohnung wirkende betriebliche Anreizstruktur zurück wie auch auf die stärkere Identifikation der Mitarbeitenden mit dem Betrieb, die zu einem größeren Engagement führen könnte.

In der Praxis lässt sich die durch die Mitarbeiterbeteiligung erhoffte Produktivitätssteigerung nicht immer eindeutig nachweisen. Es stellt sich die Henne-und-Ei-Frage: Sind es gerade die Unternehmen mit einer hohen Produktivität, die es wagen, die Mitarbeitenden am Kapital zu beteiligen, oder ist es tatsächlich so, dass eine Mitarbeiterbeteiligung eine höhere Arbeitsleistung pro Zeiteinheit verursacht (vgl. Lebrenz 2014, S. 523).

4.3 Höhere Rentabilität

Frederick F. Reichheld weist in seinem Buch *Der Loyalitätseffekt* (1997) nach, dass langjährige loyale Mitarbeitende durch ihr Kostenbewusstsein und Erfahrungswissen produktiver arbeiten und für den Kunden einen höheren Mehrwert schaffen. Das führt dazu, dass loyale Mitarbeitende Stammkunden generieren, die das Unternehmen im Bekanntenkreis weiter empfehlen. Weil Stammkunden nicht so preissensibel sind wie Neukunden, können höhere Gewinne realisiert werden. Durch die Zunahme der Erträge und des Marktanteils werden Investoren angelockt, die das weitere Wachstum des Unternehmens solide finanzieren. Nach Reichheld ist Loyalität ein wichtiger kaskadenartig wirkender Erfolgsfaktor, um die Rendite eines Unternehmens gegenüber dem Wettbewerb um 25–50 % ansteigen zu lassen (Reichheld 1997, S. 20 ff.).

4.4 Geringere Fluktuation

Die Fluktuation stellt die wichtigste Kennzahl zur Mitarbeiterbindung dar. Anhand eines Vergleichs der Fluktuationsquote und der Betriebstreue innerhalb einer Branche kann das Ausmaß der Mitarbeiterloyalität in einem Unternehmen festgestellt werden. Auswertungen des Sozio-ökonomischen Panels offenbaren, dass die Beschäftigten in Deutschland im Durchschnitt ihrem Arbeitgeber elf Jahre treu sind. Je nach Branche kann die Betriebstreue auf 17,2 Jahre steigen wie in der öffentlichen Verwaltung oder auf 6,6 Jahre sinken wie im Gastgewerbe (IWD 2017).

Aufgrund der sehr guten Wirtschaftslage wechseln immer mehr Arbeitnehmer die Stelle. Im Jahr 2015 hat fast jeder Dritte der sozialversicherungspflichtigen Beschäftigten die Stelle gewechselt, 2011 waren es noch 27 % (IWD 2016).

Eine Mitarbeiter(kapital)beteiligung kann folgende Kosten einer ungewollten Fluktuation mindern helfen, insbesondere, wenn die Mitarbeitenden schon einen beachtlichen Kapitalstock innerhalb des Unternehmens angespart haben und deswegen dem Arbeitgeber treu bleiben:

- **Kosten aufgrund der Kündigung der ehemaligen Mitarbeitenden** wie beispielsweise Absentismus, Minderleistungen, bezahlte Freistellungen, Abfindungen und sonstige Entlassungskosten;
- **Kosten für die Wiederbesetzung der Stelle** wie beispielsweise Anwerbungskosten durch Neuausschreibungen auf Webpage und im Internet, Auswahlkosten durch Einstellungsgespräche, Assessment Center, Testverfahren und Einstellungskosten durch Wohnungssuche, Einarbeitung, Trennungsentschädigungen;
- **Know-how-Verluste**, ausgelöst durch Wechsel zur Konkurrenz, Kunden- und Mitarbeiterabwanderung;
- **Demoralisierung der verbleibenden Personen** durch z. B. Mehrarbeit;
- **Verschlechterung des Betriebsklimas** durch geringere Produktivität der neuen Kräfte;

- **Imageverlust** durch schlechte Bewertungen beispielsweise auf der Internetplattform www.kununu.com.

4.5 Höheres soziales Kapital

Menschen möchten sich mit anderen Menschen verbunden fühlen. Wenn sie sich aufeinander verlassen können, produzieren sie ein Hormon, das Teamarbeit und Produktivität fördert (Zak 2017, S. 73 ff.). Das hieraus entstehende Wir-Gefühl kann durch eine Beteiligung der Mitarbeitenden am Eigenkapital des Unternehmens gestärkt werden und bildet die Grundlage für das soziale Kapital als Schmiermittel einer Organisation. Soziales Kapital kommt zustande, wenn Menschen sich am Arbeitsplatz nicht nur Berufliches austauschen, sondern auch über Persönliches sprechen können. Die damit gemachten positiven Erfahrungen führen zu einer Vertrauensbildung, die ein Betriebsklima der gegenseitigen Unterstützung ermöglicht. Der Wissensaustausch gestaltet sich dadurch leichter. Neurowissenschaftliche Experimente offenbaren, dass die Pflege sozialer Kontakte am Arbeitsplatz zu einer Leistungssteigerung führt (Zak 2017, S. 78). Diese Entwicklung braucht als Basis eine loyale Belegschaft, denn der Aufbau von Vertrauen benötigt Zeit. In einem Unternehmen, das mit einem Taubenschlag vergleichbar ist, kann sich kein soziales Kapital bilden. Es entsteht immer wieder Sand im Getriebe, Prozesse laufen nicht reibungslos und das Unternehmen fällt in seinem Leistungspotenzial zurück (vgl. Prusak und Cohen 2001, S. 26 ff.).

4.6 Wahrung des Erfahrungswissens

Im heutigen Zeitalter des Wissensmanagements ist es für Unternehmen überlebenswichtig ihre Leistungsträger, die über das Wissen der Kernkompetenzen verfügen, an das Unternehmen zu binden. Diese Kernkompetenzen sichern über ihre besonderen Alleinstellungsmerkmale (Unique Selling Points) das Überleben im Markt. Häufig sind sie durch Patente geschützt, müssen aber durch den rasanten technologischen Wandel immer weiterentwickelt werden. Es sind i. d. R. nur wenige Schlüsselpersonen, die durch ihr nicht übertragbares implizites Wissen die marktnotwendigen Innovationen kreieren und damit den Betrieb wettbewerbsfähig halten. Durch die Beteiligung am Wertzuwachs des Unternehmens, vorzugsweise durch Stock Options, können diese Mitarbeiter(kapital)beteiligungen einen wesentlichen Beitrag dazu leisten, dass das wertvolle personengebundene Erfahrungswissen im Unternehmen bleibt.

5 Praxisbeispiel

Das IT-Unternehmen Comsol wurde 1986 als eine GmbH gegründet. Da eine Mitarbeiterkapitalbeteiligung in dieser Rechtsform sich als zu aufwendig erwies, wandelten die GmbH-Gesellschafter im Jahr 2001 die GmbH in die Comsol Unternehmenslösungen AG um. Die Mitarbeitenden der kleinen AG hatten durch diesen Rechtsformwechsel einen leichteren Zugang zur Beteiligung an ihrem Arbeitgeber bekommen.

Im letzten Geschäftsjahr 2016/2017 erwirtschaftete die Comsol Unternehmenslösungen AG mit im Durchschnitt 38 Mitarbeitenden einen Umsatz von 5,8 Mio. €. Das Betriebsergebnis lag bei 457.000 €.

Alle Beschäftigten bei der Comsol Unternehmenslösungen AG nutzen das Aktienangebot. Zum einen erhalten sie pro Jahr durch den § 3 Nr. 39 Einkommensteuergesetz (EstG) steuer- und abgabenfreien Freibetrag von 360 € Aktien von der Geschäftsleitung geschenkt, zum anderen haben sie die Möglichkeit Aktien dazuzukaufen. Der Handelswert der Aktie hat sich im Zeitraum von 2008 bis 2017 mehr als verdoppelt. Als 2016 das Aktienkapital auf 563.500 € erhöht wurde, erhielt jeder Aktionär auf zehn Aktien 15 weitere Aktien. Das Aktienkapital ist eingeteilt in Stückaktien zu 1 €, die auf den Namen lauten. Zurzeit befinden sich knapp 20 % der Anteile in Mitarbeiterhand. Die restlichen 80 % hält die Geschäftsführung. Ziel des Unternehmensgründers Weidmann ist, dass jeder Mitarbeiter 1 % der Unternehmensaktien hält. Die Geschäftsleitung ist davon überzeugt, dass durch diese Mitarbeiterkapitalbeteiligung die Motivation für ein selbstständiges Arbeiten gesteigert wird, die Bindung an das Unternehmen wächst, die Mitarbeitenden unternehmerisch im Kundenkontakt agieren und eine Verantwortung für das Ertragswachstum der Firma übernehmen. Zudem leistet das Unternehmen bei langjährigen Arbeitnehmern einen wertvollen Beitrag zur Altersvorsorge. Bei einem Ausscheiden aus dem Unternehmen sind die Aktien firmenintern zu verkaufen.

6 Fazit

Wenn Unternehmen ihre Mitarbeitenden am Kapital beteiligen, tragen sie zum einen dazu bei, dass diese ein zusätzliches Einkommen über Gewinnbeteiligungen, Dividenden etc. generieren können. In Zeiten der niedrigen Lohn- und Gehaltszuwächse kann eine breitere Verteilung ökonomischer Gewinne helfen, den Konflikt zwischen Arbeit und Kapital zu verringern (vgl. Kruse 2016). Zum anderen generieren Arbeitgeber für sich selbst Vorteile, da davon auszugehen ist, dass die Arbeitnehmer ein besseres Kostenbewusstsein entwickeln, motivierter arbeiten und ein erhöhtes Bindungsverhalten zeigen. Letzteres ist in Hinblick auf eine Arbeitswelt 4.0 ein zunehmend wertvoller Asset, um durch eine Rosinenpickerei ausgelöste Kündigung – gerade bei jüngeren Angestellten – zu verringern (vgl. Mückl und Götte 2017).

Literatur

Bellmann L, Möller I (2011) Finanzielle Mitarbeiterbeteiligung. Selbst die Finanzkrise sorgt nicht für stärkere Verbreitung. IAB Kurzbericht. Ausgabe Nr. 17

Branham L (2005) The 7 hidden reasons employees leave. Amacom, New York

Brenzel H, Czepek J, Kubis A, Moczall A, Rebien M, Röttger C, Szameitat J, Warning A, Weber E (2016) Stellen werden häufig über persönliche Kontakte besetzt. IAB Kurzbericht. Ausgabe Nr. 4

Deutsches Aktieninstitut (2017) Aktionärszahlen des Deutschen Aktieninstituts 2016. Frankfurt am Main. https://www.dai.de/files/dai_usercontent/dokumente/studien/2017-02-14%20DAI %20Aktionaerszahlen%202016%20Web.pdf. Zugegriffen: 19. Nov. 2017

Felfe J (2008) Mitarbeiterbindung. Hogrefe, Göttingen

Fietze S, Matiaske W, Tobsch V (2012) Nutzung und Intensität der finanziellen Mitarbeiterbeteiligung. PERSONALquarterly 03/2012:34–41

Gallup (2017) Pressemitteilung: Gallup Engagement Index 2016: Schlechte Chefs kosten deutsche Volkswirtschaft bis zu 105 Milliarden Euro jährlich. Berlin, 22. März 2017. http://www.gallup.com/de-de/181871/engagement-index-deutschland.aspx/. Zugegriffen: 4. Nov. 2017

Hays Group (2013) HR-Report 2012/2013. Schwerpunkt Mitarbeiterbindung. Eine empirische Studie des Instituts für Beschäftigung und Employability IBE im Auftrag der Hays AG. https://www.hays.de/personaldienstleistung-aktuell/studie/hr-report-2012-2013-schwerpunkt-mitarbeiterbindung. Zugegriffen: 13. Nov. 2017

IWD (2016) Jeder Dritte wechselt den Job. Informationen Aus Dem Inst Dtsch Wirtschaft 20:1–2

IWD (2017) Lange im Betrieb. Informationen Aus Dem Inst Dtsch Wirtschaft 17:10–11

Kruse D (2016) Does employee ownership improve performance? Iza World Labor 2016:311. https://doi.org/10.15185/izawol.311

Lebrenz C (2014) Vergütung als Führungsinstrument. In: Von Rosenstiel L, Regnet E, Domsch ME (Hrsg) Führung von Mitarbeitern, 7. Aufl. Schäffer-Poeschel, Stuttgart, S 517–524

Möller I (2001) Mitarbeiterbeteiligung. Ein Weg zu höherer Produktivität. IAB Kurzbericht. Ausgabe Nr. 9

Mückl P, Götte M (2017) Auch rechtliche Mittel binden. Personalmagazin 07/2017:66–68

Prusak L, Cohen D (2001) Soziales Kapital macht Unternehmen effizienter. Harv Bus Manag 6/2001:26–36

Purps-Pardigol S (2015) Führen mit Hirn. Campus, Frankfurt am Main

Reichheld FF (1997) Der Loyalitätseffekt. Campus, Frankfurt am Main, New York

Schiemzik BJ, Jaening R (2012) Mitarbeiterbeteiligung im Startup. https://www.gruenderszene.de/recht/virtual-stock-option. Zugegriffen: 20. Nov. 2017

Schlipat H, Martin M (2015) Heimat und Perspektive bieten. Personalmagazin 04/2015:20–21

Szebel-Habig A (2004) Mitarbeiterbindung: Auslaufmodell Loyalität? Beltz, Weinheim, Basel

Zak PJ (2017) Wie Vertrauen die Leistung steigert. Harv Bus Manag 2017:72–79

Prof. Dr. Astrid Szebel-Habig wurde am 1. September 1995 zur Professorin für Betriebswirtschaftslehre an die Fakultät Wirtschaft und Recht der Hochschule Aschaffenburg berufen. Von 2011 bis 2014 leitete sie ein vom Bundesministerium für Bildung und Forschung finanziertes Forschungsprojekt zum Thema Mixed-Leadership.

Prof. Szebel-Habig, geb. 1953 in Bonn, studierte an den Universitäten Fribourg (Schweiz) und Münster Betriebswirtschaftslehre. Nach dem Diplom an der Universität Fribourg promovierte sie auf dem Gebiet der Verbandsforschung. Vor ihrem Wechsel an die Hochschule Aschaffenburg arbeitete Prof. Szebel-Habig als kaufmännische Direktorin drei Jahre in einem deutschen Pharmaunternehmen im Top-Management und zehn Jahre bei Hewlett-Packard (HP) im Vertrieb, Einkauf und Personal. Sie war von 1986 bis 1992 Mitglied im Aufsichtsrat von HP, ab 1988 in der Funktion der stellvertretenden Aufsichtsratsvorsitzenden.

Prof. Szebel-Habig war von 2001 bis 2016 Aufsichtsratsvorsitzende eines deutschen IT-Unternehmens. Sie ist Mitglied in mehreren Frauenberufsverbänden. Sie schreibt Bücher und veröffentlicht Beiträge auf den Gebieten der Mitarbeiterbindung und des Gender Managements.

Angestellte vor der Frage nach dem Sinn: (Mitarbeiter-)Kapitalbeteiligung als Kennzeichen sinnerfüllter Tätigkeit

Bernd Ankenbrand

1 Ausgangsbeobachtung und leitende Hypothese

1.1 Mitarbeiterbeteiligung ist bei gesuchten Benefits weit abgeschlagen

Flexiblere Arbeitszeiten, mehr Homeoffice und die Duldung von Hunden sind die drei Elemente, nach denen Arbeitnehmer am häufigsten suchten, wenn sie sich über einen Arbeitgeber erkundigten. Zu diesem Ergebnis kam jedenfalls eine Studie von Kununu, basierend auf der Auswertung von 124.458 Suchanfragen im Zeitraum von März 2015 bis März 2016 aus Deutschland, Österreich und der Schweiz. Konkret interessierten sich 51,4 % der Arbeitnehmer für flexiblere Arbeitszeiten, 33,6 % für Homeoffice und am dritt-häufigsten mit 26,8 % wurde nach Hunde geduldet gesucht. Erst an 15. Stelle, mit 5,6 %, rangierte Mitarbeiterbeteiligung (Kununu 2016). Auch wenn Suchanfragen auf Kununu nicht vollständig repräsentativ für alle Mitarbeiter in Deutschland sind, kann durchaus die Frage abgeleitet werden: Ist Beteiligung für Mitarbeiter irrelevant, vielleicht sogar sinn-los? Aus Sicht der Suchanfragen bei Kununu offensichtlich ja.

1.2 Oft zu sehen: Sinnlosigkeiten als Konsequenz abweichender Maßstäbe

Sinnlose Tätigkeiten können durchaus häufig beobachtet werden. Nicht nur anekdotische Erfahrungsberichte, sondern auch breite empirische Studien aus unterschiedlichen Jahren zeigen einen Sinnmangel und Sinnsuche im Arbeitsleben. Linda Holbeche berichtet von 72 % der befragten Mitarbeiter der mittleren Führungsebene und 69 % der leitenden Ma-

B. Ankenbrand (✉)
Hochschule für angewandte Wissenschaften Würzburg-Schweinfurt
Schweinfurt, Deutschland
E-Mail: bernd.ankenbrand@fhws.de

© Springer-Verlag GmbH Deutschland, ein Teil von Springer Nature 2018   209
H. Beyer und H.-J. Naumer (Hrsg.), *CSR und Mitarbeiterbeteiligung*,
Management-Reihe Corporate Social Responsibility,
https://doi.org/10.1007/978-3-662-57600-7_20

nager auf der Suche nach mehr Sinnerfüllung im Arbeitsleben: „Manager are looking for a greater sense of meaning in their working lives" (Holbeche 2004).

Und die aus der Eigenwahrnehmung betrachtete, sinnvolle Tätigkeit kann aus Perspektive eines anderen, eines Kunden beispielsweise, mitunter als recht sinnlos empfunden werden. So ist zwar Altersvorsorge für jeden einzelnen relevant, aber es offenbarten sich beispielsweise durch die Studie „Mind the Gap! Die größten Wahrnehmungslücken in der Altersvorsorge" große Lücken zwischen den von Kunden als sinnvoll empfundenen Beratungsleistungen zur Altersvorsorge und den Einschätzungen von Finanzberatern (Ankenbrand und Fischer 2017). Die zentrale Ursache für diese von Kunden wahrgenommene Sinnlosigkeit der Altersvorsorgeberatung lag in der Abweichung der von Finanzberatern herangezogenen Maßstäbe. Diese divergierten teilweise erheblich von denen der von Kunden angelegten Maßstäbe: Kunden hielten beispielsweise andere Merkmale der Altersvorsorge für relevanter als Finanzberater. So überbewerten Finanzberater die Bedeutung der persönlichen Vorsorgeberatung für Kunden, während Kunden der digitale Zugriff sowie das Preis-Leistungs-Verhältnis viel wichtiger war als Berater glaubten. Auch wenn also Altersvorsorge für jeden einzelnen wichtig ist, so waren die von Beratern aufgeführten Produktmerkmale für Kunden irrelevant, weil sie nach den von Kunden angelegten Maßstäben nicht sinnvoll waren.

1.3   Ursachenforschung und leitende Forschungsfrage

Mitarbeiterbeteiligung kann in verschiedenen Varianten erfolgen. Fokussieren wir auf die finanzielle Beteiligung, dann lassen sich zwei Grundformen unterscheiden: die Erfolgsbeteiligung und die Mitarbeiterkapitalbeteiligung (Bundesministerium für Wirtschaft und Energie 2017). Während Erfolgsbeteiligungen Leistungen der Mitarbeiter neben einer festen Vergütung durch eine zusätzliche, erfolgsabhängige Zuwendung vergüten, werden Mitarbeiter durch Kapitalbeteiligung zu Mitunternehmern. Insbesondere für letzteres sprechen aus Unternehmenssicht viele Argumente: u. a. eine stärkere Bindung der Mitarbeiter an ihr Unternehmen und damit verbunden eine größere Identifikation der Mitarbeiter mit ihrem Unternehmen. Michael Wolff und Ulrike Zschoche, die Autoren einer Studie zur Wirkung der Mitarbeiterkapitalbeteiligung am Beispiel der Siemens AG, nennen dies psychologische Bindungs- und Identifikationseffekte (Wolff und Zschoche 2015) und untermauern dies mit Verweis auf zahlreiche Forschungsarbeiten über mehrere Jahrzehnte (vgl. Liu et al. 2009; Poutsma et al. 2003).

Wolff und Zschoche zeigen darüber hinaus am Beispiel von Siemens, dass Mitarbeiterkapitalbeteiligung nicht nur das Engagement, sondern auch die Performance von Mitarbeitern erhöht und somit die Performance von Organisationen positiv beeinflusst (Wolff und Zschoche 2015). Douglas Kruse wertete sogar über 100 Studien zur Mitarbeiterkapitalbeteiligung aus und kam zum Schluss: „Over 100 studies across many countries indicate that employee ownership is generally linked to better productivity, pay, job stability, and firm survival" (Kruse 2016). Konsequenterweise nimmt der Anteil der Unternehmen, die spezielle Programme zur Beteiligung ihrer Mitarbeiter am Unternehmenskapital auflegen, stetig zu: Waren es laut der Studie Annual Economic Survey of Employee Share Ownership in European Countries der European Federation of Employee Share Ownership (EFES 2016) im Jahr 2009 noch 39 %, so beteiligten im Jahr 2016 schon 53 % der europäischen Aktiengesellschaften ihre Mitarbeiter als Anteilseigner.

Doch wieso nimmt die Anzahl der Mitarbeiter, die an ihrem Unternehmen beteiligt sind, in Kontinentaleuropa ab? Nach den aktuellsten Zahlen, eben aus dem Annual Economic Survey of Employee Share Ownership in European Countries, fiel hier der Anteil der Mitarbeiter, die einen Anteil an ihrem Unternehmen halten, von über 24 % im Jahr 2011 um 800.000 Personen auf nun unter 20 % im Jahr 2016 (EFES 2016). Wieso ist Mitarbeiterkapitalbeteiligung im Auge der Mitarbeiter so unattraktiv? Könnte eine Ursache für das geringe Interesse von Arbeitnehmern sein, dass sie dessen Bedeutung für sinnerfüllte Tätigkeit nicht sehen? Konkret: Werden Formen und Aspekte der Kapitalbeteiligung betont, die im Auge der Angestellten nicht relevant sind? Oder werden auf der anderen Seite im Auge von Kunden eigentlich höchst relevante Formen und Merkmale der Beteiligung nicht aufgeführt?

Bevor jene Fragen in anschließenden Studien empirisch im großen Stil untersucht werden können, müssen wir in diesem Beitrag zunächst grundsätzlich klären, welche konkreten Formen und Merkmale der Kapitalbeteiligung aus individueller Mitarbeitersicht überhaupt zur Sinnerfüllung beitragen. Als Grundlage hierfür ist als erstes zu beschreiben, wie Sinnerfüllung eigentlich entsteht und wie diese sich im Lauf der Wirtschaftsepochen verändert. Konsequenterweise lautet daher die leitende Forschungsfrage, der im Verlauf dieses Beitrags nachgegangen wird: Welche Formen und Merkmale von Mitarbeiterkapitalbeteiligung sind nach wirtschaftsepochentypischen Sinnprofilen Kennzeichen sinnerfüllter Tätigkeit?

2 Theoretischer Rahmen sinnerfüllter Tätigkeiten im Verlauf der Wirtschaftsepochen

2.1 Drei Kriterien als Grundzutaten sinnerfüllter Tätigkeit

Wie können wir die Brücke von sinnloser zu sinnerfüllter Tätigkeit finden? Die Erfahrung von Sinnhaftigkeit („meaningfulness") ist zunächst etwas sehr Persönliches und Individuelles. So formulieren daher auch Catherine Bailey und Adrian Madden: „Meaningfulness tended to be intensely personal and individual" (Bailey und Madden 2016). Doch können übergreifende Kriterien erlebter Sinnerfüllung identifiziert werden. In Anknüpfung an die Forschungen von Schnell et al. (2013) sind diese die individuelle Erfahrung von Zielorientierung, Bedeutsamkeit und Zugehörigkeit. Zielorientierung steht für die bewusste Ausrichtung auf Ziele – individuelle und kollektive. Im beruflichen Kontext umfasst dies daher sowohl meine eigenen, persönlichen beruflichen Ziele wie auch die Mission und Vision meiner Organisation. Eine klare Orientierung – wohin auch immer – ist eine zentrale Zutat für erlebte Sinnerfüllung (vgl. Emmons 2005; Schnell 2009; Wong 1998). Bedeutsamkeit, als zweites Kriterium, beschreibt, dass ich eine Wirkung meines Handelns wahrnehme. Bleibt dieses subjektive Bewusstsein von Konsequenzen meiner Tätigkeit aus, ist die Folge Bedeutungslosigkeit und damit gefühlte Sinnlosigkeit (vgl. Bandura 1997; Grant 2008). Drittes Kriterium erlebter Sinnerfüllung ist eine empfundene Zugehörigkeit, die „Selbstwahrnehmung als Teil eines größeren Ganzen" (Schnell 2016, S. 8). Dieses größere Ganze kann ein Team, eine Abteilung, eine Firma oder auch noch umfassender eine Religion, Nation oder Bewegung sein. Die Integration in einen übergeordneten Kontext wirkt einer Isolation und Entfremdung entgegen (Baumeister und Leary 1995).

2.2   Die Entwicklungsgeschichte unserer Maßstäbe

Für erlebte Sinnerfüllung muss ich gute Antworten auf alle drei Sinnkriterien liefern können. Sie fallen jedoch höchst unterschiedlich aus; nicht nur im Vergleich von Mensch zu Mensch, sondern auch von gestern und heute. Ziele, die vor einiger Zeit sehr sinnvoll erschienen, Bedeutsamkeit, die ehemals beeindruckte, und Zugehörigkeit, die gestern noch integrierte, können heute als sinnlos, bedeutungslos und isolierend empfunden werden. Was aber ist zwischen gestern und heute geschehen? Unsere angelegten Maßstäbe haben sich verschoben! Aufgrund individueller und kollektiver Entwicklung sowie technischer Fortschritte messen wir heute Ziele, Bedeutsamkeit und Zugehörigkeit, also Sinnhaftigkeit, mit anderen Maßstäben als gestern. Dieser Prozess der Entwicklung unserer Maßstäbe vollzieht sich permanent; im Kleinklein des Alltags oft jedoch unbemerkt. Zahlreiche Forscher haben mit Abstand betrachtet jedoch ähnliche Entwicklungsstufen identifiziert: z. B. die kognitive Entwicklung von Jean Piaget, die Bedürfnisebenen von Abraham Maslow, die Persönlichkeitsentwicklung von Clare W. Graves, die Spiral Dynamics von Don Beck oder die integrale Theorie von Ken Wilber.

2.3   Dominante Maßstäbe jeder Wirtschaftsepoche

In Anlehnung an diese Entwicklungskonzepte können wir aktuell fünf Wirtschaftsepochen abgrenzen – Stammesökonomie, Agrarökonomie, Industrieökonomie, Dienstleistungsökonomie und Informationsökonomie. In jeder dieser Epochen werden andere Maßstäbe an sinnvolle Ziele, Bedeutsamkeit und Zugehörigkeit gelegt und somit jeweils höchst verschiedenartige Tätigkeiten als sinnvoll erlebt (Abb. 1).

In der Stammesökonomie dominieren die Ziele Überleben, persönliche Macht und Ehre. Daher ist eine Keule, eine Waffe, nach stammesökonomischen Gesichtspunkten sehr wertvoll, denn sie bedient perfekt deren Ziele. Bedeutsamkeit erleben wir im (Überlebens-)Kampf und Wachstum durch Eroberung. Zugehörigkeit empfinden wir nur zur Familie oder dem Stamm. In der entwicklungsgeschichtlich anschließenden Agrarökonomie erkennen wir erstmalig Stabilität, Ordnung und Zuverlässigkeit als sinnvolle

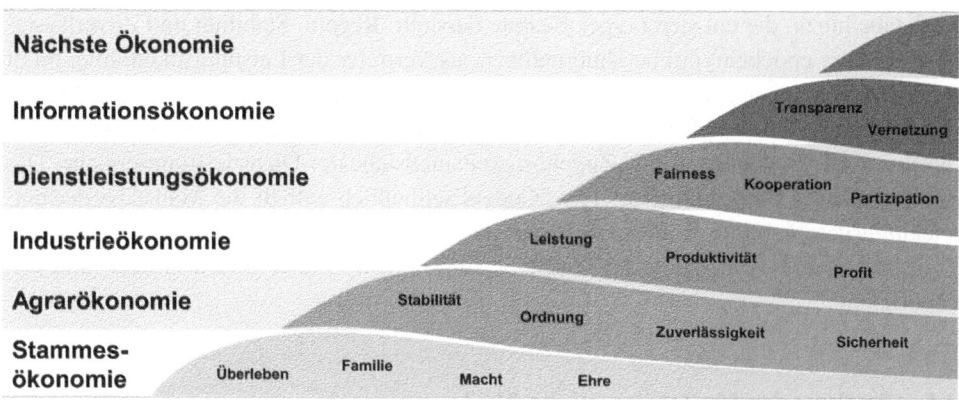

Abb. 1 Eine kurze Epochengeschichte unserer Maßstäbe. (Ankenbrand 2017)

Orientierung. Die Einhaltung von Regeln und Disziplin sind darin bedeutsam. Verknüpft mit Zugehörigkeit, erlebt durch klare Strukturen und Zuständigkeiten, ermöglicht dies planmäßiges Wirtschaften; doch nur solange es statisch, vorherseh- und überschaubar bleibt. In einem dynamischen und komplexeren Umfeld ist weiteres Wachstum dann durch Wettbewerb und leistungsorientierte Produktivität möglich: die Maßstäbe der Leistungs-ökonomie. Sinnvolle Ziele dieser Epoche sind der individuelle Profit und das materielle Wachstum. Wie auch schon in den Entwicklungsstufen zuvor, differenzieren sich neue Maßstäbe aus, wenn der Grenznutzen alter Maßstäbe erreicht ist: Rein materielle Gewinn-orientierung wird irgendwann als hohl, gierig und ausbeuterisch empfunden, mit anderen Worten als sinnlos. Somit zählt in der Dienstleistungsökonomie zwar immer noch Über-leben, die Einhaltung von Regeln sowie Leistung, doch nun innerhalb von Partizipation und Fairness. Sinnvoll werden als Ziele partnerschaftliches Handeln, Kooperation und Sympathie. Zugehörigkeit ist geprägt von Toleranz und bedeutsam sind Beziehungen. Und durch digitale Vernetzung, Transparenz und Flexibilität als sinnvolle Ziele wird in der Informationsökonomie die bisher schwerfällige Koordination verteilter Akteure und Ressourcen möglich. Die omnipräsente Informationsfülle und die z. T. verwirren-de Multioptionalität sind Symptome eines sich bereits abzeichnenden Grenznutzens der Maßstäbe der Informationsökonomie. Dies führt zu einer erneuten Suche nach neuen, ausdifferenzierteren Maßstäben.

2.4 Epochentypische Sinnprofile

In der ersten Ökonomieepoche, der Stammesökonomie, gelten für sinnvolle Ziele, Be-deutung und Zugehörigkeit nur die Maßstäbe dieser einen Epoche, wie u. a. Überleben, Macht und Ehre. Somit wäre ein Unternehmensgründer der stereotype Repräsentant je-ner Epoche. Mit der Ausdifferenzierung der nächsten Wirtschaftsepoche kommen neue

Maßstäbe hinzu, die ein stereotyper Beamte darstellt: Regeln, Stabilität und Zuverlässigkeit. Und der epochentypische Unternehmer, als Vertreter der Leistungsökonomie, misst seine Umwelt vorrangig durch die Brille von Leistung, Produktivität und Profit. Stereotypen Beratern sind diese vorangegangenen Maßstäbe bekannt, sie sind nun eingebettet in seine Ziel-, Bedeutungs- und Zugehörigkeitsmaßstäbe der Dienstleistungsepoche. Das Sinnprofil eines Programmierers bzw. Coders schließlich enthält die Maßstäbe der entwicklungsgeschichtlich früheren Wirtschaftsepochen, hinzukommen aber nun u. a. mit Transparenz und Vernetzung die Maßstäbe für sinnvolle Ziele, Bedeutsamkeit und Zugehörigkeit.

2.5 Ausbau der Maßstäbe, nicht Ablösung

Somit lösen Entwicklungsstufen wie auch die Ökonomieepochen einander nicht ab, sondern bauen aufeinander auf. Nachfolgende Entwicklungsstufen benötigen ihre Vorgänger als notwendiges Fundament. Sinnerfüllte Tätigkeiten nach Maßstäben der Informationsökonomie, also Vernetzung und Transparenz, sind beispielsweise ohne Partizipation nicht denkbar. Genauso wie jene produktive Leistung benötigen, die wiederum auf verlässlichen Regeln fußt. So bleiben uns alle Maßstäbe, zwar mit geringerer Bedeutung, erhalten. Und wir können heute diese in jedem Menschen, jeder Organisation gleichzeitig beobachten – wenn auch immer in unterschiedlicher Intensität.

2.6 Pluralität, aber keine Beliebigkeit

Jene Pluralität der Maßstäbe impliziert aber keine Beliebigkeit. Genau das Gegenteil ist der Fall! Wachstum ist in vielerlei Hinsicht notwendig und sinnvoll: mehr Stabilität, mehr Effizienz, mehr Leistung, mehr Transparenz. Aber unkontrolliertes, übertriebenes Wachstum – nach welchen Maßstäben auch immer – ist Krebs. Weiterentwickelte Maßstäbe ermöglichen die Grenzen, die Exzesse der jeweiligen Epochen zu verstehen: Regeln und stabile Prozesse sind sinnvolle Maßstäbe; ohne Effizienz und Leistung aber arten sie in Bürokratie aus. Leistung und Effizienz können in Gier und Ausbeutung münden. Im erweiterten Rahmen der Maßstäbe von Fairness und Kooperation kann Leistung sich dagegen sinnvoll entfalten.

3 Relevante Formen und Merkmale der Mitarbeiterkapitalbeteiligung aus epochentypischer Sicht

Aufbauend auf dem Verständnis der spezifischen Maßstäbe jeder Wirtschaftsepoche sowie den epochentypischen Sinnprofilen können wir nun herausarbeiten, welche speziellen Formen und konkreten Merkmale der Kapitalbeteiligung aus individueller Sicht eines ste-

reotypen Kriegers, Beamten, Unternehmers, Beraters und Codierers zur Verwirklichung
sinnerfüllter Tätigkeit beitragen.

Mitarbeiterkapitalbeteiligung kann in verschiedenen Formen realisiert werden. In der
Praxis können insbesondere folgende Grundmodelle beobachtet werden (Bundesministerium für Wirtschaft und Energie 2017):

- Mitarbeiterdarlehen,
- Schuldverschreibungen,
- Belegschaftsaktien,
- GmbH-Anteile,
- Genossenschaftsanteile,
- stille Beteiligung,
- Genussrecht und -schein,
- Mitarbeiterguthaben.

Diese Grundmodelle werden beispielsweise im Existenzgründerportal des Bundesministeriums für Wirtschaft und Energie (2017) verständlich beschrieben. Welche dieser
Formen von Mitarbeiterkapitalbeteiligung und welche Merkmale unterstützen sinnerfüllte
Tätigkeit aus der jeweiligen Perspektive der oben ausgearbeiteten, wirtschaftsepochentypischen Sinnprofile?

3.1 Mitarbeiterkapitalbeteiligung für einen Krieger (stammesökonomisches Sinnprofil)

Die für einen stereotypischen Krieger sinnvolle Kapitalbeteiligung unterstützt ihn beim
Erreichen der für ihn sinnvollen Ziele – Überleben und Ehre für ihn persönlich und für
seinen Stamm. Daher sind für ihn Formen der direkten Kapitalbeteiligung, wie Belegschaftsaktien bzw. GmbH-Anteile, sinnvoll. Insbesondere Stammaktien bzw. Geschäftsanteile mit jeweils allen Rechten und Pflichten sind in Resonanz mit seinen Maßstäben
und bestärken ihn in seinem Zugehörigkeitsempfinden zu seiner Familie bzw. Stamm. So
kann aus stammesökonomischer Sicht z. B. die notarielle Übertragung der Geschäftsanteile als moderne Form der Blutsbrüderschaft interpretiert werden.

3.2 Mitarbeiterkapitalbeteiligung für einen Beamten (agrarökonomisches Sinnprofil)

Einem stereotypischen Beamten sind Stabilität, Ordnung und Zuverlässigkeit sinnvolle Ziele seiner Tätigkeit. Daher werden für ihn volatile Formen der Mitarbeiterkapitalbeteiligung weniger sinnvoll sein; Mitarbeiterdarlehen, Schuldverschreibung oder auch

Mitarbeiterguthaben dagegen ermöglichen ihm diese zu verfolgen. Sie wirken sich – unabhängig von unsicheren Märkten und sonstigen Überraschungen – vorhersehbar und diszipliniert auf seine Beteiligung aus.

3.3 Mitarbeiterkapitalbeteiligung für einen Unternehmer (industrieökonomisches Sinnprofil)

Die nach einem industrieökonomischen Sinnprofil eines stereotypen Unternehmers sinnvollen Maßstäbe sind insbesondere Leistung, Wettbewerb und Produktivität. Belegschaftsaktien bzw. GmbH-Anteile und auch Genussrechte sehen durch diese Brille attraktiver aus als Darlehen oder Schuldverschreibungen. Speziell der Aspekt, über den eigenen Leistungsbeitrag am wirtschaftlichen Erfolg mitzuwirken und dann in Form von Dividenden und/oder Kurssteigerungen zu profitieren, ist für einen stereotypen Vertreter der Industrieökonomie sehr motivierend. Ob dabei die Belegschaftsaktien auch mit Stimmrechten ausgestattet sind oder ob es sich dabei um die in der Praxis oft anzutreffenden stimmrechtslosen Vorzugsaktien handelt, ist für stereotypische Unternehmer weniger von Belang.

3.4 Mitarbeiterkapitalbeteiligung für einen Berater (dienstleistungsökonomisches Sinnprofil)

Sinnvolle Ziele nach dienstleistungsökonomischen Profilen sind partnerschaftliches Handeln und Kooperation. Perfekt würde dies über eine Mitarbeiterkapitalbeteiligung in Form von Genossenschaftsanteilen erreicht, denn die Mitarbeiter werden so zu gleichberechtigten Mitgliedern der Genossenschaft. In der praktischen Umsetzung ist Mitarbeiterkapitalbeteiligung bei dieser speziellen und seltener anzutreffenden Unternehmensform jedoch mit Hürden verbunden, u. a. da der Genossenschaftszweck oft bestimmte Voraussetzungen fordert. Für die häufiger anzutreffenden Rechtsformen, wie der Aktiengesellschaft oder GmbH, ist Mitarbeiterkapitalbeteiligung für stereotype Berater auch über Belegschaftsaktien bzw. GmbH-Anteile sinnvoll, wenn hierbei die Mitgestaltungsmöglichkeiten und Kontrollrechte, also u. a. bei Stammaktien das Recht auf Teilnahme an der Jahreshauptversammlung bzw. der Gesellschafterversammlung, besonders betont wird. Stimmrechtslose Vorzugsaktien wären für stereotype Berater daher weniger attraktiv.

3.5 Mitarbeiterkapitalbeteiligung für einen Coder (informationsökonomisches Sinnprofil)

Digitale Vernetzung, Transparenz und Flexibilität sind für stereotype Coder sinnvolle Ziele. Somit sind für dieses Sinnprofil verschiedene Grundmodelle denkbar. Wichtig ist für ihn überall und jederzeit Zugang zu den relevanten Informationen seiner Beteiligung zu bekommen. Daher sind hier z. B. Online-Plattform und/oder App zur transparenten Planadministration der Mitarbeiterkapitalbeteiligung als entsprechend nützlich angesehen. Auch sollte die Mitarbeiterkapitalbeteiligung für dieses Profil flexibel sein, sodass z. B. die zwingend notariell zu beglaubigende Übertragung von GmbH-Anteilen für informationsökonomische Sinnprofile weniger interessant ist.

4   Zusammenfassung und Ausblick auf weitere empirische Forschung

Die Ausgangsfrage dieses Beitrags war, weshalb Mitarbeiterkapitalbeteiligung aus Sicht der Mitarbeiter so wenig nachgefragt wird. Aufbauend auf dem theoretischen Rahmen sinnerfüllter Tätigkeit sowie der epochengeschichtlichen Entwicklung unserer Maßstäbe, zeigten wir auf, welche speziellen Formen und Merkmale von Mitarbeiterkapitalbeteiligung für die jeweiligen epochentypischen Sinnprofile Kennzeichen sinnerfüllter Tätigkeit sind. Die sich an diese stereotypische Betrachtung anschließenden, empirisch untersuchbaren Fragen hinsichtlich der tatsächlichen Sinnprofile lauten nun:

1. Welche Maßstäbe legen Mitarbeiter aktuell an sinnvolle Mitarbeiterkapitalbeteiligung an? Wie stark ist also der stammes-, agrar-, industrie-, dienstleitungs- und informationsökonomische Anteil am Sinnprofil der Mitarbeiter in Bezug auf Mitarbeiterkapitalbeteiligung?
2. Und welche Formen und Aspekte der Mitarbeiterkapitalbeteiligung werden von Unternehmen, in der Absicht die bestmögliche Variante zu ermöglichen, aktuell angeboten bzw. betont?

Falls zwischen beiden Perspektiven, der Mitarbeiter- und Unternehmenssicht, eine Lücke klafft, dann könnte eine Ursache für die fallende Attraktivität von Mitarbeiterkapitalbeteiligung im Auseinanderdriften der Sinnprofile liegen. Wenn – wie bereits in Studien z. B. für die Maßstäbe an sinnvolle Altersvorsorge empirisch gezeigt – Mitarbeiter verstärkt Maßstäbe der Informationsökonomie anlegen, dann ist es nachvollziehbar, wieso sie mehr Transparenz, Vernetzung und sofortigen digitalen Zugriff wünschen. Das Aufdecken von gegebenen Wahrnehmungslücken zur Mitarbeiterkapitalbeteiligung kann eine Chance sein, diese zu schließen und somit Kapitalbeteiligung für Mitarbeiter sinnvoller werden zu lassen.

Literatur

Ankenbrand B (2017) Mehr als Rendite, Anlagestrategie mit Sinn – nach welchen Maßstäben Kunden heute wirklich entscheiden. Vortrag am 25.01.2017. http://berndankenbrand.de/vortrage/. Zugegriffen: 8. Dez. 2017

Ankenbrand B, Fischer F (2017) Mind the Gap! Die größten Wahrnehmungslücken der Alters-
    vorsorge. In: Bernd Ankenbrand, 28.11.2017. http://berndankenbrand.de/value-perception-gap-
    studie-2017-altersvorsorge/. Zugegriffen: 7. Dez. 2017
Bailey C, Madden A (2016) What makes work meaningful – or meaningless. MIT Sloan Manage
    Rev 57(4):53–61
Bandura A (1997) Self-efficacy. The exercise of control, 1. Aufl. Freeman, New York
Baumeister RF, Leary MR (1995) The need to belong. Desire for interpersonal attachments as a
    fundamental human motivation. Psychol Bull 117(3):497–529
Bundesministerium für Wirtschaft und Energie (2017) Infothek: Grundformen Mitarbeiterbetei-
    ligung. In: die Existenzgruender.de. http://www.existenzgruender.de/SharedDocs/Downloads/
    DE/PDF-Mitarbeiterbeteiligung/Infothek-Grundformen.pdf?__blob=publicationFile. Zuge-
    griffen: 2. Dez. 2017
EFES – European Federation of Employee Share Ownership (2016) Annual economic survey of
    employee share ownership in European countries 2016. EFES, Brussels
Emmons RA (2005) Striving for the sacred. Personal goals, life meaning, and religion. Soc Issues
    61(4):731–745
Grant AM (2008) The significance of task significance. Job performance effects, relational mecha-
    nisms, and boundary conditions. J Appl Psychol 93(1):108–124
Holbeche L (2004) How to make work more meaningful. Personnel Today 26. https://www.
    personneltoday.com/hr/how-to-make-work-more-meaningful/. Zugegriffen: 2. Dez. 2017
Kruse D (2016) Does employee ownership improve performance? Iza World Labor 2016:311
Kununu (2016) Von Arbeitnehmern nachgefragte und von Arbeitgebern angebotene Bene-
    fits 2016. In: Kununu.de. https://de.statista.com/statistik/daten/studie/539446/umfrage/von-
    arbeitnehmern-nachgefragte-und-von-arbeitgebern-angebotene-benefits/. Zugegriffen: 7. Dez.
    2017
Liu N-C, Lin A, Lin C-H (2009) Why do employees hold their vested stocks while they can sell
    them? Int J Hum Resour Manag 20(1):148–163
Poutsma E, de Nijs W, Poole M (2003) The global phenomenon of employee financial participation.
    Int J Hum Resour Manag 14(6):855–862
Schnell T (2009) The sources of meaning and meaning in life questionnaire (some). Relations to
    demographics and well-being. J Posit Psychol 4(6):483–499
Schnell T (2016) Psychologie des Lebenssinns. Springer, Heidelberg
Schnell T, Höge T, Pollet E (2013) Predicting meaning in work. Theory, data, implications. J Posit
    Psychol 8(6):543–554
Wolff M, Zschoche U (2015) Studie zur Wirkung der Mitarbeiterbeteiligung am Beispiel der Sie-
    mens AG. Georg-August-Universität, Göttingen
Wong P (1998) Implicit theories of meaningful life and the development of the personal meaning
    profile. In: Paul T, Wong PW, Prem SF (Hrsg) The human quest for meaning. A handbook of
    psychological research and clinical applications. Routledge, Mahwah, S 111–140

Prof. Dr. Bernd Ankenbrand erforscht die Wert- und Risiko-maßstäbe, die Individuen und Organisationen hinsichtlich ihrer Entscheidungen bewusst und unbewusst leiten. Herr Ankenbrand ist seit Frühjahr 2015 Professor an der Hochschule für angewandte Wissenschaften Würzburg-Schweinfurt und war zuvor fünf Jahre Professor of Constructivist Finance an der Karlshochschule International University in Karlsruhe. Seine internationalen Forschungs- und Lehrerfahrungen beinhalten Aufenthalte u. a. an der Universität Witten/Herdecke, der Sino German School of Governance in Nanjing, China, am Northern Institute of Technology in Hamburg, dem Mads Clausen Institute an der University of Southern Denmark, Dänemark, sowie am Social Cognition and Social Neuroscience Lab der Princeton University, USA. Seine vielbeachteten Vorträge geben faszinierende Einblicke in die oft überraschenden Phänomene der Sinnökonomie. Im privatwirtschaftlichen Bereich zählen Arthur Andersen, PricewaterhouseCoopers und gexid zu seinen Berufsstationen. Zu seinen Referenzen als Keynote-Speaker gehören u. a. die Deutsche Bank, Carmignac Gestion, C-Quadrat, Universal Investment, der Private Banking Kongress, der Bundesverband Investment und Asset Management und Standard Life.

Was bringt Mitarbeiterbeteiligung? Empirische Befunde zu einer wenig erforschten Fragestellung am Beispiel der Siemens AG

Marc Muntermann und Michael Wolff

1 Mitarbeiterbeteiligungsprogramme im 21. Jahrhundert

Mitarbeiterbeteiligung ist kein neues Phänomen und kann bis in das späte 19. Jahrhundert zurückverfolgt werden (Poutsma et al. 2003). Jedoch kommt der Mitarbeiterbeteiligung in der heutigen Zeit eine wachsende Bedeutung zu. Erstens erfordern der demografische Wandel, eine heterogene Mitarbeiterschaft, sowie weltweite Geschäftsaktivitäten die Gewinnung, Bindung und Motivation von qualifizierten Arbeitskräften, um das Unternehmen langfristig zum Erfolg zu führen. Zweitens sind Unternehmen daran interessiert, alle Mitarbeiter am Kapital oder Erfolg ihres Arbeitgebers zu beteiligen, um einer gesellschaftlichen Verantwortung nachzukommen. Beide Herausforderungen können durch die Einführung eines Mitarbeiterbeteiligungsprogramms adressiert werden. Doch die Implementierung und Administration solcher Programme sind mit hohen Kosten verbunden, sodass zunächst ein Fragezeichen bleibt, ob die gewünschten positiven Effekte den nötigen Aufwand aufwiegen, v. a. wenn es sich dabei um die Einführung eines breiten Mitarbeiterbeteiligungsprogramms handelt, an dem Mitarbeiter aller Hierarchieebenen teilnahmeberechtigt sind.

Vorreiter in Bezug auf Mitarbeiterbeteiligung sind v. a. US-amerikanische Firmen. Wie die jährliche GEO Global Equity Studie zeigt, weisen Unternehmen in den USA eine vergleichsweise hohe Implementierungsrate auf (56 %), im Gegensatz zu Unternehmen in Europa (39 %; Anderson et al. 2014). Die Studie zeigt aber auch, dass zunehmend

M. Muntermann
Siemens AG
München, Deutschland
E-Mail: marc.muntermann@siemens.com

M. Wolff (✉)
Georg-August-Universität Göttingen
Göttingen, Deutschland
E-Mail: michael.wolff@wiwi.uni-goettingen.de

mehr Unternehmen weltweit die Implementierung von Mitarbeiterbeteiligungsprogrammen vorantreiben (Anderson et al. 2015).

Eines der prominentesten Beispiele außerhalb des amerikanischen Raums ist die Siemens AG in Deutschland. Hier ist das Thema Mitarbeiter als Eigentümer sogar ein wichtiges Element der Unternehmensstrategie und seit knapp einem Jahrzehnt fördert die Siemens AG die Implementierung eines ganzen Equity-Portfolios. Vor diesem Hintergrund stellt sich umso mehr die Frage: Was bringt Mitarbeiterbeteiligung? Die Forschungskooperation mit der Universität Göttingen ermöglichte die detaillierte Analyse der Siemens-Aktienprogramme, um die potenziellen Effekte einer Aktienplanteilnahme auf individueller und organisationaler Ebene empirisch zu untersuchen und entsprechende Schlussfolgerungen abzuleiten.

2   Die Aktienkultur innerhalb der Siemens AG

Die Siemens AG ist ein führender internationaler Technologiekonzern mit Sitz in Deutschland und mit Geschäftsaktivitäten in etwa 200 Ländern. Der Schwerpunkt liegt auf den Bereichen Elektrifizierung, Automatisierung und Digitalisierung (Siemens AG 2017a). Um die Herausforderungen zu adressieren, die mit einer Heterogenität der Geschäftseinheiten und Mitarbeiterschaft einhergehen, hat sich die Siemens AG dazu entschlossen, ein weltweites Aktienprogramm einzuführen.

Die Idee, Mitarbeiter zu Eigentümern zu machen, ist grundsätzlich tief in der Unternehmenstradition verankert und Mitarbeiter in Deutschland können seit Jahrzehnten Aktien ihres Arbeitgebers erwerben. Das globale Aktienprogramm Siemens Stock Awards (LTI) war anfangs jedoch ausschließlich für das Senior- und Top-Management konzipiert. Der Erfolg dieses Programms hat jedoch dazu geführt, dass Siemens seine Mitarbeiterbeteiligungspläne grundlegend überarbeitet hat. Mit der Implementierung des Share Matching Programs und der Share Ownership Guidelines – eine freiwillige Selbstverpflichtung für das Top-Management, Aktien von Siemens zu halten – wurde im Jahr 2008 der Kern einer weltweiten Aktienkultur bei Siemens begründet. Siemens hat sich dabei zum Ziel gesetzt, allen Mitarbeitern die Möglichkeit einer Aktienbeteiligung zu bieten – egal ob Führungskraft, Auszubildender oder Produktionsmitarbeiter (Abb. 1).

Führungskräfte können innerhalb des Share Matching Plans einmal jährlich einen Teil ihrer variablen Vergütung in Siemens-Aktien investieren. Ähnlich können nicht leitende Angestellte im Rahmen des monatlichen Investmentplans einen bestimmten Teil ihrer Vergütung monatlich über einen Zeitraum von zwölf Monaten für Siemens-Aktien aufwenden. Die zugrundeliegende Logik der Programme ist, dass Mitarbeiter nach Ablauf der Haltefrist für jeweils drei gekaufte Aktien eine zusätzliche Matching-Aktie geschenkt bekommen (Abb. 2).

Derzeit sind 165.000 Mitarbeiter bei Siemens am Unternehmen beteiligt, das entspricht etwa knapp der Hälfte der Belegschaft. Doch das Ziel der Vision 2020 sieht vor, dass über 200.000 Mitarbeiter bis 2020 Miteigentümer sind. Dazu erweitert die Siemens AG ihr

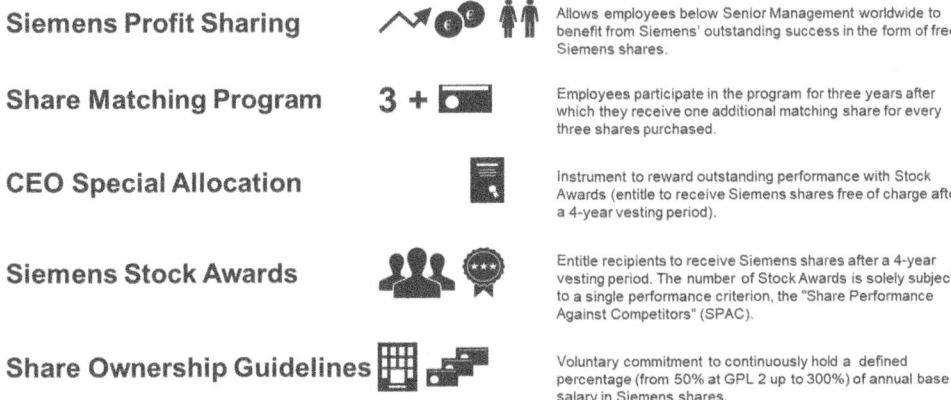

Abb. 1 Überblick über die Aktienprogramme der Siemens AG. (Siemens AG)

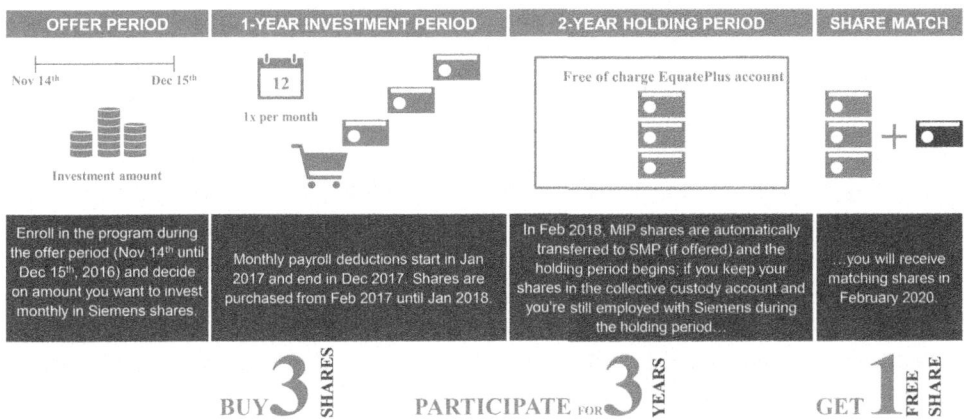

Abb. 2 Funktionsweise des Monatlichen Investment Plans. (Siemens AG)

Equity-Portfolio um das Siemens Profit Sharing (SPS; Siemens AG 2017b). Im Rahmen des SPS wird in erfolgreichen Geschäftsjahren ein finanzieller Pool gefüllt, der ab einem Volumen von 400 Mio. € an alle Mitarbeiter weltweit ausgeschüttet werden kann; unabhängig davon, ob Mitarbeiter bereits in Siemens-Aktien investiert haben oder nicht (Siemens AG 2017c).

3   Status quo der Forschung

In der Praxis spielt aktienbasierte Vergütung vorwiegend im Rahmen der Managementvergütung eine wichtige Rolle. Vor diesem Hintergrund untersucht auch der Großteil der Forschung verstärkt diesen Aspekt. Eine Studie der GEO Global Equity Insights (Anderson et al. 2016) zeigt, dass fast alle untersuchten Firmen der Studie ihren Führungskräften aktienbasierte Vergütung anbieten (98 %). Aus theoretischer Perspektive spricht für die Einführung von aktienbasierter bzw. -orientierter Vergütung, dass Eigentümer durch eingeschränkte Kontrollmöglichkeiten nur eine begrenzte Aufsicht gegenüber dem Top-Management walten lassen können. Durch die Kopplung der Vergütung des Top-Managements an den Erfolg des Unternehmens können so die teilweise unterschiedlichen Interessen angeglichen werden (Kruse 1996). Eine mehrjährige Bemessungsgrundlage dient dazu, dem Top-Management Anreize zu setzen, um langfristig orientierte Entscheidungen zu treffen, die im Sinn des Unternehmens sind (Eisenhardt 1989; Jensen und Meckling 1976).

Verschiedene Studien haben diese positive Anreizwirkung bereits nachweisen können. So zeigen die Studien von Kang et al. (2006) und Wu und Tu (2007) einen positiven Zusammenhang zwischen aktienbasierten bzw. -orientierten Vergütungselementen und langfristigen Investitionsentscheidungen im US-amerikanischen Raum. Dieser Zusammenhang wird auch für deutsche Unternehmen von Rapp und Wolff (2013) bestätigt. Die Studie zeigt, dass während der Finanzkrise Unternehmen mit einem höheren Anteil aktienbasierter Vergütung, Investitionen und Ausgaben für Forschung und Entwicklung weniger reduzierten. Weiterhin haben verschiedene Studien eine positive Wirkung von aktienbasierten bzw. -orientierten Vergütungselementen auf die Unternehmensperformance (Benson und Davidson 2009; Mehran 1995; Pukthuanthong et al. 2007) zeigen können.

Im Vergleich zu aktienbasierter Vergütung für Führungskräfte bieten Unternehmen Beteiligungsprogramme für Mitarbeiter unterhalb des mittleren Managements deutlich seltener an. Wie die GEO Global Equity Insights Studie (Anderson et al. 2016) zeigt, sind es nur noch 40 % der Unternehmen. Dabei spricht aus konzeptioneller Sicht für die Einführung von breiten Mitarbeiterbeteiligungsprogrammen die Förderung eines Bindungs- und Identifikationseffekts. In der Fachliteratur wird hierfür der Begriff Psychological Ownership verwendet und beschreibt einen Zustand, in dem Individuen ein Objekt oder einen Teil davon als ihr Eigenes betrachten (Pierce et al. 2001). In diesem Fall bedeutet das, dass bei den Mitarbeitern durch den Aktienbesitz ihres Unternehmens ein psychologischer Bindungs- und Identifikationseffekt eintritt und sie gegenüber ihrem Arbeitgeber ein verstärktes Engagement zeigen. Zusätzlich führt der finanzielle Anreiz der Aktienbeteiligung dazu, dass Mitarbeiter ein gesteigertes Interesse an der Entwicklung des Unternehmens haben und verantwortungsvoller handeln.

Im Vergleich zu Studien hinsichtlich aktienbasierter Vergütung für das Management gibt es bisher vergleichsweise wenige Forschungsarbeiten, die die Auswirkungen aktienbasierter Vergütung auf das individuelle Verhalten von Mitarbeitern unterhalb des Managements untersuchen. Punktuell gibt es Studien, die dieses Thema adressieren, jedoch weisen diese oftmals methodische und inhaltliche Schwächen auf. So fehlen meist Mitarbeiterdaten auf individueller Ebene, Daten sind nicht für einen Mehrjahreszeitraum vorhanden oder Studien nehmen einen Vergleich zwischen sehr heterogenen Unternehmen vor, die ein Beteiligungsprogramm nutzen oder nicht nutzen. Vor diesem Hintergrund überrascht es nicht, dass die Studien zu unterschiedlichen Ergebnissen kommen (z. B. Guedri und Hollandts 2008; Jones und Kato 1995; Sesil und Lin 2011) und Bedarf an weiterer Forschung besteht, um die genannten Schwächen bisheriger Studien zu adressieren.

Der Fokus der Kooperation zwischen der Siemens AG und der Universität Göttingen konzentrierte sich darauf, einen vertieften Einblick in die Wirkung von Mitarbeiterbeteiligung zu erhalten. Dabei wurden sowohl Effekte auf individueller als auch auf organisationaler Ebene empirisch untersucht. Die zentrale Fragestellung zielte dabei auf die Beantwortung der Frage ab, inwiefern Beteiligungsprogramme wichtige Unternehmensbedürfnisse adressieren können.

Die Analysen umfassten zwei Dimensionen: Faktoren, die eine Aktienplanteilnahme beeinflussen, sowie Wirkungen, die von einer Aktienplanteilnahme ausgehen können. Konkret wurde untersucht, wie sich die Aktienplanteilnahme auf das Engagement von Mitarbeitern, die individuelle Performance, sowie die Unternehmensperformance und die Mitarbeiterfluktuation auswirkt. Um diesen Fragen nachzugehen, flossen Beobachtungen von mehreren hunderttausend Mitarbeitern und über 9600 organisationalen Einheiten über einen Mehrjahreszeitraum in die Analysen ein. Der Einbezug von verschiedenen ökonometrischen Methoden, kulturellen Unterschieden, sowie Länder- und Industriecharakteristika ermöglichte dabei eine Durchführung detaillierter Analysen.

4 Ergebnisse des Forschungsprojekts

Insgesamt zeigen die Ergebnisse, dass die Implementierung eines Mitarbeiterbeteiligungsprogramms lohnenswert sein kann. Neben wünschenswerten Effekten auf Mitarbeiterebene lassen sich auch positive Effekte auf organisationaler Ebene finden (Abb. 3; Wolff und Zschoche 2015).

Hinsichtlich der Faktoren, die eine Aktienplanteilnahme beeinflussen können, weisen die Analysen v. a. aus drei Perspektiven interessante Ergebnisse auf. Zunächst spielen individuelle Charakteristika eine grundlegende Rolle. Die Ergebnisse zeigen beispielsweise, dass Männer häufiger als Frauen teilnehmen. Eine weitere wichtige Perspektive bezieht sich auf den Einfluss des Arbeitsumfelds. Die Analysen demonstrieren, dass die individuelle Entscheidung über eine Aktienplanteilnahme sich am Teilnahmeverhalten des direkten Arbeitsumfelds ausrichtet, d. h. ob Kollegen und Führungskräfte teilnehmen oder nicht. Zuletzt kommt dem institutionellen Umfeld eine entscheidende Rolle zu. Es zeigt sich, dass die Teilnahme durch ein Umfeld getrieben werden kann, wo Mitarbeiter tendenziell mit Aktien vertraut sind. So sind beispielsweise in den USA oder anglo-sächsischen Ländern Aktien oftmals ein wichtiger Baustein der Altersvorsorge und Individuen halten tendenziell mehr Aktien, während in Kontinentaleuropa eine deutlich geringere Affinität hinsichtlich Aktien besteht und diese als oftmals zu riskant angesehen werden.

Aus den gefundenen Ergebnissen konnte die Siemens AG geeignete Kommunikationsmaßnahmen ableiten und auf bestimmte Zielgruppen ausrichten. Denn obwohl die Mitarbeiterbeteiligungsprogramme aus einer ökonomischen Perspektive sehr attraktiv sind, zeigt sich, dass bei Weitem nicht alle Mitarbeiter teilnehmen. Daher ist es essenziell,

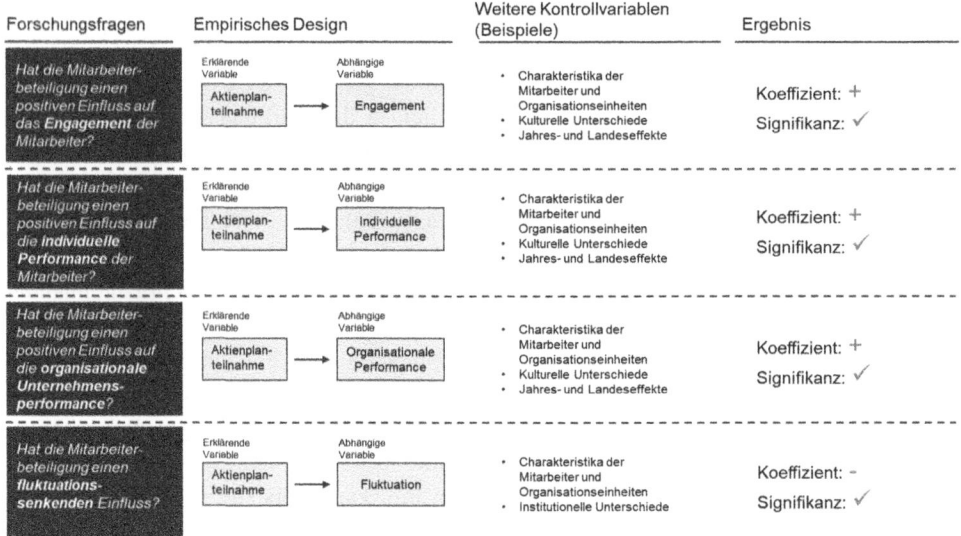

Abb. 3 Forschungsfragen und Ergebnisse der Kooperation der Siemens AG und der Universität Göttingen

eine zielgerichtete lokale und globale Kommunikation zu implementieren, um Vertrauen aufzubauen und Unsicherheiten innerhalb der Mitarbeiterschaft zu reduzieren. Dabei ist eine Zielsetzung der Kommunikation die Gewinnung des operativen Managements, um einen Multiplikatoreffekt zu nutzen. Weiterhin gilt es, die Kommunikation anhand bestimmter Mitarbeitermerkmale auszurichten. Beispielsweise haben nicht alle Produktionsmitarbeiter einen E-Mail-Account oder Zugriff auf das Intranet, sodass hier verstärkt mit Infoständen innerhalb der Produktionsstätten gearbeitet werden kann. Unternehmen müssen also, neben der reinen Implementierung eines solchen Programms, Wege innerhalb der Organisation finden, die ihren Mitarbeitern die Möglichkeiten eines Investments näher bringen. Denn die erfolgreiche Implementierung eines Mitarbeiterbeteiligungsprogramms umfasst zwei Aspekte. Neben der Intention eines Unternehmens, ein Mitarbeiterbeteiligungsprogramm einzuführen, erfordert es die Teilnahme der Mitarbeiter, damit die gewünschten Bindungs- und Identifikationseffekte entstehen. Wie die folgenden Ausführungen zeigen, wurden nämlich genau diese Bindungs- und Identifikationseffekte in den empirischen Analysen bestätigt.

Hinsichtlich des Engagements lässt sich ein positiver Zusammenhang finden. Mit einem zunehmenden Anteil von Aktienplanteilnehmern steigt das durchschnittliche Engagement der Mitarbeiter in der organisatorischen Einheit. Daneben liefern die Analysen auch eine wissenschaftlich fundierte Indikation für den vermuteten Einfluss einer Aktienplanteilnahme auf die Performance. Zum einen findet sich ein direkter positiver Einfluss auf die individuelle Performance, d. h. mit zunehmendem Anteil von Aktienplanteilnehmern erhöht sich die durchschnittliche individuelle Performance der Mitarbeiter in der organisatorischen Einheit. Zum anderen wird der vermutete positive Einfluss auf die organisationale Performance, gemessen mithilfe verschiedener unternehmensinterner Kennzahlen, bestätigt. Es zeigt sich, dass mit zunehmendem Anteil der Aktienbeteiligung der Mitarbeiter die durchschnittliche Performance der organisationalen Einheit steigt. Weiterhin bestätigen die Analysen die theoretischen Erwartungen hinsichtlich der Fluktuation von Mitarbeitern. Die Aktienplanteilnahme führt zu einer geringeren Wahrscheinlichkeit eines Unternehmensaustritts. Besonders fluktuationssenkend wirken Mitarbeiterbeteiligungsprogramme, wenn es sich um hochqualifizierte Mitarbeiter handelt, die Organisation sich in einem Transformationsprozess befindet und tendenziell ein nachfrageorientierter Arbeitsmarkt herrscht. Aktienpläne stellen demnach eine geeignete Maßnahme dar, Mitarbeiter an das Unternehmen zu binden. Dies gilt in besonderem Maß für die aktuelle wirtschaftliche Situation, die u. a. durch die digitale Transformation und den demografischen Wandel gekennzeichnet ist.

Insgesamt bestätigen die Analysen, dass es gute Gründe für die Einführung von Mitarbeiterbeteiligungsprogrammen gibt. Besonders hervorzuheben sei hier, dass die positiven Effekte auf allen Hierarchiestufen zu finden sind und sich besonders deutlich bei Mitarbeitern auf unteren Hierarchiestufen zeigen. Erklärt werden kann das im verstärkten Effekt des Psychological Ownership. Während Führungskräfte meist eine engere Verbindung zwischen ihrer Arbeit und Unternehmensergebnissen herstellen können, sehen Mitarbeiter auf unteren Hierarchiestufen diesen Effekt weniger. Die Aktienplanteilnahme und damit verbundene Miteigentümerschaft führt demnach zu einer deutlicheren Steigerung der Identifikation und Motivation. Dieses Ergebnis unterstreicht, wie wichtig die Implementierung eines Mitarbeiterbeteiligungsprogramms für alle Mitarbeiter und nicht nur für Führungskräfte sein kann.

5 Fazit und Ausblick

Um Mitarbeiter zu binden, zu motivieren und am Erfolg des Unternehmens teilhaben zu lassen, zeigt sich ein Konzept als zielführend: Mitarbeiter als Miteigentümer. Die Implementierung eines Mitarbeiterbeteiligungsprogramms für die gesamte Belegschaft ist zwar mit Kosten und Aufwand verbunden, aber die empirischen Analysen bestätigen den potenziellen Nutzen dieser Programme. Neben eines erhöhten Engagements der Mitarbeiter lässt sich ein positiver Effekt auf die individuelle und organisationale Performance finden, wie auch eine fluktuationssenkende Eigenschaft der Programme. Diese Ergebnisse zeigen, dass Mitarbeiterbeteiligungsprogramme auf verschiedenen Ebenen wirken können. Vor dem Hintergrund der Heterogenität der Mitarbeiter sowie der Geschäftseinheiten der Siemens AG lassen sich die Ergebnisse auch auf andere Unternehmen übertragen.

Die Programme sind allerdings keine Selbstläufer und Unternehmen sind gefordert, eine Reihe von verschiedenen Faktoren zu beachten. Die Programme müssen so gestaltet werden, dass individuelle Mitarbeiterbedürfnisse als auch institutionelle Rahmenbedingungen berücksichtigt werden. Außerdem muss die Kommunikation auf die verschiede-

Übersicht Erfolgsfaktoren

- **Hohes Commitment der Führungskräfte:** Aktives Agieren und Kommunizieren der Führungskräfte (Tone from the Top)

- **Flexibles und übergreifendes Design der Mitarbeiterbeteiligungsprogramme:** Teilnahme sollte allen Mitarbeiter ermöglicht werden und die Bedürfnisse der Mitarbeiter sowie institutionelle Rahmenbedingungen adressieren

- **Zielgerichtete globale und lokale Kommunikation:** Unterstützung der Implementierung und nachhaltige Förderung einer Aktienkultur im Unternehmen

Abb. 4 Erfolgsfaktoren einer erfolgreichen Implementierung eines Mitarbeiterbeteiligungsprogramms

nen Zielgruppen ausgerichtet werden, um Vertrauen aufzubauen und Unsicherheiten zu adressieren (Abb. 4). Wenn diese Voraussetzungen gegeben sind, stellen Mitarbeiterbeteiligungsprogramme eine Möglichkeit für Unternehmen dar, ihrer sozialen und gesellschaftlichen Verantwortung nachzukommen, indem sie Mitarbeitern in allen Ländern und Positionen eine rentable Investmentmöglichkeit und einen Baustein für die individuelle Altersvorsorge bieten.

Literatur

Anderson D, Cervino E, Kramarsch MH, Neumann H, Wolff M (Hrsg) (2016) Global equity insights 2016. https://www.computershare.com/News/Global%20Equity%20Insights%202016_ Report_Web.pdf. Zugegriffen: 24. Okt. 2017

Anderson D, Kramarsch MH, Muntermann M, Neumann H, Wolff M (Hrsg) (2015) Global equity insights 2015. https://www.uni-goettingen.de/de/aktuelle+kooperationen/264457.html. Zugegriffen: 24. Okt. 2017

Anderson D, Foley J, Gohm B, Kramarsch MH, Neumann H, Wolff M (Hrsg) (2014) GEO global equity insights 2014. https://www.uni-goettingen.de/de/studie %3A+geo+global+equity+insights+2014/485163.html. Zugegriffen: 24. Okt. 2017

Benson BW, Davidson WN (2009) Reexamining the managerial ownership effect on firm value. J Corp Finance 15(5):573–586

Eisenhardt KM (1989) Agency theory: an assessment and review. Acad Manag Rev 14(1):57–74

Guedri Z, Hollandts X (2008) Beyond dichotomy: the curvilinear impact of employee ownership on firm performance. Corp Governance: Int Rev 16(5):460–474

Jensen MC, Meckling WH (1976) Theory of the firm: managerial behavior, agency costs and ownership structure. J Financ Econ 3:305–360

Jones DC, Kato T (1995) The productivity effects of employee stock-ownership plans and bonuses: evidence from Japanese panel data. Am Econ Rev 85(3):391–414

Kang S-H, Kumar P, Lee H (2006) Agency and corporate investment: the role of executive compensation and corporate governance. J Bus 79(3):1127–1147

Kruse DL (1996) Why do firms adopt profit-sharing and employee ownership plans? Br J Ind Relations 34(4):515–538

Mehran H (1995) Executive compensation structure, ownership, and firm performance. J Financ Econ 38(2):163–184

Pierce JL, Kostova T, Dirks KT (2001) Toward a theory of psychological ownership in organizations. Acad Manag Rev 26(2):298–310

Poutsma E, de Nijs W, Poole M (2003) The global phenomenon of employee financial participation. Int J Hum Resour Manag 14(6):855–862

Pukthuanthong K, Roll R, Walker T (2007) How employee stock options and executive equity ownership affect long-term IPO operating performance. J Corp Finance 13(5):695–720

Rapp MS, Wolff M (2013) Vergütung deutscher Vorstandsorgane 2013. Fachverlag der Verlagsgruppe Handelsblatt, Düsseldorf

Sesil JC, Lin YP (2011) The impact of employee stock option adoption and incidence on productivity: Evidence from US panel data. Ind Relat (Berkeley) 50(3):514–534

Siemens AG (2017a) Über Siemens. https://www.siemens.com/press/de/materials.php. Zugegriffen: 24. Okt. 2017

Siemens AG (2017b) Fast jeder zweite Mitarbeiter auch Aktionär. https://www.siemens.com/press/de/pressemitteilungen/?press=/de/pressemitteilungen/2017/corporate/pr2017020162code.htm. Zugegriffen: 24. Okt. 2017

Siemens AG (2017c) Own a part of Siemens. https://www.siemens.com/global/en/home/company/jobs/life-at-siemens/share-plans.html. Zugegriffen: 21. Okt. 2017

Wolff M, Zschoche U (2015) Studie zur Wirkung der Mitarbeiterbeteiligung am Beispiel der Siemens AG. https://www.agpev.de/downloads/sie_15038_studie_uni_goettingen_final.pdf. Zugegriffen: 24. Okt. 2017

Wu J, Tu R (2007) CEO stock option pay and R&D spending: a behavioral agency explanation. J Bus Res 60(5):482–492

Marc Muntermann leitet bei der Siemens AG das Compensation & Equity Team und trat als Head of Global Share Programs im Oktober 2011 in die Siemens AG ein. Er studierte Wirtschaftspädagogik an der Universität Köln, mit den Schwerpunkten Wirtschaftspädagogik und Organisationslehre. Er hält ferner einen US Master's Degree in Business Administration (MBA) mit dem Schwerpunkt Accounting.

Als Leiter des Compensation & Equity Teams ist Herr Muntermann verantwortlich für die Vorstands- und Top Management Vergütung sowie für die konzernweiten globalen Aktienpläne der Siemens AG. Dies beinhaltet das Design sowie die Prüfung der Angemessenheit und Wettbewerbsfähigkeit der Vorstandsvergütung (Bonus & Stock Awards) sowie die Nebenleistungen und die betriebliche Altersversorgung. In seiner Equity Verantwortung liegt die Governance der gruppenweiten Aktienpläne (Share Matching Plan, Siemens Profit Sharing, CEO Special Allocation) mit ca. 300.000 Teilnehmer in 67 Ländern.

Vor seinem Eintritt in die Siemens AG war Herr Muntermann als Practice Leader im Towers Watson's Talent & Rewards Geschäftsbereich verantwortlich für Global Data Services. Hier hat Herr Muntermann namhafte internationale Konzerne im Bereich der Vorstands-, Aufsichtsrats- und Managementvergütung beraten.

Prof. Dr. Michael Wolff ist Universitätsprofessor und Inhaber des Lehrstuhls für Management und Controlling der Georg-August-Universität Göttingen. Vor seiner Tätigkeit an der Universität Göttingen war er Professor für Corporate Governance an der Johannes Gutenberg-Universität Mainz und Berater bei McKinsey & Company. Er studierte an der Johann Wolfgang von Goethe-Universität Frankfurt und promovierte zum Dr. rer. oec. an der HHL-Leipzig Graduate School of Management. Neben verschiedenen Aspekten der Entwicklung und Implementierung von Unternehmensstrategien sind seine Hauptforschungsbereiche das Design und die Implementierung von Anreizsystemen für Führungskräfte und Mitarbeiter und deren Einfluss auf das Unternehmensverhalten. Prof. Dr. Michael Wolff veröffentlichte zahlreiche Beiträge in nationalen und internationalen Fachzeitschriften mit theoretischem und praktischem Fokus. Darüber hinaus unterrichtet er zu den Themengebieten Unternehmensstrategie, wertorientierte Unternehmenssteuerung und Corporate Governance in verschiedenen Graduierten-, MBA- und Doktorandenprogrammen.

Mitarbeiterbeteiligung in börsennotierten Unternehmen in Deutschland – Eine Bestandsaufnahme

Björn Hinderlich und Niklas Fuß

1 Einleitung

Der Wohlstand qualifizierter Arbeitnehmer wird derzeit von zwei Seiten bedroht: Einerseits besteht die zunehmende Gefahr, dass ein Großteil der momentan von Menschen durchgeführten Tätigkeiten durch intelligente, selbstlernende Maschinen übernommen wird. Gleichzeitig stellt die anhaltende Niedrigzinsphase Investitionen in klassische, festverzinsliche Finanzanlagen infrage, liefern diese doch inzwischen mehrheitlich keine bis negative Realrenditen. Der Aufbau von Vermögen für die Breite der arbeitenden Bevölkerung in Deutschland braucht daher wirksame Impulse und andere Mechanismen auf den unterschiedlichsten Ebenen – und das nicht irgendwann, sondern möglichst rasch.

Eine Option, die dieser Stoßrichtung folgt, aber entgegen vielfacher Bemühungen seitens der Unternehmen in der Öffentlichkeit in Deutschland noch nicht die gerechtfertigte Aufmerksamkeit erhält, ist die Beteiligung von Mitarbeitern am Kapital ihres Unternehmens. Die Grundidee: Mitarbeiter nicht nur an den Gewinnen ihrer Arbeitgeber zu beteiligen (Ergebnisbeteiligung), sondern es ihnen zu ermöglichen, über eine Kapitalbeteiligung langfristig Renditen zu erwirtschaften, die deutlich oberhalb derer festverzinslicher Wertpapiere liegen.

Der Vorteil ist zudem keineswegs nur einseitig. Während Arbeitnehmer über eine Mitarbeiterkapitalbeteiligung ihr Vermögen durch attraktive Renditen auf- und ausbauen können, profitieren Arbeitgeber gleichzeitig, indem sich Mitarbeiter angesichts der direkten

B. Hinderlich (✉)
Partner, hkp group
Frankfurt am Main, Deutschland
E-Mail: frankfurt@hkp.com

N. Fuß
Berater, hkp group
Frankfurt am Main, Deutschland
E-Mail: niklas.fuss@hkp.com

© Springer-Verlag GmbH Deutschland, ein Teil von Springer Nature 2018   231
H. Beyer und H.-J. Naumer (Hrsg.), *CSR und Mitarbeiterbeteiligung*,
Management-Reihe Corporate Social Responsibility,
https://doi.org/10.1007/978-3-662-57600-7_22

Beteiligung noch stärker mit ihrem Unternehmen identifizieren und für ihr Unternehmen engagieren. In Verbindung mit Vergünstigungen, die direkt oder indirekt auf Unternehmensanteile gewährt werden, können zudem Haltefristen implementiert werden, die eine langfristige Orientierung der Mitarbeiter und deren Bindung an das Unternehmen fördern. Die positive Wechselwirkung von Mitarbeiterkapitalbeteiligung und Unternehmens- sowie Mitarbeiterperformance ist durch zahlreiche wissenschaftliche Studien hinreichend theoretisch und empirisch belegt, wobei dieser Zusammenhang erst jüngst wieder durch umfangreiche Studien von Professor Michael Wolff von der Universität Göttingen nachgewiesen wurde (Wolff und Zschosche 2017).

Dieser Beitrag wird die Geschichte der Mitarbeiterbeteiligung aufgreifen, wissenschaftliche Ergebnisse erklären, Einblicke in die Marktpraxis in Deutschland und international aufbereiten sowie die Profitabilität für Mitarbeiter diskutieren.

2 Geschichte der Mitarbeiterbeteiligung

Die Kapitalbeteiligung von Mitarbeitern ist kein neues Phänomen. Ihre Wurzeln finden sich bereits in den Gilden des Mittelalters und lassen sich ebenso auf sozialistische und utopische Bewegungen wie selbstversorgende Kommunen zurückführen. Gemeinsam ist dabei stets ein Ziel, das auch bei agilen Organisationen der Gegenwart nicht an Relevanz verloren hat: eine Identifikation bzw. ein Gemeinschaftsgefühl zu schaffen.

In den USA sind bereits im 18. Jahrhundert Gewinnbeteiligungen nachweisbar, während sich im 19. Jahrhundert besonders in Europa die Mitarbeiterbeteiligung zunehmend als mögliche Antwort auf die soziale Frage verbreitet. Auch die Auseinandersetzung mit dem Sozialismus in der ersten Hälfte des 20. Jahrhunderts lässt Europa zum Mittelpunkt der Mitarbeiterbeteiligung werden. In den USA griff Louis Kelso diese Idee im Jahr 1956 auf, indem er für eine Zeitung in San Francisco den Kelso-Plan für Mitarbeiter entwarf. In den 1970er-Jahren wurde die Mitarbeiterkapitalbeteiligung immer beliebter und wurde bis zum Ende des 20. Jahrhunderts besonders in den USA eine äußerst weitverbreitete, steuerlich stark geförderte Form der Altersvorsorge.

Neben dem starken Einfluss von Gewerkschaften, Arbeitgebern und den Unternehmen selbst ist der Gesetzgeber als ein entscheidender Akteur hierbei nicht zu vernachlässigen: In Deutschland wurde im europäischen und internationalen Vergleich eher eine Förderung von Bausparen und vermögenswirksamen Leistungen priorisiert und der Mitarbeiterbeteiligung eine geringere Bedeutung beigemessen. In vergleichbaren europäischen Ländern wie Großbritannien oder Frankreich haben sich Mitarbeiterbeteiligungen dagegen als ein bewährtes Instrument etabliert. In Frankreichs Gesetzgebung ist zumindest die finanzielle Mitarbeiterbeteiligung schon seit Beginn des 20. Jahrhunderts fest verankert und ist ab einer bestimmten Unternehmensgröße sogar verpflichtend.

3   Wissenschaftlicher Hintergrund

Aus wissenschaftlicher Perspektive sprechen einige Aspekte für eine Einführung von Mitarbeiterbeteiligungen. Wissenschaftliche Studien belegen vielfach den positiven Effekt, den Mitarbeiterbeteiligungen auf die individuelle und die Unternehmensperformance ausüben (Doucouliagos 1995; Kruse und Blasi 1997). Sowohl die Profitabilität als auch die Produktivität werden dabei von einem solchen Programm positiv beeinflusst. Zudem wurde ein positiver Zusammenhang mit den Shareholdererträgen nachgewiesen (Blasi et al. 2003). Die Mitarbeiterkapitalbeteiligung gilt dabei im Zusammenhang mit anderen Formen der Mitarbeiterbeteiligung als High Performance Work Practice, deren Effekt mit anderen Best Practices interagiert und sich so noch weiter steigern lässt (Combs et al. 2006). Nicht umsonst weisen Studien darauf hin, dass Unternehmen, an denen die eigenen Mitarbeiter beteiligt sind, eine stärkere Widerstandskraft gegen adverse Marktsituationen zeigen und letztlich länger profitabel agieren können (Park et al. 2004; Blair et al. 2000).

In Studien wird dieser Zusammenhang oftmals über drei verschiedene mögliche Zusammenhänge erklärt, die getrennt voneinander, jedoch auch im Zusammenspiel, wirken können. Die Einstellung der Mitarbeiter zum Unternehmen sowie diverse, dem Unternehmenswert förderliche Verhaltensmuster werden dabei über unterschiedliche Mechanismen gefördert: Zum einen fördert eine Mitarbeiterbeteiligung den (wahrgenommenen) Einfluss des einzelnen Mitarbeiters, was seine Einstellung gegenüber dem Unternehmen auf vielfältige Weise verbessert. Zweitens führt eine Mitarbeiterbeteiligung idealerweise zu einem signifikanten finanziellen Vorteil für den Mitarbeiter, der wiederum die Zufriedenheit sowie positive Einstellungen steigert (Wagner et al. 2003). Ein solcher Vorteil würde je nach Halteperiode der Unternehmensanteile in fast allen deutschen DAX-Unternehmen entstehen, wie in Abschn. 5 gesondert dargelegt wird.

Abschließend macht eine Kapitalbeteiligung die Mitarbeiter nicht nur zu De-facto-Miteigentümern, sondern führt auch dazu, dass diese eine Beziehung zum Unternehmen entwickeln, die in der Wissenschaft als psychologisches Eigentum beschrieben wird. Dabei geht der Mitarbeiter eine zunehmende Bindung ein und begreift das Unternehmen nicht nur als Arbeitgeber, sondern als Erweiterung seines Selbstbilds. Auch dieser Zustand führt zu bestimmten, positiven Verhaltensmustern (Pierce et al. 2001).

Eine durch einen oder mehrere gleichzeitig wirkende Mechanismen erzeugte, intensivere Bindung zum Unternehmen kann für beide Parteien mehrere gewinnbringende Effekte hervorbringen, die sich letztendlich auch auf die Gesamtperformance des Mitarbeiters und des Unternehmens auswirken. Zum einen ergeben Studien, dass Mitarbeiter eher Aufgaben übernehmen, die über ihr eigenes Rollenprofil hinausgehen, z. B. durch proaktive Optimierung von Prozessen (Vandewalle et al. 1995). So steigt auch die Kommunikation sowohl auf kollegialer Ebene als auch zwischen den Hierarchieebenen (Rosen und Quarrey 1987). Zudem können die Wechselabsichten der Mitarbeiter und die Fluktuationsquote verringert werden. Dabei ist nicht nur die gewachsene Bindung zum Unternehmen als Motivationsfaktor verantwortlich, sondern auch die finanzielle Verbindung, etwa durch Vesting-Perioden (Sengupta et al. 2007).

Eine weitere wissenschaftliche Erkenntnis besagt dabei zudem, dass eine Mitarbeiterbeteiligung noch effektiver ist, wenn andere Formen der Partizipation vorhanden sind, etwa durch Betriebsräte oder auch die aktive Einbindung der Mitarbeiter in Entscheidungsprozesse (Kalmi et al. 2005).

4   Einblicke in die aktuelle Marktpraxis

In Deutschland ist eine weitreichende Anwendung bisher leider noch nicht angekommen. Zur Analyse der Verbreitung und Ausgestaltung von Mitarbeiterbeteiligungsformen wertet die hkp/// group jährlich die Geschäftsberichte der in den Aktienindizes DAX, MDAX, SDAX und TecDAX notierten Unternehmen aus. Über die Indizes hinweg zeigt sich dabei für das Geschäftsjahr 2016 auf den ersten Blick ein unterschiedlicher Verbreitungsgrad. Während von den 30 größten deutschen börsennotierten Aktiengesellschaften im DAX rund 53 % ein oder sogar mehrere Mitarbeiterkapitalbeteiligungsprogramme nutzen, fällt dieser Wert auf 38 % im MDAX, 18 % im SDAX und 17 % im TecDAX (Abb. 1). Im Durchschnitt über alle Indizes ergibt sich damit eine Implementierungsrate von 31 %. Auffallend ist hier, dass in Deutschland eher größere Unternehmen die Einführung eines solchen Systems als lohnenswert einstufen und durchführen. Diese unterdurchschnittliche und mit abnehmender Unternehmensgröße sinkende Verbreitung von Mitarbeiterkapitalbeteiligungsprogrammen ist dabei spiegelbildlich für die gesamte deutsche Wirtschaft unter Berücksichtigung weiterer Beteiligungsformen (z. B. stille Beteiligungen).

Bei den Unternehmen zeigt sich, dass die Verwendung eines Programms, das alle Mitarbeiter einbezieht, am weitesten verbreitet ist. Nur wenige Unternehmen nutzen die komplexere, aber üblicherweise anreizstärkere Möglichkeit, unterschiedlichen Mitarbeitergruppen zielgruppenspezifische Angebote zu machen.

Wie in Abb. 2 dargestellt, stellen die am weitesten verbreiteten Modelle der Mitarbeiterbeteiligung unter den 160 untersuchten Aktiengesellschaften Rabattaktien (42 %) gefolgt von Share-Matching-Plänen (31 %) und Gratisaktien (18 %) dar. Dabei können die beiden erstgenannten Plantypen hinsichtlich ihrer Anreizwirkung als vergleichbar eingestuft werden, setzen sie doch jeweils ein Eigeninvestment durch Mitarbeiter als Bedingung für die Gewährung der geldwerten Vorteile (Rabatte bzw. zusätzliche Aktien) voraus.

Abb. 1 Verbreitung von Mitarbeiterkapitalbeteiligungsprogrammen in Unternehmen in Deutschland nach Börsenindex. (hkp/// group, eigene Darstellung)

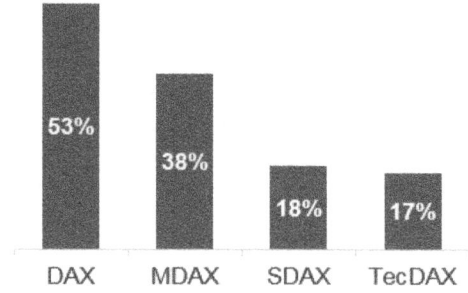

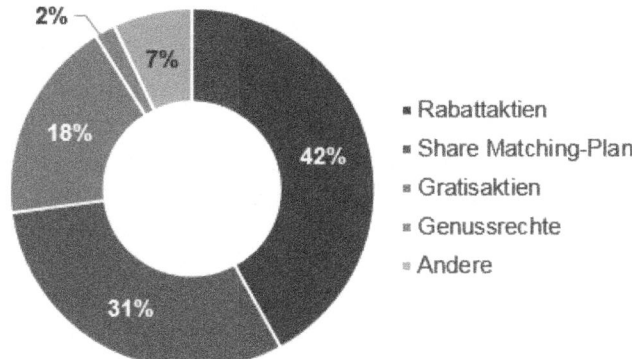

Abb. 2 Verbreitung von Mitarbeiterkapitalbeteiligungen in börsennotierten Unternehmen in Deutschland nach Art des Programms. (hkp/// group, eigene Darstellung)

- Rabattaktien
- Share Matching-Plan
- Gratisaktien
- Genussrechte
- Andere

Bezüglich der vom Unternehmen zusätzlich zum Investment des Mitarbeiters gewährten Leistungen gleichen sich Rabattaktien und Share-Matching-Pläne dahingehend, dass gemeinhin Vergünstigungen zwischen 20 und 30 % eingeräumt werden – indem entweder auf je drei gekaufte Aktien eine zusätzliche Aktie kostenlos zugeteilt wird (Share Matching) oder indem der Mitarbeiter auf jede gekaufte Aktie einen Rabatt bekommt, üblicherweise 20 %. Während diese Matching Rate von 3:1 die häufigste ist, finden aber auch 2:1, 1:1 und vereinzelt andere Matching Rates Anwendung.

Bemerkenswert mit Blick auf die Rendite ist in diesem Kontext, dass bereits im Moment der Zuteilung bzw. Rabattgewährung eine Bruttorendite in Höhe der angesprochenen 20–30 % anfällt. Ein Verlust wird im Portfolio folglich erst dann schlagend, wenn diese zusätzliche Rendite durch Aktienkursverluste gänzlich aufgebraucht wird – ein Szenario, das über Zeiträume von zehn Jahren und länger für den Großteil der Aktien als höchst unrealistisch eingeschätzt werden kann.

5 Internationaler Vergleich

Im internationalen Vergleich fällt auf, dass eine durchschnittliche Implementierungsrate von 31 % deutlich unter dem internationalen Standard liegt. Gerade in vielen Ländern Europas und in den USA gewähren erheblich mehr Unternehmen ihren Mitarbeitern zusätzliche Anreize, sich am Kapital ihres Arbeitgebers zu beteiligen. So sehen laut dem Global Equity Insights Survey 2017 in beiden Regionen 62 % der Unternehmen grundsätzlich diese Möglichkeit vor – also doppelt so viele wie in Deutschland (Abb. 3). Ähnlichkeit besteht hingegen in der Ausgestaltung der kapitalbasierten Mitarbeiterbeteiligungsprogramme, da in allen Regionen Rabattaktien (48 %) und Share-Matching-Pläne (40 %) vorherrschen (Anderson et al. 2017).

Im Global Equity Insights Survey wird ebenfalls belegt, dass wirtschaftlich leistungsstärkere Unternehmen eine um etwa zehn Prozentpunkte höhere Beteiligungsrate aufweisen als solche, die als leistungsschwächer eingestuft wurden. Des Weiteren macht

Abb. 3 Verbreitung von Mitarbeiterkapitalbeteiligung nach Regionen weltweit. (Anderson et al. 2017; eigene Darstellung)

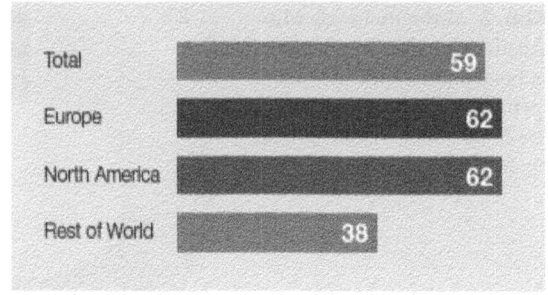

ungefähr die Hälfte der Unternehmen in Europa und den USA ihr Beteiligungsprogramm über 75 % der Mitarbeiter zugänglich (Anderson et al. 2017).

6 Finanzielle Profitabilität für Mitarbeiter in Deutschland

In Studien herrscht Konsens, dass nur für die Mitarbeiter profitable Beteiligungen einen positiven Effekt auf Mitarbeiter und Organisation nach sich ziehen. Bei Gratisaktien ist diese Voraussetzung trivial, da der Mitarbeiter immer profitiert, sofern diese nicht als Substitut für andere Vergütung genutzt werden. Grundsätzlich entscheiden zwei Faktoren über die finanzielle Profitabilität der Mitarbeiterbeteiligung: Der Unternehmenserfolg und die Konditionen des Programms.

Wie bereits erwähnt gewährt das Unternehmen direkt (Rabattaktien, Gratisaktien) bzw. indirekt (Share-Matching-Pläne) einen Bruttorabatt in einer bestimmten Höhe, der die Wahrscheinlichkeit eines Verlusts aus diesen Aktien reduziert. Um diese Annahme zu prüfen, hat die hkp/// group in einer umfangreichen Analyse hypothetische Mitarbeiterbeteiligungspläne für alle Unternehmen im DAX, MDAX, SDAX und TecDAX in den letzten 20 Jahren analysiert und das Mitarbeiterkapitalbeteiligung-Renditedreieck erstellt.

Wie die Abb. 4 deutlich macht, ist die durchschnittliche Rendite eines für die Gesamtheit repräsentativen Unternehmens im DAX nach spätestens zehn Jahren – unabhängig vom Kaufzeitpunkt – immer positiv. Annahmen sind hier ein Share Matching von 3:1, ein jährliches Investment von 1200 € und ein Freibetrag für Kapitalerträge von 801 €. Dieses Bild wird so auch im MDAX und SDAX gespiegelt, während die Renditen im TecDAX erwartungsgemäß etwas volatiler sind. So würde ein Mitarbeiter in einem DAX-Unternehmen, der seine Beteiligung für 15 Jahre hält und damit im Lauf der Jahre 18.000 € investiert hat, sein Investment im Durchschnitt fast verdoppeln.

Dennoch gibt es natürlich Unternehmen, bei denen eine Mitarbeiterbeteiligung ab einem gewissen Verkaufszeitpunkt aufgrund eines stark gefallenen Aktienkurses unprofitabel für den Mitarbeiter wird. Bei 95 % der Unternehmen ist dies aufgrund des anfänglichen Rabatts und der im Durchschnitt über längere Zeiträume positiven Entwicklung von Aktienindices allerdings nicht der Fall, wie Abb. 5 illustriert. Im Gegenteil, 80 % der Unternehmen erzielen Renditen von mindestens 50 %.

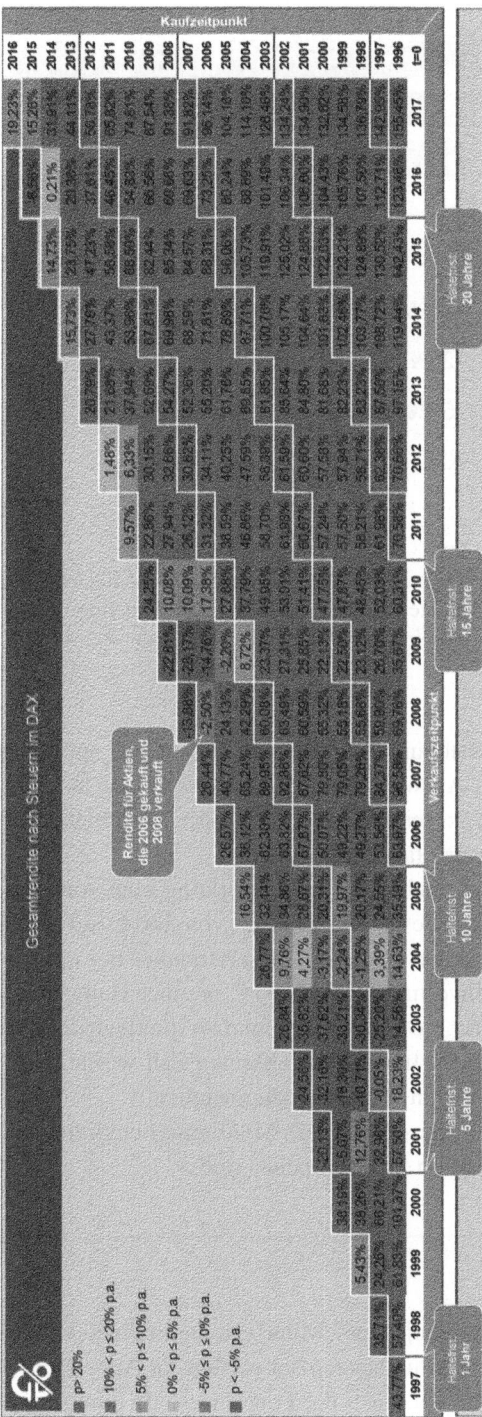

Abb. 4 Mitarbeiterkapitalbeteiligung-Renditedreieck eines durchschnittlichen DAX-Unternehmens mit Share-Matching von 3:1 und einem jährlichen Investment von 1200 €. (hkp/// group, eigene Darstellung)

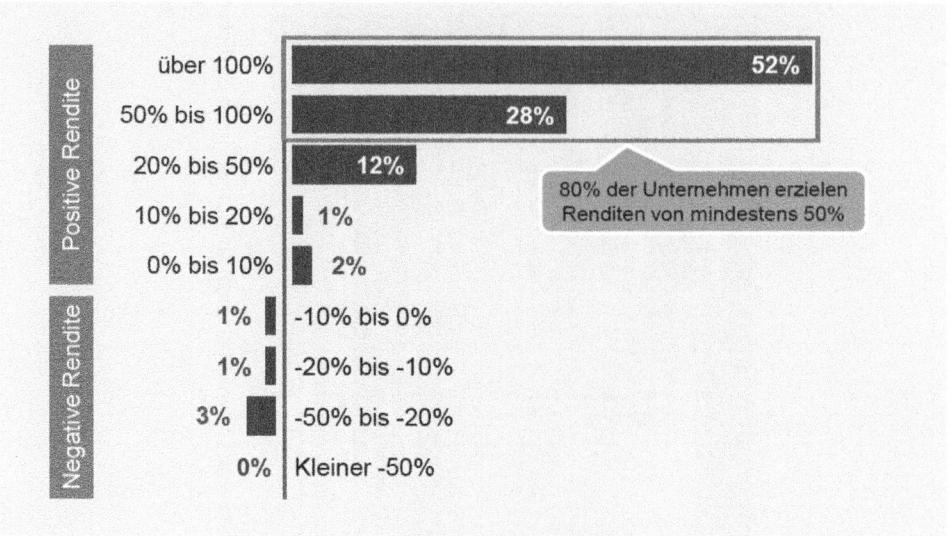

Abb. 5 Erzielte Gesamtrendite von 105 DAX-, MDAX- und SDAX-Unternehmen über einen Zeitraum von zehn Jahren bei einem steuerlichen Freibetrag der Matching Shares von 3000 €, einem Kapitalfreibetrag von 801 € und einem persönlichen Steuersatz von 40 %. (hkp/// group, eigene Darstellung)

Eine Veränderung der Matching Rate bzw. des Rabatts hat auf die Rendite folgerichtig nochmals eine bedeutende Auswirkung. Wird beispielsweise statt einer Matching Rate von 3:1 das Verhältnis auf 2:1 erhöht, so gewinnt der Mitarbeiter durchschnittlich etwa ein bis zwei Prozentpunkte pro Jahr an Rendite.

Bemerkenswert ist dabei auch, welche Auswirkung eine Änderung des steuerlichen Freibetrags hätte: Würde der Gesetzgeber diesen von 360 € auf die in Europa durchaus üblichen 3000 € erhöhen, dann würde die Gesamtrendite bei einer Matching Rate von 3:1 und einem jährlichen Investment von 3000 € in einer Halteperiode von zehn Jahren um etwa einen Prozentpunkt pro Jahr steigen und so die finanzielle Attraktivität für den Mitarbeiter nochmals erhöhen. In diesem konkreten Fall würde der Mitarbeiter fast ein ganzes jährliches Investment von 3000 € hinzugewinnen.

Grundsätzlich ist damit festzustellen, dass Mitarbeiterbeteiligungen meist eine finanziell sehr lohnenswerte Investition für Mitarbeiter sind.

7 Fazit

Insgesamt lässt sich konstatieren, dass Mitarbeiterkapitalbeteiligungen in Deutschland noch über signifikantes Verbreitungspotenzial verfügt. In Anbetracht der Vorteile für Arbeitgeber und Arbeitnehmer stellt sich die Frage, weshalb einerseits Unternehmen nicht stärker Gebrauch von Rabattaktien, Share-Matching-Plänen und ähnlichen Programmen machen und andererseits auch von staatlicher Seite nicht entsprechend positivere Rahmenbedingungen geschaffen werden. Positive Beispiele wie Siemens, die als sehr erfolgreiches Unternehmen über breit angelegte Programme zur Mitarbeiterkapitalbeteiligung verfügen, sind leider nach wie vor eher die Ausnahme als die Regel in Deutschland.

Ein auf der Hand liegender Faktor ist sicherlich die steuerliche Behandlung von gewährten Vergünstigungen. Der Freibetrag, über dem die entsprechenden geldwerten Vorteile mit dem persönlichen Steuersatz des Empfängers versteuert werden müssen, liegt in Deutschland bei 360 € – andere Länder, u. a. Irland mit 12.700 € und das Vereinigte Königreich mit 3600 £, sehen hier Freibeträge vor, die ein Vielfaches über der deutschen Grenze liegen. Auch die geltende Rechtsunsicherheit in Deutschland, inwieweit Mitarbeiterkapitalbeteiligungsprogramme steuerlich absetzbar sind, erhöht die Attraktivität entsprechender Programme für die Unternehmen nicht.

Literatur

Anderson D, Patel M, Cervino E, Kramarsch MH, Muntermann M, Sussman S, Vinsand J, Wolff M (2017) Global equity insights 2017. https://www.equity-insights.org/reports.cfm. Zugegriffen: 15. Jan. 2018

Blair MM, Kruse DL, Blasi JR (2000) Employee ownership: an unstable form or a stabilizing force? In: Blair MM, Kochan TA (Hrsg) The new relationship: human capital in the American corporation. Brookings Institution, Washington/DC

Blasi J, Kruse D, Bernstein A (2003) In the company of owners: the truth about stock options (and why every employee should have them). Basic Books, New York

Combs J, Liu Y, Hall A, Ketchen D (2006) How much do high-performance work practices matter? A meta-analysis of their effects on organizational performance. Pers Psychol 59(3):501–528

Doucouliagos C (1995) Worker participation and productivity in labor-managed and participatory capitalist firms: a meta-analysis. ILR Rev 49(1):58–77

Kalmi P, Pendleton A, Poutsma E (2005) Financial participation and performance: new survey evidence from Europe. Hum Resour Manag J 15(4):54–67

Kruse D, Blasi J (1997) Employee ownership, employee attitudes and firm performance: a review of the evidence. In: Mitchell D, Lewin D, Zaidi M (Hrsg) Handbook of human resource management. JAI Press, Greenwhich, S 113–151

Park R, Kruse D, Sesil J (2004) Does employee ownership enhance firm survival? Adv Econ Anal Particip Labor Managed Firms 8:3–33

Pierce JL, Kostova T, Dirks KT (2001) Toward a theory of psychological ownership in organizations. Acad Manag Rev 26(2):298–310

Rosen C, Quarrey M (1987) How well is employee ownership working? Harv Bus Rev 65(5):126–129

Sengupta S, Whitfield K, McNabb B (2007) Employee share ownership and performance: golden path or golden handcuffs. Int J Hum Resour Manag 18(8):1507–1538

Vandewalle D, Van Dyne L, Kostova T (1995) Psychological ownership: an empirical examination of its consequences. Group Organ Manag 20(2):210–226

Wagner SH, Parker CP, Christiansen ND (2003) Employees that think and act like owners: effects of ownership beliefs and behaviors on organizational effectiveness. Pers Psychol 56:847–871

Wolff M, Zschosche U (2017) Studie zur Wirkung der Mitarbeiterbeteiligung am Beispiel der Siemens AG. Georg-August-Universität Göttingen, Göttingen

Dr. Björn Hinderlich Nach Studium und Promotion im Bereich der Wirtschaftswissenschaften begann Dr. Björn Hinderlich seine berufliche Karriere bei einer internationalen Human-Ressources-Managementberatung in Frankfurt und London in den Bereichen Board Services und Incentive Design. Es folgte der Wechsel zu einem deutschen Sportwagenhersteller, für den er konzernweit die Vergütungs- und Nebenleistungspolitik verantwortete, bevor er im Juli 2013 zur hkp/// group kam, wo er bis zum 30.09.2018 als Partner tätig war. Er ist anerkannter Experte in den Bereichen Funktionsbewertung sowie für kurz- und langfristig orientierte Anreizsysteme und Vergütungsmarktanalysen auf Organ- und Managementebene.

Niklas Fuß hat sein Masterstudium in Management an der Universität Mannheim im Mai 2018 abgeschlossen. In seiner Thesis beschäftigt er sich mit dem Zusammenhang von Mitarbeiterkapitalbeteiligung und Unternehmensperformance in deutschen aktiennotierten Unternehmen. Zuvor absolvierte er sein Bachelorstudium in International Business an der Friedrich-Alexander-Universität Erlangen-Nürnberg und der University of Hull Business School. Niklas Fuß ist seit Juli 2017 für die hkp/// group tätig und befasst sich eingehend mit Fragestellungen der modernen Mitarbeiterbeteiligung.

Die Vielfalt der Mitarbeiterbeteiligung in Familienunternehmen und kleinen und mittleren Unternehmen

Heinrich Beyer und Dirk Lambach

1 Familienunternehmen in Deutschland

Das Mittelstandspanel der Kreditanstalt für Wiederaufbau (KfW) zählt im Jahr 2017 etwa 3,7 Mio. mittelständische Unternehmen. Dies sind 99,95 % aller Unternehmen in Deutschland mit mehr als 30,9 Mio. Mitarbeitern. Der Mittelstand und damit die familien- bzw. eigentümergeführten Unternehmen beschäftigen 70,4 % aller Erwerbstätigen und etwa 90 % aller Auszubildenden (KfW Research 2017).

Ein wesentliches Definitionsmerkmal von Familienunternehmen ist die Einheit von Eigentum und Unternehmensführung: Das Unternehmen befindet sich mehrheitlich im Besitz einer oder mehrerer Familien oder Familienzweige und der direkte Einfluss des Familienunternehmers wird in allen Unternehmensbereichen spürbar (DB Research 2013).

Dem Familienunternehmen werden besondere Eigenschaften zugeschrieben: eine ausgeprägte Werteorientierung des Unternehmers, Standortverbundenheit, Kundennähe, flache Hierarchien, schnelle Entscheidungsabläufe, langfristige Ausrichtung und ein hohes Maß an Flexibilität. Familienunternehmen sind daher in besonderer Weise geeignet, die finanz- und personalwirtschaftlichen Zielsetzungen, die mit der Einführung einer Mitarbeiterkapitalbeteiligung angestrebt werden, tatsächlich auch zu erreichen. Denn Mitarbeiterbeteiligung korrespondiert in einzigartiger Weise mit den Wertvorstellungen der Familienunternehmer und mit der Unternehmenskultur im Mittelstand.

H. Beyer (✉)
Geschäftsführer, Bundesverband Mitarbeiterbeteiligung – AGP
Kassel, Deutschland
E-Mail: heinrich.beyer@agpev.de

D. Lambach
Leiter Kommunikation, Bundesverband Mitarbeiterbeteiligung – AGP
Kassel, Deutschland
E-Mail: dirk.lambach@agpev.de

© Springer-Verlag GmbH Deutschland, ein Teil von Springer Nature 2018
H. Beyer und H.-J. Naumer (Hrsg.), *CSR und Mitarbeiterbeteiligung*,
Management-Reihe Corporate Social Responsibility,
https://doi.org/10.1007/978-3-662-57600-7_23

241

In all diesen Unternehmen, die nahezu ausschließlich als GmbH oder als Personengesellschaft firmieren, kann eine Mitarbeiterkapitalbeteiligung in aller Regel nur in Form von mezzaninen Beteiligungen – Genussrechte und stille Gesellschaft – oder als Mitarbeiterdarlehen angeboten werden. Nur die etwa 12.000 Aktiengesellschaften in Deutschland können Belegschaftsaktien ausgeben, wobei nur bei den etwa 700 gelisteten AGs, die allerdings mehrere Millionen Mitarbeiter beschäftigen, der Handel mit Aktien möglich ist.

Von daher ist es nicht verwunderlich, dass es im Hinblick auf die Durchführungswege, die Zielsetzungen und die unternehmenskulturelle Einbettung einer finanziellen Beteiligung der Mitarbeiter gravierende Unterschiede bei den Unternehmen gibt: Die Trennlinie der beiden Welten verläuft dabei zum einen bei der Frage AG oder nicht AG und zum anderen – vielleicht noch deutlicher – bei der Frage Familienunternehmen oder managergeführtes, gelistetes Unternehmen.

2 Mitarbeiterbeteiligung in Familienunternehmen – Voraussetzungen und Motive

Die Einführung eines Beteiligungsprogramms ist in Familienunternehmen in weit größerem Maß als in großen Aktiengesellschaften abhängig von den Wertvorstellungen und den Überzeugungen des Unternehmers bzw. der Eigentümer. Nur wenn diese maßgebenden Persönlichkeiten vom Sinn und Nutzen der Mitarbeiterbeteiligung überzeugt sind, wird es zu einer Einbeziehung der Mitarbeiter beispielsweise als stille Gesellschafter kommen. Auch wenn damit keine formalen Mitentscheidungsrechte verbunden sind und der Anteil der Mitarbeiterbeteiligung am Gesamtkapital des Unternehmens eher gering bleibt, wird die Aufnahme von Mitarbeitergesellschaftern als eine sehr weitgehende personalpolitische Maßnahmen empfunden (Beyer 2014). Bei der Entscheidung für eine Mitarbeiterkapitalbeteiligung stehen in diesen Unternehmen somit auch nicht primär finanzielle, sondern personalwirtschaftliche Zielsetzungen im Vordergrund.

Für viele mittelständische Unternehmen ist Mitarbeiterkapitalbeteiligung ein starkes Zeichen bzw. Symbol für die besondere Wertschätzung der Mitarbeiter und für die mitarbeiterorientierte Unternehmenskultur. „Partnerschaftliche Unternehmensführung, verbunden mit einem attraktiven Modell der Mitarbeiterbeteiligung, stärkt Mitdenken und Kreativität, persönliches Engagement und die Bereitschaft, Verantwortung zu übernehmen. Die Entwicklung von Globus zu einem führenden Unternehmen im deutschen Handel ist untrennbar mit diesem Ansatz verbunden", so Thomas Bruch, geschäftsführender Gesellschafter von Globus (AGP 2011).

In der Mitarbeiterinformation eines Familienunternehmens mit etwa 800 Beschäftigten wird die typische Motivation zur Einführung des neuen Beteiligungsprogramms auf den Punkt gebracht. Darin heißt es sinngemäß: Investieren Sie in das, was Sie am besten kennen! Mitarbeiter-Kapitalbeteiligung ist ein ideales Konzept für die Unternehmenskultur eines mittelständischen Familienunternehmens – so wie wir eines sind. Für Sie bedeutet das nicht nur mehr Nähe zum Unternehmen und zum Arbeitgeber, sondern auch eine sehr interessante und lohnenswerte Form der Vermögensbildung, eine persönlichere, engere Einbindung im Rahmen einer partnerschaftlichen Unternehmenskultur und eine starke Motivation, gemeinsam erfolgreich zu sein – sei es als Team, als Abteilung oder als gesamtes Unternehmen.

3   Wesentliche Merkmale der Beteiligungsprogramme im Mittelstand

Einer der vielleicht wichtigsten Unterschiede zwischen aktienbasierten und mezzaninen Beteiligungsformen besteht darin, das mezzanines Beteiligungskapital nach Ablauf der Sperr- und Kündigungsfristen vom Unternehmen an die kapitalgebenden Mitarbeiter zurückgezahlt werden muss. Dies ist bei aktienbasierten Programmen in gelisteten Unternehmen nicht der Fall, weil hier der Verkauf über die Börse möglich ist.

Als stille Gesellschafter aber haben die Mitarbeiter den Status als Gläubiger des Unternehmens; sie sind darauf angewiesen, dass das Unternehmen erfolgreich geführt wird und nach fünf, zehn oder fünfzehn Jahren das Kapital auch wieder auszahlen kann. Zusammen mit den besonderen Zuschreibungen, die die Mitarbeiterkapitalbeteiligung durch die Unternehmer erfährt, kann festgestellt werden, dass Mitarbeiterbeteiligung im Mittelstand bzw. in Familienunternehmen nur zum Tragen kommt, wenn es ein ausgeprägtes Vertrauen zwischen dem Unternehmer bzw. dem Eigentümer-Geschäftsführer und den Mitarbeitern gibt.

Die fehlende Exit-Option durch Verkauf der Beteiligung am Kapitalmarkt verweist bei den mezzaninen Beteiligungsprogrammen des Mittelstands auf die enge Bindung von Unternehmen und Mitarbeitern.

In den großen Aktiengesellschaften stellt sich die Situation anders dar: Hier ist die Ausgabe von Belegschaftsaktien eher ein weiteres Element einer modernen Vergütungspolitik bzw. Teil eines Compensation-und-Benefits-Gesamtpakets. Die Programme sind in weitaus geringerem Maß abhängig von den Wertvorstellungen der Eigentümer.

Gleichwohl können unternehmenskulturelle Erwägungen auch bei Beteiligungsprogrammen von Großunternehmen eine wichtige Rolle spielen. So heißt es diesbezüglich auf der Website von Siemens: „Ein Motor für nachhaltiges Wirtschaften ist unsere ‚Eigentümerkultur‘, bei der jede Mitarbeiterin und jeder Mitarbeiter Verantwortung für den Erfolg von Siemens übernimmt. ‚Handle stets so, als wäre es Dein eigenes Unternehmen‘ – diese Maxime soll für alle gelten, vom Vorstand bis zum Auszubildenden" (Siemens AG 2017).

4   Die stille Beteiligung

Die stille Beteiligung hat sich als das attraktivste Beteiligungsprogramm für den Mittelstand herausgebildet: Der Einführungs- und Verwaltungsaufwand ist sicher kalkulierbar und für jedes Unternehmen verkraftbar; Eigentums- und Entscheidungsrechte der Gesellschafter werden nicht tangiert und die rechtlichen und finanzwirtschaftlichen Risiken von Mitarbeiterbeteiligungsprogrammen sind für die Unternehmen sicher kalkulierbar (Beyer 2015).

Die stille Gesellschaft ist eine etablierte Beteiligungsform, für die eine gesetzlicher Rahmen im des Handelsgesetzbuchs (HGB) §§ 230 ff. vorliegt, was im Hinblick auf die Rechtssicherheit durchaus als Vorteil gegenüber den Genussrechten gelten kann. Es handelt sich nicht um eine gesellschaftsrechtliche, sondern eine schuldrechtliche Beteiligung; die stillen Beteiligten sind nicht Gesellschafter, sondern Gläubiger des Unternehmens. Die stillen Gesellschafter sind nicht an der Substanz, am Wertzuwachs des Unternehmens oder am Liquidationserlös beteiligt, erhalten dafür aber i. d. R. eine recht hohe Verzinsung, wie sie für klassische Eigenkapitalbeteiligungen mit entsprechendem Verlustrisiko üblich ist. Der Vorteil dieser Nennwertbeteiligung besteht darin, dass eine Unternehmensbewertung und damit der Streit mit den Finanzbehörden um die Bewertungsansätze entfallen.

Stille Gesellschafter sind am Verlust des Unternehmens bis zur Höhe ihrer Einlage beteiligt, obwohl diese Verlustbeteiligung nach § 231 HGB abbedungen werden kann. Dem stehen jedoch die Vorschriften zur Vermeidung einer Erlaubnispflicht vonseiten der Bundesanstalt für Finanzdienstleistungsaufsicht (BaFin) entgegen (s. unten).

Stille Gesellschafter haben keine formalen Mitentscheidungsrechte, wohl aber Informationsrechte bezüglich der wirtschaftlichen Entwicklung des Unternehmens im Allgemeinen und zur Bilanz sowie der Gewinn- und Verlustrechnung im Besonderen. Einige Beteiligungsprogramme sehen jedoch weitere informelle oder vertraglich vereinbarte Mitwirkungsrechte für die Gruppe der stillen Gesellschafter oder deren Repräsentanten vor.

4.1 Eckpunkte der Beteiligungsprogramme im Mittelstand

Das Unternehmen macht i. d. R. jährlich ein Angebot, eine Einlage in Höhe von mehreren vorgegebenen Beträgen zu leisten, die vom Mitarbeiter überwiesen werden muss oder bei der Gehaltszahlung einbehalten wird.

Das Unternehmen selbst gibt eine Zuwendung nach § 3, 39 Eikommensteuergesetz (EStG), die für alle Teilnehmer gleich sein oder mit der Höhe der Einlage variieren kann. Die Tab. 1 zeigt einen klassischen Einzahlungsplan.

Tab. 1 Beispiel für einen Einzahlungsplan eines mittelständischen Beteiligungsprogramms

Jahresbeitrag Mitarbeiter (€)	Überlassung Unternehmen (€)	Nennwert der Beteiligung (€)	Anteil des Unternehmens (%)
360	180	540	33
720	240	960	25
1080	300	1380	22
1440	360	1800	20

Tab. 2 Beispiel für einen Einzahlungsplan eines mittelständischen Beteiligungsprogramms mit der Möglichkeit für die Mitarbeiter, auch ohne Eigenleistung stiller Gesellschafter zu werden

Jahresbeitrag Mitarbeiter (€)	Überlassung Unternehmen (€)	Nennwert der Beteiligung (€)	Anteil des Unternehmens (%)
0	360	360	100
360	360	720	50
720	360	1080	33
1080	360	1440	25
1440	360	1800	20

Einige Programme sehen vor, dass sich Mitarbeiter auch ohne eigene Einlagen als stiller Gesellschafter beteiligen können. Das Unternehmen gewährt allen teilnahmeberechtigten Mitarbeitern eine Kapitalzuwendung nach § 3,39 EStG unabhängig von der Eigenleistung (Tab. 2). Damit soll insbesondere die Einstiegshürde für gering verdienende Mitarbeiter gesenkt werden (s. Abschn. 5.2).

Jede Jahrestranche des stillen Gesellschaftskapitals unterliegt einer Sperrfrist, beispielsweise von fünf Jahren, und kann nach Ablauf der Frist gekündigt und ausgezahlt werden. Verzichtet der Mitarbeiter auf die Auszahlung der freien Jahrestranche und stimmt das Unternehmen einer weiteren Anlage des stillen Kapitals zu, so verlängert sich die Anlagedauer des Kapitals um ein Jahr. Das Kapital wird erfolgsabhängig verzinst; die Zinsen werden i. d. R. jährlich ausgezahlt.

Aufgrund von Anforderungen der BaFin wird eine Verlustbeteiligung – also ein Negativzins in Abhängigkeit von einer betrieblichen Kenngröße – vereinbart. Darüber hinaus sehen die meisten Verträge einen qualifizierten Rangrücktritt für den Fall der Insolvenz vor.

Wenn diese Vorgaben eingehalten werden, kann das stille Gesellschafterkapital als wirtschaftliches und bilanzielles Eigenkapital nach HGB gewertet werden. Die Einführung solch eines Programms wird durch einen intensiven Informations- und Kommunikationsprozess im Unternehmen begleitet. Trotz fehlender formaler Mitwirkungsrechte der stillen Gesellschaft werden die derart beteiligten Mitarbeiter in aller Regel in eine engere Kooperation mit dem Management bzw. der Unternehmensleitung einbezogen.

4.2 Geeignet auch für kleine und mittlere Unternehmen

Diese Form der Mitarbeiterkapitalbeteiligung ist auch für kleine Unternehmen attraktiv: die Kosten für die Einführung sind gering, es gibt wenig Bürokratie und Verwaltungsaufwand, die Programme sind verständlich, sicher kalkulierbar und mit unterschiedlichen unternehmerischen Zielen und Rahmenbedingungen kompatibel.

Beteiligt sind keineswegs nur die Besserverdienenden: Bekannte Firmen wie Globus und Storck sowie viele Handwerksunternehmen und Mittelständler leisten mit ihren Programmen einen wichtigen Beitrag zur Vermögensbildung gerade auch der Durchschnitts- und Geringverdiener.

Dabei spielt besonders in diesem Bereich die Förderung der Mitarbeiterkapitalbeteiligung durch steuerliche Vergünstigungen eine entscheidende Rolle, ohne die viele Programme gar nicht zustande gekommen wären. Für ein Führungskräfteprogramm mag man auf den Steuervorteil von 360 € möglicherweise verzichtet können; aber bei den Gering- und Durchschnittsverdienern setzt dieser Zuschuss oftmals den entscheidenden Anreiz, das Beteiligungsangebot des Unternehmens anzunehmen.

5 Vielfalt der Programme und Zielsetzungen

Die formalen Grundzüge der Beteiligungsprogramme im Mittelstand sind weitgehend ähnlich – die konkreten Regelungen und Ausprägungen sind dagegen so vielfältig wie die Unternehmen, ihr Business und ihre Ziele.[1]

5.1 Die großen Familienunternehmen

Die Globus Warenhauskette ist mit mehr als 10.000 beteiligten Mitarbeitern wohl das Familienunternehmen mit den meisten stillen Gesellschaftern in Deutschland. Prominente und seit vielen Jahren praktizierte Beteiligungsprogramme finden sich im großen Mittelstand auch bei Storck, Claas, Stihl, Goldbeck, Febi Bilstein, Hoppecke, Homag, Seeberger, Grünbeck, Brohl, Wala, Sedus, August Faller, Meyle und vielen anderen.

Bei all diesen Programmen geht es den Unternehmen i. d. R. nicht um finanzwirtschaftliche Effekte wie mehr Eigenkapital oder Liquidität, sondern um die Wertschätzung der Mitarbeiter, eine partnerschaftliche Zusammenarbeit und die Förderung der Vermögensbildung. Mitarbeiterbeteiligung ist Teil der Unternehmensidentität und Ausdruck der gesellschaftlichen Verantwortung des Unternehmens oder der Unternehmerfamilie.

5.2 Fokus Vermögensbildung

Eines der attraktivsten Programme findet sich bei Stihl in Waiblingen. Zur Eigenleistung der Mitarbeiter in Höhe von 450 € pro Jahr kommt eine Zuwendung vonseiten des Unternehmens in Höhe von 900 €. Die Festlegungsfrist beträgt zehn Jahre; die danach mögliche Kündigung wird auch aufgrund der äußerst attraktiven Verzinsung kaum in Anspruch genommen. Entsprechend bilden die Mitarbeiter während ihrer oftmals sehr langen Be-

---

[1] Die nachfolgenden Beispiele sind dem Programmarchiv des Bundesverbands Mitarbeiterbeteiligung – AGP sowie den unterschiedlichsten frei zugänglichen Publikationen entnommen.

schäftigungsphase bei Stihl ein erhebliches Vermögen. Auszahlungen bei Eintritt in den Ruhestand von mehr als 50.000 € sind keine Seltenheit.

Wie bei Stihl sprechen die meisten Beteiligungsprogramme auch die durchschnittlich oder gering verdienenden Mitarbeiter an. Dies betrifft sowohl das Programm des Berliner Gartenbaubetriebs Zaber und Wiehe mit zehn Mitarbeitern als auch Globus und Storck mit einer hohen Zahl an geringer verdienenden Beschäftigten. Storck kommt dabei bei spielsweise auf eine Beteiligungsquote von über 80 %, indem neue Mitarbeiter eine Art „virtuelles Beteiligungsguthaben" in Höhe von 2100 € erhalten, das als Basis für eine attraktive Verzinsung dient und durch Eigenleistungen aufgestockt werden kann.

5.3   Ergänzende Altersvorsorge

Eine Reihe von Beteiligungsprogrammen zielt ausdrücklich auf die Bildung von Alters vorsorgekapital für die Beschäftigten. Neben der stillen Gesellschaft oder den Genuss rechten eignet sich dafür insbesondere das Mitarbeiterguthaben.

Die Seeberger GmbH in Ulm hat für die Mitarbeiter solch ein Mitarbeiterguthaben ein gerichtet. Das Beteiligungsmodell sieht vor, dass der Arbeitgeber den Mitarbeitern nach eigenem Ermessen eine Erfolgsbeteiligung zusätzlich zum geschuldeten Gehalt gewährt. Diese Erfolgsbeteiligung verbleibt in Form eines Mitarbeiterguthabens als Fremdkapital im Unternehmen. Das Mitarbeiterguthaben wird erfolgsabhängig verzinst und die Aus zahlung erfolgt bei Eintritt in den Ruhestand.

Da die Mitarbeiterguthaben nicht bei Gutschrift, sondern erst zu einem späteren Zeit punkt den Arbeitnehmern zufließen, ist eine nachgelagerte Besteuerung des Mitarbeiter guthabens sichergestellt. Das bedeutet, dass Steuern und Sozialabgaben erst bei Auszah lung des Mitarbeiterguthabens fällig werden: Bei Auszahlung nach Renteneintritt sinken dementsprechend die Belastungen für die Mitarbeiter deutlich.

5.4   Handwerk und kleine und mittlere Unternehmen

Es ist ein weit verbreitetes Vorurteil, dass mezzanine Beteiligungsprogramme nur für grö ßere Unternehmen geeignet seien, weil Einführung und Verwaltung zu aufwendig und teuer seien. Die Praxis sieht anders auch: Wir finden Beteiligungsprogramme im Garten baubetrieb (Zaber und Wiehe) im Handwerk (Werner AG, Hairstar), bei kleinen Dienst leistungsunternehmen (GxP GmbH, MT-ifs GmbH), in Ingenieurbüros und bei IT-Dienst leistern (IT-Südwestfalen, HEC, tkt Teleconsult, Octavia) oder in Steuerberatungsgesell schaften (WSS).

In all diesen Fällen haben die Unternehmen einfache und transparente Beteiligungs programme in engem Dialog mit den Mitarbeitern erarbeitet und eingeführt. Die Beteili gungsquoten sind bei kleinen Unternehmen i. d. R. überdurchschnittlich hoch.

5.5 Besondere Programmvarianten

Die ostdeutschen Bundesländer gelten in Hinblick auf das Thema Mitarbeiterbeteiligung noch immer als „terra incognita". Sowohl im Mittelstand als auch bei den Großunternehmen finden sich nur wenige Beteiligungsprogramme (SWMA 2012). Umso bemerkenswerter ist es, dass z. B. die Unternehmen Hoppecke und Goldbeck ihre Beteiligungsprogramme aus dem „Westen" auch in die Niederlassungen in Sachsen und Thüringen sehr erfolgreich übertragen konnten. Die Beteiligungsquoten sind hier ähnlich hoch.

Die Grünbeck Wasseraufbereitung GmbH ist wohl das einzige Unternehmen in Deutschland, das in den 1980er-Jahren allen Mitarbeitern eine Beteiligung als Gesellschafter und damit am Stammkapital der GmbH angeboten hat. Noch heute hat das Unternehmen mehr als 100 GmbH-Gesellschafter. Die Mehrheit der Gesellschafteranteile hält die gemeinnützige Loni und Josef Grünbeck-Stiftung.

Grünbeck hat als eines der ersten Unternehmen zudem im Jahr 2011 für die Mitarbeiter zusätzlich eine stille Beteiligung ohne die Pflicht zur Eigenleistung eingerichtet. Die stillen Gesellschafter erhalten einmal jährlich in Abhängigkeit von einer betrieblichen Kenngröße einen variable Kapitalbildungszuwendung bis zum Höchstbetrag von 360 €. Mittlerweile gibt es eine Reihe weitere Unternehmen, die auch ihren gering verdienenden Mitarbeitern über diesen Weg den Einstieg in die Vermögensbildung durch Mitarbeiterkapitalbeteiligung ermöglichen.

Class und Holtmann sind zwei Beispiele für eine indirekte stille Beteiligung. Beide Unternehmen haben eine Mitarbeiterbeteiligungsgesellschaft eingerichtet. Die beteiligten Mitarbeiter sind stille Gesellschafter der Mitarbeiterbeteiligungsgesellschaft und diese hält wiederum eine stille Beteiligung an der GmbH bzw. der Muttergesellschaft. Das Projekt Mitarbeiterbeteiligung wird durch die Einrichtung einer Mitarbeiterbeteiligungsgesellschaft aufgewertet und institutionalisiert, die freie und unabhängige Gestaltung des Verhältnisses zwischen Mitarbeiterbeteiligungsgesellschaft und Unternehmen sowie des Verhältnisses der Mitarbeiterbeteiligungsgesellschaft zu den beteiligten Mitarbeitern eröffnet vielschichtige Mitwirkungsvarianten für die Gruppe der stillen Gesellschafter und Information, Kommunikation und Administration der Programme werden konzentriert und professionalisiert.

6 Vorgaben und Hindernisse für mittelständische Beteiligungsprogramme

Der besondere Status, der Einlagen der Mitarbeiter als Genussrechtskapital oder stilles Gesellschafterkapital im Unterschied zu klassischem Gesellschafterkapital bei einer AG oder GmbH zukommt und die damit verbunden Anforderungen an die Ausgestaltung von derartigen Beteiligungsprogrammen, kann an folgenden beiden Beispielen noch einmal verdeutlicht werden.

6.1 Insolvenzschutz und Verlustbeteiligung

Bei einer Mitarbeiterkapitalbeteiligung macht das Unternehmen seinen Beschäftigten das Angebot, eigene Gelder einzulegen, die entsprechend verzinst und nach Ablauf von Sperr- und Kündigungsfristen zurückgezahlt werden müssen. Ein derartiges Einlagengeschäft, das ja in erster Linie Banken betreiben, bedarf in aller Regel der Erlaubnis durch die BaFin, insbesondere im Hinblick auf die Gewährleistung der unbedingten Rückzahlbarkeit der Einlagen, die ja kein klassisches Gesellschafterkapital, sondern Forderungen der Mitarbeitergläubiger darstellen.

Mit ihrem Merkblatt vom 11. März 2014 Hinweise zum Tatbestand des Einlagengeschäfts (BaFin 2014) hat die BaFin ihre schon immer bestehenden Anforderungen an die Gestaltung von mezzaninen Beteiligungsprogrammen in Unternehmen noch einmal hervorgehoben. Auslöser waren verschiedene Urteile zu Gesellschafterdarlehen, Winzergeldern u. a. sowie die Erfahrungen aus dem Fall Prokon, bei denen Anleger ihre Einlagen ganz oder teilweise verloren haben.

Entscheidend für die Bewertung der Frage, ob bei Mitarbeiterbeteiligungsprorammen, bei denen es zu einem Verlust der Einlagen kommen kann, eine Erlaubnispflicht durch die BaFin gilt, sind folgende Punkte (Beyer 2015):

- Die Mitarbeiter sind in allen Dokumenten und in den Aussagen des Unternehmens darauf hinzuweisen, dass mit ihrer (unternehmerischen) Einlage ein Verlustrisiko verbunden ist.
- Die Verlustbeteiligung der stillen Gesellschafter nach § 231 Abs. 2 HGB darf nicht abbedungen werden.
- Vereinbarungen, die geeignet sein können, die Bedeutung des Verlustrisikos – zumindest in der Wahrnehmung der Mitarbeiter – zu verwässern, sollten vermieden werden. Dazu zählt z. B. die Vereinbarung eines Basis- oder Festzinses.
- Die Verlustbeteiligung muss die Haftung des Mitarbeiterkapitals im Fall der Insolvenz vorsehen, wofür ein entsprechender Rangrücktritt vereinbart werden muss.
- Die Verlustbeteiligung muss weiterhin vorsehen, dass die Auszahlung von Zinsen und die Rückzahlung des Beteiligungskapitals dann ausgeschossen sind, wenn diese Zahlungen die Insolvenz herbeiführen können (qualifizierter Rangrücktritt).

Die BaFin betont, dass sie keine Genehmigungsbehörde für die Ausgestaltung und Prüfung von Beteiligungsprogrammen sei. Gleichwohl sind die Unternehmen aufgefordert, ihre Programme entsprechend der Vorgaben zu gestalten bzw. anzupassen.

6.2 Steuerliche Behandlung von Zinsen auf Genussrechte und stille Beteiligungen

Abweichend von der langjährigen Praxis haben die Finanzbehörden der Länder – koordiniert und unter der Federführung der Oberfinanzdirektion (OFD) Nordrhein-Westfalen – die körperschaftsteuerliche Behandlung von Genussrechten und stillen Beteiligungen geändert. Seit dem Beschluss vom 12. Mai 2016 (Oberfinanzdirektion NRW 2016) ist die Anerkennung der Zinsen und Ausschüttungen auf Genussrechte als abzugsfähige Betriebsausgaben nicht mehr gegeben, wenn diese Einlagen in der Handelsbilanz als Eigenkapital ausgewiesen werden. Was hier für Genussrechte festgestellt wird, gilt wegen der allgemeingültigen Begründung wohl auch für stille Beteiligungen.

Der Wegfall des Betriebsausgabenabzugs wäre ein ernstes Problem für die bestehenden Mitarbeiterbeteiligungsprogramme in mittelständischen Unternehmen, die als stille Beteiligungen oder in Form von Genussrechten praktiziert werden – zumal wenn auch rückwirkend entsprechende (Rück-)Forderungen von den Finanzämtern geltend gemacht werden könnten und in einem Fall auch bereits wurden.

Ob der Beschluss von allen Finanzbehörden der Bundesländer einheitlich angewendet wird und wie die Abstimmung dazu mit dem Bundesfinanzministerium letztlich ausfällt, ist Anfang 2018 noch immer offen. Dennoch stellt dieser Vorgang, wenn es denn nicht zu einer entsprechenden Korrektur im Sinn des Status pro ante kommt, eine schwerwiegende Beeinträchtigung der Mitarbeiterkapitalbeteiligung in mittelständischen Unternehmen dar. Die damit verbundenen finanziellen Belastungen und Unsicherheiten für die Unternehmen belasten sowohl die bislang praktizierten als auch die Einführung neuer Beteiligungsprogramme. Das ist politisch nicht gewollt, im Hinblick auf Unternehmen und Mitarbeiter schädlich und steuersystematisch fragwürdig.[2]

7   Fazit

Trotz einer unzureichenden Förderung und mannigfacher bürokratischer Hemmnisse ist Mitarbeiterbeteiligung im Mittelstand heute schon lange kein exotisches Phänomen mehr. Nicht zuletzt der Wettbewerb um qualifizierte Fach- und Führungskräfte hat dazu geführt, dass immer mehr Unternehmen die Vorteile eines Beteiligungsprogramms in Hinblick auf Arbeitgeberattraktivität, Mitarbeiterbindung und wirtschaftliche Leistungsfähigkeit erkennen.

Der Mittelstand kann aufgrund seiner typischen Rechtsformen – GmbH oder Personengesellschaften – zwar keine gesellschaftsrechtlichen (Eigen-)Kapitalbeteiligungen einführen, bildet aber mit der stillen Gesellschaft die Grundprinzipien der Mitarbeiterkapitalbeteiligung ebenso gut ab wie die Belegschaftsaktie. Die Zahl der in mittelständischen

---

[2] In der Zwischenzeit hat das Bundesfinanzministerium den OFD-Beschluss kassiert und den Status quo ante wieder hergestellt.

Unternehmen beteiligten Mitarbeiter beträgt nach Schätzung des Bundesverband Mitarbeiterbeteiligung – AGP etwa eine Million und steht der Anzahl der Belegschaftsaktionäre nicht nach.

Das Ziel, mit einem Beteiligungsprogramm für möglichst alle Mitarbeiter und insbesondere für die Beschäftigten mit geringem Einkommen einen Weg zu mehr Vermögensbildung und Altersvorsorge zu öffnen, wird im Mittelstand möglicherweise konsequenter verfolgt als in den Großunternehmen.

Eine bessere steuerliche Förderung der Mitarbeiterkapitalbeteiligung ist sozialpolitische Notwendigkeit.

Literatur

BaFin – Bundesanstalt für Finanzdienstleistungsaufsicht (2014) Merkblatt – Hinweise zum Tatbestand des Einlagengeschäfts. https://www.bafin.de/SharedDocs/Veroeffentlichungen/DE/Merkblatt/mb_140311_tatbestand_einlagengeschaeft.html. Zugegriffen: 23. Apr. 1918

Beyer H (2014) Belegschaftsaktien und mezzanine Beteiligungen – ein Vergleich. In: Birkner G (Hrsg) Mitarbeiterbeteiligung in Aktiengesellschaften – Management von Belegschaftsaktienplänen in Konzernen und Mittelstand. F.A.Z.-Institut für Management-, Markt- und Medieninformationen, Frankfurt am Main

Beyer H (2015) Mitarbeiterkapitalbeteiligung – Regelungen zur Vermeidung der Erlaubnispflicht. Fus Z Fam Stift 3/2015:106–109

Bundesverband Mitarbeiterbeteiligung AGP– (2011) Initiative Produktive Partnerschaft, „Hamburger Erklärung". https://www.agpev.de/downloads/initiativeproduktivepartnerschaft.pdf. Zugegriffen: 23. Apr. 1918

KfW Research (2017) KfW-Mittelstandspanel 2017. https://www.kfw.de/PDF/Download-Center/Konzernthemen/Research/PDF-Dokumente-KfW-Mittelstandspanel/KfW-Mittelstandspanel-2017.pdf. Zugegriffen: 23. Apr. 2018

Oberfinanzdirektion NRW (2016) Verfügung vom 12.05.2016, Körperschaftssteuerliche Behandlung von Genussrechten. https://datenbank.nwb.de/Dokument/Anzeigen/623508/. Zugegriffen: 23. Apr. 2018

Research DB (2013) Mittelstand und Demografie. https://www.dbresearch.de/PROD/RPS_DE-PROD/PROD0000000000444458/Mittelstand_und_Demografie%3A_Der_Handlungsdruck_ste.pdf. Zugegriffen: 23. Apr. 2018

Siemens AG (2017) Strategie im Überblick. https://www.siemens.com/about/de/strategischerueberblick.htm. Zugegriffen: 23. Apr. 2018

Staatsministerium für Wirtschaft, Arbeit und Verkehr (2012) Mitarbeiterbeteiligung – Finanzkraft stärken, Innovationen fördern, Attraktivität steigern. https://publikationen.sachsen.de/bdb/artikel/17290. Zugegriffen: 23. Apr. 2018

Dr. Heinrich Beyer ist seit 2006 Geschäftsführer des Bundesverbands Mitarbeiterbeteiligung – AGP. Nach einer Ausbildung
zum Bankkaufmann und dem wirtschaftswissenschaftlichen Studium war er wissenschaftlicher Mitarbeiter an der Universität Kassel
und zugleich Leiter verschiedener Projekte der Bertelsmann Stiftung und der Hans-Böckler-Stiftung. Im Jahr 2005 wechselte er
als Referatsleiter zur Bertelsmann Stiftung nach Gütersloh und
1999 als kaufmännischer Geschäftsführer zu einem mittelständischen Unternehmen. Heinrich Beyer unterstützt Unternehmen bei
der Einführung ihres Beteiligungsprogramms und berät Politik und
Verbände. Er ist Autor verschiedener Publikationen zu den Themen
Unternehmensführung und Mitarbeiterbeteiligung.

Dirk Lambach arbeitet seit 2009 für den Bundesverband Mitarbeiterbeteiligung – AGP in Kassel. Der diplomierte Betriebswirt ist
zuständig für die Mitgliederbetreuung und den Bereich Kommunikation und Öffentlichkeitsarbeit des Verbands.

Start-ups – Neue Wege der Teilhabe am (zukünftigen) Erfolg

Sven Franke

1 Einführung

In den vorangegangenen Kapiteln dieses Buchs konnten Sie viel über die unterschiedlichsten Ansätze und Möglichkeiten, Mitarbeiter am Unternehmen oder Unternehmenserfolg zu beteiligen, lesen. Zurecht könnten Sie sich die Frage stellen, warum jetzt noch ein Kapitel zum Thema Startups notwendig ist.

Um das nachvollziehen zu können, ist es sinnvoll den Begriff Start-up zu definieren. Ein Start-up, in unserem Verständnis, ist ein junges Unternehmen, das neue, innovative Produkte, Verfahren oder Geschäftsmodelle entwickelt mit dem Ziel, schnell und überproportional zu wachsen. Dabei steigt der Unternehmenswert exponentiell. Wir sprechen in diesen Fällen gern von Entrepreneurship. Im Gegensatz zur Existenzgründung, die auf Altbekanntes aufsetzt und dadurch kalkulierbarer ist.

2 Besondere Herausforderungen von Start-ups

2.1 Personalaufbau

Neben den klassischen Herausforderungen wie Vertrieb, Produktentwicklung und Marktwachstum gehört der Personalaufbau zu den größten Herausforderungen von Start-ups. In der Regel werden die ersten Mitarbeiter aus dem eigenen sozialen Umfeld eingestellt. Ist dieser Zugangsweg erschöpft, stehen die jungen Unternehmen im Wettbewerb mit den anderen Playern am Markt. Besonders die eingesessenen Unternehmen verfügen meist über eine höhere Bekanntheit und haben über Jahre oder Jahrzehnte bereits erfolgreiche

S. Franke (✉)
Geschäftsführer, CO:X UG
Lehre, Deutschland
E-Mail: sven.franke@coplusx.de

Strukturen aufgebaut. Parallel dazu sind natürlich auch andere Start-ups im Rennen um die besten Köpfe, die für den Erfolg unabdingbar sind.

Dabei stellt ein Start-up an die zukünftigen Mitarbeiter neben der fachlichen Kompetenz weitere besondere Anforderungen. Die schnelle Wachstumsphase macht es erforderlich, dass Mitarbeiter parallel mehrere Rollen ausfüllen, dabei Verantwortung übernehmen und schnelle Entscheidungen treffen. Nun stellt sich die Frage: Wie werden diese Mitarbeiter gewonnen, wenn man ein geringeres Budget als die Mitbewerber hat?

Neben der Kultur des Start-ups kann die Beteiligung der Mitarbeiter am Unternehmenserfolg der entscheidende Schlüssel für die Mitarbeitergewinnung und -bindung darstellen. Sie wird geknüpft an die Erwartung eines überproportionalen Wachstums und der damit einhergehenden starken Steigerung des Unternehmenswerts.

Grundsätzlich ist es zu empfehlen, sich schon bei der Gründung eines Start-ups mit dem Thema Mitarbeiterbeteiligung auseinanderzusetzen. Da auch schon in dieser frühen Phase der Gründung eine Mitarbeiterbeteiligung dazu genutzt werden kann, den Barlohn durch Anteile zu substituieren. Somit ist die Mitarbeiterbeteiligung eine Option der Finanzierung. Spätestens wenn der erste institutionelle Investor an Board kommt, sollte das Thema Mitarbeiterbeteiligung in den Fokus der Überlegungen rücken.

2.2 Investoren

Eine wichtige Rolle beim Aufbau eines Start-ups und bei der Einführung eines Mitarbeiterbeteiligungsprogramms spielen die Investoren. In der Regel sprechen wir an dieser Stelle von Riskokapitalgebern wie Business Angels und Venture Capitalisten (VC). Ziel dieser Investoren ist ein erfolgreicher Exit. Dies könnte beispielhaft ein Unternehmensverkauf oder eine Börsennotierung sein. Auf diese Aspekte gehen wir im Detail noch zu einem späteren Zeitpunkt ein. Um dieses Ziel möglichst schnell zu erreichen, ist es unabdingbar, dass die Investoren, die Gründer und alle Mitarbeiter darauf gemeinsam hinarbeiten. Deshalb wird die Einführung eines Mitarbeiterbeteiligungsprogramms auch grundsätzlich von den Investoren unterstützt. Bei der Auswahl des Mitarbeiterbeteiligungsmodell sind folgende Aspekte zu berücksichtigen:

- Eine Maßgabe der Investoren ist es, den Gesellschafterkreis (Cap Table) möglichst klein zu halten. Idealerweise nur bestehend aus den Start-up-Gründern und den Investoren, um jederzeit schnellen und einfach handlungsfähig zu sein. Somit kommen echte Gesellschaftsbeteiligungen, sei es direkt oder über eine Treuhandbeteiligungsgesellschaft nicht infrage, da mit diesen Modellen weitreichende Mitsprache-, Informations-, und Kontrollrechte verbunden sind.
- Die Umsetzung sollte auf der einen Seite flexibel gestaltbar und auf der anderen Seite kostengünstig in der Umsetzung sein. Auch in dieser Hinsicht sind die echten Gesellschaftsbeteiligungen von Nachteil, da diese u. a. notariell beglaubigt werden müssen.

Basierend auf diesen Vorüberlegungen behandeln wir im Folgenden nur die virtuelle Mitarbeiterbeteiligung über virtuelle Optionsprogramme im Detail. Grundsätzlich wäre auch eine Beteiligung in Form von virtuellen Anteilen inklusive eines Dividendenanspruchs möglich. Darauf wird in den meisten Fällen aber verzichtet, da ein möglicher Unternehmensgewinn i. d. R. zugunsten der Wachstumsstory reinvestiert und nicht ausgeschüttet wird.

3   Virtuelle Optionsprogramme

Mit einem virtuellen Optionsprogramm wird ein echtes Optionsprogramm nachgebildet. Im Gegensatz zu einem echten Optionsprogramm gewähren die virtuellen Optionen jedoch dem Berechtigten nicht das Recht zur Übernahme von Gesellschaftsanteilen, sondern räumen ihm beim Vorliegen der Ausübungsvoraussetzungen einen Anspruch auf Bezahlung ein. Die Bezahlung kann in bar bzw. durch Gewährung einer Sachgegenleistung erfolgen. Somit handelt es sich um einen schuldrechtlichen Vertrag. Dieser ist vergleichbar mit einer Gratifikation oder Tantieme, die an ein bestimmtes Ereignis geknüpft sind. Wichtig ist, dass sich aus den virtuellen Optionen keine gesellschaftsrechtliche Beteiligung an der Gesellschaft begründet.

3.1   Rahmenwerk und Optionsbedingungen

Jedem virtuellen Optionsprogramm liegt ein Rahmenwerk zugrunde, das von der Gesellschafterversammlung genehmigt werden muss. In diesem Rahmenwerk werden v. a. die basisgegebenden Aspekte festgehalten:

- Wer gibt die Optionen aus? Das Management, die Geschäftsführung oder beide, oder doch die Gesellschafterversammlung?
- Wie hoch ist das Ausgabevolumen?
- Welche Mitarbeiter gehören zur Zielgruppe der Beteiligten?

Besonders die letzte Frage ist für den Unternehmenserfolg maßgeblich, sodass wir diese in einem eigenen Abschnitt betrachten.

Auf Basis des von der Gesellschafterversammlung genehmigten Rahmenwerks entstehen im nächsten Schritt die Optionsbedingungen für die zu beteiligenden Mitarbeiter. In diesen werden die angebotenen Optionen inklusive ihres Basiswerts definiert und die allgemeinen Regelungen zum Inhalt des Anspruchs sowie Prozedere der Ausübung festgelegt.

3.2 Vorüberlegungen

3.2.1 Das eigene Wofür

Kennen Sie den Golden Circle von Simon Sinek? Der Golden Circle geht davon aus, dass bei allen unternehmerischen Überlegungen zuerst über das Warum bzw. das Wofür nachgedacht werden sollte, bevor an dem Wie und Was gearbeitet wird. Somit ist Frage berechtigt, wofür sollen die eigenen Mitarbeiter am Unternehmen eigentlich beteiligt werden? Die Antworten auf diese Frage sind so individuell wie die Start-up-Ideen selbst. Doch zeigen sich immer wieder Gemeinsamkeiten, die auf Basis der eigenen Unternehmenskultur als sehr wichtig identifiziert werden.

„Mitarbeiter kommen wegen des Jobs – und gehen wegen der Chefs!" In dieser alten Human-Ressources-Weisheit steckt leider viel Wahrheit. Der Engagement-Index von Gallup untermauert dies jedes Jahr aufs Neue. Doch das ist nur ein Teil der Wahrheit. Wie viele Erwerbstätige arbeiten in Organisationen ohne Begeisterung, ohne Identifizierung für das Produkt und ohne Leidenschaft? In traditionellen Unternehmen mag das zum gewohnten Alltag gehören. Ein Start-up kann sich dieses begrenzte Engagement schlichtweg nicht leisten. Sie benötigen eine offene, innovationsfreudige, vertrauensvolle und respektvolle Unternehmenskultur. Die Maßnahmen, die ein solches Umfeld fördern, sind

- Führung, die Raum gibt für Potenzialentfaltung;
- Arbeitsumfelder, die attraktiv sind und die Kreativität fördern;
- flexible Arbeitszeiten und Arbeitsbedingungen.

Doch diese Maßnahmen allein reichen nicht aus, denn sie wirken zuwenig auf zwei weitere wichtige Erfolgsfaktoren: die Stärkung der Identifizierung mit dem Unternehmen und seinen Produkten sowie der Anspruch, dass Mitarbeiter als Mitunternehmer agieren. Genau hier setzt das Instrument der Mitarbeiterbeteiligung an.

3.2.2 Welche Mitarbeiter beteiligen?

Die Antwort auf die Frage scheint auf den ersten Blick ganz einfach. Beteiligt werden sollten alle Beschäftigten, die zur Entwicklung und Wertsteigerung des Start-ups beitragen. Doch wer sind diese Mitarbeiter? Für viele wird klar sein, dass dies v. a. die Mitarbeiter in leitenden oder führenden Positionen sind. Aber was ist mit den Mitarbeitenden in weiteren Positionen? Liefern nicht auch sie einen wichtigen Beitrag zur Entwicklung und Wertsteigerung des Start-ups? Für uns ist die Antwort sehr einfach. Jeder Mitarbeitende von der Assistenz bis zum Manager leistet einen wichtigen Beitrag, ansonsten würde es kein Arbeitsverhältnis geben. Denn das, was sich ein Start-up überhaupt nicht leisten kann, sind Beschäftigte, die keinen Beitrag leisten. Wenn man dieser Argumentation folgt, sollte die Antwort klar sein. Jeder Mitarbeiter sollte Teil des Mitarbeiterbeteiligungsprogramms sein.

Es gibt sogar die Möglichkeit, das Thema der Beteiligung an einem Mitarbeiterbeteiligungsprogramm noch größer zu denken. Grundsätzlich können auch Dienstleister,

Freiberufler und Influencer beteiligt werden. Die Ausweitung auf diesen Bereich könnte je nach Marktumfeld den entscheidenden Unterschied machen.

3.2.3 Was soll entlohnt und vergütet werden?

Nachdem die Frage, wer beteiligt wird, geklärt wurde, muss nun definiert werden, welches Verhalten mit dem Mitarbeiterbeteiligungsprogramm entlohnt und vergütet werden soll?

Ein starker Trend geht zu einer reinen Belohnung der Zugehörigkeit zum Unternehmen, ohne dass weitere Ziele oder Meilensteine erfüllt werden müssen. Das macht die Ausgestaltung sehr einfach.

Aus unserer Sicht können Start-ups da sehr viel von den etablierten Unternehmen, die mit Zielen arbeiten, lernen. Warum? In der Regel haben die Gründer mit den Investoren klare Ziele oder Meilensteine für die Entwicklung des Unternehmens definiert. Für deren Umsetzung ist letztendlich das ganze Start-up-Team verantwortlich. Genau deshalb macht es auch Sinn, diese Ziele oder Meilensteine als Parameter für Zielerreichung im virtuellen Optionsprogramm zu nutzen. Gleichzeitig ist von individuellen Zielen für einzelne Mitarbeitende abzuraten. Individuelle Ziele verhindern die gemeinsame Arbeit am Gesamtziel und führen nicht selten dazu, dass aus Sicht des Gesamtunternehmens falsche Schwerpunkte gesetzt werden.

4 Wichtige Parameter und Ansätze in der Programmgestaltung

Für jedes Optionsprogramm bilden die Optionsbedingungen das rechtliche Rahmenwerk. In diesem werden der Basiswert der Anteile definiert und die allgemeinen Regelungen zum Anspruch und dem Prozedere der Ausübung festgelegt.

4.1 Optionspreis oder Basispreis

Der Optionspreis oder Basispreis ist der Betrag, den der Optionsinhaber bei der Ausübung der Option entrichten muss, um die zugesagten virtuellen Anteile zu bekommen. Hierbei hat man jahrelang sehr mechanisch den Ausübungspreis bei einem Euro festgelegt. Von dieser Vorgehensweise verabschiedet man sich bei der Ausgestaltung aktueller Optionsbedingungen immer mehr, da sie besonders bei Folgeausgaben als unfair wahrgenommen wird. Die Begründung ist einfach. Bei unverändertem Ausgabepreis nimmt jeder Mitarbeiter, egal wann er beim Unternehmen angefangen hat, die Wertsteigerung seit Beginn der ersten Ausgabe von virtuellen Optionen mit, obwohl er in dieser Zeit keinen Wertbeitrag für das Start-up geleistet hat. Somit ist bei jeder Ausgabe eine Anpassung des Optionspreises sinnvoll.

4.2   Anzahl der virtuellen Optionen

Erfahrungsgemäß zeigt sich, dass Investoren bereit sind, 8–12 % des Stammkapitals als virtuelle Optionen abzubilden. Dies ist das maximale Kontingent, das bis zur Erreichung des Exit-Szenarios ausgegeben werden kann. Diese Begrenzung macht gutes Haushalten erforderlich, damit auch nach Jahren noch die Möglichkeit besteht, Optionen auszugeben. Die Praxis zeigt, dass die ersten Mitarbeiter aufgrund der Wichtigkeit ihrer Position, aber auch des geringen Anfangswerts des Start-ups überproportional beteiligt werden.

4.3   Vesting (Erdienungszeitraum)

Der deutsche Begriff Erdienungszeitraum erklärt es schon ganz gut. Beim Vesting handelt es sich um den Prozess, wie Mitarbeiter über die Zeit Optionen hinzuverdienen. Typischerweise vesten virtuelle Optionsprogramme im Start-up-Umfeld über vier Jahre. Damit erhält der Mitarbeiter pro Jahr 25 % der Optionen i. d. R. monatlich oder quartalsweise freigeschaltet. Eine Ausnahme bildet das Cliff Vesting in den ersten vier bis zwölf Monaten der Beschäftigung. In diesem Zeitraum werden die Optionen nicht monatlich oder quartalsweise freigeschaltet, sondern in der Gesamtheit nach Beendigung des Cliff. Parallel dazu erlebt der Beteiligungsmarkt immer mehr Mischformen, wie Teilvesting. Hierbei wird nur ein Teil der zugesagten Optionen über die Zeit gevestet und der Rest vestet zum Zeitpunkt des Exits bzw. des Ausübungsereignisses.

4.4   Verfallsbestimmungen

Um u. a. Veränderungen im Arbeitsverhältnis oder mögliches Fehlverhalten auch im Optionsprogramm zu spiegeln, werden Verfallsbestimmungen definiert. Die Ereignisse, die zu einem Verfall führen können, sind

- die Beendigung des Dienst- bzw. Arbeitsverhältnisses,
- i. d. R. das Verpfänden oder Veräußern der virtuellen Optionen,
- Nichtausübung der Optionen im definierten Zeitfenster bei Eintritt des Ausübungsereignisses.

Ergänzend dazu ist ein Verfall nach einer Laufzeit von 12–15 Jahren sinnvoll, da zu diesem Zeitpunkt die Erreichung eines Ausübungsereignisses sehr unwahrscheinlich wird.

4.5 Ausübung und Ausübungsereignisse

Unter welchen Voraussetzungen kann ein Optionsinhaber seine Beteiligung ausüben? Wie bei so vielen weiteren Aspekten gibt es auch bei diesem Thema immer wieder neue Trends und Veränderungen. Besonders die amerikanische Start-up-Szene zeigt sich bei diesem Punkt sehr erfinderisch und innovativ. Umso wichtiger ist es, sich diesen Aspekt genau anzuschauen und immer wieder die Unternehmensziele mit den Zielen des Optionsprogramms abzugleichen. In den allermeisten Optionsbedingungen ist eine mögliche Ausübung an ein (single Trigger) oder zwei (double Trigger) gleichzeitig eintretende Ereignisse geknüpft.

Im Folgenden führen wir ein paar Ausübungsereignisse an. Diese haben alle als Grundlage, dass die ausgegebenen virtuellen Optionen gevestet und nicht verfallen sein dürfen.

Zu allererst möchten wir den Share-Deal-Exit anführen, da dieser das häufigste Ausübungsereignis darstellt. Hierbei handelt es sich um den Verkauf oder die Übertragung von einem Großteil (i. d. R. mindestens 75 %) der Geschäftsanteile der Altgesellschafter im Rahmen einer oder mehrerer zusammenhängenden Transaktionen. Dazu zählen auch Maßnahmen, die dazu führen, dass die Geschäftsanteile der Altgesellschafter unter einen Mindestanteil (beispielhaft 25 %) fallen. Letzteres kann beispielsweise durch die Erhöhung des Stammkapitals und den Verkauf der neu geschaffenen Anteile entstehen.

Ein zweites Szenario ist der Asset-Deal-Exit, also der Verkauf und die Übertragung aller wesentlichen Vermögenswerte der Gesellschaft im Rahmen einer oder mehrerer zusammenhängenden Transaktionen. Wir empfehlen dieses Szenario aus Fairness gegenüber den Mitarbeitern mit aufzunehmen, da sonst ein Ausbluten der Gesellschaft auf Kosten der über das Mitarbeiterbeteiligungsprogramms beteiligten Mitarbeiter möglich wäre.

Eine weitere wichtige Ausübungsereignisoption ist der IPO-Exit, also die Börsennotierung der Gesellschaft. Hier gab es in den letzten Jahren die größten Veränderungen, da immer mehr Unternehmen den Weg an die Börse gegangen sind. Folglich hat sich der Erfahrungsschatz deutlich erweitert. Es zeigte sich, dass die Aktionäre die Unternehmen dazu drängen, den Erlös des Börsengangs zu möglichst hohen Anteilen in den Ausbau des Geschäftsfelds zu investieren und nicht in die Begleichung der Ansprüche aus dem Mitarbeiterbeteiligungsprogramms. Somit versucht man hier nunmehr andere Wege zu gehen. Eine Möglichkeit ist die Wandelung in Aktien oder Aktienoptionen, auch wenn dieser Weg dann ein steuerrechtliches Ereignis auslöst. Eine weitere Möglichkeit sind Teilausübungen in vordefinierten Zeitfenstern.

4.6 Auszahlung im Erfolgsfall

Das Ziel für das Unternehmen und den Mitarbeiter ist erreicht. Optionen sind gevestet und ein angestrebtes Ausübungsereignis ist eingetreten. Jetzt heißt es für die Mitarbeiter die gevesteten Optionen auszuüben. In der Regel ist dafür ein sehr kleines Zeitfenster von vier Wochen in den Optionsbedingungen vorgesehen, sodass der Optionsinhaber schnellen Handlungsbedarf hat, die Einlösung seiner Optionen zu erklären.

Der Zahlungsanspruch errechnet sich wie folgt:

$$Z = A \times (NE - O),$$

wobei gilt

Z   Zahlungsanspruch des Optionsberechtigten
A   Anzahl der ausgeübten Optionen
NE Der auf jede virtuelle Option entfallende anteilige Nettoerlös
O   Optionspreis oder Basispreis

Dabei ist der Nettoerlös bei einem IPO-Exit gleich dem Emissionspreis. Bei den Ausübungsereignissen Share-Deal-Exit und Asset-Deal-Exit wird dieser nach folgender Formel ermittelt:

$$NE = (e - k - p)/s,$$

wobei gilt

e   Erlös der Transaktion. Beispielhaft ist bei einem Share-Deal-Exit der gezahlte Kaufpreis.
k   die von den Gesellschaftern getragenen Kosten für Berater und sonstige Transaktionskosten
p   (Präferenzen) die nach der Gesellschaftervereinbarung oder dem Gesellschaftsvertrag an bestimmte Gesellschafter vorrangig zu zahlende Liquidations-, Erlös- und ähnliche Präferenzen
s   die Höhe des (veräußerten) Stammkapitals der Gesellschaft

Beispiel Ein Optionsberechtigter hält 125 virtuelle Optionen. Der Basispreis beträgt 1,00 €. Das Stammkapital der Gesellschaft beträgt 25.000 €.

Ein Investor kauft 80 % der Geschäftsanteile für 3 Mio. € im Rahmen eines Share-Deal-Exit. Hierfür erhält er beim Geschäftsanteilskauf 20.000 € am Stammkapital. Für dieses Beispiel werden weder die Kosten für den Kauf noch Präferenzen berücksichtigt.

$$A \times (NE - O) = Z$$
$$125 \times ((3.000.000\,€/20.000\,€) - 1\,€) = 18.625\,€$$

Somit entsteht für den Optionsberechtigte durch den Share-Deal-Exit ein Zahlungsanspruch in Höhe von 18.625 €.

5   Fazit

Besonders für schnell wachsende Start-ups ist die Mitarbeiterbeteiligung eine hervorragende Möglichkeit, Beschäftigte innovativ ans Unternehmen zu binden und gleichzeitig die für den Unternehmenserfolg wichtigen Mitarbeiter am Unternehmenserfolg partizipieren zu lassen.

Sven Franke Experimente wagen und Neuland erkunden, nach dieser Maxime lebt und arbeitet Sven Franke. Er ist Organisations- und Prozessbegleiter, Sparringspartner für Führungskräfte und Betriebsräte, Autor und Keynote-Speaker. Seit mehr als 20 Jahren ist Vergütung und Mitarbeiterbeteiligung, neben dem Thema Neue Arbeitswelten, eines seiner Kernthemen. In den Jahren 2014 und 2015 initiierte er gemeinsam mit Weggefährten die Projekte AUGENHÖHE – Film und Dialog sowie AUGENHÖHEwege – Film und Dialog. Mit der neu gegründeten CO:X begleitet Sven Franke Unternehmen dabei, neue Wege in der Zusammenarbeit zu gehen. Im März 2017 wurde Sven Franke mit dem New Work Award von Xing ausgezeichnet. Gemeinsam mit zwei Kolleginnen initiierte er im Herbst 2017 eine Blogparade zu Vergütungsmodellen im Kontext der neuen Arbeitswelt. Im Spätherbst 2018 erscheint ihr gemeinsames Buch *New Pay – Alternative Arbeits- und Entlohnungsmodelle*.

Mitarbeiterkapitalbeteiligung – Die Perspektive der Beschäftigten

Thomas Steger

1 Problemstellung

Das Thema Mitarbeiterkapitalbeteiligung blickt auf eine lange Tradition zurück (für einen historischen Überblick s. Gaugler 2002). Gleichzeitig kann dem Thema auch in jüngerer Zeit wieder ein verstärktes öffentliches Interesse attestiert werden (z. B. Stracke et al. 2007; Hexel 2009; Sendel-Müller und Weckes 2010; BMAS 2013).

Grundsätzlich muss zwischen materieller und immaterieller Beteiligung der Mitarbeiter unterschieden werden. Immaterielle Mitarbeiterbeteiligung steht für die Beteiligung von Arbeitnehmern an betrieblichen Entscheidungsprozessen, die nicht durch ein materielles Eigentumsrecht begründet ist (Heering 1999), z. B. im Rahmen der gesetzlichen Mitbestimmung oder des Tarifvertragsrechts. Die Beteiligung der Mitarbeiter am Kapital ihres Unternehmens stellt neben der Erfolgsbeteiligung eine Form der materiellen Beteiligung der Mitarbeiter dar. Unter Mitarbeiterkapitalbeteiligung wird im Kontext dieses Beitrags entsprechend die vertragliche, dauerhafte Beteiligung von Mitarbeiter am Kapital ihres Arbeit gebenden Unternehmens verstanden.

Hartz et al. (2009) identifizierten insgesamt sechs Gruppen von Zielen bzw. Motiven, die mit Mitarbeiterkapitalbeteiligung verfolgt werden:

1. Versöhnung von Kapital und Arbeit,
2. Entwicklung der Mitarbeiter zum (Mit-)Unternehmer und (Mit-)Eigentümer,
3. Stärkung der Betriebsgemeinschaft,
4. Entwicklung einer Gegenmacht der Belegschaft,
5. Mitarbeiterkapitalbeteiligung als Privatisierungs- und Transformationsvehikel und
6. als rationales Investment.

T. Steger (✉)
Universität Regensburg
Regensburg, Deutschland
E-Mail: thomas.steger@ur.de

© Springer-Verlag GmbH Deutschland, ein Teil von Springer Nature 2018   263
H. Beyer und H.-J. Naumer (Hrsg.), *CSR und Mitarbeiterbeteiligung*,
Management-Reihe Corporate Social Responsibility,
https://doi.org/10.1007/978-3-662-57600-7_25

Die Analyse der einschlägigen Literatur zeigt allerdings, dass insbesondere für Deutschland nur wenige empirische Studien existieren, die sich der Thematik der Mitarbeiterkapitalbeteiligung aus der Perspektive der Beschäftigten widmen (z. B. Scholand 2001; Hardes und Wickert 2004; Matiaske et al. 2009). Diese beschränken sich zudem weitgehend auf quantitative Einzelfallstudien bzw. auf die Befragung von Stellvertretern (Betriebsräten). Auch in der internationalen Literatur sind nur wenige empirische Studien zu einigen Aspekten der Mitarbeiterperspektive (z. B. Hofmann et al. 1993; Long 1978, 1979, 1980; Kruse et al. 2008; Vevera 2005) zu finden. Die Übertragbarkeit der Ergebnisse auf die deutschen Verhältnisse ist hier allerdings schwierig.

Der Fokus des vorliegenden Beitrags liegt deshalb dezidiert auf der Perspektive der Mitarbeiter. Die Charakteristika, Motive und Einstellungen der beteiligten Mitarbeiter sowie deren Rolle bei der Erarbeitung, Implementierung und Aufrechterhaltung des Kapitalbeteiligungsmodells stehen im Mittelpunkt der Untersuchung. Insbesondere in kleinen und mittleren Unternehmen (KMU) besitzt Mitarbeiterkapitalbeteiligung – deutlich eher als in Großunternehmen – auch eine machtpolitische Dimension (Steger und Hartz 2008), was darauf schließen lässt, dass die Anpassung der Mitarbeiterkapitalbeteiligung an die Interessen und Motive der Beschäftigten noch entscheidender sein könnte. Weiterhin stellen KMU, gemessen an Umsatz und Zahl der Beschäftigten, das Rückgrat der deutschen Wirtschaft dar und umfassen auch die Mehrzahl der Unternehmen, die Mitarbeiterkapitalbeteiligung praktizieren. Unser Beitrag konzentriert sich daher auf KMU.

2 Methode

Die Untersuchung fand im Kontext eines von der Hans-Böckler-Stiftung geförderten Forschungsprojekts zwischen 2011 und 2014 statt. Für die Untersuchung wurden insgesamt 31 Unternehmen gewonnen. Diese decken ein breites Spektrum von Betriebsgrößen, Herkunftsregionen und Branchen ab.

Die Untersuchung in den Unternehmen umfasste sechs Schritte bzw. Instrumente:

- Dokumentenanalyse (z. B. Vertragswerk, Mitarbeiterbroschüren)
- Betriebsbesuche und Betriebsbegehungen
- Explorative Interviews (nach Möglichkeit je ein Vertreter der Geschäftsführung und des Betriebsrats, der Verantwortliche für das Beteiligungsmodell sowie ein Mitarbeiter)
- Schriftliche Befragung (mithilfe von Fragebogen, alle im Unternehmen beschäftigten Mitarbeiter)
- Teilnehmende Beobachtung (z. B. interne Informationsveranstaltungen, Eigentümerversammlungen)
- Vertiefende Interviews (halbstandardisierte Interviews mit Mitarbeiter gegen Ende der Untersuchung)

Eine Durchführung sämtlicher Untersuchungsschritte in allen Unternehmen und in vollem Umfang war erwartungsgemäß aus unterschiedlichen Gründen nicht möglich. Dies führte teilweise zu einer unterschiedlichen Informationslage über einzelne Unternehmen.

Die Analyse und Auswertung der gewonnenen Daten orientierte sich an den Empfehlungen von Eisenhardt (1989) und umfasste eine unternehmensspezifische als auch eine unternehmensübergreifende Betrachtung, wobei der vorliegende Beitrag sich auf letztere konzentrieren wird.

3 Ergebnisse

3.1 Motive

Die wichtigsten Motive der Mitarbeiter, die sich am Unternehmen beteiligt haben, sind monetäre Gründe (Attraktive Kapitalanlage: 3,88[1]) sowie die Sicherung des Unternehmens (3,66). Damit folgen die Mitarbeiter deutlich den durch die Unternehmensleitungen kommunizierten Zielsetzungen der Mitarbeiterkapitalbeteiligung. Die Möglichkeiten und Grenzen der Beteiligung scheinen ihnen durchaus bewusst zu sein. Bei den Motiven für eine Nichtbeteiligung steht mangelndes Kapital im Vordergrund.

Differenziert man zwischen Unternehmen mit partizipativen (starke Einbindung der Mitarbeiter) und solchen mit nicht partizipativen Modellen, so zeigen sich interessante Unterschiede: Die Mitarbeiter in den Unternehmen mit partizipativen Modellen beteiligen sich primär zur Sicherung des Unternehmens (4,06) bzw. des Arbeitsplatzes (3,87). Monetäre Beweggründe (Attraktive Kapitalanlage: 3,56) und die Steigerung der Mitbestimmung im Unternehmen (3,51) liegen klar dahinter. Letztere ist also in diesen Unternehmen durchaus von Bedeutung, jedoch eher „on top", also zusätzlich zu den monetären Motiven.

In den Unternehmen mit nicht partizipativen Beteiligungsmodellen ist der mit 4,19 einzige positiv bewertete Beteiligungsgrund die attraktive Kapitalanlage. Alle anderen möglichen Beweggründe wurden lediglich neutral bewertet.

3.2 Effekte

Die Effekte von Mitarbeiterkapitalbeteiligung wurden insgesamt von den befragten Mitarbeiter eher gering bzw. neutral bewertet werden (Durchschnitt 3,11). Lediglich der Steigerung der Bindung der Mitarbeiter (3,84), der Erhöhung der Motivation (3,52) sowie der Förderung des unternehmerischen Denkens (3,50) wurde eine gewisse Bedeutung beige-

---

[1] Diesen und den folgenden quantitativen Bewertungen liegt jeweils eine Fünfer-Likert-Skala zugrunde (5 = sehr hoch bis 1 = sehr gering).

messen. Bezüglich möglicher Effekte auf Unternehmensseite wurde durch die Mitarbeiter lediglich die Verbesserung der Kapitalbasis (3,69) wahrgenommen.

Deutliche Unterschiede zeigen sich, wenn zwischen Unternehmen mit partizipativen bzw. nicht partizipativen Modellen differenziert wird. So sehen die Mitarbeiter in den Unternehmen mit partizipativen Modellen neben der Steigerung der Bindung der Mitarbeiter (4,00), der Erhöhung der Motivation (3,67) und der Förderung des unternehmerischen Denkens (3,62) auch sorgfältigeres Arbeiten (3,57) als Effekt der Mitarbeiterkapitalbeteiligung. Auf Unternehmensseite sehen sie (positive) Effekte bei der Kapitalbasis (3,76), der Erfolgsorientierung des Unternehmens (3,88) sowie beim Unternehmenswachstum (3,61). Partizipationsmöglichkeiten und Unternehmenskultur (Beteiligungskultur) scheinen also einen positiven Einfluss auf die (wahrgenommenen) Effekte von Mitarbeiterkapitalbeteiligung zu haben, sowohl auf der Mitarbeiter- als auch auf der Unternehmensseite.

Die Mitarbeiter in den Unternehmen mit nicht partizipativen Modellen sind dagegen deutlich zurückhaltender und sehen (positive) Effekte auf Mitarbeiterseite lediglich bei der Unternehmensbindung (3,54) sowie auf Unternehmensseite bei der Kapitalbasis (3,51).

Überführt man die vorhandenen Daten in ein Regressionsmodell, so können einige signifikante Zusammenhänge festgestellt werden. Die Wahrnehmung von Effekten ist offenbar abhängig vom Bildungsstand (besser ausgebildete Mitarbeiter bewerten diese tendenziell zurückhaltender), vom Geschlecht (Frauen sind zurückhaltender als Männer), von der generellen Bewertung des eigenen Beteiligungsmodells (bei positiver Bewertungen sind die wahrgenommenen Effekte stärker) und, wie oben bereits erläutert, vom Typ der Mitarbeiterkapitalbeteiligung. Interessant ist andererseits, dass die Beteiligung, die eigene Position oder auch das Verhältnis zum Unternehmen keinen signifikanten Einfluss auf die Wahrnehmung von Effekten aufweisen.

3.3   Bewertung des Beteiligungsmodells

Die Bewertung des eigenen Beteiligungsmodells durch die Mitarbeiter fällt grundsätzlich über alle Unternehmen hinweg positiv aus (schlechteste Einschätzung: 3,46).

Werden wiederum die beiden Gruppen von Unternehmen betrachtet, so bewerten die Mitarbeiter der Unternehmen mit partizipativen Modellen ihre Modelle klar schlechter (3,69) als die Mitarbeiter in der Gruppe mit den nicht partizipativen Modellen (4,02). Dies könnte an der geringeren Komplexität sowie an der klareren Ausrichtung auf monetäre Aspekte der nicht partizipativen Modelle liegen. Ein Blick auf die einzelnen Bewertungsaspekte verstärkt diesen Eindruck. So wird beispielsweise das Verständnis des Modells bei den partizipativen Modellen (3,45) deutlich schlechter eingeschätzt als bei den nicht partizipativen Modellen (4,01).

Bei der Betrachtung der Einflussfaktoren zeigen sich signifikante Zusammenhänge zwischen der Bewertung des Beteiligungsmodells und der Beteiligung, dem Verhältnis zum Unternehmen, dem erwarteten Nutzen für die Belegschaft, der Verständlichkeit und insbesondere der eingeschätzten Gerechtigkeit bzw. Fairness des Beteiligungsmodells.

3.4 Fallstudie

Zur Verdichtung und Konkretisierung der Ergebnisse wird nachfolgend ein Unternehmen aus der Untersuchung ausführlicher dargestellt.

Die Fallstudie der Haustechnik GmbH basiert auf vom Unternehmen zur Verfügung gestellten Unterlagen zum Beteiligungsmodell, inklusive einer Vielzahl relevanter Verträge. Des Weiteren wurden drei Interviews durchgeführt. Befragt wurden ein ehemaliger Geschäftsführer, der Personalleiter sowie ein Mitarbeiter aus dem Vertrieb. Im Zuge der Interviews wurde eine ausführliche Betriebsbegehung realisiert. Ferner beantwortete das Unternehmen eine Vielzahl von Fragen im Vorfeld der Interviews schriftlich. An die Mitarbeiter am Stammsitz des Unternehmens wurde ein Fragebogen verteilt; von 430 Fragebögen kamen 192 ausgefüllt zurück (Rücklaufquote von 45 %). Schlussendlich wurden die vorläufigen Untersuchungsergebnisse im Unternehmen vorgestellt und drei vertiefende Interviews geführt.

3.4.1 Das Beteiligungsmodell

Das Beteiligungsmodell der Haustechnik GmbH hat eine lange Tradition und war über die letzten 40 Jahre einem stetigen Wandel unterworfen. Im Jahr 1968 wurden die Mitarbeiter erstmals am Gewinn des Unternehmens beteiligt, wobei ihr Anteil nicht ausgeschüttet, sondern dem Unternehmen als Darlehen zur Verfügung gestellt und mit maximal 2 % über Diskont verzinst wurde. In Verlustjahren hingegen wurde das jeweilige Beteiligungskonto entsprechend belastet. Die Interessen der Mitarbeiter wurden durch einen Partnerschaftsausschuss vertreten, der sich aus ein bis zwei Mitgliedern der Geschäftsführung, zwei Mitgliedern des Betriebsrats sowie jeweils einem Delegierten der drei Hauptabteilungen zusammensetzte. Die Haltung der Mitarbeiter gegenüber der Gewinnbeteiligung war anfänglich ausgesprochen positiv. „Als jedoch nach mehreren Jahren erstmals ein Verlustjahr eintrat, sank die Begeisterung der Beschäftigten relativ schnell und einzelne Mitarbeiter forderten trotzdem Zuweisungen nach dem Motto: ‚Das ist doch schon ständige Übung'" (schriftliche Beantwortung von Fragen durch das Unternehmen).

Zu diesem Zeitpunkt herrschte im Unternehmen eine relative Unzufriedenheit und insbesondere dem Gründer wurde klar, dass die reine Beteiligung über Geld nicht wirklich funktionierte, insbesondere nicht auf Basis einer Gewinnbeteiligung. Das Modell muss folglich weiterentwickelt werden.

Im Jahr 1980 wurde das Einzelunternehmen in eine GmbH umgewandelt, wobei in diesem Zuge auch Handelsvertreter als Gesellschafter aufgenommen wurden. Zudem wurde eine Neuorganisation der Mitarbeiterbeteiligung umgesetzt und eine Mitarbeiter-Beteiligungs-GmbH gegründet, über die sich die Mitarbeiter am Unternehmen beteiligen konnten. Allen Mitarbeitern wurde die Möglichkeit eingeräumt, ihr bestehendes Beteiligungskonto (aus der Gewinnbeteiligung) einzubringen.

Von etwa 200 Mitarbeitern, die über entsprechende Einlagen verfügten, entschlossen sich jedoch lediglich 40, diesen Schritt zu gehen. Nichtsdestotrotz wurden so fast 600.000 DM in der Mitarbeiter-Beteiligungs-GmbH gebündelt werden. Die Beteiligung erfolgte allerdings nicht direkt, sondern über fünf Treuhänder, die jeweils ein Fünftel des durch die Mitarbeiter eingebrachten Kapitals verwalteten. Bei den Treuhändern handelte es sich z. B. um einen Betriebsrat, den Leiter der Buchhaltung sowie den Personalleiter. Des Weiteren wurde erstmalig ein Beirat ins Leben gerufen, der aus fünf Mitgliedern, die durch die Gesellschafterversammlung gewählt wurden, bestand und die Geschäftsführung der Mitarbeiter-Beteiligungs-GmbH beraten bzw. überwachen sollte.

Im Jahr 1986 wurde in Ergänzung zur Mitarbeiter-Beteiligungs-GmbH die Möglichkeit einer stillen Beteiligung direkt an der Muttergesellschaft ins Leben gerufen. Die Idee war, auch Mitarbeiter ohne nötige Kapitalausstattung die Möglichkeit einer Kapitalbeteiligung einzuräumen. Im Rahmen des fünften Vermögensbildungsgesetzes erhielten die Mitarbeiter die Möglichkeit, jährlich 312, 624 bzw. 936 DM anzusparen. Zudem wurden vom Unternehmen pro 312 DM weitere 100 DM Zulage gezahlt. Der so angesparte Betrag wurde mit 5 % verzinst (Garantieverzinsung). Am Verlust waren die stillen Gesellschafter ausdrücklich nicht beteiligt. Von damals etwa 300 Berechtigten schlossen etwa 150 Beteiligungsverträge ab. Des Weiteren wurde (und wird) den so beteiligten Mitarbeitern von Zeit zu Zeit die Möglichkeit eingeräumt, ihre stille Beteiligung in eine echte Kapitalbeteiligung im Rahmen von Kapitalerhöhungen umzuwandeln.

Im Jahr 1988 kam es zu einer Verschmelzung der Mitarbeiter-Beteiligungs-GmbH und der Gesellschaft und einer damit verbundenen Kapitalerhöhung. Zielsetzung hierbei war es, die Eigenkapitalausstattung des Unternehmens zu verbessern und den bislang stillen Mitarbeitergesellschaftern erstmalig die Gelegenheit zur direkten Beteiligung am Unternehmen einzuräumen.

Die GmbH-Anteile werden unternehmensintern gehandelt. Wenn ein Beteiligter seine Anteile veräußern will, muss er diese an bereits beteiligte oder berechtigte Mitarbeiter bzw. das Unternehmen veräußern. Ein einzelner Beteiligter darf nie mehr als 49 % der Anteile halten. Wenn Mitarbeiter aus dem Unternehmen ausscheiden, können sie ihre Anteile weiterhin behalten. Im Erbfall hat das Unternehmen jedoch die Möglichkeit, die Anteile gegen eine angemessene Entschädigung einzuziehen. Organe der Beteiligten sind weiterhin die Gesellschafterversammlung und der bereits im Rahmen der Mitarbeiter-Beteiligungs-GmbH eingeführte Beirat.

Den vorerst letzten Schritt der Entwicklung des Beteiligungsmodells stellt die Gründung einer Stiftung dar. Primäre Zielsetzung hierbei war es, das Fortbestehen des Unternehmens und dessen Unabhängigkeit für die Zukunft zu sichern. Da die Gründerfamilie kinderlos geblieben war, entschloss sie sich, einen Teil ihrer Anteile in dieser Stiftung zu bündeln und den anderen Teil im Erbfall an alle Gesellschafter gleichermaßen (inklusive Stiftung und Mitarbeiter) zu vererben. Vertraglich wurde geregelt, dass die Stiftung im Erbfall, der mittlerweile eingetreten ist, 51 % der Anteile erhält und in der Folge dieses Niveau aufrechterhalten muss. Die restlichen Anteile sind dann auf die Mitarbeiter und Handelsvertreter sowie das Unternehmen aufgeteilt. Die Stiftung wird von einem Vorstand geführt, der aus der Geschäftsleitung des Unternehmens besteht. Überwacht wird die Arbeit des Vorstands durch ein Stiftungskuratorium, das identisch mit dem Beirat des Unternehmens ist.

Bezüglich der Partizipationsmöglichkeiten muss zwischen den GmbH-Gesellschaftern und den stillen Beteiligten unterschieden werden. Die GmbH-Gesellschafter haben in Bezug auf die Mitentscheidung im Wesentlichen zwei Hebel. Zum einen sind sie gemäß ihrer Anteile in der Gesellschafterversammlung stimmberechtigt, zum anderen können sie zwei Vertreter in den Beirat bzw. das Stiftungskuratorium wählen. Die stillen Beteiligten haben ebenfalls das Recht der Wahl von Vertretern.

Die Wertentwicklung der Anteile am Unternehmen war von Anfang an positiv. So bewertete der Gründer sein Unternehmen bei der Umwandlung in eine Kapitalgesellschaft 1980 mit 75 %, was dazu führte, dass die sich beteiligenden Mitarbeiter die Anteile am Unternehmen zu einem um 25 % niedrigeren Ausgabekurs erwerben konnten. Des Weiteren konnte im Zuge der Umstellung von DM auf Euro das Kapital durch Rücklagen bzw. Gewinnvorträge verdoppelt werden. Auch im Hinblick auf die Unternehmensentwicklung stieg der Wert des Unternehmens stetig. So betrug das Stammkapital Anfang der 1980er-Jahre etwa 1,8 Mio. DM und wuchs auf über 6 Mio. € im Jahr 2010 an.

Mittlerweile sind etwa 100 Mitarbeiter und Handelsvertreter direkt am Unternehmen beteiligt. Diese halten insgesamt 36 % des Kapitals, wobei nach dem Tod des Gründers im Oktober 2012 dieser Anteil aufgrund des Eintretens des Erbfalls nochmals deutlich gestiegen ist. Im Rahmen der stillen Beteiligung waren 67 Mitarbeiter beteiligt.

3.4.2 Ergebnisse der Mitarbeiterbefragung

Die Mitarbeiterbefragung ergab folgendes Bild: Insgesamt gaben 38 Befragte (21 %) an, dass sie am Unternehmen beteiligt sind; 20 weitere gaben an, sich in den nächsten 12 Monaten beteiligen zu wollen und vier der Befragten sind nicht mehr beteiligt, waren dies aber in der Vergangenheit. Von den 38 Beteiligten gaben 34 an, stille Gesellschafter zu sein und 31, dass sie GmbH-Anteile halten.

Führungskräfte beteiligen sich signifikant häufiger als Nichtführungskräfte. Von den im Sample vertretenen Führungskräften, die zur Beteiligung Angaben machten, sind 43 % am Unternehmen beteiligt. Die Beteiligungsquote im Gesamtsample beträgt hingegen lediglich 21 %. Ursächlich hierfür könnten das höhere Einkommen von Führungskräften, das höhere Bildungsniveau, ein besserer Einblick in die Unternehmensinterna sowie ein besseres Verständnis des Beteiligungsmodells sowie auch ein gewisser Gruppenzwang sein.

Auch der wahrgenommene Einfluss der Mitarbeiter korreliert signifikant mit der Beteiligung, ebenso das Alter. Letzteres könnte daran liegen, dass zum einen Auszubildende zur Teilnahme nicht berechtigt sind und zum anderen davon auszugehen ist, dass mit steigendem Alter auch das Einkommen sowie die Höhe der verfügbaren Mittel steigen und somit mehr Spielraum für eine Beteiligung besteht (Interview ehemaliger Geschäftsführer).

Der Zusammenhang zwischen der Betriebszugehörigkeit und der Beteiligung lässt sich möglicherweise durch die Beteiligungsdauer der Befragten erklären: 15 Befragte (42 %), die hier Angaben gemacht haben, sind seit mehr als zehn Jahren beteiligt. Sieben (19 %) sind seit mehr als fünf Jahren und 14 (39 %) seit mindestens einigen Monaten beteiligt.

3.4.3   Aktuelle Situation des Unternehmens

Das Unternehmen ist heute weltweit auf seinen wichtigsten Märkten präsent und beschäftigt über 750 Mitarbeiter, einschließlich der Werksvertretungen und Kundendienstfirmen. Im Stammwerk sind einschließlich Auszubildenden insgesamt 452 Mitarbeiter beschäftigt. Die Unternehmensentwicklung wird als stetig positiv beschrieben, wobei es insbesondere Ende der 1980er-Jahre sowie Mitte der 1990er-Jahre Einbrüche gab, da das Unternehmen stark an die Entwicklung der Baubranche gekoppelt ist. Das Unternehmen gilt, nach eigenen Aussagen, im Moment in Deutschland, wenn nicht gar in Europa, als das innovativste Unternehmen der Branche (Interview ehemaliger Geschäftsführer).

Die Unternehmenskultur wird von den Interviewpartnern als sehr offen und kollegial beschrieben. Insbesondere der ehemalige Geschäftsführer sieht die immaterielle Beteiligung der Mitarbeiter am betrieblichen Geschehen als ein wesentliches Element einer erfolgreichen Mitarbeiterbeteiligung. Dazu gehört eine offene Informationskultur, die unabhängig von der Beteiligung der Mitarbeiter am Kapital u. a. durch regelmäßige sog. Kantinenrunden als auch durch die Mitarbeiterzeitung realisiert wird.

Ein weiterer wichtiger Baustein für das Unternehmen ist die Möglichkeit der Einbringung von Ideen durch die Mitarbeiter sowie ihre Einbeziehung in relevante Entscheidungsprozesse: Hierzu wurde ein betriebliches Vorschlagswesen installiert. Ferner existieren interne Arbeitskreise, die dem aktuellen Informations- und Gedankenaustausch dienen. „Man kann hier mehr bewegen, als in einem Konzern, wo man doch sehr eingeengt ist und bis man eine Entscheidung bekommt, über vier oder fünf Hierarchieebenen hinweg mal [. . .] gehen muss. Hier sind die Entscheidungswege deutlich schneller. Also man hat hier viel Verantwortung, große Freiräume" (Interview Personalleiter).

Im Rahmen der Mitarbeiterbefragung zeigte sich, dass die Mitarbeiter das Verhältnis zum Unternehmen tendenziell positiv wahrnehmen (3,74). Auch die Bindung ans Unternehmen (4,16), das Verhältnis zu den Vorgesetzten (4,00), wie auch zu den Kollegen (4,21) wird im Schnitt sehr gut bewertet. Etwas schwächer schneidet die Informationspolitik im Unternehmen bezüglich der wichtigen Vorgänge (3,36) sowie der wirtschaftlichen Entwicklung (3,44) ab. Wenn zwischen Beteiligten und Nichtbeteiligten differenziert wird, sind signifikante Unterschiede in Hinblick auf die Informationspolitik bezüglich der wirtschaftlichen Entwicklung (Beteiligte: 3,73; Nichtbeteiligte: 3,32) sowie auf die durch das Unternehmen eingeräumten Freiräume (Beteiligte: 3,92; Nichtbeteiligte: 3,40) zu beobachten.

Bei der Bewertung des eigenen Einflusses auf verschiedene Entscheidungsebenen im Unternehmen wurde lediglich der Einfluss auf die eigene Arbeit im Durchschnitt positiv bewertet (3,83). Der Einfluss auf die Arbeitsverteilung im Team bzw. auf den Erfolg des Unternehmens wurde neutral bewertet, der Einfluss auf die Unternehmensstrategie sogar eher gering (2,33). Beteiligte Mitarbeiter bewerten ihren Einfluss auf allen vier Ebenen signifikant höher als nicht beteiligte, wobei der Unterschied im Hinblick auf die Bewertung des Einflusses im Team (Beteiligte: 3,70; Nichtbeteiligte: 3,12) bzw. auf die Strategie (Beteiligte: 2,76; Nichtbeteiligte: 2,11) besonders deutlich ausfällt.

3.4.4 Die Perspektive der Mitarbeiter

Als Motive der Mitarbeiter zur Beteiligung am Unternehmen wurden von Unternehmensseite primär der Erhalt des eigenen Arbeitsplatzes und des Unternehmens sowie monetäre Gründe erwartet (schriftliche Beantwortung von Fragen durch das Unternehmen). In den Interviews bekräftigten die Gesprächspartner diese Einschätzung. Allerdings wurde auch angemerkt, dass „keiner, der sich beteiligt, [...] seinen eigenen Arbeitsplatz [erhält], er erhält nur die Gesamtheit der Arbeitsplätze. Das war schwer, denen klar zu machen: Wenn einer nichts taugt, muss er trotzdem gehen" (Interview ehemaliger Geschäftsführer). Auch die finanziellen Motive wurden von den interviewten Führungskräften (insbesondere durch den Personalleiter) als wesentlich hervorgehoben, wobei die Steigerung der Mitbestimmung in keinem der Interviews als mögliches Motiv angesprochen wurde.

Die Mitarbeiter gaben im Rahmen der schriftlichen Befragung ihre Zustimmung insbesondere der attraktiven Kapitalanlage (3,80) sowie der Sicherung des Unternehmens (3,76) und bestätigten somit die Aussagen der Geschäftsleitung weitestgehend. Insbesondere das Motiv der Steigerung der Mitbestimmung (2,76) wurde durch die Mitarbeiter relativ gering bewertet.

Im Hinblick auf die Gründe für die Nichtbeteiligung sind nach Aussagen der Geschäftsleitung bzw. Personalabteilung vorrangig die generelle Einstellung der Mitarbeiter bzw. die finanziellen Möglichkeiten ausschlaggebend: „Wer ein bestimmtes Alter erreicht hat und noch nicht beteiligt ist, wird sich auch in Zukunft nicht mehr beteiligen. Bei jüngeren Mitarbeitern stellt sich die Frage, was vorrangig gesehen wird, z. B. Familiengründung, Hausbau, größere Anschaffungen (Kfz), Mehrleistungen in die zukünftige freie Altersversorgung oder ähnliches" (schriftliche Beantwortung von Fragen durch das Unternehmen).

Die Befragung der Mitarbeiter bestätigte die Relevanz der finanziellen Möglichkeiten. Fehlendes Kapital (3,79) wurde als Hauptgrund für eine Nichtbeteiligung am Unternehmen genannt. Interessant ist jedoch, dass einerseits das zu hohe Risiko (2,61) nur eine relativ geringe Rolle spielt, andererseits aber fehlende Informationen (3,51) ein wesentlicher Grund für eine Nichtbeteiligung zu sein scheinen. Auch hier zeigt sich abermals, dass die Informationspolitik des Unternehmens durch die Mitarbeiter kritischer gesehen wird, als vom Unternehmen angenommen.

Wesentlicher Effekt des Mitarbeiterbeteiligungsmodells für das Unternehmen ist die Sicherung des Unternehmens, d. h. die Standort- und Arbeitsplatzsicherung. Dazu kommen eine erhöhte Mitarbeiterbindung, eine hohe Identifikation mit dem Unternehmen sowie eine Steigerung der Loyalität der Mitarbeiter zum Unternehmen. Damit verbunden sind nach Auffassung der Geschäftsführung bzw. des Personalleiters eine stark ausgeprägte Motivation und Leistungsbereitschaft, eine sehr geringe Fluktuationsrate, ein geringer Krankenstand und die Tatsache, dass Mitarbeiter auch in wirtschaftlich schwierigen Zeiten für schmerzliche Entscheidungen eher Verständnis aufbringen und notwendige Maßnahmen mittragen (schriftliche Beantwortung von Fragen durch das Unternehmen). Insbesondere im Interview mit dem ehemaligen Geschäftsführer wurde jedoch ein etwas differenzierteres Bild gezeichnet. Vermeintliche Produktivitätssteigerungen gehen nach seiner Meinung eher auf ein gutes betriebliches Vorschlagswesen sowie ein gutes Qualitätsmanagement zurück. Ferner führt er Verbesserungen der letzten Jahre auch auf eine Verbesserung der Qualität des Personals zurück, da das Unternehmen die Personalauswahl nach anderen Kriterien durchgeführt habe und somit bessere Mitarbeiter für das Unternehmen habe gewinnen können. Auch im Hinblick auf potenzielle Verhaltensänderungen der Mitarbeiter sowie eine Verbesserung des Unternehmensklimas geht er davon aus, dass diese durch die Beteiligung begünstigt würden, jedoch ursächlich eher darauf zurückzuführen seien, dass kontinuierlich an der Verbesserung der Verhältnisse im Unternehmen gearbeitet werde (Interview ehemaliger Geschäftsführer).

Die Mitarbeiter ihrerseits bewerteten lediglich 3 von 18 vorgeschlagenen Effekten mit mehr als 3,5 Punkten. Insbesondere die Bindung zum Unternehmen (3,89) scheint sich nach ihrer Meinung durch die Beteiligung bzw. die Möglichkeit der Beteiligung zu erhöhen. Zudem werden die Förderung des unternehmerischen Denkens (3,54) sowie auf Unternehmensseite die Erhöhung der Kapitalbasis (3,88) als relevante Effekte wahrgenommen. Dagegen werden sowohl die potenziellen Effekte auf der Ebene der täglichen Arbeit als auch die (mögliche) Steigerung der Mitbestimmung als gering bewertet. Auch hier zeigt sich somit eine weitgehende Übereinstimmung zwischen der Einschätzung der Mitarbeiter und der Unternehmensleitung, wobei die Mitarbeiter sogar noch zurückhaltender in der Bewertung möglicher Effekte der Mitarbeiterkapitalbeteiligung sind. Interessant ist in diesem Zusammenhang auch, dass die Differenzierung zwischen Beteiligten und Nichtbeteiligten keine signifikanten Unterschiede in der Bewertung der Effekte liefert, was die Einschätzung des ehemaligen Geschäftsführers stützt, dass Verbesserungen im Unternehmen eher auf andere Veränderungen, wie z. B. die Unternehmenskultur bzw. die Personalzusammensetzung zurückzuführen sind und dies den Mitarbeiter auch bewusst ist.

Die Gesamteinschätzung des Beteiligungsmodells (3,52) durch die Belegschaft ist durchaus positiv, wobei diese deutlich schlechter ausfällt als in anderen Unternehmen mit partizipativen Modellen. Im Hinblick auf die Detaileinschätzungen wurden der Nutzen fürs Unternehmen (3,98) sowie der Nutzen für die Belegschaft (3,82) am höchsten bewertet. Auch die Gerechtigkeit (3,69), Fairness (3,66) sowie ein geringer eigener Arbeitsaufwand (3,74) werden durch die Mitarbeiter positiv eingeschätzt. Die Differenzierung nach Beteiligten und Nichtbeteiligten zeigt fast durchweg signifikante Unterschiede, sowohl in der Bewertung der Details wie auch bei der Gesamtbewertung des Modells. Die deutlichsten Unterschiede sind bei der Einschätzung des eigenen Arbeitsaufwands (Beteiligte 4,47; Nichtbeteiligte 3,35), bei der Verständlichkeit (4,05 vs. 3,02), bei der wahrgenommenen Gerechtigkeit (4,08 vs. 3,50), sowie bei der Gesamtbewertung (4,11 vs. 3,22) zu verzeichnen. Die Wertentwicklung bzw. Rendite der Beteiligung wird durch die Beteiligten allerdings lediglich neutral bewertet (3,23).

3.4.5 Konfliktfelder

Die Haustechnik GmbH unterscheidet sich aufgrund der Komplexität des Beteiligungsmodells deutlich von anderen Unternehmen. Zum einen ist eine Vielzahl von Mitarbeitern direkt als GmbH-Gesellschafter beteiligt. Zum anderen wurde eine Stiftung ins Leben gerufen, die 51 % der Anteile hält, somit als Ankergesellschafter fungiert und die Sicherung des Standorts und des Unternehmens als Zielsetzung hat. Ferner wurde die stille Beteiligung im Unternehmen umgebaut, sodass alle Mitarbeiter aus den Unternehmensgewinnen finanzierte Anteile erhalten und somit faktisch alle beteiligt sind.

Allerdings bestehen auch verschiedene Konfliktpotenziale: Durch die Erbberechtigung aller Gesellschafter und den im Herbst 2012 eingetretenen Erbfall haben die Mitarbeiter sowie die Stiftung mit GmbH-Anteilen eine nicht unerhebliche Summe erhalten. Die Frage, wie sich dies auf die Stimmung insbesondere der nicht erbberechtigten Mitarbeiter ausgewirkt hat, kann nicht abschließend beantwortet werden. Weiterhin können durch die Aufwertung der Anteile der bereits bestehenden Gesellschafter in Zukunft durchaus erhöhte Eintrittsbarrieren entstehen. Ein beteiligter Mitarbeiter bestätigte indirekt diese potenziellen Verteilungskämpfe bzw. Blockaden seitens der beteiligten Mitarbeiter gegenüber den potenziellen Neuen.

Nicht unproblematisch ist auch die enge Verflechtung der Führung des Unternehmens mit der Stiftung. Zum einen verspricht diese Lösung Stabilität. Zum anderen besitzt die Geschäftsführung dadurch aber auch immer einen wichtigen Informationsvorsprung und damit eine starke Machtposition innerhalb der Gesellschafterversammlung.

Im Hinblick auf die Unternehmenskultur sowie die Wahrnehmung der Mitarbeiter zeigt sich, dass die immaterielle Partizipation durchaus noch ausbaufähig ist und die bisher gewährte Einbindung eher top-down bzw. teilweise nur auf der Arbeitsebene ausgebaut ist.

4 Zusammenfassung der Ergebnisse

Die wichtigsten Ergebnisse der Untersuchung können in Form von sechs Thesen zusammengefasst werden.

These 1 Eine beteiligungsorientierte Unternehmenskultur ist essenziell als Basis für eine nachhaltig erfolgreiche Mitarbeiterkapitalbeteiligung.

Die Bedeutung der Unternehmenskultur wird nicht nur in der Fachliteratur immer wieder angesprochen, sondern tritt auch in der vorliegenden Untersuchung deutlich zu Tage. Ohne eine entsprechende Beteiligungskultur bleiben die Effekte der Mitarbeiterkapitalbeteiligung begrenzt. Eine Mitarbeiterkapitalbeteiligung, die sich auf monetäre Beteiligung beschränkt, besitzt meist auch nur ein limitiertes Aktivierungspotenzial. Im obigen Fallbeispiel zeigt sich auch die wichtige Rolle der Informationspolitik. Zudem wird deutlich, dass die Mitarbeiterkapitalbeteiligung im Unternehmen gewollt sein muss, besonders aufseiten der Geschäftsführung. Schließlich bestehen auch Effekte von der Mitarbeiterkapitalbeteiligung auf die Unternehmenskultur, wobei generell festgestellt werden kann, dass beteiligte Mitarbeiter und das Unternehmen diese deutlich stärker wahrnehmen als Nichtbeteiligte.

These 2 Die Mitarbeiter dürfen auch mit Blick auf ihre Einstellungen und Motive zur Mitarbeiterkapitalbeteiligung nicht als homogene Gruppe verstanden werden. Vielmehr ist hier zwischen unterschiedlichen Interessengruppen zu differenzieren.

In Anbetracht der Tatsache, dass die Sicht der Mitarbeiter auf Mitarbeiterkapitalbeteiligung in der Literatur bisher wenig direkt untersucht wurde, ist es nicht erstaunlich, dass auch das Bild der Belegschaft aus Sicht der Forschung in diesem Punkt wenig ausdifferenziert ist. Die vorliegenden Ergebnisse zeigen, dass dieses Defizit problematisch sein kann. Insbesondere in der Fallstudie wurde deutlich, dass in den Unternehmen zahlreiche Konfliktfelder bestehen, die sich auf unterschiedlichen Interessengruppen (zum Thema Mitarbeiterkapitalbeteiligung) gründen. Dies kann sich um die Schnittstelle zwischen beteiligten und nicht beteiligten Mitarbeiter handeln, aber auch zwischen Alt- und Neugesellschaftern oder zwischen Führungskräften und Belegschaft.

These 3 Die Mitarbeiter beteiligen sich an ihrem Unternehmen primär aus monetären Motiven heraus. Immaterielle Motive, insbesondere erhöhte Mitbestimmung, werden eher als ergänzende Effekte wahrgenommen.

Auch wenn die Mitarbeiter mit Blick auf die Mitarbeiterkapitalbeteiligung nicht auf die Einstellung eines Homo oeconomicus reduziert werden dürfen, so zeigen die vorliegenden Ergebnisse dennoch, dass monetäre Überlegungen klar im Vordergrund stehen. Dies gilt sowohl bei der Motivlage für als auch gegen eine Beteiligung und ist in Unternehmen mit eher partizipativen Modellen ebenso sichtbar wie in Unternehmen mit Beteiligungsmodellen ohne besondere Partizipationsmöglichkeiten. Teilweise bevorzugen Mitarbeiter sogar, wie in der Fallstudie gezeigt, eine eher passive Rolle, häufig und durch alle Unternehmen hindurch zeigt sich aber auch, dass die Mitbestimmung eher als ein Anreiz gesehen wird, der bei einer Mitarbeiterkapitalbeteiligung quasi on top noch dazu kommt. Darüber hinaus spielen partizipative Aspekte auch eine indirekte Rolle: So wird in allen Unternehmen die Wichtigkeit einer fairen und gerechten Ausgestaltung des Beteiligungsmodells herausgestellt.

These 4 Die Mitarbeiter nehmen die Mitarbeiterkapitalbeteiligung, ihre Möglichkeiten und Grenzen, durchaus kritisch und reflektiert wahr.

Die vorliegenden Ergebnisse zeigen, dass die (befragten) Mitarbeiter alles andere als unkritisch oder blauäugig in Bezug auf Mitarbeiterkapitalbeteiligung sind. Im Gegenteil, sie sind sich der Grenzen ihres jeweiligen Modells durchaus bewusst und identifizieren in vielen Fällen sehr deutlich die Probleme ihres Beteiligungsprogramms. So wurden diverse Konfliktfelder in der Fallstudie durch einzelne Mitarbeiter in den Interviews, aber auch in den Fragebögen direkt angesprochen. Diese kritische und reflektierte Haltung wird auch bei der Wahrnehmung der Effekte und der Bewertung des Beteiligungsmodells generell sichtbar.

These 5 Die Effekte der Mitarbeiterkapitalbeteiligung werden durch die Mitarbeiter eher zurückhaltend bewertet. Ihre Wahrnehmung ist v. a. bedingt durch die Unternehmens- und

Beteiligungskultur, die betriebliche Informationspolitik sowie durch den monetären Erfolg der Beteiligung.

Ebenso wie ein Großteil der Fachliteratur schätzen die Mitarbeiter der vorliegenden Untersuchung die Effekte der Mitarbeiterkapitalbeteiligung sehr differenziert ein. Tendenziell werden Effekte eher in Unternehmen mit partizipativen Beteiligungsmodellen wahrgenommen, in Unternehmen mit einer starken Beteiligungskultur, in Unternehmen mit einer starken und nachhaltigen Informationspolitik pro Mitarbeiterkapitalbeteiligung und generell bei monetär erfolgreichen Beteiligungsmodellen.

These 6 Die Bewertung des eigenen Beteiligungsmodells durch die Mitarbeiter ist v. a. bedingt durch die wahrgenommene Gerechtigkeit und Fairness, die Erfüllung ihrer eigenen Interessen und Erwartungen sowie durch die Unternehmenskultur.

Insgesamt bewerten die Mitarbeiter ihr Beteiligungsmodell relativ gut bis sehr gut. Dies ist v. a. abhängig von der Einschätzung der Gerechtigkeit und Fairness des Modells, in verschiedenen Fällen aber auch von der Frage, ob und inwieweit die eigenen Erwartungen bzw. die Erwartungen der eigenen Interessengruppe erfüllt werden. Darüber hinaus spielt auch hier wiederum die Unternehmenskultur eine Rolle, d. h. die Passfähigkeit des Beteiligungsmodells mit dieser.

5 Ausblick

Abschließend ist es angebracht, noch einige Gedanken über mögliche Implikationen für die weitere Forschung sowie die betriebliche Praxis anzustellen.

Mit Blick auf die Forschung wäre zukünftig noch stärker das Wechselspiel von Unternehmenskultur und Mitarbeiterkapitalbeteiligung zu untersuchen. Offensichtlich liegt hier ein wesentliches Potenzial zum Verständnis der Wirkungsmechanismen von Mitarbeiterkapitalbeteiligung, aber auch verwandter Konstrukte wie etwa der „psychological ownership". Auch die Interessenheterogenität und die Interessenkonflikte unter den Mitarbeitern im Zusammenhang mit Mitarbeiterkapitalbeteiligung bedürfen noch stärkerer Beachtung. Das Interesse an einer authentischen Sicht der Mitarbeiter ist hier nur ein erster Schritt, die vorhandene Vielfalt und Komplexität sollte unbedingt weiter untersucht werden.

Auch mit Blick auf die Praxis ist die zentrale Rolle der Unternehmenskultur für ein Gelingen der Mitarbeiterkapitalbeteiligung hervorzuheben. Mitarbeiterkapitalbeteiligung sollte nicht als Allheilmittel betrachtet oder verstanden werden, sondern muss vielmehr in die bestehende Kultur im Unternehmen eingebettet werden. Die Mitarbeiterkapitalbeteiligung ist also eher als Umsetzungsinstrument für und im Rahmen einer bestehenden Beteiligungskultur zu sehen, das bestehende Werte und Einstellungen (z. B. Gerechtigkeit und Fairness) hervorheben kann. Wird dies nicht beachtet, so bleibt die Mitarbeiterkapitalbeteiligung wirkungslos (Alibifunktion) oder sie führt zu Verunsicherungen (z. B.

aufgrund von fehlendem Verständnis des Modells), zu Enttäuschungen (z. B. aufgrund falscher Erwartungen) und letztlich zu betrieblichen Konflikten.

Im positiven Fall allerdings kann die Mitarbeiterkapitalbeteiligung eine bestehende Unternehmenskultur reproduzieren und einen wichtigen Beitrag zu ihrer Festigung und Stärkung leisten. Vor diesem Hintergrund ist eine Unternehmensleitung gut beraten, Mitarbeiterkapitalbeteiligung kritisch und reflektiert zu betrachten (wie es auch die Mitarbeiter tun!), ein für das Unternehmen passendes Modell zu entwickeln (kein Modell von der Stange!) und dabei auch die Vielfalt der Belegschaft mit ihren unterschiedlichen Interessengruppen zu berücksichtigen bzw. einzubeziehen.

Literatur

BMAS – Bundesministerium für Arbeit und Soziales (2013) Mitarbeiterkapitalbeteiligung. Modelle und Förderwege. http://www.bmas.de/SharedDocs/Downloads/DE/Thema-Arbeitsmarkt/a191-mitarbeiterkapitalbeteiligung-broschuere.pdf?__blob=publicationFile. Zugegriffen: 21. Mai 2018

Eisenhardt KM (1989) Building theories from case study research. Acad Manag Rev 14:32–550

Gaugler E (2002) Die Anfänge der Mitarbeiterbeteiligung im 19. Jahrhundert. In: Wagner K-R (Hrsg) Mitarbeiterbeteiligung. Visionen für eine Gesellschaft von Teilhabern. Festschrift für Michael Lezius zum 60. Geburtstag. Gabler, Wiesbaden, S 17–26

Hardes H-D, Wickert H (2004) Praxisbeispiele zur Erfolgs- und Kapitalbeteiligung der Mitarbeiter. Hampp, München

Hartz R, Kranz O, Steger T (2009) Der Mitarbeiter als Kapitaleigner – Bilder und Projektionen in diskursanalytischer Sicht. Berlin, sigma

Heering W (1999) Mitarbeiterbeteiligung am Produktivkapital. Berlin. Expertise im Rahmen der Studie „Mitarbeiterbeteiligung am Unternehmensvermögen" im Auftrage des Betriebsräteberatungsfonds der BvS und der IG Metall

Hexel D (2009) Belegschaftskapital als attraktiver Baustein einer Krisenlösung. Verzicht ist keine Alternative. Beitrag zur gewerkschaftlichen Debatte. DGB, Berlin

Hofmann I, Leitsmüller H, Naderer R (1993) Betroffene melden sich zu Wort – die Meinung der Arbeitnehmer zur Mitarbeiterbeteiligung. In: Hofmann I, Kraus A, Leitsmüller H, Naderer R (Hrsg) Arbeitnehmer als Eigentümer. Orac, Wien, S 70–104

Kruse D, Blasi JR, Park R (2008) Shared capitalism in the U.S. economy? Prevalence, characteristics, and employee views of financial participation in enterprises. NBER Working Paper No. 14225, Cambridge. http://www.nber.org/papers/w14225. Zugegriffen: 26. Febr. 2014

Long R (1978) The effects of employee ownership on organizational identification, employee job attitude, and organizational performance: a tentative framework and empirical findings. Hum Relations 31(1):29–48

Long RJ (1979) Desires for and patterns of worker participation in decision making after conversion to employee ownership. Acad Manag J 22(3):611–617

Long RJ (1980) Job attitudes and organizational performance under employee ownership. Acad Manag J 23(4):726–737

Matiaske W, Tobsch V, Fietze S (2009) Erfolgs- und Kapitalbeteiligung von Beschäftigten in Deutschland. Ergebnisse einer repräsentativen Befragung. Organisations- und Personalforschung e. V., Berlin

Scholand M (2001) Mitarbeiterbeteiligung auf neuen Wegen? Moderne Formen der Kapitalbeteiligung von Arbeitnehmern durch Aktien. Hampp, München

Sendel-Müller M, Weckes M (2010) Mitarbeiterkapitalbeteiligungsgesetz – Fördergesetz für KMU? WISO direkt, Analysen und Konzepte zur Wirtschafts- und Sozialpolitik, Friedrich-Ebert-Stiftung

Steger T, Hartz R (2008) The power of participation? Power relations and processes in employee-owned companies. Z Personalforsch 22(2):52–170

Stracke S, Martins E, Peters B, Nerdinger FW (2007) Mitarbeiterbeteiligung und Investivlohn. Eine Literaturstudie. Hans-Böckler-Stiftung, Düsseldorf

Vevera D (2005) Mitarbeiterbeteiligung am Kapital im EU Mitgliedstaat Österreich – umfassende Erhebung über Verbreitung, Motive und Anforderungen von Arbeitnehmern und Arbeitgebern. http://wko.at/fp/mab/_sgg/Studie%20Mitarbeiterkapitalbeteiligung.pdf. Zugegriffen: 26. Febr. 2014 (Fachhochschule Wiener Neustadt für Wirtschaft und Technik/Arbeiterkammer Wien/Wirtschaftskammer Österreich)

Prof. Dr. Thomas Steger studierte von 1986 bis 1991 Wirtschaftswissenschaften mit Schwerpunkt Betriebswirtschaftslehre an der Universität Fribourg. Nach der Sammlung von Praxiserfahrung trat er 1993 eine Stelle als Wissenschaftlicher Mitarbeiter an der Technischen Universität Chemnitz an. Dort erfolgte 2000 die Promotion zum Dr. rer. pol. Ebenfalls in Chemnitz habilitierte er sich 2006. Zwischen 2002 und 2008 hatte er zudem eine Juniorprofessur für Europäisches Management inne. In den Jahren 2006/2007 vertrat Steger den Lehrstuhl für Unternehmensführung, Organisation und Personal an der Universität Hohenheim. Von 2008 bis 2011 lehrte er als Privatdozent an der Staatswissenschaftlichen Fakultät der Universität Erfurt und vertrat dabei den Lehrstuhl für Organisationstheorie und Management. Im Jahr 2011 folgte Steger einem Ruf an die Universität Regensburg. Er hat dort den Lehrstuhl für Betriebswirtschaftslehre insbesondere Führung und Organisation inne.

Die Entwicklung der Mitarbeiterbeteiligung auf EU-Ebene – Impulse durch Best Practice aus Spanien, Österreich und den USA

Jens Lowitzsch

1 Einleitung

Am 17. November 2017 wurde die Europäische Säule sozialer Rechte (Europäische Union 2017; Europäische Kommission 2018), die Kommissionspräsident Jean-Claude Juncker bereits in seiner Rede zur Lage der Union 2015 angekündigt hatte, auf dem Sozialgipfel im schwedischen Göteborg feierlich unterzeichnet. Schon im europäischen Reformvertrag, der am 13. Dezember 2007 in Lissabon unterzeichnet wurde und nach Ratifizierung durch alle EU-Mitgliedstaaten am 1. Dezember 2009 in Kraft trat, erklärte die Europäische Union das Europäische Sozialmodell erstmalig ausdrücklich zu einer der Säulen der EU-Politik. So stellt Art. 3 III des Vertrags über die Europäische Union (im Weiteren EUV)[1] fest, dass die Union auf „die nachhaltige Entwicklung Europas [...], eine in hohem Maße wettbewerbsfähige soziale Marktwirtschaft, die auf Vollbeschäftigung und sozialen Fortschritt abzielt, [...]" hinwirkt. „Sie bekämpft soziale Ausgrenzung und Diskriminierung und fördert soziale Gerechtigkeit und sozialen Schutz, [...]".

In der Präambel zur Europäischen Säule sozialer Rechte heißt es nun u. a. (Europäische Union 2017): „Die beschäftigungspolitischen und sozialen Herausforderungen Europas sind Folge des zurückhaltenden Wachstums, das wiederum durch das ungenutzte Potenzial bei der Teilhabe an Beschäftigung und Produktivität bedingt ist." Juncker hatte bereits 2009 – damals Präsident der Eurogruppe der Finanz- und Wirtschaftsminister der Eurozone und Premierminister Luxemburgs – in seinem Vorwort zum Bericht PEPPER IV, eine Förderung und Ausweitung der Mitarbeiterbeteiligung gefordert (Lowitzsch et al. 2009):

---

[1] ABl. EU C 326 S 13–390 vom 26. Oktober 2012. https://eur-lex.europa.eu/legal-content/DE/TXT/?uri=celex:12012M/TXT. Zugegriffen: 3. Januar 2018.

J. Lowitzsch (✉)
Kelso-Stiftungsprofessur, Europa Universität Viadrina
Frankfurt (Oder), Deutschland
E-Mail: lowitzsch@europa-uni.de

© Springer-Verlag GmbH Deutschland, ein Teil von Springer Nature 2018
H. Beyer und H.-J. Naumer (Hrsg.), *CSR und Mitarbeiterbeteiligung*,
Management-Reihe Corporate Social Responsibility,
https://doi.org/10.1007/978-3-662-57600-7_26

„[...] finanzielle Beteiligung von Mitarbeitern an den Gewinnen ihrer Arbeitgeber als Ergänzung zu ihrem Monatseinkommen ist nichts anderes als die praktische Umsetzung des fundamentalen Gedankens, dass sich die Schaffung von Vermögen in einem Unternehmen in erster Linie aus der Arbeit und dem Know-how der Mitarbeiter ergibt. Für Arbeitgeber bietet Mitarbeiterbeteiligung den Vorteil, Unternehmens- und Mitarbeiterinteressen miteinander verstärkt in Übereinstimmung zu bringen, einen Teil der Lohnkosten an die Unternehmensleistung zu knüpfen und, wenn sie gut organisiert ist, die Motivation zu verstärken. [...] Wie wir seit Ende 2008 erlebt haben, sind es oftmals insbesondere die Mitarbeiter, die mehr als nur einen fairen Anteil an den negativen Auswirkungen einer Konjunkturschwäche tragen. Instrumente, die es ihnen erlauben, an den Gewinnen teilzuhaben, wenn die Betriebsergebnisse des Arbeitgebers wieder steigen, sind neben allen anderen Aspekten ein Gebot grundsätzlicher Fairness zwischen Arbeitgeber und Arbeitnehmer. Aus diesem Grund muss die Entwicklung solcher Mechanismen fortgesetzt werden."

Vor dem Hintergrund dieser erfreulichen Entwicklung sowie der eindeutigen Worte des Kommissionspräsidenten und seines sozialpolitischen Engagements stellt sich die Frage, wo Mitarbeiterbeteiligung auf europäischer Ebene heute verortet ist. Der folgende Beitrag gibt einen kurzen Überblick der Entwicklung auf europäischer Ebene während der letzten Dekaden sowie eine Zusammenfassung der jüngsten politischen Initiativen, um der Frage nachzugehen, inwieweit Best Practices aus Europa und den USA Impulse zur weiteren Entwicklung geben können.

2   Jüngste Initiativen auf europäischer Ebene

Derzeit sind die einzigen Grundlagen, die auf europäischer Ebene das Konzept der Mitarbeiterbeteiligung unterstützen, die Empfehlung vom 27. Juli 1992 (Rat der Europäischen Gemeinschaften 1992) und Teil II Abschnitt 7 des Aktionsprogramms (Europäische Kommission 1989) für die Umsetzung der Gemeinschaftscharta der sozialen Grundrechte der Arbeitnehmer (Europäische Gemeinschaften bzw. Europäische Union 1989).[2] Abschnitt XI (Sozialpolitik) des Zusatzprotokolls zum Europäischen Grundrechtsabkommen von 1952 erwähnt Mitarbeiterbeteiligung jedoch nicht. Es enthält lediglich Grundsätze des Arbeitnehmerschutzes, der Gleichstellung der Arbeitnehmer und der Mitbestimmung, wobei Art. 155 Vertrag über die Arbeitsweise der Europäischen Union (AEUV) Vereinbarungen zwischen Sozialpartnern auf europäischer Ebene erlaubt. Eine rare Ausnahme in diesem juristischen Niemandsland bildet die Richtlinie 2012/30/EU des Europäischen Parlaments und des Rates vom 25. Oktober 2012.[3]

---

[2] Die Charta vom 9. Dezember 1989, die im Jahr 1998 auch von Großbritannien unterzeichnet wurde, ist weder bindendes Recht noch ein Vertrag mit Wirkung für die Vertragsstaaten.
[3] ABl. EU L 315 vom 14. November 2012 S 74–97. https://eur-lex.europa.eu/legal-content/DE/ALL/?uri=uriserv:OJ.L_.2012.315.01.0074.01.DEU. Zugegriffen: 3. Januar 2018. S. Art. 21 Abs. 3, 25 Abs. 6, 45 Abs. 1 und 2 (vormals Art. 19 Abs. 3, 23 Abs. 2, 41, Abs. 1 und 2 der Zweiten Ge-

Die existierenden Beteiligungsmodelle stellen eine der Säulen des europäischen Sozialmodells dar, das auf der Idee der Partnerschaft und der Überwindung des Konflikts zwischen Kapital und Arbeit beruht. Bislang ist jedoch nur die Beteiligung von Mitarbeitern an Entscheidungsprozessen in dem EU-Vertragswerk geregelt.[4] Im PEPPER-II-Bericht der Europäischen Kommission (1997) wurde festgestellt, dass die derzeit in Europa angewendeten Beteiligungsmodelle mehr Unterschiede als Gemeinsamkeiten aufweisen. Im Jahr 2006 ergab die Analyse der gesetzlichen Rahmenbedingungen in den zehn neuen EU-Mitgliedern und den vier Kandidatenländern (PEPPER III), dass nur in wenigen Ausnahmefällen Gesetze erlassen wurden, die spezifisch der Mitarbeiterbeteiligung gewidmet sind (Lowitzsch et al. 2006). Da auf europäischer Ebene keine rechtlichen Regelungen existieren, gibt es bis dato keine gemeinsame europäische Grundlage der Mitarbeiterbeteiligung.

Unstrittig ist allerdings ein Koordinationsbedarf hinsichtlich der existierenden Anwendungspraktiken, der nach einer Entwicklung gemeinsamer Leitlinien und der Vereinbarung allgemeiner Prinzipien verlangt. Diese Leitlinien sollten zum einen ausreichend Spielraum für länderspezifische Modifikationen bieten, zum anderen die Kompatibilität der derzeit praktizierten Modelle gewährleisten, um die Mobilität der Arbeitnehmer innerhalb der EU nicht zu beeinträchtigen. Ebenfalls auf europäischer Ebene sollten Lösungen für die Besteuerung, für die Erhebung der Sozialversicherungsbeiträge und für die Bewertung der Aktien bei der Mitarbeiterkapitalbeteiligung gefunden werden.

Vor diesem Hintergrund forderte das Europäische Parlament (2003) die Kommission auf, Studien zu den in seinem Beschluss vom 5. Juni 2003 genannten Themen, einschließlich einer Studie über die Bildung eines europäischen Kontrollorgans, durchzuführen. Die Initiative wurde vom Europäischen Wirtschafts- und Sozialausschuss in seiner Initiativstellungnahme SOC/371 zum Thema Finanzielle Mitarbeiterbeteiligung in Europa vom 21. Oktober 2010 aufgegriffen (Europäischer Wirtschafts- und Sozialausschuss 2010).[5] Im Jahr 2012 gab das Europäische Parlament dann zunächst eine Studie zur Mitarbeiterbeteiligung in Auftrag, die im Oktober desselben Jahres vorgestellt wurde. Darauf aufbauend verfasste der Ausschuss für Beschäftigung und soziale Angelegenheiten einen Initiativbericht zu dem Thema mit einer darauffolgenden Entschließung 2013/2127(INI) vom 14. Januar 2014 (Europäisches Parlament 2014), mit der er die Kommission beauftragte, mögliche politische Initiativen zur Verringerung der Barrieren für grenzüberschreitende

sellschaftsrechts-Richtlinie, 77/91/EWG vom 13. Dezember 1976), die Ausnahmen vom EU-Recht zu Aktiengesellschaften erlauben, um die finanzielle Mitarbeiterbeteiligung zu fördern. Richtlinie 2012/30/EU wurde am 14. Juni 2017 durch die Richtlinie 2017/1132/EU aufgehoben und ersetzt; da die neue Richtlinie noch nicht umgesetzt wurde und des Weiteren keine hier relevanten inhaltlichen Änderungen enthält, wird hier auf die Artikel der alten Fassung verwiesen.
[4] Zum Beispiel im Zusammenhang mit dem Statut der Europäischen Gesellschaft die EU-Richtlinie 2001/86/EG vom 8. Oktober 2001, zur Ergänzung des Statuts der Europäischen Gesellschaft hinsichtlich der Beteiligung der Arbeitnehmer, ABl. EG L 294/22.
[5] SOC/371 des EWSA wurde mit 170 zu 9 Stimmen angenommen.

Mitarbeiterbeteiligungspläne zu prüfen sowie Informationen bereitzustellen und das Bewusstsein für Mitarbeiterbeteiligung zu stärken.

Parallel wurden konkrete Vorschläge zur Umsetzung der vom Europäischen Parlament postulierten Ziele 2013/2014 im EU-Pilotprojekt The Promotion of Employee Ownership and Participation (Die Förderung der Mitarbeiterbeteiligung und Partizipation, MARKT/2013/0191F2/ST/OP) gemacht (Lowitzsch und Hashi 2014).[6] Der damalige Vizepräsident der Kommission, Michel Barnier, betonte am 30. Oktober 2014 dessen Bedeutung für die Politikgestaltung in einem Schreiben an den Ausschuss für Wirtschaft und Währung (ECON) des Europäischen Parlaments. Die Ergebnisse des Pilotprojekts wurden am 11. November 2014 in einem Workshop des Beschäftigungsausschusses (EMPL) vorgestellt und am 10. Februar 2015 in einer Aussprache zu der vom Europäischen Parlament am 22. Januar 2015 gestellten mündlichen Anfrage an die Kommission bezüglich der Förderung der Mitarbeiterbeteiligung im Rahmen einer Plenardebatte diskutiert.

Schließlich ist das Dossier MAB, das zunächst im Zuge der Reorganisation der Kommission und insbesondere der Auflösung der Generaldirektion Binnenmarkt (GD MARKT) paradoxerweise bei der Generaldirektion Justiz (GD JUST) verortet war, im Sommer 2017 wieder, wie bereits vor 2010, der Generaldirektion Beschäftigung (GD EMPL) zugeordnet worden.

3 Stand der Entwicklung der Mitarbeiterbeteiligung in der EU und ihre Dynamik

Seit 2009 bietet der PEPPER-IV-Bericht (Lowitzsch et al. 2009) erstmalig einen Gesamtüberblick der Mitarbeiterbeteiligung in sämtlichen Mitglieds- und Kandidatenländern der Europäischen Union, einschließlich der Bedeutung, die ihr in den verschiedenen Ländern zukommt, der betreffenden nationalen Rechtsgrundlagen sowie der Hindernisse, die ihrer Entwicklung jeweils im Weg stehen.

Bereits dieses Benchmarking stellte für die vorangehende Dekade eine positive Dynamik der Mitarbeiterbeteiligung fest. Die neuesten Auflagen verschiedener groß angelegter Länderstudien (Eurofound 2015[7], 2017[8]; CRANET 2010[9]) bestätigen diesen Befund und

---

[6] Der Abschlussbericht der Pilotprojekts ist abrufbar unter: http://ec.europa.eu/internal_market/company/docs/modern/141028-study-for-dg-markt_en.pdf. Zugegriffen: 3. Januar 2018.

[7] Die von Eurofound seit 2009 alle fünf Jahre, zuletzt 2013 durchgeführte Erhebung European Company Survey (ECS) befasst sich mit Unternehmen mit mehr als zehn Mitarbeitern und erfasst etwa 30.000 Firmen in 30 europäischen Ländern (alle EU-Mitgliedstaaten und Beitrittskandidatenländer).

[8] Die Studie European Working Conditions Survey (EWCS) über Arbeitsbedingungen in Europa wird von der Europäischen Stiftung für die Verbesserung der Lebens- und Arbeitsbedingungen (Eurofound) alle fünf Jahre durchgeführt. Im Jahr 2015 (Eurofound 2017) erfasste sie eine Stichprobe von fast 44.000 zufällig ausgewählten Personen in 35 Ländern (einschließlich aller EU-Mitgliedstaaten und Beitrittskandidatenländer sowie einiger Nicht-EU-Staaten).

[9] Diese Erhebung ist eine postalische Umfrage, adressiert an die Personalabteilungen von Unternehmen mit mehr als 200 Mitarbeitern und wird seit 1992 alle vier bis fünf Jahre von der Cranfield

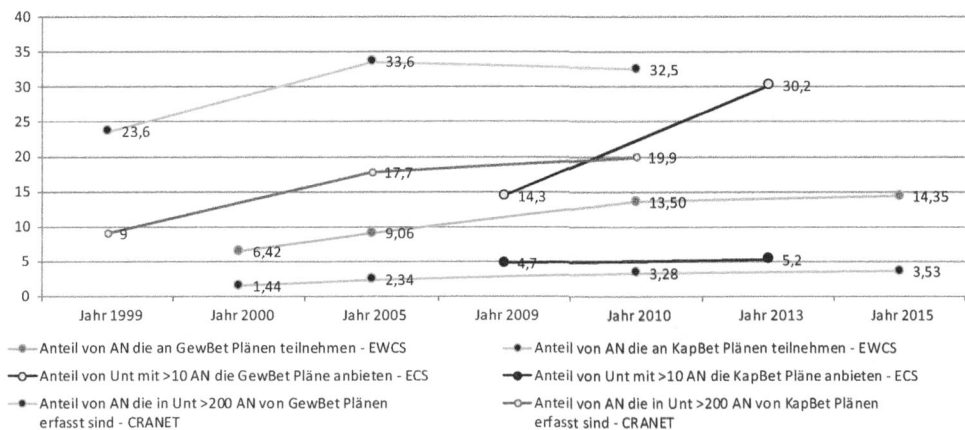

Abb. 1 Dynamik der Mitarbeiterbeteiligung in der Europäischen Union (Gewichtete Durchschnittswerte für die Privatwirtschaft). (Eigene Darstellung auf Grundlage folgender Daten: Eurofound 2001, 2007, 2012, 2017, 2010, 2015; CRANET 1999; 2005; 2010)

zeigen, dass Unternehmen in den letzten 15 Jahren – trotz der ökonomischen und finanziellen Krisen – ihre Angebote verstärkt haben, während Mitarbeiter ihre Beteiligung an Mitarbeiterbeteiligungsplänen in Europa weiterhin ausweiten (Abb. 1). Laut der Daten der ECS-Studie stieg zwischen 2009 und 2013 der Anteil der Unternehmen, die Kapitalbeteiligungspläne anbieten, von 4,7 auf 5,2 % (ein Anstieg von 10 %) und der Anteil jener, die Gewinnbeteiligungskonzepte anbieten, von 14,3 auf 30,2 % (die Häufigkeit hat sich mehr als verdoppelt). Der Prozentsatz der Arbeitnehmer, die diese Pläne nutzen, stieg ebenfalls: Die Europäische Erhebung über die Arbeitsbedingungen (EWCS) zeigt auf, dass der Anteil der Arbeitnehmer, die Gewinnbeteiligungskonzepte nutzen, von 6,4 % im Jahr 2000 auf 9,1 % im Jahr 2005, auf 13,5 % im Jahr 2010 und auf 14 % im Jahr 2015 gestiegen ist. Im selben Zeitraum vergrößerte sich der Anteil der Arbeitnehmer, die an Mitarbeiterkapitalbeteiligungskonzepten teilnehmen, von einem gewichteten Durchschnitt von 1,4 % in den Jahren 1999/2000 auf 2,3 % im Jahr 2005, 3,3 % im Jahr 2010 und 4 % im Jahr 2015. Auf der anderen Seite – trotz dieses positiven Trends – scheint es, dass Kapitalbeteiligung jedoch nur in wenigen Staaten auf einen signifikanten Anteil der arbeitenden Bevölkerung ausgeweitet wurde.

Wie erwartet, bestätigen die ECS-Daten für 2009 und 2013 die Ergebnisse früherer Untersuchungen, wonach die Größe eines Unternehmens eng mit der Verbreitung von Mitarbeiterbeteiligung, insbesondere von Mitarbeiterkapitalbeteiligung, zusammenhängt. Es zeigt sich, dass große Unternehmen fast immer eine höhere Verbreitung von Mitarbeiterbeteiligungsplänen aufweisen als mittlere und v. a. kleine Unternehmen.

School of Management (Cranfield University, Großbritannien) durchgeführt. Im Jahr 2010 erfasste die Erhebung 6258 Unternehmen wobei nur 20 EU-Länder erfasst wurden.

Zusammenfassend ist festzustellen, dass die zunehmende Verbreitung von Mitarbeiterbeteiligungsplänen im Zeitraum 2009–2013, die zuletzt in einer Studie für die Europäische Kommission ausgewertet wurde (Lowitzsch und Hashi 2014), für Mitarbeiterkapitalbeteiligungspläne und Gewinnbeteiligungspläne sehr unterschiedlich verläuft, wobei Gewinnbeteiligungspläne sich deutlich schneller ausbreiten als Mitarbeiterkapitalbeteiligungspläne. Dieser Befund scheint das Umfeld nach der Finanzkrise widerzuspiegeln, in dem die Unternehmen die Gewinnbeteiligung als einen Mechanismus nutzten, um Anreize für ihre Arbeitnehmer zu schaffen und gleichzeitig die Lohnflexibilität zu erhöhen.

Die Gründe für die unterschiedliche Verbreitung von Mitarbeiterkapitalbeteiligung und Gewinnbeteiligung in verschiedenen Ländern sind jedoch vielfältig und betreffen auch einige allgemeine Umstände:

- Das Konzept der Mitarbeiterkapitalbeteiligung unterscheidet sich sehr von dem der Gewinnbeteiligung, und nicht ausreichend viele Unternehmen sind bisher von den Vorteilen der Mitarbeiterkapitalbeteiligung überzeugt.
- Die Umsetzung von Mitarbeiterkapitalbeteiligung ist komplexer und mit höheren Verwaltungskosten verbunden, während die Einführung eines Gewinnbeteiligungsplans relativ unkompliziert und einfach umsetzbar ist.
- Die Einstellung von Arbeitgebern und Gewerkschaften gegenüber der Mitarbeiterkapitalbeteiligung ist i. d. R. weniger positiv als im Fall der Gewinnbeteiligung.

4   Impulse für die EU-Mitgliedstaaten – Best Practice aus Europa und den USA

Ausgangspunkt für Initiativen sowohl auf nationaler als auch auf EU-Ebene sollten – wie vom Europäischen Parlament gefordert – bewährte Praktiken mit innovativem Charakter sein. Entsprechend des Lebenszyklus eines Unternehmens werden hier drei Best-Practice-Modelle für die Gründungsphase (Spaniens Sociedades Laborales), die Konsolidierung und Kontinuität (Österreichs Mitarbeiterbeteiligungsstiftungsgesetz 2017) sowie die Unternehmensnachfolge (US-amerikanische ESOP) vorgestellt.

4.1   Spanien: Sociedades Laborales als arbeitsmarkpolitisches Instrument zur Reaktivierung von Arbeitssuchenden

Mitarbeiterbeteiligung wird in Spanien hauptsächlich in Form der Sociedades Laborales (SL) umgesetzt (für eine ausführliche Darstellung der empirischen Daten dieses Abschnitts s. Lowitzsch et al. 2017), dem derzeit EU-weit einzigen Kapitalbeteiligungskonzept für kleine und Kleinstunternehmen (Fajardo Garcia et al. 2016). Die SL sind konventionelle Kapitalgesellschaften (GmbH oder AG), die sich durch Erfüllung einiger Bedingungen (u. a. mehr als 50 % Arbeitnehmerkapitalbeteiligung), zur Arbeitnehmergesellschaft (Sociedad Laboral) qualifizieren, um von Fördermaßnahmen insbesondere in der Gründungsphase profitieren zu können. Hierbei darf jedoch keine Einzelperson mehr als ein Drittel der Gesamtanteile auf sich vereinigen (eine Ausnahme bilden öffentliche Einrichtungen, die bis zu 49 % besitzen dürfen). Anders als Genossenschaften basiert das Konzept der SL auf Anteilseigentum und darf Fremdkapital verwenden. Unternehmungen können entweder direkt als SL gegründet werden oder sich später zu solchen umwandeln.

Die Gesamtzahl der SL stieg zwischen 1999 und 2013 von 9620 auf 11.322 um 18 %, während die Anzahl ihrer Arbeitnehmer jedoch im selben Zeitraum von 75.606 auf 63.472 um 16 % sank. Diese Dynamik spiegelt die gleichzeitige Verschiebung hin zu den viel kleineren SL wider, deren Anzahl (von 5060 auf 9984) und Beschäftigte (von 20.808 auf 47.727) sich in diesem Intervall verdoppelte. Dabei ist darauf hinzuweisen, dass diese offiziellen Angaben zu Beschäftigung in SL selbstständige Arbeitnehmer nicht erfassen, die nach Schätzungen zwischen 15 und 25 % der in SL Beschäftigten ausmachen. Hauptursache für die negative Dynamik war die Finanzkrise, die in Spanien ebenso konventionelle Unternehmen erfasste; der größte Einbruch war im Baugewerbe zu verzeichnen (Chaves et al. 2018).

Das Konzept entstand als Antwort auf die Ölkrise 1973, um es Arbeitnehmern zu ermöglichen, ihre in der Krise befindlichen Unternehmen zu übernehmen und so Produktion und Arbeitsplätze zu sichern. Mit dem Gesetz 15/1986 wurde die rechtliche Grundlage für die Errichtung der Sociedades Anónimas Laborales oder SAL (Arbeitnehmeraktiengesellschaften) geschaffen. Mit dem Gesetz 4/1997, vom 24. März, wurde das Konzept mit der Einführung der Sociedad Limitada Laboral oder SLL (Arbeitnehmergesellschaft mit beschränkter Haftung) für kleine und Kleinstunternehmen geöffnet; mit geringerem Startkapital (3005,60 statt 60.101,21 €) und niedrigeren Gründungskosten wurden die SLL rasch die häufigste Form dieses Mitarbeiterkapitalbeteiligungskonzepts. Im Jahr 2013 waren etwa 88 % aller SL als Gesellschaft mit beschränkter Haftung inkorporiert, mit durchschnittlich 4,8 Arbeitnehmern (Arbeitnehmereigentümer und Angestellte). Im Oktober 2015 wurde das Konzept der SL mit dem Gesetz 44/2015 über Arbeitnehmergesellschaften und partizipatorische Unternehmen reformiert und auf eine neue gesetzliche Grundlage gestellt.[10]

Ein Grund für den Erfolg des Konzepts ist die Förderung von Unternehmensgründungen aus der Arbeitslosigkeit heraus, die seit 1985 existiert. So können Arbeitsuchende ihre Ansprüche auf Arbeitslosenunterstützung direkt als Gründungskapital einer SL oder zur Kapitalisierung bereits bestehender SL verwenden. Dabei gilt ein Minimum von drei Gründern, die einen Businessplan vorlegen müssen, wobei das neugegründete Unternehmen für die darauffolgenden drei Jahre begleitet und gecoacht wird. Bei der Gründung oder dem Beitritt in eine SL kapitalisieren Gesellschafter i. d. R. zwischen einem und zwei Jahren die ihnen zustehenden Arbeitslosenzahlungen; zwischen 2006 und 2013 lag

---

[10] Ley de Sociedades Laborales y Participadas, 14. Oktober 2015, Official Journal número 247, das am 14. November 2015 in Kraft trat: http://noticias.juridicas.com/base_datos/Laboral/560557-1-44-2015-de-14-oct-sociedades-laborales-y-participadas.html. Zugegriffen: 03. Januar 2018.

die Summe im Durchschnitt bei 13.233 €. Etwa ein Drittel aller Gründer von SLL sind ehemalige Arbeitslose, wobei in der typischen SLL einer von drei Gründern nur investierender Partner ist.

Auf Grundlage offizieller Daten zur Beschäftigung in SL zwischen 2008 und 2013 lag der sekundäre Beschäftigungseffekt bei etwa 1,3 Arbeitsplätzen pro Eigentümergründer. Am Beispiel des Baskenlands wurden die durchschnittlichen jährlichen Kosten (Gründungszuschüsse, Coaching und Beratungsleistungen) zwischen 2006 und 2013 pro neugeschaffenem Arbeitsplatz für die öffentliche Hand auf 944 € beziffert. Dies ist v. a. deshalb eine kleine Sensation, da die 2014 im Auftrag der Kommission erstellte Studie des Europäischen Beschäftigungsobservatoriums (EEPO) zu Start-up-Zuschüssen für Arbeitslose (Europäische Kommission 2014) zu dem ernüchternden Resultat kam, dass bei verhältnismäßig hohen Kosten der durchschnittliche sekundäre Beschäftigungseffekt EU-weit bei lediglich 0,2 Arbeitsplätzen lag.

4.2   Österreich: Strategische Mitarbeiterbeteiligung –
Das Mitarbeiterbeteiligungsstiftungsgesetz 2017

Am 1. Januar 2018 ist das am 29. Juni 2017 vom Nationalrat verabschiedete Mitarbeiterbeteiligungsstiftungsgesetz[11] in Kraft getreten. Ziel des Gesetzes ist es, die Rahmenbedingungen für betriebliche Privatstiftungen zu flexibilisieren sowie durch Einführung einer neuen Form einer betrieblichen Privatstiftung, der Mitarbeiterbeteiligungsstiftung, zu erweitern. Dadurch sollen u. a. feindliche Übernahmen erschwert, der Unternehmensstandort Österreich gestärkt sowie Arbeitsplätze gesichert werden. Darüber hinaus strukturiert das Gesetz die Regelungen für betriebliche Privatstiftungen insgesamt neu (Finanzausschuss des Österreichischen Nationalrats 2017). Für alle oder bestimmte Gruppen von Mitarbeiter ist die unentgeltliche oder verbilligte Abgabe von Aktien an Arbeitgebergesellschaften bis zu einem Wert von 4500 € pro Jahr steuer- und sozialversicherungsbefreit, sofern sie treuhänderisch in einer Mitarbeiterbeteiligungsstiftung verwaltet werden und die Aktien bis zum Ende des Dienstverhältnisses in der Mitarbeiterbeteiligungsstiftung verbleiben.[12] Auch die Übernahme der Verwaltungskosten durch die Privatstiftung führt zu keinem steuerpflichtigen Lohnvorteil. Die Übertragung der Mitarbeiteraktien seitens der Privatstiftung an den Mitarbeiter nach Beendigung des Arbeitsverhältnisses ist steuerneutral möglich.

---

[11] BGBl. I Nr. 105/2017. https://www.ris.bka.gv.at/eli/bgbl/I/2017/105. Zugegriffen: 3. Januar 2018.
[12] Bisher durften Aktien nur bis zu einem Wert von 3000 € (nach der Anhebung 2016 von zuvor 1640 €) pro Jahr steuer- und sozialversicherungsbefreit und nur direkt an die Mitarbeiter, nicht an eine Stiftung ausgegeben werden. Gegebenenfalls bestehende Mitarbeiterbeteiligungsmodelle unter Nutzung einer Zwischengesellschaft, wie die voestalpine Mitarbeiterbeteiligung Privatstiftung bei der voestalpine AG, mussten steuerneutrale Lösungen durch entsprechende Vertragsgestaltung herbeiführen.

Die neu eingeführte Mitarbeiterbeteiligungsstiftung soll der gemeinsamen Verwahrung und Verwaltung von Mitarbeiterkapitalbeteiligungen der betroffenen Unternehmen dienen, nicht wie bei der Belegschaftsbeteiligungsstiftung der bloßen Weitergabe von Beteiligungserträgen. Durch die Gewährung von Aktien an Mitarbeiter und für die Dauer ihrer Betriebszugehörigkeit – gebündelt in einer Mitarbeiterbeteiligungsstiftung – wird, nebst entsprechend neu gestalteter Vorteile für die Mitarbeiter, insbesondere die Bildung bzw. Stärkung eines Kernaktionärs mit einheitlicher Stimmrechtsausübung ermöglicht. Zuwendungen des Unternehmens an die Mitarbeiterbeteiligungsstiftung sind von der Stiftungseingangssteuer (2,5 % der Zuwendung an Privatstiftungen) und der Körperschaftssteuer befreit; zugewendete Aktien sind dabei grundsätzlich als Betriebsausgaben abzugsfähig. Einziger Kritikpunkt an der Neuregelung ist, dass sie auf Aktiengesellschaften beschränkt ist; in diesem Zusammenhang wurde von Experten v. a. auf einen möglichen Verstoß gegen den verfassungsrechtlichen Gleichheitsgrundsatz im Hinblick auf GmbHs hingewiesen.

Eine Mitarbeiterbeteiligungsstiftung ist des Weiteren selbst berechtigt, Aktien am Arbeit gebenden Unternehmen zu halten, wobei jedoch eine Deckelung von höchstens 10 % der Stimmrechte im Unternehmen gilt. Solche zunächst von der Mitarbeiterbeteiligungsstiftung treuhänderisch gehaltenen Anteile müssen dann schrittweise von den Mitarbeitern erworben werden. Um in diesem Zusammenhang die Finanzierung von Mitarbeiterkapitalbeteiligungen durch das Arbeit gebende Unternehmen (financial assistance) zu ermöglichen, ist nunmehr die Gewährung von Vorschüssen, Sicherheiten sowie Darlehen zum Zweck des Aktienerwerbs durch oder für Arbeitnehmer des Unternehmens oder eines mit ihm verbundenen Unternehmens ausdrücklich in § 66a Satz 2 Aktiengesetz (AktG) erlaubt, bei entsprechender Wahrung des Nettoaktivvermögens gemäß § 66a Satz 3 AktG. Die auf der Umsetzung der 2. Gesellschaftsrechtsrichtlinie[13] beruhende österreichische Regelung geht also deutlich weiter als ihre deutsche Parallelbestimmung, die nach ihrem Wortlaut (vgl. § 71a Abs. 1 Satz 2 des deutschen AktG) nur einen Aktienerwerb durch die Arbeitnehmer selbst erfasst.

Die Einführung des neuen Vehikels der Mitarbeiterbeteiligungsstiftung geht mutmaßlich auf die positiven Erfahrungen der voestalpine AG zurück. Die voestalpine AG ist ein internationaler Konzern im Bereich der Stahlerzeugung und der Stahlverarbeitung mit etwa 500 Konzerngesellschaften und -standorten in mehr als 50 Ländern weltweit und Hauptsitz in Linz, Österreich (Voestalpine o. J.).[14] Im Rahmen der Diskussion über die Vollprivatisierung des Konzerns im Frühjahr 2000 (damaliger Staatsanteil rund 38 %, heute gänzlich privatisiert) entstand in Gesprächen zwischen Konzernmanagement und Konzernbetriebsrat die damals in Österreich einmalige Idee einer massiven Kapitalbetei-

---

[13] Neugefasst in der Kapital-Richtlinie 2012/30/EU sowie kürzlich in der Richtlinie (EU) 2017/1132 des Europäischen Parlaments und des Rates vom 14. Juni 2017 über bestimmte Aspekte des Gesellschaftsrechts, deren Umsetzungsfrist jedoch noch läuft.
[14] In Summe erwirtschaftete der Konzern im Geschäftsjahr 2016/17 als einer der profitabelsten europäischen Stahlerzeuger einen Gesamtumsatz von rund 11,29 Mrd. € und ein Earnings before interest and taxes (EBIT) von 823,3 Mio. €.

ligung der eigenen Belegschaft bei einem wirtschaftlich erfolgreichen Unternehmen. Im Ergebnis ist die Belegschaft heute zweitgrößter Großaktionär (14,5 % der Stimmrechte[15]), stabilisiert die Eigentümerstruktur und unterstützt in dieser Rolle die langfristig orientierte Weiterentwicklung des Konzerns. Neben dieser grundlegenden Zielsetzung sollte auch die Möglichkeit geschaffen werden, dass Mitarbeiter als Aktionäre am Erfolg des Unternehmens zusätzlich partizipieren können.

Gemeinsam wurde die voestalpine Mitarbeiterbeteiligung Privatstiftung zur Verwaltung der Kapitalbeteiligung eingerichtet. Insbesondere bedeutete die Mitarbeiterbeteiligung in Form einer strategischen Beteiligung eine Erweiterung der Mitwirkungsmöglichkeiten der Belegschaft an der langfristigen Entwicklung des Konzerns, die als sinnvolle Ergänzung zu den bestehenden arbeitsrechtlichen Mitbestimmungsrechten der Belegschaftsvertretung zu sehen ist. Nach nunmehr 17 Jahren positiver Erfahrung ist hinsichtlich der Beteiligung besonders wichtig: „poison pill" für unerwünschte Übernahmen, Stabilität in der Eigentümerstruktur, Partnerschaft in wesentlichen Unternehmensentscheidungen im Rahmen der Hauptversammlungen.

4.3   USA: ESOP als Instrument der Unternehmensnachfolge

4.3.1   Unternehmensnachfolge in Deutschland

Nach Berechnungen der Kreditanstalt für Wiederaufbau (KfW) planen bis zum Jahr 2018 in Deutschland 17 % der mittelständischen Unternehmer die Übergabe oder den Verkauf ihres Unternehmens; betroffen sind etwa 620.000 kleine und mittlere Unternehmen mit mehr als 4 Mio. Arbeitnehmern (Leifels 2016).[16] Aufgrund des demografischen Wandels steigt der Nachfolgebedarf, wobei die Zahl der Übernahmegründer sinkt, die KfW geht 2016 von einem Verhältnis von drei zu eins aus. Familiennachfolge hat mit 56 % nach wie vor die Priorität im Mittelstand. Als neue Entwicklung dürfte zu betrachten sein, dass die Übergabe an Miteigentümer und/oder Mitarbeiter immerhin für 43 % der Befragten in Betracht kommt.

Einer Studie der Deutschen Bank vom Mai 2007 zufolge wurde im Mittelstand nicht einmal mehr jedes zweite übergabereife Unternehmen innerfamiliär weitergegeben; nur rund 10 % der Befragten planten eine unternehmensinterne Übergabe an Mitarbeiter, etwa 21 % gingen von einem Verkauf aus (Linnemann 2007). Infolge der neuen Finanzierungsformen wird die außerfamiliäre Nachfolge durch Verkauf an Bedeutung zunehmen und der zunehmende Fokus ausländischer Investoren auf deutsche Unternehmen verbreitert das Spektrum potenzieller Käufer. Insbesondere bei Veräußerung an Finanzinvestoren oder strategische Käufer droht die äußerst erfolgreiche regionale Ausprägung der (Familien-)Unternehmensstruktur in Deutschland verloren zu gehen. Dieser Aspekt wur-

---

[15] S. https://www.voestalpine.com/group/de/konzern/mitarbeiterbeteiligung/. Zugegriffen: 03. Januar 2018.

[16] Die Angaben beruhen auf dem KfW-Mittelstandspanel und der Creditreform/KfW-Befragung zur Unternehmensnachfolge 2012–2015.

de auch von der Europäischen Kommission (1994a) in der Empfehlung vom 7. Dezember 1994[17] hervorgehoben, wobei die Übertragung des Eigentums auf die Belegschaft als ein Mittel zur Erleichterung der Unternehmensnachfolge kleiner und mittlere Unternehmen jüngst als besonders wichtig erachtet wurde.[18]

4.3.2 Elemente und Auswirkungen der Employee Stock Ownership Plans in den USA

Ein hundertprozentiger oder anteilsmäßiger Employee Stock Ownership Plan (ESOP) ist ein ideales Instrument, um Eigentümer- und Managementwechsel und Mitarbeiterbeteiligung in nicht notierten Gesellschaften zu erleichtern. Dabei gründet das Unternehmen einen treuhänderischen ESOP-Fonds (in Kontinentaleuropa in Form einer Kapitalgesellschaft, eines Vereins oder einer Stiftung; im angloamerikanischen Rechtskreis i. d. R. ein Trust) zugunsten der Mitarbeiter. Der ESOP-Fonds wird normalerweise durch eine Kombination von Leistungen des Unternehmens und einem Kredit finanziert; als Sicherheit für das Darlehen des ESOP-Fonds wird üblicherweise eine Garantie des Unternehmens verwendet. Anteile bzw. Aktien werden entweder von Altaktionären erworben oder im Rahmen einer Kapitalerhöhung ausgegeben, vom ESOP-Fonds treuhänderisch für die Mitarbeiter gehalten und erst nach einer Sperrfrist, die sich nach dem Tilgungsplan des Darlehens richtet, den persönlichen Konten der Mitarbeiter zugeordnet.

Im Jahr 2014 gab es 6717 genuine ESOP in den USA, die 14,1 Mio. Beschäftigte, sowie 2898 ESOP-ähnliche Pläne, die 1,1 Mio. Beschäftigte erfassten (NCEO 2018): Die überwiegende Mehrheit der ESOP wurde in Unternehmen, deren Anteile nicht öffentlich gehandelt werden, eingeführt; in etwa 4500 Unternehmen hält der ESOP die Mehrheit der Anteile und etwa 3000 sind zu 100 % im Eigentum des ESOP, etwa 7000 sind groß genug, um einen wesentlichen Faktor für die Unternehmensstrategie und -kultur darzustellen. Einer Studie des General Social Survey (GSS) aus dem Jahr 2010 zufolge blieben die Quoten der Mitarbeiterbeteiligung seit 2006 stabil, wobei 17,4 % der Befragten angaben, Unternehmensaktien zu besitzen (ESOP Association o. J.).[19]

Im Gegensatz zu Rentenfonds, in denen die Anlagen grundsätzlich diversifiziert sein müssen, wird der ESOP-Fonds ausschließlich für die Aktien bzw. Anteile des beschäftigenden Unternehmens eingerichtet. Dabei kann der ESOP-Fonds von Unternehmen, die nicht notiert sind, genutzt werden, um einen internen Markt zum Kauf und Verkauf von Anteilen des Unternehmens für die Mitarbeiter zu schaffen. Dies funktioniert dann, wenn der Fonds neben der periodischen Zuteilung von Anteilen einen Marktplatz zum weitergehenden Erwerb bereitstellt, was üblicherweise durch Anteilsauktionen im Zwei-Jahres-Rhythmus erfolgt. Der ESOP-Fonds kann diesen Markt mit Liquidität versorgen, wenn er

---

[17] Mit erklärendem Vermerk 94/C 400/01, s. Europäische Kommission (1994b).

[18] Einer der Kernbereiche des Abschlussberichts des MAP-2002-Projekts der Generaldirektion Unternehmen der Europäischen Kommission, s. Europäische Kommission (2003).

[19] Etwa 22,9 Mio. US-Bürger halten Anteile an den Unternehmen, für die sie arbeiten, mit einem durchschnittlichen Wert dieser Anteile von über einem Fünftel ihres Jahreseinkommens, s. NCEO (o. J.).

gleichzeitig Anteile erwirbt, um diese dann später in Zuteilungen an Mitarbeiter zu übertragen. Da durch den ESOP innerhalb des Unternehmens ein Markt für die Aktien bzw. Anteile entsteht, die sonst nicht handelbar wären, ist der ESOP ein Finanzierungsmodell, von dem sowohl die Arbeitnehmer als auch das Arbeitgeberunternehmen profitieren.

Ein wichtiges Merkmal des ESOP in diesem Zusammenhang besteht darin, dass die Bezahlung der Anteile bzw. Aktien fremdfinanziert (leveraged) werden kann, indem ein Kredit von einem externen Kreditgeber aufgenommen wird. Dieser Mechanismus ist wichtig, da er größere Transaktionen innerhalb des Unternehmens erleichtert und zugleich substanzielle Kapitalbeteiligung der Mitarbeiter entstehen lässt. Die Schulden des ESOP-Fonds werden durch regelmäßige Zahlungen des Unternehmens an den Trust finanziert. Auch Dividenden auf Anteile bzw. Aktien aus dem Fonds können zur Tilgung des Darlehens verwendet werden, allerdings ist dies lediglich eine zusätzliche Möglichkeit.[20] Wie andere Bankdarlehen müssen ESOP-Darlehen zurückgezahlt werden, unabhängig davon, ob die Dividenden zur Tilgung ausreichen. Wenn das Unternehmen, wie etwa in den Vereinigten Staaten, berechtigt ist, die ESOP-Darlehenszahlungen von der Steuer abzusetzen, ist ein solches Darlehen im Vergleich zu üblichen Rekapitalisierungskrediten privilegiert (für die USA Bachman und Butcher 2002).

Dadurch, dass die Fähigkeit des Unternehmens Kredit aufzunehmen oder zu besichern als Garantie für das Darlehen verwendet wird, aus dem die Belegschaftsaktien vom ESOP-Fonds bezahlt werden, und dass die Darlehenszahlungen i. d. R. von der Steuer abgesetzt werden können, werden die Finanzierungskosten wesentlich reduziert. Ein zusätzlicher Vorteil ist, dass die Anteile bzw. Aktien nicht an Dritte verkauft werden, wodurch der Kontrollverlust vermieden wird, sodass auch unter diesem Gesichtspunkt das ESOP-Modell einem konventionellen Bankkredit vorzuziehen ist. Selbstverständlich kann jede Kapitalbeteiligung der Belegschaft von 1 bis 100 % mithilfe des ESOP-Modells auch ohne Fremdfinanzierung (non-leveraged) erreicht werden.

4.3.3 Gesamtwirtschaftliche Effekte

Das Gesamtvermögen aller genuinen US-amerikanischen ESOP wurde Ende 2014 auf 1,31 Bio. US-$ geschätzt (NCEO 2018). Die Daten der GSS-Studie von 2015 ergeben weiterhin, dass eine Entlassung von Arbeitnehmern in den USA während der Großen Rezession viermal weniger wahrscheinlich war, wenn sie Mitarbeiterbeteiligungen besaßen, im Vergleich zu solchen Arbeitnehmern, bei denen dies nicht der Fall war (1,3 % in 2014 im Vergleich zu 9,5 % bei konventionellen Eigentümerstrukturen; ESOP Association o. J.). Der National Center for Employee Ownership (NCEO) geht davon aus, dass sich die Einsparungen durch die vergleichsweise geringen Entlassungen von ESOP-Teilnehmern auf 13,7 Mrd. US-$ im Jahr 2010 beliefen; das sind fast 14-mal mehr als der auf 1 Mrd. US-$ pro Jahr geschätzte Steueraufwand, der auf die speziellen gesetzlichen Regelungen zur Einrichtung und Unterhaltung von ESOP zurückgeführt wird.

---

[20] Wenn das Kurs-Gewinn-Verhältnis (KGV) bei fünf liegt und der Zinssatz niedrig, z. B. 5 %, erfordert die Tilgung eines Sieben-Jahres-Standardkredits nach der Formel $K / 7 + K \times 0{,}05$ fast eine Dividende von 20 % im ersten Jahr.

5 Ausblick: Fortsetzung der Initiative von Europäischem Parlament und Kommission von 2014?

Angeregt durch die Initiativstellungnahme des Europäischen Wirtschafts- und Sozialausschusses zum Thema Finanzielle Mitarbeiterbeteiligung in Europa aus dem Jahr 2010, forderte das Europäische Parlament die Kommission in seiner Entschließung vom 14. Januar 2014 (Europäisches Parlament 2014) auf, mögliche politische Initiativen zur Verringerung der Barrieren für grenzüberschreitende Mitarbeiterbeteiligungspläne zu prüfen sowie Informationen über Mitarbeiterbeteiligung bereitzustellen und das Bewusstsein dafür zu schärfen. Es empfiehlt die Organisation von Informationskampagnen, um das Informationsdefizit zu verringern und mit Arbeitgebern, Arbeitnehmervertretern und anderen Interessensvertretern in Kontakt zu treten, sowie eine Gesetzesfolgenabschätzung zu einem Gemeinsamen Europäischen Regime zur Mitarbeiterbeteiligung („optional 2nd Regime"). Der in der Entschließung gemachte Vorschlag zur weiteren Stärkung von Mitarbeiterbeteiligung enthält drei Elemente.

1. die Entwicklung eines virtuellen Zentrums für Mitarbeiterbeteiligung und eines effektiven Steuersatzrechners sowie die Nutzung existierender oder die Entwicklung neuer einheitlicher Informationsportale;
2. die Entwicklung grundlegender Leitlinien für erfolgreiche Konzepte, die die grenzüberschreitende Übertragbarkeit von Best-Practice-Konzepten zwischen den Mitgliedstaaten fördern und
3. die Entwicklung von Leitlinien für die Besteuerung.

Das Europäische Parlament bringt in seiner Entschließung die Überzeugung zum Ausdruck, dass Unternehmensnachfolge, zusätzliche Liquidität, Personalbindung und andere für kleine und mittlere Unternehmen charakteristische Schwierigkeiten durch Mitarbeiterkapitalbeteiligungspläne verringert werden können. Es ist auch der Meinung, dass Mitarbeiterbeteiligungskonzepte in kleinen und Kleinstunternehmen mit Arbeitsmarktmaßnahmen verbunden werden können, um Arbeitslose wieder in Beschäftigung zu bringen. Außerdem erkennt das Parlament die Eignung von Treuhandkonzepten wie Employee Stock Ownership Plans (ESOP), wie sie in Irland und Großbritannien praktiziert werden, an.

All diese Bereiche werden von den oben aufgeführten Best-Practice-Beispielen abgedeckt, sodass zumindest hinsichtlich der geforderten Leitlinien für erfolgreiche Konzepte zur grenzüberschreitenden Übertragbarkeit ausreichende Ansätze bestehen. Ob die derzeitige Kommission jedoch den Aufforderungen des Europäischen Parlaments noch während ihrer Amtsperiode nachkommt, bleibt abzuwarten. Da alle drei Problembereiche auch in Deutschland nach Lösungen drängen, sollte der nationale Gesetzgeber hier vorausgehen und Akzente setzen. Insbesondere hinsichtlich der steuerlichen Förderung und der arbeitsmarktpolitischen Umsetzung besteht hier dringender Handlungsbedarf.

Literatur

Bachman C, Butcher K (2002) ESOP financing. San Francisco. National Center for Employee Ownership conference paper

Chaves R, Abad F, Lowitzsch J (2018) La política económica dirigida hacia las sociedades laborales (Im Erscheinen)

CRANET – Cranfield Network on International Human Resource Management (1999) International executive report 1999. Cranfield School of Management. http://www.cranet.org. Zugegriffen: 3. Jan. 2018

CRANET – Cranfield Network on International Human Resource Management (2005) International executive report 2005. Cranfield School of Management. http://www.cranet.org. Zugegriffen: 3. Jan. 2018

CRANET – Cranfield Network on International Human Resource Management (2010) International executive report 2010. Cranfield School of Management. http://www.cranet.org. Zugegriffen: 3. Jan. 2018

ESOP Association (o. J.) ESOP statistics. http://www.esopassociation.org/explore/employee-ownership-news/resources-for-reporters. Zugegriffen: 3. Jan. 2018

Eurofound (2001) Third European Working Conditions Survey – 2000. Luxembourg: Office for Official Publications of the European Communities. https://www.eurofound.europa.eu/surveys/2000/third-european-working-conditions-survey-2000. Zugegriffen: 3. Jan. 2018 (abgekürzt EWCS 2000)

Eurofound (2007) Fourth EuropEan Working Conditions Survey – 2005. Luxembourg: Office for Official Publications of the European Communities. https://www.eurofound.europa.eu/surveys/european-working-conditions-surveys/fourth-european-working-conditions-survey-2005. Zugegriffen: 3. Jan. 2018 (abgekürzt EWCS 2005)

Eurofound (2010) European Company Survey 2009 – Overview. Luxembourg: Office for Official Publications of the European Communities. https://www.eurofound.europa.eu/surveys/european-company-surveys/european-company-survey-2009. Zugegriffen: 3. Jan. 2018

Eurofound (2012) Fifth European Working Conditions Survey – Overview Report: 2010. Luxembourg: Publications Office of the European Union. https://www.eurofound.europa.eu/publications/report/2012/working-conditions/fifth-european-working-conditions-survey-overview-report. Zugegriffen: 3. Jan. 2018 (abgekürzt EWCS 2010)

Eurofound (2015) Third European Company Survey 2013 – Overview Report: Workplace practices – Patterns, performance and well-being. Luxembourg: Publications Office of the European Union. https://www.eurofound.europa.eu/surveys/european-company-surveys/european-company-survey-2013. Zugegriffen: 3. Jan. 2018 (abgekürzt ECS 2013)

Eurofound (2017) Sixth European Working Conditions Survey – Overview Report: 2015. Luxembourg: Publications Office of the European Union. https://www.eurofound.europa.eu/publications/report/2016/working-conditions/sixth-european-working-conditions-survey-overview-report. Zugegriffen: 3. Jan. 2018 (abgekürzt EWCS 2015)

Europäische Gemeinschaften bzw. Europäische Union (1989) Gemeinschaftscharta der sozialen Grundrechte der Arbeitnehmer 9. Dezember 1989. https://eur-lex.europa.eu/legal-content/DE/TXT/?uri=LEGISSUM%3Ac10107. Zugegriffen: 3. Jan. 2018

Europäische Kommission (1989) Mitteilung der Kommission über Ihr Aktionsprogramm zur Anwendung der Gemeinschaftscharta der Sozialen Grundrechte. KOM (89) 568 final vom 29. November 1989. https://eur-lex.europa.eu/legal-content/DE/TXT/?uri=celex:51989DC0568. Zugegriffen: 3. Jan. 2018 (Text abrufbar unter: http://aei.pitt.edu/1345/)

Europäische Kommission (1994a) Empfehlung der Kommission vom 7. Dezember 1994 zur Übertragung von kleinen und mittleren Unternehmen (Text von Bedeutung für den EWR). 94/1069/EG. ABl. EG L 385 vom 31.12.1994 S 14–17. https://eur-lex.europa.eu/eli/reco/1994/1069/oj. Zugegriffen: 3. Jan. 2018

Europäische Kommission (1994b) Mitteilung betreffend die Empfehlung der Kommission vom 7. Dezember 1994 zur Übertragung von kleinen und mittleren Unternehmen. 94/C 400/01. ABl. EG C 400 vom 31. 12. 1994 S 1–9. https://eur-lex.europa.eu/legal-content/DE/TXT/?uri=uriserv:OJ.C_.1994.400.01.0001.01.DEU&toc=OJ:C:1994:400:TOC. Zugegriffen: 3. Jan. 2018

Europäische Kommission (1997) Report from the Commission: PEPPER II – Promotion of participation by employed persons in profits and enterprise results (including equity participation) in Member States, COM (96) 697. Brüssel. https://www.eurofound.europa.eu/sites/default/files/ef_files/docs/areas/participationatwork/pepper2.pdf. Zugegriffen: 3. Jan. 2018

Europäische Kommission (2003) Report (final) of the MAP 2002 project: transfer of businesses – continuity through a new beginning. European Commission Enterprise Directorate-General, Brüssel

Europäische Kommission (2014) European employment policy observatory review – activating jobseekers through entrepreneurship: Start-up incentives in Europe. Europäische Kommission, Brüssel

Europäische Kommission (2018) Die Europäische Säule sozialer Rechte. Errichtung einer stärker inklusiven und faireren Europäischen Union. https://ec.europa.eu/commission/priorities/deeper-and-fairer-economic-and-monetary-union/european-pillar-social-rights_de. Zugegriffen: 3. Jan. 2018

Europäische Union (2017) Interinstitutionelle Proklamation zur europäischen Säule sozialer Rechte. ABl. EU C 428 vom 13. Dezember 2017, S 10–15. https://eur-lex.europa.eu/legal-content/DE/TXT/?uri=uriserv:OJ.C_.2017.428.01.0010.01.DEU&toc=OJ:C:2017:428:FULL. Zugegriffen: 3. Jan. 2018

Europäischer Wirtschafts- und Sozialausschuss (2010) Stellungnahme des Europäischen Wirtschafts- und Sozialausschusses zum Thema „Finanzielle Mitarbeiterbeteiligung in Europa" (Initiativstellungnahme). 2011/C 51/01. ABl. EU C 51 vom 17. Februar 2011 S 1–7. https://eur-lex.europa.eu/legal-content/DE/TXT/?uri=uriserv:OJ.C_.2011.051.01.0001.01.DEU&toc=OJ:C:2011:051:TOC. Zugegriffen: 3. Jan. 2018

Europäisches Parlament (2003) Entschließung des Europäischen Parlaments vom 5. Juni 2003 zu der Mitteilung der Kommission an den Rat, das Europäische Parlament, den Wirtschafts- und Sozialausschuss und den Ausschuss der Regionen über Rahmenbedingungen für die Förderung der finanziellen Beteiligung der Arbeitnehmer (KOM(2002) 364 – 2002/2243(INI)). ABl. EU C 68E vom 18. März 2004 S 429–434. https://eur-lex.europa.eu/legal-content/DE/TXT/?uri=uriserv:OJ.CE.2004.068.01.0429.01.DEU&toc=OJ:C:2004:068E:TOC. Zugegriffen: 3. Jan. 2018

Europäisches Parlament (2014) Entschließung des Europäischen Parlaments vom 14. Januar 2014 zur finanziellen Beteiligung der Arbeitnehmer an den Unternehmensgewinnen (2013/2127(INI)). ABl. EU C 482 vom 23. Dezember 2016 S 41–47. https://eur-lex.europa.eu/legal-content/DE/TXT/?uri=uriserv:OJ.C_.2016.482.01.0041.01.DEU&toc=OJ:C:2016:482:TOC. Zugegriffen: 3. Jan. 2018

Fajardo Garcia I-G, Muñeca J, San José J (2016) Employee financial participation: Spain's Sociedades Laborales. European Parliament, Brussels (Briefings for the EMPL Committee (IP/A/EMPL/2016-01, PE 587.300))

Finanzausschuss des Österreichischen Nationalrats (2017) Bericht über den Antrag 2231/A betreffend Mitarbeiterbeteiligungsstiftungsgesetz 2017, 1722 der Beilagen zu den Stenographischen Protokollen des Nationalrates XXV. GP. https://www.parlament.gv.at/PAKT/VHG/XXV/I/I_01722/fname_642954.pdf. Zugegriffen: 3. Jan. 2018

Leifels A (2016) Alterung treibt Nachfolgerbedarf im Mittelstand: 620.000 Übergaben bis 2018. KfW Research 132. https://www.kfw.de/PDF/Download-Center/Konzernthemen/Research/PDF-Dokumente-Fokus-Volkswirtschaft/Fokus-Nr.-132-Juli-2016-Nachfolge.pdf. Zugegriffen: 3. Jan. 2018

Linnemann C (2007) Deutscher Mittelstand vom Aussterben bedroht? Unternehmensnachfolge im Fokus. Deutsche Bank Research, aktuelle Themen 387. https://www.dbresearch.de/PROD/RPS_DE-PROD/PROD0000000000461131/Deutscher_Mittelstand_vom_Aussterben_bedroht%3F_Unte.PDF. Zugegriffen: 3. Jan. 2018

Lowitzsch J (Hrsg) (2006) The PEPPER III Report – Financial Participation of Employees in the New Member and Candidate Countries of Central and Eastern Europe. Berlin: Inter-University Centre, Freie Universität Berlin. http://www.intercentar.de/fileadmin/files/PEPPER_III/PEPPER_III_Final_Print.pdf. Zugegriffen: 3. Jan. 2018

Lowitzsch J, Hashi I (Hrsg) (2014) Study on the promotion of employee ownership and participation. Prepared for the European Commission DG MARKT. Luxembourg: European Commission, Directorate-General Internal Market and Services (DG MARKT). http://ec.europa.eu/internal_market/company/docs/modern/141028-study-for-dg-markt_en.pdf. Zugegriffen: 3. Jan. 2018

Lowitzsch J, Dunsch S, Hashi I (2017) Spanish Sociedades Laborales – activating the unemployed. A potential new EU active labour market policy instrument. Palgrave Macmillan, Cham

Lowitzsch J, Hashi I, Woodward R (Hrsg) (2009) The PEPPER IV Report: Benchmarking of Employee Participation in Profits and Enterprise Results in the Member and Candidate Countries of the European Union. Berlin: Inter-University Centre, Freie Universität Berlin. https://www.eurofound.europa.eu/sites/default/files/ef_files/docs/areas/participationatwork/pepper4.pdf. Zugegriffen: 3. Jan. 2018

NCEO – National Center for Employee Ownership (o. J.) Data show widespread employee ownership in U.S. https://www.nceo.org/articles/widespread-employee-ownership-us. Zugegriffen: 3. Januar 2018

NCEO – National Center for Employee Ownership (2018) A statistical profile of employee ownership. http://www.nceo.org/articles/statistical-profile-employee-ownership. Zugegriffen: 3. Jan. 2018

Rat der Europäischen Gemeinschaften (1992) Empfehlung des Rates über die Förderung der Gewinn- und Betriebsergebnisbeteiligung (einschließlich Kapitalbeteiligung) der Arbeitnehmer. 92/443/EWG, ABl. EG L 245 vom 26. August 1992 S 53–55. https://eur-lex.europa.eu/legal-content/DE/TXT/?uri=CELEX%3A31992H0443. Zugegriffen: 3. Jan. 2018

Voestalpine (o. J.) Über voestalpine. https://www.voestalpine.com/group/de/konzern. Zugegriffen: 3. Jan. 2018

Prof. Dr. Jens Lowitzsch ist seit 2010 Inhaber der Kelso-Stiftungsprofessur für Rechtsvergleichung, Osteuropäisches Wirtschaftsrecht und Europäische Rechtspolitik an der Wirtschaftswissenschaftlichen Fakultät und seit 2013 Leiter des Interuniversitären Zentrums, einer Kooperation von Europa-Universität Viadrina Frankfurt (Oder), Freie Universität Berlin, Sveučilište u Splitu und Université Paris 1 Panthéon-Sorbonne. Aktuelle Forschungsschwerpunkte sind Arbeitnehmerbeteiligung und Verteilungsgerechtigkeit, die rechtspolitische Dimension der Erneuerung des deutschen und Europäischen Sozialstaats, Privatisierung und Restrukturierung, Bürger- und Verbraucher-Kapitalbeteiligung, v. a. im Bereich erneuerbarer Energien, sowie Digitalisierung und Industrielle Revolution 4.0. Prof. Lowitzsch berät die Europäische Kommission, das Europäischen Parlament und den Europäischen Wirtschafts- und Sozialausschuss.

Seit 2004 leitete er als Projekt- oder Teamleiter acht Forschungs-, Beratungs- und Wissenstransferprojekte zum Thema Mitarbeiterbeteiligung auf EU-Ebene oder nationaler Ebene, finanziert von der Europäischen Kommission oder anderen Auftrags- und Fördergebern; in weiteren sieben Projekten leitete er entsprechende Komponenten. Derzeit ist er Koordinator des im April 2018 gestarteten HORIZON 2020 Projektes "**SCORE** – **S**upporting **C**onsumer C**o**-**O**wnership in **R**enewable **E**nergies", in dem Verbraucher-Kapitalbeteiligung an erneuerbaren Energien in drei Piloten in Polen, Tschechien und Italien umgesetzt werden.

Herr Lowitzsch ist Herausgeber und Mit-Autor der Studie The Promotion of Employee Ownership and Participation (Brüssel: Europäische Kommission, GD MARKT, 2014). Zuletzt entstand in Zusammenarbeit mit S. Dunsch und I. Hashi das Buch *Spanish Sociedades Laborales – Activating the unemployed. A potential new EU active labour market policy instrument* (Palgrave Macmillan, 2017). Im November 2018 erscheint das Buch "Energy Transition – Financing Consumer Ownership in Renewables – 18 country studies and a comparative analysis" im selben Verlag.

Herr Lowitzsch studierte Rechtswissenschaft an der Freien Universität Berlin und der Universytet Jagielloński, Kraków. Er promovierte an der Freien Universität Berlin mit einer rechtswissenschaftlichen Arbeit zu Beteiligungsmodellen im Rahmen der Eigentumsumgestaltung in Mittelosteuropa.

Fazit und Empfehlungen

Kapitalbeteiligung für das 21. Jahrhundert – Befunde, Gestaltungswege, Maßnahmen

Heinrich Beyer und Hans-Jörg Naumer

1 Befunde

1. Eigentum und Teilhabe sind konstitutive Elemente unserer freiheitlichen Verfassungsordnung und der sozialen Marktwirtschaft

Die Eigentumsgarantie in Art. 14 des Grundgesetzes ist ein konstitutives Element unserer Wirtschafts- und Gesellschaftsordnung und damit zugleich ein Gestaltungsauftrag an die Politik. Abgesehen von einigen zarten Ansätzen zur Förderung der Vermögensbildung, die heute kaum mehr relevant sind, ist die Institution des Eigentums in den vergangenen Jahrzehnten auf die Förderung privaten (Wohn-)Eigentums und der Altersvorsorge verengt worden, was den Intentionen der Gründerväter der sozialen Marktwirtschaft kaum gerecht wird. Wenn es um die Schaffung einer Gesellschaft von Teilhabern geht, die den gesellschaftlichen Zusammenhalt und die Zustimmung zur sozialen Marktwirtschaft stärkt, dann muss die Bildung von Eigentum durch die Beteiligung breiter Bevölkerungskreise am Erfolg und am Wachstum der Unternehmen endlich besser gefördert und unterstützt werden.

2. Die Deutschen bilden zu wenig Vermögen, nur wenige partizipieren an den Erfolgen der Wirtschaft

Die Deutschen haben zwar immer viel gespart, sie bilden aber nur unzureichend Vermögen. In einem der wirtschaftlich erfolgreichsten Länder ist die durchschnittliche Höhe

H. Beyer (✉)
Geschäftsführer, Bundesverband Mitarbeiterbeteiligung – AGP
Kassel, Deutschland
E-Mail: heinrich.beyer@agpev.de

H.-J. Naumer
Global Capital Markets & Thematic Research, Allianz Global Investors
Frankfurt, Deutschland
E-Mail: hans-joerg.naumer@allianzgi.com

© Springer-Verlag GmbH Deutschland, ein Teil von Springer Nature 2018
H. Beyer und H.-J. Naumer (Hrsg.), *CSR und Mitarbeiterbeteiligung*,
Management-Reihe Corporate Social Responsibility,
https://doi.org/10.1007/978-3-662-57600-7_27

des Geldvermögens der Haushalte vergleichsweise gering und dazu noch sehr ungleich-
mäßig verteilt. Nahezu alle Untersuchungen bestätigen diesen Befund. Und auch wenn
man den Einwand berücksichtigt und Ansprüche aus der staatlichen Rentenversicherung
mit einbezieht, ändert sich das Bild nicht grundlegend. Eine einfache Erklärung für dieses
nicht effiziente Sparverhalten ist die Meidung kapitalmarktnaher Anlageprodukte – also
der Aktien und Unternehmensbeteiligungen.

3. Investitionen in das eigene Unternehmen

Die Mitarbeiterkapitalbeteiligung wäre eine gute Einstiegsmöglichkeit in ein anderes
Sparverhalten. Hier investiert man sein Geld nicht in ein fremdes Unternehmen oder in
einen anonymen Fonds, sondern in das, was man am besten kennt – das eigene Unternehmen. Rechtliche und steuerliche Hemmnisse aber auch Unkenntnis und unbegründete
Vorbehalte aufseiten der Unternehmen stehen bislang einer weiteren Verbreitung entgegen.

4. Die Politik setzt die falschen Anreize

Die in Deutschland nur wenig ausgeprägt Aktien- und Beteiligungskultur, die in anderen
Ländern die Vermögensbildung befördert, ist aber nicht der alleinige Grund für das deut-
sche Mittelmaß. Die staatlich geförderten Sparformen setzen aufgrund einer übersteigerten
Risikoaversion in erster Linie auf garantierte und damit niedrig rentierlich Anlageprodukte.

5. Mangelnde Teilhabe wird zum gravierenden Problem in der (nahen) neuen Arbeitswelt

Von der zunehmenden Digitalisierung und Automatisierung der Arbeitswelt werden in
erster Linie die Eigentümer, also die Unternehmer und Aktionäre, profitieren, während
wohl die Qualifikationen und das Humankapital vieler Arbeitnehmer zumindest teilweise
entwertet werden. Wenn die Spaltung der Gesellschaft in Eigentümer und Nichteigentü-
mer sich nicht weiter vertiefen soll, ist die Förderung der breiten Teilhabe am Kapital der
Wirtschaft unabdingbar.

6. Was wäre wenn? – Wohlstandsgewinne in einer Gesellschaft von Teilhabern

Die durchschnittliche Rendite am Aktienmarkt beträgt bei längeren Anlagefristen etwa
8 % oder auch mehr. Natürlich ist dies nur der Blick in den Rückspiegel und keine Progno-
se für die Zukunft. Die Historie zeigt aber, dass sich unternehmerisches Sachkapital lohnt.
Die Risiken wurden längerfristig durch eine Risikoprämie entlohnt. Dies gilt auch für Belegschaftsaktien und für die Beteiligungsprogramme im Mittelstand, von denen viele noch
wesentlich höhere Renditen hervorbringen. Damit sind Aktien, Fonds und Mitarbeiterkapitalbeteiligungen bestens für den langfristigen Vermögensaufbau und die Bildung von
Altersvorsorgekapital geeignet, ja können – gerade mit Blick auf die Diversifikation – als
wesentliche Ergänzung gesehen werden.

Die individuellen und gesellschaftlichen Wohlstandsgewinne gegenüber traditionellen Anlageformen und der betrieblichen Altersvorsorge rechtfertigen die Forderungen nach einer Neujustierung der steuerlichen Förderung kapitalmarktnaher Anlageformen und der Mitarbeiterkapitalbeteiligung.

7. Ungleichheit abbauen durch mehr Teilhabe

Weiter gedacht bietet die (Mitarbeiter-)Kapitalbeteiligung die Antwort auf eine der wohl am meisten diskutierten Themen unserer Zeit: die Ungleichheit. Wer weniger Ungleichheit will, muss die Beteiligung am unternehmerischen Kapital fördern. Gestaltungswege dafür gibt es genügend. Der von uns vorgeschlagene Maßnahmenkatalog wäre einfach umsetzbar – sofern diese Form der Teilhabe auch wirklich ernst genommen wird.

2 Gestaltungswege

8. Eine neue Aktien- und Beteiligungskultur

Die Deutschen haben mit Aktien in Einzelfällen keine guten Erfahrungen gemacht: Das Telekom-Debakel, die dotcom-Blase und die Finanzkrise haben deutliche Spuren hinterlassen. Der Verweis darauf, dass man aber mit Aktien in aller Regel sehr viel mehr Vermögen bildet, verfängt kaum. Die Ausnahmen werden in der öffentlichen Wahrnehmung zur Regel.

Wir brauchen aber eine Kultur der Teilhabe. Eine Kultur, in der es selbstverständlich ist, dass Menschen sich an der gesamtvolkswirtschaftlichen Wertschöpfung beteiligen – an ihren Früchten, wie an ihren Risiken.

Um diese Kultur zu fördern, bedarf es der politischen Unterstützung sowie der Mitwirkung der Unternehmen, die Mitarbeiterkapitalbeteiligung als Form echter Teilhabe schätzen lernen, und der Finanzdienstleister, die neue Instrumente zur Verfügung stellen, damit die Risiken unternehmerischen Eigentums eingegrenzt werden können, ohne die Risikoprämie über Gebühr zu reduzieren.

9. Mitarbeiterbeteiligung – Eine unternehmerische und gesellschaftliche Gestaltungsaufgabe

Mitarbeiterkapitalbeteiligung ist ein unternehmerisches und gesellschaftspolitisches Thema ersten Rangs. Sie bietet Unternehmen und Mitarbeitern weitreichende Vorteile und ist geeignet, breiten Schichten der Bevölkerung die Teilhabe am Erfolg und am Wachstum der Unternehmen zu eröffnen, die Vermögensbildung zu fördern sowie die Zustimmung zur marktwirtschaftlichen Grundordnung nachhaltig zu steigern.

Mitarbeiterkapitalbeteiligung würde darüber hinaus den Firmen investives Kapital zur Verfügung stellen, was sie im weltweiten Wettbewerb um Kapital stärkt – auch stärkt gegenüber Firmenübernahmen, z. B. auch aus dem Ausland. Mitarbeiterkapitalbeteiligung stärkt den Standort Deutschland.

Wenn in Deutschland die Teilhabe der Beschäftigten am Kapital der Unternehmen und damit auch die Vermögensbildung in Arbeitnehmerhand gestärkt werden sollen, dann besteht hier ein dringender politischer Handlungsbedarf. Die mit dem Mitarbeiterkapitalbeteiligungsgesetz 2009 zwar verbesserten, aber immer noch unzureichenden steuerlichen Rahmenbedingungen müssen geändert werden.

10. Besondere Bedingungen: Beteiligungsformen in Großunternehmen, Mittelstand und Start-ups

Mitarbeiterkapitalbeteiligung kann in Deutschland sehr unterschiedliche Ausprägungen annehmen. Hier findet sich die klassische Belegschaftsaktie ebenso wie die stille Beteiligung im Mittelstand oder virtuelle Beteiligungsformen in den Start-ups. Darin spiegeln sich die Vielfalt der Unternehmensformen, die weltweit wohl einzigartig ist, sowie sehr unterschiedliche Zielsetzungen und unternehmenskulturelle Voraussetzungen im Zusammenhang mit Beteiligungsprogrammen. Die rechtlichen und steuerlichen Rahmenbedingungen, die nötigen steuerlichen Anreize und die innerbetrieblichen Informations- und Kommunikationsprozesse bei der Einführung des Programms müssen diesen Unterschieden Rechnung tragen, d. h. so einfach und rechtssicher wie möglich ausgestaltet sein.

11. Finanzielle Teilhabe, Vertrauenskultur und Mitbestimmung

Können die unternehmerischen Zielsetzungen der Mitarbeiterbeteiligung – Bindung, Engagement, Vertrauen und unternehmerisches Denken – allein durch finanzielle Teilhabe erreicht werden? Die Antwort ist ein klares Nein. Hinzukommen muss eine Vertrauenskultur, die Bereitschaft des Unternehmens, über die wirtschaftliche Entwicklung zu berichten, eine Kommunikation auf Augenhöhe und letztlich auch die Delegation von Verantwortung und die Einbeziehung der Mitarbeiterteilhaber in Entscheidungsprozesse.

12. Altersvorsorge – aber bitte mit Aktien, Fonds und Mitarbeiterbeteiligung

Bei regelmäßiger Teilnahme an einem Beteiligungsprogramm des eigenen Unternehmens oder im Rahmen eines Fonds- oder Aktiensparplans kann auch mit kleinen Einlagen Vermögen und Altersvorsorgekapital gebildet werden. Es wäre daher ausgesprochen sachgerecht, wenn für die Mitarbeiterkapitalbeteiligung die gleichen steuerlichen Bedingungen gelten würden wie bei der betrieblichen Altersversorgung.

Mitarbeiterbeteiligung ist im Lebensarbeitszyklus eine der Altersversorgung vorgelagerte Phase, die dazu führen kann, dass ein erhöhtes Altersvorsorgevermögen gebildet wird. Insofern kann es keinen prinzipiellen Vorrang der Bildung von Altersvorsorgevermögen geben, sondern lediglich eine Förderung beider Formen der Ansammlung von Vermögen durch Mitarbeiter, die schließlich ineinander übergehen können.

Dementsprechend sind Mitarbeiterkapitalbeteiligung und Vermögensbildung gerade keine direkte Konkurrenz der Altersvorsorge, sondern ein Mittel um ein höheres Altersvorsorgekapital anzusammeln als dies in der heutigen Situation möglich ist.

13. Renaissance der klassischen Vermögensbildung

Vermögensbildung in Arbeitnehmerhand, eines der großen sozialpolitischen Projekte der 1970er-Jahre, findet heute fast nicht mehr statt. Durch die jahrelang versäumte Anpassung der Einkommensgrenzen für die Arbeitnehmersparzulage ist das Vermögensbildungsgesetz zu einer leeren Hülle geworden.

Dabei zielte das Gesetz nicht nur auf die Förderung der Vermögensbildung der Gering- und Durchschnittsverdiener, es bot zudem breitgefächerte und z. T. hochrentierliche Anlageformen für die Einlagen der Sparer: vom Bausparvertrag über den Aktiensparplan bis hin zur Mitarbeiterkapitalbeteiligung.

Eine aktive Vermögensbildungspolitik, die insbesondere auch die Förderung kapitalmarktbasierter Anlageformen umfasst, ist eine weitere politische Gestaltungsaufgabe.

14. Risiken richtig einschätzen und kommunizieren

Mitarbeiterkapitalbeteiligung ist eine unternehmerische Beteiligung, die durch Kursverluste, Verlustzuweisungen und insbesondere bei Insolvenz des Unternehmens teilweise oder ganz verloren gehen kann. Das damit verbundene Risiko ist jedoch überschaubar und kein Argument gegen eine weitere Verbreitung.

Der Sachverhalt wird vonseiten der Unternehmen gegenüber den Mitarbeitern klar kommuniziert und ist den Mitarbeitern bei Teilnahme an einem Beteiligungsprogramm bewusst. Darüber hinaus kennen die Mitarbeiter die Rahmenbedingungen dieses Investments besser als jede andere Anlageform aus tagtäglichem Erleben. Zudem wird die Höhe der Beteiligung in vielen Programmen limitiert; die beteiligten Mitarbeiter legen nicht „alle Eier in einen Korb". Und ein möglicher Verlust von eigenem Geld wird auch dadurch begrenzt, dass ein maßgeblicher Anteil der angesparten Einlagen als freiwillige Leistung vom Unternehmen beigesteuert wird.

Angesichts des prosperierenden Arbeitsmarkts und des Fachkräftemangels in Deutschland kann auch das Argument des doppelten Risikos (Verlust des Arbeitsplatzes und des Kapitals) kaum gegen mehr Mitarbeiterbeteiligung vorgebracht werden. Gleichwohl kann darüber diskutiert werden, ob Möglichkeiten für eine (freiwillige) Insolvenzsicherung der Mitarbeitereinlagen geschaffen werden können.

Es bedarf auch der politischen Begleitung, wenn es darum geht, dass Anleger nicht aus chancenreichen Anlagen herausberaten werden, aus übergroßer Angst vor den Risiken. Und es bedarf der finanziellen Bildung; im Schulcurriculum aber auch durch „learning by doing".

3 Maßnahmen

15. Von Europa und der Welt lernen

In vielen Ländern Europas und im angelsächsischen Raum ist die finanzielle Beteiligung der Mitarbeiter deutlich weiter verbreitet als in Deutschland. Dies hat im Wesentlichen fünf Gründe:

1. ein günstiges institutionelles Umfeld – Politik, Verbände und Gewerkschaften promovieren das Thema einvernehmlich;
2. weniger Zurückhaltung bei den Unternehmen wenn es darum geht, entsprechende Programme anzubieten;
3. aufseiten der Arbeitnehmer eine höhere Bereitschaft und wohl auch mehr verfügbare Ressourcen, um entsprechende Investitionen zu tätigen;
4. eine ausgeprägtere Aktien- und Beteiligungskultur und v. a.
5. zum Teil massive steuerliche Anreize.

Dies ist die Agenda, die es abzuarbeiten gilt, wenn das Thema in Deutschland vorangebracht werden soll.

16. Das Potenzial erkennen und finanzielle Teilhabe propagieren

Mitarbeiterkapitalbeteiligung muss als ein Teil der Corporate Social Responsibility (CSR) gesehen werden. Es wäre deshalb nur konsequent, wenn die Mitarbeiterkapitalbeteiligung in den gängigen Katalog der sog. Environment-Social-Governance(ESG)-Kriterien als Prüfkriterium für die Beschäftigungsbedingungen aufgenommen würde.

Schließlich müssen Politik und Verbände sowie Unternehmen und Finanzdienstleister bei dem Projekt Mehr Teilhabe am Kapital der Wirtschaft in einer konzertierten Aktion zusammenwirken. Dass dies durchaus erfolgreich sein kann, zeigen Themen wie Beruf und Familie oder eben auch CSR, die mit langfristigen und breit angelegten Programmen massiv in die Öffentlichkeit gebracht wurden.

17. Mitarbeiterkapitalbeteiligung – Europäisches Niveau des Steuerfreibetrags

Um annähernd europäisches Förderniveau und eine entsprechende Verbreitung zu erreichen, muss der jährliche Steuerfreibetrag für Mitarbeiterkapitalbeteiligungen von derzeit 360 € auf mindestens 3000 € angehoben werden.

Dividenden und Zinserträge dürfen nicht besteuert werden, wenn sie zum langfristigen Vermögensaufbau reinvestiert werden. Langfristige Anleger müssen anders besteuert werden als kurzfristig denkende und handelnde Investoren, beispielsweise durch die Steuerfreiheit für Veräußerungsgewinne bei Aktien bei einer Haltefrist von mindestens zehn Jahren.

18. Altersvorsorgebeteiligung – Nachgelagerte Besteuerung

Für langfristige Aktien- und Fondssparpläne oder Mitarbeiterkapitalbeteiligungen wäre ein eigener Freibetrag für die nachgelagerte Besteuerung zu diskutieren, wenn diese Einlagen explizit zur Bildung von Altersvorsorgekapital dienen sollen. Alternativ kann der Freibetrag für die betriebliche Altersversorgung (6240 € pro Jahr!) für Einlagen in kapitalmarktbasierte Produkte oder das eigene Unternehmen geöffnet werden. Entsprechend muss dann auch die steuerunschädliche Übertragung dieses Kapitals in die betriebliche Altersversorgung vorgesehen werden.

19. Sicherung und Diversifizierung der Mitarbeitereinlagen

Die Finanzdienstleister sind aufgefordert, Instrumente zur Verfügung zu stellen, die den Kapitalaufbau in Mitarbeiterhand durch die Verringerung von Risiken fördern. Hier kann an eine Insolvenzsicherung und an Garantieren z. B. für nicht fungible Formen der Mitarbeiterkapitalbeteiligung (im Mittelstand) gedacht werden, die mit einem Teil der Rendite bezahlt werden, oder auch an Teilhaberfonds, die der Diversifikation dienen und gleichzeitig die Ausübung von Eigentumsrechten ermöglichen.

Dass der im Mitarbeiterkapitalbeteiligungsgesetz von 2009 vorgesehene Deutschlandfonds nicht zum Tragen kam, bedeutet nicht, dass Fondslösungen generell abzulehnen sind – im Gegenteil. Die bestehende Gesetzesgrundlage könnte genutzt und z. B. durch Teilhaberfonds zum Leben gebracht werden.

20. Bestehende Hindernisse beseitigen – und keine neuen errichten

Die steuerlichen, regulatorischen und gesellschaftsrechtlichen Anforderungen müssen auf den Prüfstand, damit die Unternehmen eine Mitarbeiterkapitalbeteiligung so einfach wie möglich anbieten können. Dies betrifft nicht nur die Aktiengesellschaften, z. B. im Hinblick auf die Beschaffung der Aktien oder die Depotverwaltung, sondern auch den Mittelstand bei der Frage der Abzugsfähigkeit der Zinsen bei mezzaninen Beteiligungen und die Start-ups, die aufgrund von gesellschaftsrechtlichen Hemmnissen Zuflucht bei den virtuellen Beteiligungen suchen müssen.

Es müssen auch drohende neue Hemmnisse vermieden werden: Zu nennen ist hier beispielsweise die Finanztransaktionssteuer, die auf eine Veränderung der Vermögenszusammensetzung erhoben werden soll, oder auch Überlegungen zur Abschaffung der Abgeltungssteuer – beides ist für das Ziel, eine breitflächige Teilhabe am Kapital der Wirtschaft zu schaffen, kontraproduktiv.

21. Mehr Teilhabe für alle!

Die Beteiligung am Kapital der Unternehmen muss für alle Kreise der Bevölkerung attraktiv gestaltet werden, unabhängig von Beschäftigungsverhältnis und unabhängig von Einkommen.

Eine vom Arbeitsverhältnis unabhängige Förderung des Altersvorsorgesparens und der Vermögensbildung (heute Riester- und Rürup-Rente) muss Aktien, Fonds und andere Produkte in den Förderkatalog aufnehmen und ähnliche steuerliche Rahmenbedingungen, Freibeträge und/oder nachgelagerte Besteuerung vorsehen, wie sie für die Mitarbeiterkapitalbeteiligung hier vorgeschlagen sind.

Damit würden sich die für den Vermögensaufbau zur Verfügung stehenden Mittel erheblich vergrößern und die Basis für eine langfristige hochrentierliche Kapitalanlage verbreitert. Ein guter Weg für mehr Teilhabe am Kapital der Wirtschaft.

Dr. Heinrich Beyer ist seit 2006 Geschäftsführer des Bundes-verbands Mitarbeiterbeteiligung – AGP. Nach einer Ausbildung zum Bankkaufmann und dem wirtschaftswissenschaftlichen Studi-um war er wissenschaftlicher Mitarbeiter an der Universität Kassel und zugleich Leiter verschiedener Projekte der Bertelsmann Stif-tung und der Hans-Böckler-Stiftung. Im Jahr 2005 wechselte er als Referatsleiter zur Bertelsmann Stiftung nach Gütersloh und 1999 als kaufmännischer Geschäftsführer zu einem mittelständi-schen Unternehmen. Heinrich Beyer unterstützt Unternehmen bei der Einführung ihres Beteiligungsprogramms und berät Politik und Verbände. Er ist Autor verschiedener Publikationen zu den Themen Unternehmensführung und Mitarbeiterbeteiligung.

Hans-Jörg Naumer leitet seit 2000 Capital Markets and Thema-tic Research bei Allianz Global Investors. Kapitalanlage, Vermö-gensaufbau und die Analyse langfristig wirkender Trends bilden den Dreiklang seiner Analysen und Präsentationen, mit denen er so-wohl institutionelle als auch private Investoren erreicht. Die Studien von Global Capital Markets and Thematic Research erscheinen in bis zu acht Sprachen und werden weltweit gelesen. Bevor er zum damaligen dit kam, arbeitete Hans-Jörg Naumer bei der Société Générale. Vor seinem Wechsel zu Allianz Global Investors hatte Hans-Jörg Naumer dort zuletzt die Funktion des Head of Research Germany inne.

The manufacturer's authorised representative in the EU is Springer
Nature Customer Service Centre GmbH, Europaplatz 3, 69115 Heidelberg,
Germany. If you have any concerns regarding our products, please
contact ProductSafety@springernature.com

Printed and bound by CPI Group (UK) Ltd, Croydon, CR0 4YY

23/04/2026

02095636-0010